D1692128

Corporate Governance im globalisierten Informationszeitalter

von
Prof. Dr. Christoph Lattemann

Oldenbourg Verlag München

Bibliografische Information der Deutschen Nationalbibliothek

Die Deutsche Nationalbibliothek verzeichnet diese Publikation in der Deutschen Nationalbibliografie; detaillierte bibliografische Daten sind im Internet über <http://dnb.d-nb.de> abrufbar.

© 2010 Oldenbourg Wissenschaftsverlag GmbH
Rosenheimer Straße 145, D-81671 München
Telefon: (089) 45051-0
oldenbourg.de

Das Werk einschließlich aller Abbildungen ist urheberrechtlich geschützt. Jede Verwertung außerhalb der Grenzen des Urheberrechtsgesetzes ist ohne Zustimmung des Verlages unzulässig und strafbar. Das gilt insbesondere für Vervielfältigungen, Übersetzungen, Mikroverfilmungen und die Einspeicherung und Bearbeitung in elektronischen Systemen.

Lektorat: Wirtschafts- und Sozialwissenschaften, wiso@oldenbourg.de
Herstellung: Anna Grosser
Coverentwurf: Kochan & Partner, München
Gedruckt auf säure- und chlorfreiem Papier
Gesamtherstellung: Grafik + Druck, München

ISBN 978-3-486-59217-7

Vorwort

"Good governance is essential not only for the stability of the banking industry but also for the economy as a whole. Effective governance is the means of building and maintaining the qualities that are at the foundation of all commerce: confidence and public trust. It's disheartening to see how many financial institutions lost sight of these basic truths." (Barton et al. 2009).

Nach dem Ausbruch der Finanzkrise in Südostasien im Jahr 1997 mit ihren verheerenden Folgen schien es einen internationalen Konsens darüber zu geben, dass die aktuelle Ausgestaltung der internationalen Finanzmärkte, Überwachungsmechanismen und Unternehmenspraktiken dringenden Reformbedarf aufweisen.

Was folgte, waren in den Folgejahren weitere Krisen in Russland (1998), zweimal Brasilien (1998/1999), Türkei (2000/2001), Argentinien (2001/2002), die Dot.Com-Krise (2001) und die aktuelle, weltweit greifende Hypothekenkrise, bzw. Subprime-Krise (2007/2008). Doch auch zehn Jahre später gibt es keine neue internationale Finanzarchitektur, nicht einmal Ansätze dazu (Stiglitz, 2007). Aufgrund der aktuellen Wirtschafts- und Finanzkrise werden die Effizienz der internationalen Finanzmärkte, aber auch die Corporate Governance und die Geschäftsethik in der öffentlichen Diskussion wieder zur Diskussion gestellt.

Aktuelle Analysen machen für die Finanzkrisen vor allem Faktoren wie schlechte wirtschaftliche Fundamentaldaten, makroökonomische Ungleichgewichte, Schwäche des Finanzsektors und schlechte Wirtschaftspolitik verantwortlich. Die Betrugsfälle im Zuge der DotCom-Krise und das Verhalten der Unternehmenslenker und deren entrücktes Risikoverständnis, das zur Subprime-Krise führte, haben aber auch gezeigt, dass die Probleme nicht nur gesamtwirtschaftlicher Natur sind. Die Probleme sind vielmehr begründet in einer verzerrten Wahrnehmung gesellschaftlicher Verantwortung, „verantwortungslose" Unternehmensführung und Korruption. Wie der deutsche Bundespräsident Horst Köhler in seiner vierten Berliner Rede im März 2009 beschrieb, sind dies die Ergebnisse „[…] fehlender Transparenz, Laxheit, unzureichender Aufsicht und von Risikoentscheidungen ohne persönliche Haftung. Wir erleben das Ergebnis von Freiheit ohne Verantwortung." Hier zeigt sich, dass Corporate-Governance-Systeme nur beschränkt gegen betrügerische Handlungen angehen können, denn ethisches und soziales Verhalten sowie Vertrauen bilden die Grundlage jeder guten Corporate Governance. Ethisches Verhalten kann eben nicht allein durch Gesetze geregelt werden, es beruht auf Freiwilligkeit und Verständnis. „Ursächlich (für Betrügereien) kann […] eine schlechte Corporate Governance [somit] niemals sein, da eine mangelhafte oder fehlende Überwachung die Tat erleichtern, nie jedoch fördern kann." (Tanski, 2003, S. 92)

Das noch bis 2001 in Europa herrschende Vertrauen in die eigenen Corporate-Governance-Strukturen und Kapitalmärkte der EU-Mitgliedsstaaten konnte allerdings nur kurzzeitig aufrechterhalten werden. Denn ebenso war es europäischen Konzernen gelungen, die Aktionäre und die Öffentlichkeit über einen langen Zeitraum mit falschen Darstellungen der Unternehmenslage, negativen Geschäftsentwicklungen und der systematischen Risiken zu täuschen.

Die Unternehmenszusammenbrüche von Holzmann, ComRoad, Parmalat etc. hatten sowohl national als auch international schwere Vermögens- und Vertrauensverluste zur Folge. In all diesen Fällen hat das Management in Hinblick auf seine Steuerungs- und Kontrollaufgaben in der Corporate Governance versagt. Weder interne noch externe Überwachungsmechanismen hatten verhindern können, dass es Koalitionen von Unternehmensorganen und anderen Stakeholdern möglich war, sich zu Lasten von Aktionären und weiteren Interessensgruppen betrügerisch zu verhalten. Dadurch nimmt auch heute noch das Vertrauen der Öffentlichkeit in die Zuverlässigkeit und die Koordinationsleistung der Kapitalmärkte und die Zuversicht in die Schutzfunktion der Kontrollorgane ab.

Die Betrugsfälle und das mangelhafte Risikomanagement zeigen, dass es starke Defizite bei den internen und externen Überwachungsmechanismen gab – und auch heute noch gibt –, die den Managern weitreichende Handlungsspielräume ermöglichen. Neben einem mangelhaften Austausch von Informationen zwischen Überwachungs- und Leitungsorganen wurden Kontrollen teilweise vollständig unterlassen.

Bereits 2002 wurde, als direkte Reaktion auf die Skandale, der Sarbanes-Oxley Act mit Auswirkungen auf die Gestaltung der Kontroll- und Überwachungsorgane in Unternehmen (Vorstand, Aufsichtsrat, Hauptversammlung, Risikomanagementsysteme) und externen Kontrollinstitutionen (Wirtschaftsprüfung und Kapitalmarktregelungen) in den USA eingeführt. Kurze Zeit später folgten vergleichbare Maßnahmen in Europa.

Jedoch sind die Corporate-Governance-Systeme in den USA und in Deutschland sehr unterschiedlich. Verkürzt dargestellt, wird in den USA die Unternehmensführung in erster Linie extern, durch den Kapitalmarkt, überwacht. Diese sogenannte „Outside Control" versucht das Verhalten der Manager durch Steuerungsmechanismen des Marktes zu beeinflussen. Im Gegensatz hierzu wird in Deutschland die Unternehmensleitung von Institutionen innerhalb der Unternehmen kontrolliert („Inside Control"). Diese Aufgabe fällt insbesondere dem Aufsichtsrat zu, der diese im Rahmen der internen Regelungen zur Unternehmensfassung wahrnimmt. Obwohl sich die Systeme grundlegend unterscheiden, konnten in beiden Systemen Fälle von Finanzbetrug nicht verhindert werden. Auch andere Corporate-Governance-Systeme, wie z.B. das Kairetzu System in Japan, blieben nicht von Betrugsfällen verschont. Die Asienkrise 1997 ging in Japan einher mit folgeschweren Turbulenzen bei der Dai-Ichi Kangyô Bank oder Fuji Heavy Industries. Selbst die Corporate-Governance-Systeme in den aufstrebenden Schwellenländern (Emerging Markets) wie Brasilien, Russland, Indien und China (BRIC-Staaten) hatten ihre Betrugsfälle.

Im Zuge der Bilanzskandale sind die rechtlichen Rahmenbedingungen in vielen nationalen Legislativen angepasst worden. In den USA ging dies einher mit dem Ersatz von zahlreichen einzelstaatlichen Regelungen zum Aktienrecht durch eine bundeseinheitliche Regelung, um Transparenz und Rechtssicherheit zu erhöhen. In Deutschland wurde mit dem Corporate

Governance Kodex und dem 10-Punkte-Plan der Regierung neue Regelungen in das HGB und das AktG aufgenommen. Alle Veränderungen der Corporate-Governance-Strukturen sind jedoch obsolet, wenn keine Sensibilisierung des Kapitalmarktes stattfindet, da über den Kapitalmarkt die Sanktionsmechanismen erfolgen. Deshalb sind Maßnahmen zur Stärkung der Überwachung des Kapitalmarktes erforderlich.

Das vorliegende Buch befasst sich mit Theorien, Umsetzungen und der aktuellen Entwicklung in der Corporate Governance in einer globalisierten Welt, die getrieben ist durch Informations- und Kommunikationstechnologien.

Dabei ist das Buch in drei Teile gegliedert: Teil I behandelt **theoretische Aspekte, Perspektiven und Wirkungszusammenhänge von externen und internen Kontrollmechanismen** und schafft hiermit die Grundlagen für das Verständnis der Konstruktionen bestehender Corporate-Governance-Systeme. Diese werden anhand der **Darstellung ausgewählter Länder** in Teil II behandelt. Dabei werden beispielhaft für die beiden herrschenden Governance-Systeme, dem angloamerikanischen Boardsystem und dem kontinentaleuropäischen Trennungsmodell, die Umsetzung in jeweils einem Land dargestellt. Für das kontinentaleuropäische Trennungsmodell wird das deutsche, prinzipienorientierte Corporate-Governance-Systeme beispielhaft dargestellt. Für das angloamerikanische System wird das regelbasierte US-amerikanische System vorgestellt. Für beide Länder werden die aktuellen Corporate Governance Regelungen – in Deutschland, der Corporate Governance Kodex, in den USA der Sarbanes-Oxley Act – und deren Auswirkungen auf Kontrollinstitutionen im Detail betrachtet. Weiterhin wird als Mischsystem das französische Corporate-Governance-System vorgestellt, das eine Wahlfreiheit zwischen dem Board- und dem Trennungsmodell vorsieht.

Darüber hinaus werden Corporate-Governance-Systeme im Umbruch dargestellt. Die Transformationsländer Russland und China werden in den Fokus gerückt, beide Länder haben spezifische kulturelle Aspekte, Traditionen und Rechtssysteme, die es lohnend machen, diese Systeme genauer zu betrachten. Pfadabhängigkeiten und andere auf Governance Systeme wirkende Faktoren werden beschrieben. Es zeigt sich, dass der einfache „Regelimport" aus Ländern mit vermeintlich guten Corporate-Governance-Mechanismen in Transformationsländern nicht wirksam greift. Gründe und Folgen werden erläutert.

Im Teil III wird auf aktuelle **Problematiken einer globalisierten Welt** eingegangen. Aufgrund der weltweiten Verflechtungen (z.B. über Supply Chains/Zulieferketten) ist es für Unternehmen von zentraler Bedeutung, in Bezug auf die Corporate Governance nicht nur lokal zu denken und zu agieren, sondern auch weltweit Wohlverhaltensregeln einzuhalten. Hier wird der Bezug zu einer umfassenden Corporate Social Responsibility verdeutlicht. Unternehmen sind z.B. nicht mehr nur ihrem unmittelbaren Umfeld verpflichtet, sondern einer breiten Schicht von Stakeholdern. Hierzu gehören Aspekte der Corporate Citizenship.

Das Risiko- und Informationsmanagement in und zwischen Unternehmen wird heutzutage maßgeblich durch Informations- und Kommunikationstechnologien bestimmt. In diesem Kontext wird dargestellt, wie ein zentrales Informationssystem in Unternehmen aufgebaut sein kann, um den Anforderungen einer guten Corporate Governance und an Transparenz zu entsprechen. Abschließend wird diskutiert, was „gute" Corporate Governance ausmacht und welche Aspekte sie umfassen sollte.

Zu den Kapiteln werden jeweils Fallstudien zum Selbststudium präsentiert. Das Buch richtet sich aufgrund der praxisnahen Darstellung an Praktiker wie an Studierende der Betriebswirtschaftslehre. Lernzieldefinitionen und Fragen unterstützen den Lernprozess.

Ich danke meinen Mitarbeitern und den vielen Studierenden meiner Kurse an der Universität Potsdam zum Thema Corporate Governance für die anspruchsvollen Diskurse und Ideen, die in dieses Buch eingeflossen sind. Insbesondere danke ich meiner Frau für ihre Unterstützung, ohne die dieses Buch nicht hätte erstellt werden können.

Dieses Buch ist meinen beiden Kindern Florian und Linnea gewidmet.

Prof. Dr. Christoph Lattemann   Potsdam, im Sommer 2009

Inhalt

Vorwort		V
Abkürzungsverzeichnis		XV
1	**Corporate Governance – ein multiperspektivischer Ansatz**	**1**
1.1	Governance – Eine Begriffsklärung	1
1.2	Corporate Governance	4
1.3	Weitere Forschungsströmungen zur Governance	6
1.4	Zusammenfassung	8
2	**Corporate Governance im Lichte der Neuen Institutionenökonomik**	**11**
2.1	Einleitung	11
2.2	Neue Institutionenökonomik	12
2.2.1	Zur Bedeutung von Institutionen	12
2.2.2	Zentrale Ansätze der Neuen Institutionenökonomik	13
2.3	Die Prinzipal-Agenten-Theorie im Fokus der Corporate Governance	19
2.3.1	Agenturprobleme „Hidden Characteristics", „Hidden Information"	19
2.3.2	Die Schaffung von Anreiz-, Kontroll-, und Informationsmechanismen	19
2.4	Empfehlungen zur Lösung von Problemen in der Corporate Governance	22
2.4.1	Suche nach der optimalen Vergütungsstruktur	22
2.4.2	Instrument zur Kontrolle von Managern	24
2.4.3	Generierung von Vertrauen im Unternehmen	27
2.5	Zusammenfassung	28
2.6	Fallbeispiele	28
2.6.1	Enron	28
2.6.2	ComRoad	30
3	**Theoretische Ansätze in der Corporate Governance**	**33**
3.1	Einleitung – Abgrenzung von Anspruchsgruppen	33
3.2	Erklärungsansätze zur Unternehmenskontrolle	35
3.2.1	Der einfache finanzwirtschaftliche Ansatz	36

3.2.2	Der Stakeholder-Ansatz	39
3.2.3	Der Stewardship-Ansatz	40
3.2.4	Der politische Corporate-Governance-Ansatz	42
3.2.5	Weitere Ansätze zur Corporate Governance	43
3.2.5.1	Der Mitbestimmungsansatz	43
3.2.5.2	Modelle der reinen Mitarbeiterorientierung	44
3.3	Zusammenfassung	45
4	**Trennungs- und Board-Modell**	**47**
4.1	Einleitung	47
4.2	Unternehmensverfassung in den USA	48
4.3	Unternehmensverfassung in Deutschland	49
4.4	Corporate Governance und Abschlussprüfung	51
4.5	Die zwei theoretischen Ansätze zur Corporate Governance	52
4.6	Unternehmensleitungsmodelle in Theorie und Praxis	53
4.6.1	Theoretische Grundlage der Entwicklung von Corporate-Governance-Modellen	53
4.6.2	Entwicklungseinflüsse beim angloamerikanischen Board-Modell	55
4.6.3	Entwicklungseinflüsse beim kontinentaleuropäischen Trennungsmodell	58
4.6.4	Annäherung des Trennungsmodells an das Board-Modell	62
4.6.5	Annäherung des Board-Modells an das Trennungsmodell	63
4.6.6	Divergenzen zwischen Trennungs- und Board-Modell	64
4.6.7	Trennungs- oder Board-Modell zur Unternehmens- bzw. Konzernleitung?	64
4.6.8	Konvergenz der Corporate-Governance-Systeme	65
5	**Exit oder Vote – Externe Kontrollmechanismen und Stimmrechtsausübung**	**67**
5.1	Exit oder Vote – Die Wall-Street-Regel	67
5.2	Funktionen des Kapitalmarktes in der Corporate Governance	68
5.3	Institutionelle Investoren in der Corporate Governance	68
5.4	Der Markt für Unternehmenskontrolle – Governance via Exit	69
5.4.1	Theorie über die Existenz von Verteidigungsinstrumenten	70
5.4.2	Effizienz des Marktes für Unternehmenskontrolle	71
5.4.2.1	Management Turn Over nach Übernahme	72
5.4.2.2	Macht einer Übernahmedrohung	72
5.5	Stimmrechtsausübung – Governance via Vote	72
5.5.1	Das Stimmrecht	72
5.5.2	Proxy Voting	73
5.5.3	Elektronisierung der Stimmrechtsausübung	74
5.5.4	Überlegungen zu einem Stimmrechtehandel	77
5.6	Institutionelle Investoren und „Shareholder Activism"	81

5.7	Zusammenfassung	82
5.8	Fallbeispiel – CalPERS & Co.	83

6 Corporate Governance in Deutschland — 87

6.1	Einleitung	87
6.2	Der Deutsche Corporate Governance Kodex	88
6.2.1	Motive und Treiber eines deutschen Corporate Governance Kodex	88
6.2.2	Entstehung des Deutschen Corporate Governance Kodex	90
6.2.3	Ziel und Aufbau des Deutschen Corporate Governance Kodex	92
6.2.4	Geltendes Recht/Empfehlungen/Anregungen	93
6.2.5	Umsetzung bei DAX 30 Unternehmen	94
6.3	Bedeutung der modernisierten 8. EU-Richtlinie in Deutschland	100
6.3.1	Einfluss des SOX auf die Entwicklung der modernisierten 8. EU Richtlinie	101
6.3.2	Gliederung der Regelungen und Rechtsverbindlichkeit der 8. EU Richtlinie	102
6.3.3	Auswirkungen der 8. EU Richtlinie auf Unternehmensorgane in Deutschland	104
6.3.4	Reglementierungen zur Stärkung der Transparenz	108
6.4	Schlussbetrachtung	110
6.5	Fallbeispiel – Holzmann	111

7 Corporate Governance in den USA — 115

7.1	Der Sarbanes-Oxley Act 2002	115
7.1.1	Regelungen des Sarbanes-Oxley Acts (Sec. 201ff.)	116
7.1.2	SEC und PCAOB als Überwachungsorgane (Sec. 101–106)	126
7.2	Der Sarbanes-Oxley Act nach 2002	128
7.3	Kritische Würdigung der Auswirkungen des SOX auf exterritoriale Gebiete	131
7.4	Fallbeispiel – WorldCom	132

8 Corporate Governance in Frankreich — 135

8.1	Das französische Wahlmodell	135
8.2	Das französische Governance-System – Eine historische Betrachtung	136
8.2.1	Der Einfluss des Regimes von Vichy	136
8.2.2	Die Rolle De Gaulles	137
8.2.3	Die Rolle des Staates	137
8.2.4	Die Rolle der französischen Eliten	138
8.3	Entwicklungen des französischen Corporate-Governance-Systems nach 1966	138
8.3.1	Corporate-Governance-Skandale in Frankreich in den 1990er-Jahren	139
8.3.2	Corporate-Governance-Gesetze in Frankreich	141

9 Corporate Governance in China — 143

9.1	Einleitung	143

9.2	Unternehmens- und Eigentumsrechts-Reformen seit 1979	145
9.2.1	Eintritt neuer nichtstaatlicher Firmen	146
9.2.2	Reform der Staatsunternehmen	147
9.3	Corporate-Governance-Praxis in China	149
9.3.1	Theoretischer Ansatz und formalrechtlicher Rahmen	149
9.3.2	Corporate-Governance-Praxis in China	152
9.4	Kulturelle und traditionelle Einflüsse	161
9.4.1	Konfuzianismus	161
9.4.2	Guanxi	162
9.5	Exkurs: Governance bei Deutsch-Chinesischen Kooperationen	164
9.6	Zukunftsaussichten	165
9.7	Fallbeispiele	165
9.7.1	Guanxia Industrie Co.Ltd., Chinas Enron	165
9.7.2	Joint Venture VW/Siemens	166

10 Corporate Governance in Russland — 169

10.1	Einleitung	169
10.2	Privatisierung der russischen Staatsbetriebe	170
10.2.1	Corporate Governance in Russland in den 1990er-Jahren	170
10.2.2	Die Übernahme des angelsächsischen Modells	171
10.2.3	Akteure auf dem russischen Aktienmarkt	172
10.3	Die rechtlichen Rahmenbedingungen der Corporate Governance	174
10.3.1	Der russische Corporate Governance Kodex	175
10.3.2	Das russische Aktiengesetz	176
10.3.3	Das Gesetz zur Regelung der Wertpapiermärkte	177
10.3.4	Das Gesetz über den Schutz der Rechte und legitimen Interessen der Investoren	177
10.4	Aktuelle Problembereiche der russischen Corporate Governance	177
10.4.1	Ausgewählte Problembereiche	178
10.4.2	Aktuelle Entwicklungen	180
10.5	Abschließende Bewertung	181
10.6	Fallbeispiel – Yukos	182

11 Corporate Social Responsibility in einer globalisierten Welt — 185

11.1	Einleitung	185
11.2	Corporate Social Responsibility	187
11.2.1	Vergleich von Corporate Governance und Corporate Social Responsibility	189
11.2.2	Corporate Social Responsibility als Business Case	192
11.2.3	Corporate Social Responsibility zwischen ganzheitlichem Konzept und Marketingmaßnahme	192

11.3	Kritische Würdigung des Corporate-Social- Responsibility-Ansatzes	196
11.4	Zusammenfassung	197
11.5	Fallbeispiele	198
11.5.1	Die Otto-Gruppe	198
11.5.2	Krombacher Bier	199

12 Informationssysteme zur Corporate Governance in Unternehmen 201

12.1	Informationssysteme für die Corporate Governance	201
12.2	Der CIO	202
12.3	Informationssysteme und Corporate Governance	204
12.3.1	Systembildende Informationssysteme	204
12.3.2	Systemunterstützende Informationssysteme	204
12.3.3	Das interne Kontrollsystem	205
12.3.4	COSO – Entwicklung und Übergang zur IT-Governance	209
12.4	IT-Governance	210
12.4.1	CobiT-Referenzmodell, ITIL, ISO 17799	211
12.4.2	Kontrollsystem für IT-Prozesse	214
12.4.3	Kontrollarten für IT-Prozesse	215
12.5	Risikomanagementsystem zur Corporate Governance	216
12.5.1	Risikofrühwarnsystem	217
12.5.2	Risikocontrolling und internes Überwachungssystem	218
12.6	Standardsoftware zur Umsetzung einer IT-Governance	219
12.7	Fallbeispiel – Das SAP-Tool „Management of Internal Controls (MIC)"	219
12.8	Zusammenfassung	221

13 „Gute" Corporate Governance 223

13.1	Kritische Würdigung	226
13.2	Mini Case – Shell/Brent Spar	227

14 Literatur 229

15 Gesetze/Verordnungen 251

Schlagwortverzeichnis 253

Abkürzungsverzeichnis

AMEX	American Stock Exchange
AMF	Autorité des Marchés Financiers
APAG	Abschlussprüferaufsichtsgesetz
APAK	Abschlussprüferaufsichtskommission
BArefG	Berufsaufsichtsreformgesetz
BilMoG	Bilanzrichtlinienmodernisierungsgesetz
BilReg	Bilanzrechtsreformgesetz
CALPers	California Pension Fund
CAO	Chief Accountability Officer
CEO	Chief Executive Officer
CFO	Chief Financial Officer
CGK	Chinesischer Corporate Governance Kodex
CIO	Chief Information Officer
CMF	Comité des Marchés Financiers
CNAO	Chinesisches Rechnungsprüfungsamt
COB	Comité des Opérations de Bourse
CobiT	Control Objectives for IT and related Technology
COE	Collectively Owned Enterprises
COSO	Committee of Sponsoring Organisations at the Treadway Commission
CRM	Customer Relationship Management
CSRC	China Securities Regulatory Commission
DCGC	Deutscher Corporate Governance Kodex
D&O	Directors & Officers Liability Insurance

ERP	Enterprise Ressource Planning System
EU	Europäische Union
FDI	Foreign Direct Investments
FTD	Financial Times Deutschland
FWB	Frankfurter Wertpapierbörse
GesG	Chinesisches Gesellschaftsgesetz
IAS	International Accounting Standards
IDW	Institut der Wirtschaftsprüfer
IFRS	International Financial Reporting Standards
IKS	Internes Kontroll System
ILO	International Labor Organization
IÖW	Institut für Ökologische Wirtschaftsforschung
ISA	International Auditing and Assurance Standards
ISACA	Information Systems Audit and Control Association
ISO	International Organisation of Standardisation
ITGI	IT-Governance Institut (IT = Informationstechnologie)
ITIL	IT Infrastructure Library
IuK	Informations- und Kommunikationstechnologie
KontraG	Gesetz zur Kontrolle und Transparenz im Unternehmensbereich
LSF	Loi sur la Sécurité Financière
NASDAQ	National Association of Securities Dealers Automated Quotations
NGO	Non-Governmental-Organisation
NRE	Nouvelle Régulation Economique
NYSE	New York Stock Exchange
OECD	Organisation für wirtschaftliche Zusammenarbeit und Entwicklung
OTC	Over the Counter
PCAOB	Public Company Accounting Oversight Board
PDG	Président-Directeur-Général
SA	Sociétés Anonyme

SARL	Sociétés à Responsabilité Limitée
SEC	Securities Exchange Commission
SOE	Sate owned enterprises
SOX	Sarbanes-Oxley Act
TVE	Township-and-Village Enterprises
WFOE	Wholly Foreign Owned Enterprise

Abbildungsverzeichnis

Abb. 1.1	Governance zwischen Hierarchie und Markt.	2
Abb. 2.1	Teiltheorien der Neuen Institutionenökonomik.	12
Abb. 2.2	Arten zur Disziplinierung des Agenten (i. A. an Ebers/Gotsch, 2001).	22
Abb. 2.3	Prinzipal-Agenten-Modell in Aktiengesellschaften.	24
Abb. 3.1	Erklärungsansätze zur Unternehmenskontrolle.	36
Abb. 3.2	Anreiz- und Kontrollmechanismen (i. A. an Witt, 2003).	38
Abb. 4.1	Das deutsche Modell der Unternehmensverfassung.	49
Abb. 4.2	Inside Control vs. Outside Control.	50
Abb. 4.3	Kulturelle Variablen (Hofstede, 1984).	55
Abb. 4.4	Verflechtungen in der Deutschland AG 1996 und 2000.	59
Abb. 5.1	Rechtliche und ökonomische Dimension eines Stimmrechtehandels.	80
Abb. 5.2	Stimmrechtehandel basierend auf der Wertpapierleihe.	81
Abb. 5.3	Focus List von CalPERS.	84
Abb. 6.1	Anzahl notierter Aktiengesellschaften an der FWB (Deutsche Börse 2007).	89
Abb. 6.2	Erste Entsprechenserklärung zum DCGK nach §161 AktG der Allianz AG.	92
Abb. 6.3	Präambel des Deutschen Corporate Governance Kodex.	93
Abb. 7.1	SOX Beurteilung nach Kosten und Nutzen (Glaum et al., 2006, S. 41).	129
Abb. 9.1	Aktienarten in China.	149
Abb. 11.1	Triple Bottom Line – Dreifache Rechenschaftslegung	186
Abb. 11.2	Pyramid of Social Responsibility (Carroll 1991).	188
Abb. 11.3	CSR Führungsmodell nach Schmitt (2005).	194
Abb. 11.4	Otto-Gruppe – Certified Suppliers.	198
Abb. 12.1	Internes Kontrollsystem (IDW, 2001).	205

Abb. 12.2 COSO-Framework (Rüter et al. 2006, S. 121). 208

Abb. 12.3 COSO-CobiT Integration (in Anlehnung an ITGI, 2004). 210

Abb. 12.4 IT Lebenszyklus nach CobiT (ISACA, 2009). 212

Abb. 13.1 Wettbewerbsvorteil und Corporate Social Responsibility (Clarke, 2007). 226

Tabellenverzeichnis

Tabelle 3.1　Prinzipal Agenten Theorie vs. Stewardship-Ansatz (Davis et al., 1997, S.37)..41

Tabelle 6.1　Entsprechensgrad der DAX 30 Unternehmen mit Kodexbereichen (Lattemann, 2005)............95

Tabelle 6.2　Internationale Best-Practices zur Bewertung der Corporate Governance deutscher Unternehmen............96

Tabelle 6.3　Internationale „kritische" Standards............99

Tabelle 6.4　Einflussnahme der modernisierten 8. EU-Richtlinie auf Problemfelder der Corporate Governance............103

Tabelle 7.1　Abschnitte des SOX............116

Tabelle 7.2　Veränderungen der SOX und SEC Regelungen............130

Tabelle 9.1　Kapitalmarktüberblick an den Börsen Shenzen/Shanghai (CSRC, 2007)......154

Tabelle 10.1 Durchschnittlicher Besitz von Stammaktien in % des Grundkapitals, 2005 (Dolgopiatova, 2007)............178

Tabelle 11.1 Social Responsible Investings (SRI) – Anzahl und Umsatz von SRI screened mutual funds (Goergen/Renneboog, 2004)............211

1 Corporate Governance – ein multiperspektivischer Ansatz

Lernziele

In dieser Sektion lernen Sie verschiedene Perspektiven zum Begriff „Governance" im weitesten Sinne kennen. Nach der Erarbeitung dieser Sektion sollten Sie verschiedene wirtschafts- und sozialwissenschaftliche Governance-Perspektiven darstellen und erklären, sowie aus unterschiedlichen Wissenschaftsbereichen den Begriff Corporate Governance definieren und Unterschiede und Gemeinsamkeiten darstellen können.

1.1 Governance – Eine Begriffsklärung

Der Begriff Governance steht in den Sozial- und Wirtschaftswissenschaften zum einen für die Kennzeichnung eines empirisch beobachtbaren Wandels des Verhältnisses zwischen Staat und Gesellschaft, zum anderen bezeichnet er die Diskussion über unterschiedliche Modi gesellschaftlicher, politischer sowie wirtschaftlicher Koordinationsmechanismen. Sowohl empirischen als auch theoretischen Sichtweisen ist gemein, Governance als neuen Regulierungs- und Koordinationsmodus jenseits der Dichotomie Staat/Markt zu verstehen (siehe Abbildung 1.1). Traditionell fokussieren die Sozialwissenschaften dabei auf Koordinationsansätze im Spannungsfeld zwischen Staat und Zivilgesellschaft. Die Wirtschaftswissenschaften zielen in der Governance-Debatte primär auf marktliche und hierarchische Koordinationsprozesse im Unternehmensbereich ab.

Eine Vielzahl von Governance-Ansätzen (z.B. „public", „corporate", „local" oder „global" Governance) wurde in den wirtschafts- und sozialwissenschaftlichen Disziplinen herausgearbeitet. Wie Jessop zu Recht schon Mitte der 1980er-Jahre dargestellt hat, gilt jedoch auch heute noch, dass die Governance-Theorien auf einer vor-theoretischen Stufe verharren, die eine kritische Beleuchtung bis heute nicht ermöglicht (Jessop, 1985). Hier sollten neue Verhaltensmuster und Routinen sowie eine neue Arbeitsteilung zwischen Staat, Wirtschaft und Zivilgesellschaft analysiert und interpretiert werden (Lattemann, 2007b).

Die bisher oft heterogene Herangehensweise der verschiedenen Disziplinen an die Thematik Governance lässt viele Fragestellungen unberücksichtigt. Hierzu zählen z.B. die Gestaltung von Public Private Partnerships, der Demutualizationsprozess im „Dritten Sektor", der Einsatz innovativer Informations- und Kommunikationstechnologie in der Private und Public Governance, die Auswirkungen einer „good" Governance – ob im privaten oder öffentlichen Bereich –, oder der gegenseitige Transfer von Governance-Konzepten zwischen den Disziplinen.

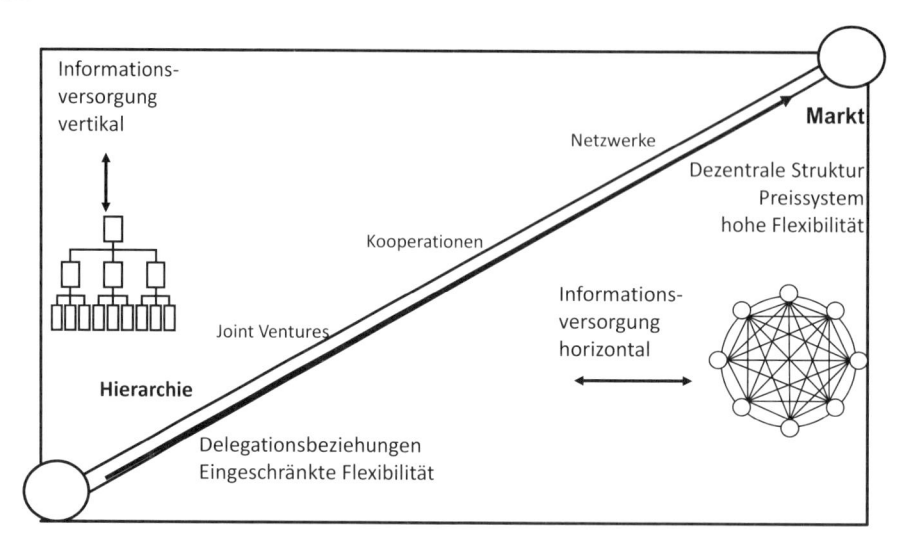

Abb. 1.1 *Governance zwischen Hierarchie und Markt.*

Die Analyse des Begriffs Governance kann helfen, aus der Begriffsverwirrung in der deutschen Sprache zwischen „Controlling", „Regieren", „Management", oder „Steering" herauszuhelfen. Er zeigt auf, dass in der englischen Sprache „Governance" dazu diente, die Unterscheidung zwischen dem Prozess des Regierens und der Regierung, als die das Regieren ausübende Organisation zu unterscheiden. Hier zeigt sich, dass gerade im Regierungsbezug die Begründung darin liegt, dass sich der Begriff „Governance" in den Politik- und Sozialwissenschaften sehr viel einheitlicher und tiefer verwurzelt hat, als in den deutschsprachigen Wirtschaftswissenschaften.

Eine prominente Erweiterung des Governance-Begriffs findet sich in der wissenschaftlichen Disziplin der Internationalen Politikfeldforschung wieder, die der „Global Governance". Der Begriff „Global Governance" wurde durch die Commission on Global Governance eingeführt. Im Verständnis der Kommission ist Governance (Commission on Global Governance, 1995, S. 2):

"...the sum of the many ways individuals and institutions, public and private, manage their common affairs. It is a continuing process through which conflicting or diverse interests may be accommodated and co-operative action may be taken. It includes formal institutions and regimes empowered to enforce compliance, as well as informal arrangements that people and institutions either have agreed to or perceive to be in their interest."

1.1 Governance – Eine Begriffsklärung

Diese Definition von Governance ist insgesamt sehr breit gefasst. Sie umfasst nicht nur staatliches Regieren („formal institutions and regimes empowered to enforce compliance"), sondern alle Prozesse, mithilfe deren Akteure, seien es Individuen oder Organisationen, gemeinsame Angelegenheiten managen.

Zur Governance auf der globalen Ebene führt die Kommission aus: "At the global level, governance has been viewed primarily as intergovernmental relationships, but it must now be understood as also involving non-governmental organizations (NGOs), citizens' movements, multinational corporations, and the global capital market. Interacting with these are global mass media of dramatically enlarged influence." (Commission on Global Governance, 1995, S.2).

In vielen Publikationen wird unter „Governance" die Selbst- und Fremdsteuerung von Organisationen, kollektiven oder individuellen Akteuren über „Steuerungsmechanismen" oder „Steuerungsmedien", die von Macht, Regeln, Vertrag über Geld und Verhandlungen bis hin zu Wissen, Überzeugungen oder Solidarität reichen, verstanden (vgl. exemplarisch: Mayntz/Scharpf, 1995; Willke, 1995; Benz, 2004). Es geht hierbei um die bewusste Organisation und das Management von Netzwerken und Interaktionen zwischen Staat, Wirtschaft, Zivilgesellschaft und Individuen durch institutionelle Steuerung (als Synonym für Governance) und die Integration unterschiedlicher Steuerungsformen (Schneider/Kenis, 1996).

Demnach können Institutionen sowohl als Voraussetzungen und Bedingungen als auch als Objekte, Ziele oder Resultate sozialen Handelns, also als unabhängige oder abhängige Variable, aufgefasst werden. Sie können gleichzeitig als formelle und informelle Regelsysteme und Anreizsysteme sowie als Strukturen oder Kulturen verstanden werden (Jann/Wegrich, 2004). Über die vielfachen Hinweise auf die institutionelle Steuerung als Definitionsmerkmal von Governance ergeben sich eindeutige Bezüge zur Institutionenökonomik. Kernelement des allgemeinen Governance-Begriffs ist die Steuerung mit formellen, tradierten Verfahren und Mechanismen (government) sowie mit informellen Verfahren und Mechanismen.

Aus betriebswirtschaftlicher Perspektive wird der Governance-Begriff zumeist im Kontext der „Corporate Governance" diskutiert. Hierbei steht die Transaktionskostenökonomik im Anschluss an Coase (1937) und Williamson (1975, 1996) im Vordergrund. Sie verweist auf die von der theoretischen Ökonomik lange vernachlässigte Tatsache hin, dass ein großer Teil der wirtschaftlichen Transaktionen nicht über den Markt, sondern innerhalb von Unternehmen abgewickelt wird. Damit tritt die Institution der Hierarchie als Governance-Mechanismus neben die Institution des Marktes. Nach Katz und Shapiro (1985) lenkte die ökonomische Analyse von Netzwerkexternalitäten die Aufmerksamkeit auf Netzwerke als einen dritten, hybriden Governance-Mechanismus. Ferner eröffnete diese Forschungsrichtung einen analytischen Zugriff auf das Phänomen, dass viele Markttransaktionen sich nicht in Verhandlungen über Mengen und Preise und dem sich daran anschließenden Tausch erschöpfen, sondern dass Markttransaktionen über besondere Governance-Mechanismen gegen Opportunismus abgesichert werden.

1.2 Corporate Governance

Der Begriff Corporate Governance hat im deutschen Sprachraum vielfältige Bedeutungen, wie „Unternehmensverfassung", „Unternehmensüberwachung", „Strukturregelungen des Unternehmens" oder „Unternehmensführung und -kontrolle" (Witt, 2006, S. 1; Nippa, 2002; Berrar, 2001; Nassauer, 2000).

Im Ursprung enthält der Begriff Corporate Governance das griechische Wort „kybernetes", welches mit „Steuermann" übersetzt werden kann. Daraus entwickelte sich der englische Begriff „Governor" und bildet die Grundlage für den Sammelbegriff „Governance". In Verbindung mit dem lateinischen Begriff „corpus" (Körper), aus welchem dann „corporation" (Körperschaft) ableitbar ist, handelt es sich somit bei der Corporate Governance um die „körperliche Steuerung" (Böckli, 1999, S. 2).

Der Begriff der Corporate Governance hat seinen Ursprung in der angelsächsischen Unternehmenskultur, er wird aber auch in der deutschen Wirtschaftssprache verwandt. Das Finden einer passenden deutschen Übersetzung wird dadurch erschwert, dass sich bisher keine einheitliche Definition für den Begriff der Corporate Governance durchgesetzt hat. Witt (2001) definiert Corporate Governance als Organisation der Leitung und Kontrolle in einem Unternehmen mit dem Ziel des Interessenausgleichs zwischen verschiedenen Anspruchsgruppen, wozu es für die Konfliktbewältigung spezieller Institutionen bedarf.

Tatsache ist, dass der Begriff in seiner englischen Ausdrucksweise verwendet wird und eine angemessene deutsche Übersetzung bisher fehlgeschlagen ist. Es geht im Kern um die Machtbalance zwischen den verschiedenen in einer Unternehmung vorzufindenden Organen, wie z.B. Aufsichtsrat, Vorstand und Aktionäre und ihrem Miteinander.

Wird die Corporate Governance aus einer internen Perspektive beleuchtet, liegt der Fokus auf der Kontrolle innerhalb eines Unternehmens, und hier auf der Auf- und Ablauforganisation (Lattemann, 2007a). Unter diesem Blickwinkel kann Corporate Governance definiert werden als (Wentges 2002, S. 72):

„[...] die Menge aller Sachverhalte, Verhaltensleitlinien und Regeln einschließlich der Instrumente zu ihrer Durchsetzung [...], die prägen, auf welche Art und Weise Unternehmungen geleitet und kontrolliert werden."

Demgegenüber kann Corporate Governance auch aus einer externen Perspektive betrachtet werden. Hier tritt das Unternehmen interaktiv mit der Außenwelt in Kontakt und muss verschiedene Interessen der in der Umwelt befindlichen Anspruchsgruppen wahren. Hauptaugenmerk wird hierbei auf die Transparenz und die Kommunikation zwischen Unternehmen und Stakeholdern gelegt. Es werden zwei Ansätze unterschieden: Einerseits werden die Interessen der Kapitalgeber fokussiert, dieser Ansatz wird auch Shareholder-Ansatz genannt. Andererseits hat das Unternehmen die Verpflichtung gemäß dem Stakeholder-Ansatz, alle vom Handeln des Unternehmens betroffen Gruppen und deren Interessen zu beachten und zu berücksichtigen (Lattemann, 2007a). Vishny und Shleifer (1997) beschreiben das Problem der Corporate Governance vor dem Hintergrund der Trennung von Eigentum und Management (Shareholder-Ansatz) folgendermaßen (Vishny/Shleifer, 1997, S. 737):

1.2 Corporate Governance

Corporate Governance deals with the way in which suppliers of finance to corporations assure themselves of getting a return on their investments. How do the suppliers of finance get managers to return some of the profits to them? How do they make sure that managers do not steal the capital they supply or invest it in bad projects? How do suppliers of finance control managers?

Eine Erweiterung erfährt diese Definition beim Stakeholder-Ansatz, da weitere Interessengruppen berücksichtigt werden (Cromme, 2003, S. 10):

„Corporate Governance ist die schlagwortartige Beschreibung guter, effizienter, nach international anerkannten Standards erfolgender Leitung und Überwachung von Unternehmen im Interesse der Eigentümer und des gesellschaftlichen Umfeldes."

Mit dem Begriff der Corporate Governance sind folglich folgende zwei Elemente verbunden (Böckli, 2000, S. 133):

1. Es geht um die funktional zweckmäßige Strukturierung der Unternehmensspitze: Hierbei gilt es, ein Gleichgewicht zwischen der Führungsfunktion des Managements, der Überwachungsfunktion des Aufsichtsrates und der Revisoren im Innenverhältnis des Unternehmens herzustellen. Des Weiteren geht es um die zweckmäßige Strukturierung und Zusammensetzung des Aufsichtsrates.
2. Es geht um die Kontrolle der Unternehmensspitze durch die Gesamtheit aller Anspruchsgruppen: Die Corporate Governance betrachtet im Außenverhältnis, wie das Unternehmen im Einklang mit seinen Shareholdern und den übrigen Stakeholdern steht.

Gesetze, Verordnungen und freiwillige Praktiken im Rahmen der Corporate Governance ermöglichen eine verantwortungsbewusste und effiziente Führung eines Unternehmens.

Die Analysekomponenten der Corporate Governance schlagen sich in den von der OECD im Jahre 2001 aufgestellten fünf Empfehlungen nieder (Nobel, 1999). Der Rahmen der Corporate Governance sollte:

1. die Aktionäre hinsichtlich ihrer Rechte schützen
2. sicher stellen, dass alle Aktionäre gleich gestellt sind
3. für die Förderung einer aktiven Zusammenarbeit zwischen Unternehmen und Stakeholdern sorgen
4. dafür Sorge tragen, dass alle wichtigen Angelegenheiten, die das Unternehmen betreffen, rechtzeitig und präzise offengelegt werden
5. die effektive Überwachung der Geschäftsleitung durch den Aufsichtsrat sowie die Rechenschaftspflicht des Vorstandes gegenüber den Gesellschaftern festlegen.

Untersuchungsgegenstände der Corporate Governance sind vordergründig die Zusammensetzung von Kontrollorganen, Rechnungslegungsstandards oder die Frage der angemessenen Gestaltung von Mitbestimmungsregelungen sowie die Frage der angemessenen Managervergütung (Wentges, 2002).

Erst das Bestehen mehrerer Anspruchs- oder Interessengruppen in einem Unternehmen lässt es sinnvoll erscheinen, dass die Organisation Regelungen bezüglich der Kontrolle und Leitung vorgibt. Fallen beispielsweise Anteilseigentum und Kontrolle in einem Unternehmen auseinander, so erscheint die Umsetzung von Corporate-Governance-Regelungen insofern sinnvoll, da auftretende Probleme, z.B. in Hinblick auf Differenzen zwischen Prinzipal und Agenten, festgeschrieben und somit minimiert bzw. ihnen entgegengewirkt werden kann.

1.3 Weitere Forschungsströmungen zur Governance

Die Gemeinsamkeit zwischen den aufgezeigten Ansätzen scheint in dem breitesten Verständnis des Begriffs Governance zu liegen: der Selbst- und Fremdsteuerung in und zwischen Organisationen bzw. der institutionellen Steuerung. Die Institution, bzw. Theorien zum Institutionalismus manifestieren sich demnach als „Missing Link" zwischen den Disziplinen. Entsprechend dienen die Institutionenökonomik vornehmlich in der Betriebs- und Volkswirtschaftslehre (Richter/Furubotn 1999), der akteurszentrierte Institutionalismus in den Politik- und Verwaltungswissenschaften (Mayntz/Scharpf 1995) und der soziologische Institutionalismus (Powell, 1990) als theoretische Grundgerüste zur Erkenntnisgewinnung.

Aus der Perspektive der Internationalen Politikfeldforschung steht die „Global" Governance vor den Phänomenen einer zunehmenden Entgrenzung und Entstaatlichung von Politik. Drei Entwicklungen haben dazu beigetragen, dass Global Governance zu einem der Leitbegriffe in der Diskussion in der wissenschaftlichen Disziplin der Internationalen Beziehungen und Internationalen Politik wurde:

- die Diskussion über neuere Tendenzen im internationalen System, die unter Globalisierung zusammengefasst wurde;
- die Zunahme des Einflusses von Nichtregierungsorganisationen (NGO);
- neue Formen der Kooperation innerhalb des Netzwerks von Staaten, zwischenstaatlichen Organisationen, Unternehmen und international agierenden Nichtregierungsorganisationen.

Die Diskussion über die Globalisierung wirft die Frage auf, ob das bisherige System von Governance auf der internationalen Ebene in der Lage ist, die Risiken der Globalisierung zu bewältigen und die Chancen der Globalisierung zu nutzen. In diesem Kontext werden vor allem internationale Nichtregierungsorganisationen, die seit den 1990er-Jahren nicht nur quantitativ zugenommen haben, an Einfluss gewinnen (Amnesty International, Transparency International, International Labor Organisation, ISO). Viele Unternehmen reagieren schon heute auf den zunehmenden Einfluss von Nichtregierungsorganisationen mit Programmen für Corporate Social Responsibility oder für Corporate Citizenship. Internationale Unternehmensverbände, wie Unternehmen selbst, haben Corporate-Social-Responsibility-Aspekte oder politische und soziale Werte wie nachhaltige Entwicklung in ihre Agenda aufgenommen oder wurden speziell für solche Agenden gegründet. Internationale Organisationen (z.B. UN Global Compact, OECD) haben Foren geschaffen, in denen sie mit Unternehmen und Nichtregierungsorganisationen kollaborieren. Das bekannteste dieser Foren dürfte der Global Compact der Vereinten Nationen sein. Eine zentrale Fragestellung in diesem Kontext ist, inwieweit sich über Prozesse der Globalisierung (z.B. Weltbank, OECD) und Regionalisie-

1.3 Weitere Forschungsströmungen zur Governance

rung (z.B. EU, ASEAN, Mercosur) kongruente Systeme von Governance in OECD-, Transitions- und Entwicklungsländern entwickeln.

In Teilen der gegenwärtigen politischen Öffentlichkeit ist im Rahmen der „Global" Governance eine Diskussion über die Frage im Gange, inwieweit die Beteiligung von Nichtregierungsorganisationen und Unternehmen an den Aktivitäten internationaler Organisationen und an anderen zwischenstaatlichen Institutionen eine tiefgreifende Änderung des Systems von Governance darstellt und wie sie zu bewerten seien. Ähnliche Diskussionen werden im Rahmen der Ausführungen um die Corporate Governance und Corporate Social Responsibility in den folgenden Sektionen wieder aufgegriffen.

Das Gebiet der Public Governance widmet sich der Analyse des öffentlichen Sektors moderner Industriegesellschaften, seinen Strukturen, Wirkungsweisen, Leistungen und Defiziten sowie Problemen der Steuerung in und zwischen Organisationen und Institutionen des öffentlichen und des privaten Sektors und der dabei vorzufindenden institutionellen Arrangements, insbesondere deren Leistungs- und Reformfähigkeit. Zentral stellt man sich in diesem Forschungsstrang die Frage nach der möglichen Gestaltung politisch-administrativer Systeme, nach den Voraussetzungen, Inhalten und Folgen von Verwaltungspolitik als Verwaltungsreform oder auch Verwaltungsmodernisierung.

Stärker als auf der Ebene des Bundes oder der Länder hat seit den 1990er-Jahren in Deutschland in der Kommunalverwaltung ein Prozess der „Ökonomisierung" eingesetzt. Die tradierten politischen und bürokratischen Steuerungsmechanismen der öffentlichen Verwaltung werden immer mehr zurückgedrängt (Harms/Reichard, 2003). Interne Organisationen der Verwaltung werden durch die Einführung marktlicher oder quasi-marktlicher Strukturen ergänzt bzw. ersetzt. Dies zeigt sich in der Entgrenzung zwischen Politik und Wirtschaft in Gestalt von organisatorischen Ausgliederungen, Aufgaben- und Vermögensprivatisierungen.

Die interne „Verbetriebswirtschaftlichung der öffentlichen Verwaltung" hat tendenziell zur Folge, dass die Verwaltung, anders als bisher, mit Kosten und Preisen weniger aber in Regeln und Vorschriften agieren muss. Neben dieser „Verschiebung der Programmierung der Verwaltung" (Bora, 2001) im Inneren, die die Rationalität des Verwaltungshandelns und damit die Prämissen ihrer Selbststeuerung verändert, tritt über die Aufgaben- und Vermögensprivatisierung das Problem der Verselbstständigung und politischen Steuerung der ausgegliederten, nunmehr eher wirtschaftlich als politisch agierenden Organisationen.

Gegenstand der Governance-Analysen im Bereich des Public Managements sind somit zum ersten die einzelnen Organisationen (öffentliche Einrichtungen, Public Private Partnerships, Privatunternehmen, Non-Profit-Organisationen), die am Erstellungsprozess öffentlicher Dienstleistungen beteiligt sind. Zum zweiten werden die staatlichen Organisationen analysiert, die als Gewährleister, Koordinator und Auftraggeber den gesamten Leistungsprozess anstoßen, planen, steuern, koordinieren, finanzieren und kontrollieren.

Hybridorganisationen bzw. Multi-Stakeholder-Organisationen, stellen ein weiteres Bindeglied zwischen dem öffentlichen und dem privaten Sektor im Kontext der Governance dar. Diese firmieren sich zumeist unter dem Dach eines eingetragenen Vereins oder einer gemeinnützigen Kapitalgesellschaft (gGmbH, gAG). Sie stehen im Rahmen eines übergeordneten Geschäftsmodells im Spannungsfeld zwischen Konsensorientierung und Performanceorientierung. Folglich zielt die Governance in diesem Kontext nicht nur auf die effektive Kontrolle und Steuerung erwerbswirtschaftlicher Unternehmen ab, sondern insbesondere auch auf öffentliche und halböffentliche Organisationen mit und ohne Gewinnerzielungsabsicht.

Organisationen unterliegen vielfältigen Umfeldeinflüssen und damit einhergehenden Wandlungsprozessen in politisch-gesetzlicher, ökonomischer, technologischer und soziokultureller Hinsicht. In diesem Zusammenhang ist es ist unabdingbar, dass zum einen Selbstorganisation und Selbststeuerung neuartiger Koordinations- und Kontrollmechanismen bedürfen. Zum anderen nimmt die ethisch-normative Dimension und damit die gesellschaftliche und die ethische, soziale und ökologische Rolle auch von Wirtschaftsorganisationen an Bedeutung zu (z.B. Corporate Citizenship, Corporate Social Responsibility). Hier spiegelt sich die Stakeholder-Perspektive der Corporate Governance mit der Berücksichtigung vielfältiger Anspruchsgruppen wider und weist gleichfalls die Schnittstelle zum politikwissenschaftlichen Beitrag zur Governance-Thematik auf. Dies zeigt auch die interpretative Wende in den Sozialwissenschaften, die dazu geführt hat, dass die Konstruktions- und Interpretationsleistungen der Management-Praxis verstärkt Berücksichtigung finden (St. Galler Management-Modell). Dies führt zu neuen Verhaltensmustern und Routinen zum einen in und zwischen Unternehmen und zum anderen zwischen Staat, Wirtschaft und Zivilgesellschaft.

In diesem Kontext schlägt Corporate Governance über die Integration mittelbarer Sekundäransprüche der Stakeholder die Brücke zur Konzeption des nachhaltigen Managements. Die befasst sich im Kern mit der Ressourcen schonenden und (nach Möglichkeit) konsensualen Wertschaffung, Wertsicherung und Wertverteilung unter der Maßgabe einer verfahrens- und ergebnisgerechten Umverteilung.

Unbestritten ist, dass die bürokratische und die hierarchische Organisation dann an ihre Grenzen stoßen, wenn die Einflüsse der Umsysteme immer dynamischer und komplexer werden. Insofern sind vielfach Organisationssubstitute erforderlich, die mit einer stärkeren Individualisierung und Flexibilisierung verbunden sind (Wagner, 1991), wobei sich zugleich die Frage nach den angemessenen Integrations- und Koordinationsformen stellt.

1.4 Zusammenfassung

Diese Ausführungen zeigen, dass das Thema Governance in vielen Bereichen der Sozial- und Wirtschaftswissenschaften eine wichtige Rolle spielt. Dies gilt z.B. im Public Management oder in der Politikfeldforschung. Viele Institutionen sind betroffen, For-Profit-Organisationen genauso wie Non-Profit-Organisationen (NPO) und Non-Governmental-Organisationen (NGO). Dies, bezogen auf marktwirtschaftliche Unternehmen, bildet den Kern der Governance in der Betriebswirtschaft. Insofern rücken diese sozialwissenschaftlichen Forschungsfelder zusammen.

Zusammenfassend greifen die betriebswirtschaftlichen Forschungsansätze den Gedanken der institutionellen Steuerung als Synonym für Governance (Schneider/Kenis, 1996) auf und verorten ihn im sich wandelnden Unternehmensumfeld: Elektronisierung und Globalisierung ermöglichen gänzlich neue Formen sowohl der Zusammenarbeit als auch des Wettbewerbs zwischen Unternehmen (z.B. durch Co-opetition), zwischen Kunden und Unternehmen (z.B. Customer Integration oder Mass Customization) und generell zwischen Unternehmen und verschiedensten Stakeholdergruppen.

Frage

Welche theoretischen Grundgerüste beschäftigen sich mit Governance aus der Perspektive der Betriebs- und Volkswirtschaftslehre, Politik- und Verwaltungswissenschaften und den Sozialwissenschaften? Beschreiben Sie bitte die Gemeinsamkeiten und Unterschiede der Perspektiven.

2 Corporate Governance im Lichte der Neuen Institutionenökonomik

Lernziele

Nach dem Durcharbeiten dieser Sektion sollten Sie die Zusammenhänge zwischen der Neuen Institutionenökonomie und der Corporate Governance kennen und beschreiben können. Die Neue Institutionenökonomik sollten Sie dabei mit ihren Teiltheorien verstanden haben und in der Lage sein, diese zu erklären. Aus den Teiltheorien sollten Sie in der Lage sein Handlungsoptionen für Problemfälle in der Corporate Governance abzuleiten.

2.1 Einleitung

Im Folgenden wird das Phänomen der Corporate Governance aus der Perspektive der Neuen Institutionenökonomik betrachtet, derer Ansätze sich die Corporate Governance vornehmlich bedient. Hiermit wird eine theoretische Grundlage der Corporate Governance gegeben. Hierbei erfolgt eine Einführung in die Neue Institutionenökonomik, welche mithilfe von verschiedenen Ansätzen (siehe Abbildung 2.1) vorrangig die Institutionen „Unternehmen" und „Verträge" analysiert. Es wird überblicksartig ein Einblick in die Theorien der Property Rights (Demsetz, 1967), der Transaktionskosten (Williamson, 1975) sowie der Principal-Agent-Beziehung (Berle/Means, 1932) im wirtschaftlichen Umfeld gegeben.

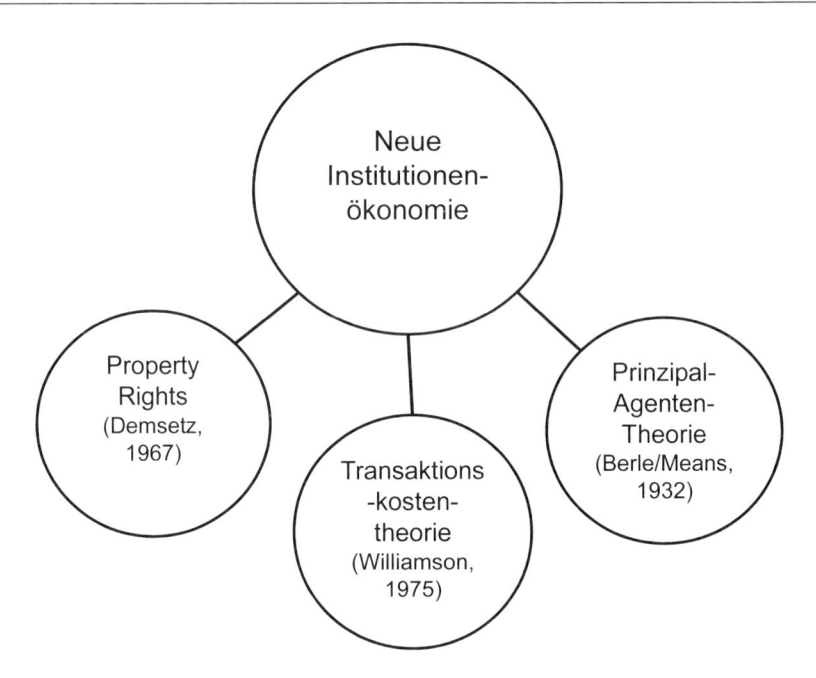

Abb. 2.1 Teiltheorien der Neuen Institutionenökonomik.

2.2 Neue Institutionenökonomik

2.2.1 Zur Bedeutung von Institutionen

Als Begründer der „Neuen Institutionenökonomik der Unternehmung" wird gemeinhin Ronald Coase betrachtet. In seiner 1937 veröffentlichten Arbeit „The Nature of the Firm" beschäftigt er sich mit der Frage, weshalb Unternehmungen existieren, obwohl der Marktmechanismus doch ein effizientes Mittel zur Steuerung der ökonomischen Aktivitäten darstellt. Er diskutiert außerdem die Frage, wann eine Tauschhandlung über den Markt und wann diese innerhalb einer Unternehmung abgewickelt werden sollte, bzw. welche Einflussfaktoren existieren, die die Größe eines Unternehmens bestimmen (Coase, 1937).

Ein ökonomischer Ort des Tausches, auf welchem Angebot und Nachfrage zusammentreffen und dort somit eine Preisbildung bewirkt, wird als Markt definiert. Durch pareto-effiziente Ressourcenallokation tragen Märkte zur Vermeidung von Ressourcenverschwendung bei.

Unter der Annahme, dass Märkte pareto-effiziente Ressourcenallokationen als Folge haben, stellt sich die Frage, warum Verträge abgeschlossen und Unternehmen gegründet werden. Hierauf gibt Coase folgende Antwort: „The main reason why it is profitable to establish a firm would seem to be that there is a cost of using the price mechanism." (Coase, 1937, S. 389). Der Grund liegt also darin, dass durch das Abschließen von Marktverträgen Kosten entstehen, welche durch das Gründen eines Unternehmens umgangen bzw. minimiert werden können. Coase erachtet hierarchische Beziehungen vor allem in solchen Situationen als sinnvoll, „where a short term contract would be unsatisfactory" (Coase, 1937, S. 391).

Eine zweite Frage stellt sich hinsichtlich der Größe eines Unternehmens. Die kritische Unternehmensgröße ist dann erreicht, wenn „die Kosteneinsparungen durch die Ausführung einer zusätzlichen Transaktion innerhalb der Unternehmung gerade den bei steigender Unternehmensgröße zusätzlich entstehenden Organisationskosten entsprechen" (Wentges, 2002, S. 17). Es gilt also zu klären, wann eine Institution die geringsten Transaktionskosten verursacht.

Der Begriff Institution ist in der Literatur nicht einheitliche definiert. Gesetzmäßigkeiten, Regeln und Normen, die auf das Verhalten von Personen wirken, werden als Institutionen i.w.S. verstanden. Institutionen i.e.S. stellen Bedeutungs- und Anreizstrukturen für das menschliche Handeln dar und bilden die Grundlage für das Entstehen von Unternehmen, Staaten oder Märkten (Wentges, 2002, S. 18).

Richter und Furubotn definieren Institution als „[...] ein auf ein bestimmtes Zielbündel abgestelltes System von Normen einschließlich deren Garantieinstrumente (die Spielregeln) mit dem Zweck, das individuelle Verhalten in eine bestimmte Richtung zu steuern" (Richter/Furubotn, 1999, S. 513). Diese Definition hat weite Anerkennung in der Wissenschaft gefunden.

Die Ansätze der Neuen Institutionenökonomik, welche im Folgenden dargestellt werden, untersuchen die Auswirkungen von Institutionen auf das menschliche Verhalten (verhaltensorientierter Ansatz).

2.2.2 Zentrale Ansätze der Neuen Institutionenökonomik

Der Property-Rights-Ansatz/Verfügungsrecht

Der Property-Rights-Ansatz, als ein Ansatz der Neuen Institutionenökonomik, setzt sich mit der Gestaltung von Verfügungsrechtsstrukturen (englisch: Property Rights) und ihrer Verteilung und Übertragung auf Wirtschaftssubjekte auseinander (Berle/Means, 1932).

Die Theorie der Verfügungsrechte ist durch drei grundlegende Annahmen gekennzeichnet (Ebers/Gotsch, 2001, S. 200f.):

1. *Nutzenmaximierendes Verhalten der Wirtschaftssubjekte*: Es wird unterstellt, dass jeder Akteur versucht, seinen Nutzen zu maximieren. Neben den Zielen der Erreichung eines maximalen Güterkonsums und Einkommens zählen hierzu auch immaterielle Ziele wie Macht, Prestige und Selbstverwirklichung.

2. *Konzept der Verfügungsrechte*: Hierunter werden die Rechtsordnungen verstanden, die eindeutig regeln, welches Wirtschaftssubjekt welche Ressourcen in welcher Weise und in welchem Maße rechtmäßig nutzen kann.

3. *Entstehung von Kosten durch Spezialisierung, Übertragung und Durchsetzung von Verfügungsrechten*: Wird ein Gut ge- oder verkauft, so fallen Informations-, Verhandlungs- und Vertragskosten an, welche als Transaktionskosten bezeichnet werden.

Die Übertragung von Handlungs- und Verfügungsrechten zwischen Wirtschaftssubjekten erfolgt durch Verträge, die innerhalb von Unternehmen durch organisatorische Festlegungen geregelt sind. Die Unternehmensverfassung bildet dabei die Grundlage aller organisatorischen, hierarchischen Regelungen (Picot et al., 2002).

Der Wert eines Gutes wird nicht einzig und allein durch seine physikalischen Eigenschaften bestimmt. Das Ausmaß an Handlungs- und Verfügungsrechten der Wirtschaftssubjekte determiniert den Wert eines Gutes zusätzlich. Wirtschaftssubjekte haben die Möglichkeit, vier Verfügungsrechte an einer Ressource innezuhaben. Unterschieden werden hierbei (Ebers/Gotsch, 2001):

1. das Recht, ein Gut zu nutzen (usus),

2. das Recht, Erträge einzubehalten, bzw. die Pflicht, Verluste zu tragen (usus fructus)

3. das Recht, die Form und Substanz des Gutes zu verändern (abusus),

4. das Recht, das Gut zu veräußern bzw. einzelne Verfügungsrechte auf andere zu übertragen.

Handlungs- und Verfügungsrechte können dadurch eingeschränkt werden, dass nicht jedes Wirtschaftssubjekt über alle Rechte verfügt, bzw. nicht alle Rechte gemeinsam existieren, oder mehrere Personen gleichzeitig über bestimmte Rechte verfügen. In diesen Fällen spricht man von Verdünnung der Verfügungsrechte (Picot et al., 2002). Eine Vielzahl an Kombinationen von Verfügungsrechten ist somit möglich. Zur Bestimmung der ökonomischen Vorteilhaftigkeit dieser Alternativen sind die damit verbundenen externen Effekte und Transaktionskosten näher zu betrachten.

Treten durch Verteilungen von Verfügungsrechten eines Wirtschaftssubjektes unkompensierte Nutzenveränderungen bei Dritten auf, so spricht man von externen Effekten. Hierbei können negative externe Effekte unterschieden werden. Für den Verursacher externer Effekte besteht kein Anlass seine Handlungen zu unterlassen, solange der entstehende Nutzen seine privaten Kosten nicht übersteigt (Picot et al., 2002).

Negative externe Effekte ziehen Wohlfahrtsverluste nach sich. Das Ausmaß externer Effekte richtet sich danach, „inwieweit jedem einzelnen ökonomischen Akteur die Folgen seiner Handlungen eindeutig" zuzuordnen sind (Picot et al., 2002, S. 57). Die Möglichkeit der Zuordnung kann durch die Verteilung der Verfügungsrechte auf die Wirtschaftssubjekte geklärt werden. Je mehr Rechte ein Akteur an einem Gut innehat, desto mehr profitiert er von den Ergebnissen seiner Handlungen und erhält somit einen Anreiz zum effizienten Einsatz seiner Ressourcen.

Das Innehaben aller Verfügungsrechte stellt insofern ein Problem dar, als dass die Spezifikation und Durchsetzung mit Kosten verbunden ist. Kosten, die durch Bildung, Zuordnung, Übertragung und Durchsetzung von Property Rights anfallen, werden, wie bereits beschrieben, als Transaktionskosten bezeichnet und sind der Grund dafür, dass die vollständige Zuordnung aller Rechte auf nur ein Wirtschaftssubjekt erschwert wird (Picot et al., 2002). Pareto-effiziente Lösungen sind infolgedessen nicht immer möglich, Marktversagen wird sich einstellen.

Das Bestehen von externen Effekten und Transaktionskosten sind Anzeichen für den „Bedarf neuer institutioneller Lösungen" (Wentges, 2002, S. 26). Es müssen also solche institutionellen Arrangements gefunden werden, die die Verfügungsrechte effizient verteilen. Nach Coase sollen diejenigen Property-Rights-Strukturen gewählt werden, bei denen „die Summe aus Transaktionskosten und den durch externe Effekte hervorgerufenen Wohlfahrtsverlusten minimiert werden" (Picot et al., 2002). Als mögliches institutionelles Arrangement kann das Unternehmen, welches als ein „dynamisches Geflecht von Vertragsbeziehungen" (Picot et al., 2002, S. 62) verstanden wird, angesehen werden.

Der Transaktionskostenansatz

Im Transaktionskostenansatz wird der Frage nachgegangen, weshalb unternehmensinterne Koordination durch Planung und Autorität stattfindet und nicht auf dem Marktpreismechanismus beruht. Die Ursache ist unter anderem darin zu sehen, dass die Benutzung des Marktes Kosten verursacht.

Vor diesem Hintergrund stellt sich erneut die Frage, weshalb Märkte überhaupt existieren. Das Bestehen von Markt und Unternehmen liegt letztlich darin begründet, dass auch Koordination innerhalb von Unternehmen Kosten verursachen, die auf Fehlallokationen zurückzuführen sind. Diese Fehlallokationen sind durch das Verhalten der Wirtschaftssubjekte zu begründen, die nur begrenzt rational handeln. In der Neuen Institutionenökonomik wird angenommen, dass Menschen danach streben, sich rational zu verhalten. Dies wird aber durch eine begrenzte Fähigkeit an Informationsaufnahme und -verarbeitung unmöglich gemacht. Eine weitere Verhaltensannahme über Wirtschaftssubjekte in der Neuen Institutionenökonomik ist die Verfolgung des Eigeninteresses, wenn notwendig auch unter List und Betrug. Diese gesteigerte Form der Verfolgung eigener Interessen wird gemeinhin als Opportunismus bezeichnet.

Im Mittelpunkt der Transaktionskostentheorie steht die *Transaktion*. Unter Transaktion wird nachfolgend „nicht nur der zwischen spezialisierten Akteuren stattfindende Güteraustausch [...], sondern die davon logisch zu trennende Übertragung von Verfügungsrechten" (Picot et al., 2002, S. 66) verstanden. Die Transaktionskostentheorie verfolgt das Ziel, die Arten von Transaktionskosten zu bestimmen, in welchen institutionelle Arrangements so abgewickelt und organisiert werden können, sodass sie am kostengünstigsten sind. Für alle an einer Transaktion beteiligten Wirtschaftssubjekte fallen Transaktionskosten an, die wie folgt spezifiziert werden können: Es kann zwischen Ex ante und Ex-post anfallenden Transaktionskosten unterschieden werden. Zu den Kosten, die aufgrund von Leistungen vor Vertragsabschluss (Ex-ante) entstehen, sind insbesondere die Informations-, Verhandlungs- und Vertragskosten zu zählen. Gilt es, Verträge abzusichern, durchzusetzen und gegebenenfalls zu überwachen, so spricht man von Ex post-Transaktionskosten (Ebers/Gotsch, 2001).

Die Umweltmerkmale Unsicherheit, Spezifität und Häufigkeit von Transaktionen bestimmen die Höhe der Kosten.

1. „Unsicherheit ist ein Maß für die Vorhersehbarkeit und die Anzahl der notwendigen Änderungen der Leistungserstellung während einer Transaktion." (Picot et al., 2002, S. 68) Da künftige Umweltzustände aufgrund von Unsicherheit nicht vorhergesagt werden können, ist die Höhe der Transaktionskosten nicht konstant. Als weiterer Grund für das Bestehen von Unsicherheit wird das opportunistische Verhalten der Akteure genannt, die bewusst Informationen verschleiern, verzerren oder zurückhalten (Wentges, 2002, S. 42). Je häufiger Verträge aufgrund dieser Tatsachen geändert bzw. angepasst werden müssen, desto schwieriger ist es, eine Leistungsvereinbarung zu treffen, die von allen Transaktionspartnern als gerecht empfunden wird (Picot et al., 2002).

2. Tätigt einer der Vertragspartner Investitionen, die speziell auf Transaktionen ausgerichtet sind und in einer nächstbesten Verwendung außerhalb der Transaktion wertmäßig geringer sind als in der eigentlich vorgesehenen, so spricht man von *Faktorspezifität*. Unterschieden werden können (Williamson, 1985):

   - Standortspezifität: Dahinter verbergen sich Investition in Sachkapital für Standorte, die für die Transaktion dahingehend günstig sind, als das sie helfen, Transport- und Lagerkosten einzusparen.

   - Sachkapitalspezifität: Sie beinhalten die für eine Transaktion notwendige Investition in Ausrüstung und Maschinen.

   - Humankapitalspezifität: Investieren Transaktionspartner in spezifische Mitarbeiterqualifikationen zur Erhöhung von Spezialwissen, so spricht man von Humankapitalspezifität.

   - Zweckgebundene Sachwerte: Hierzu zählen Investitionen in Produktionsanlagen, die nur dann vorgenommen werden, wenn ein Vertragspartner verspricht, eine erheblich größere Produktionsmenge abzunehmen. Beim Ausscheiden eines Partners sind Überkapazitäten die Folge.

3. Je häufiger identische Transaktionen zwischen den Akteuren abgewickelt werden, um so eher lassen sich Skalen- und Synergieeffekte realisieren. Sinkende Produktions- sowie Transaktionskosten sind das Resultat (Ebers/Gotsch, 2001). Werden hohe transaktionsspezifische Investitionen getätigt und liegt große Unsicherheit vor, so stellt die Leistungserstellung innerhalb der Organisation das relativ günstigste Arrangement dar. Begründen lässt sich diese Aussage mit dem Wegfallen von Ex-ante Transaktionskosten und schnellen und kostengünstigen Ex-post Anpassungen (Ebers/Gotsch, 2001).

Schlussfolgernd kann herausgestellt werden, dass es Umweltmerkmale sind, die den Markt nicht als das vorteilhafteste institutionelle Arrangement erscheinen lassen. Zunächst erscheint der Markt zwar für viele Fälle als das vorteilhafteste institutionelle Arrangement, da er eine starke Anreizintensität ausübt und opportunistisches Verhalten aufgrund der herrschenden Konkurrenz beschränkt. Auch können am Markt Produktionskostenvorteile erlangt werden, da aufgrund der existierenden Konkurrenz eine wirksamere und kostengünstigere Form der Kostenkontrolle (Ebers/Gotsch, 2001) vorherrscht. Doch je mehr transaktionsspezifische Investitionen getätigt werden und Unsicherheit zunimmt, muss der Markt der organisationsinternen Leistungserstellung (in Unternehmen) weichen (Ebers/Gotsch, 2001).

Vertragslehre – Vertragsinstrumente und institutionelle Arrangements

Die Transaktionskostentheorie empfiehlt vor dem Hintergrund der genannten Verhaltensannahmen und Dimensionen der Transaktion für unterschiedliche Transaktionsbeziehungen unterschiedliche institutionelle Arrangements, wobei es sich um Vertrags-, bzw. Organisationsformen handelt (Nienhäuser/Jans, 2004). Als Basisstrategie für die Wahl des effizientesten institutionellen Arrangements gilt, dass „Transaktionen (mit jeweils verschiedenen Eigenschaften) in differenzierter (in erster Linie transaktionskostensparender) Weise Beherrschungs- und Überwachungssystemen zugeordnet werden (die sich hinsichtlich ihrer Anpassungsfähigkeit und damit verbundenen Kosten) unterscheiden" (Williamson, 1996, S. 20).

Je nach Ausprägung der Merkmale werden, wie bereits erwähnt, drei Arrangements unterschieden: Markt, Hierarchie und Hybridformen. Sie sind zwischen den beiden Endpunkten Markt und Hierarchie anzuordnen, z.B. Franchising (Williamson, 1979). Die Entscheidung für eine der drei Institutionen impliziert entsprechende Verträge, welche zum einen die Normen, wie die Transaktion durchgeführt wird, zum anderen die Garantieinstrumente zur Erfüllung der Normen enthalten (Geyer, 2001). Williamson orientiert sich dabei an MacNeils Vertragslehre, wonach klassische, neoklassische und relationale Verträge unterschieden werden (Williamson, 1979). Transaktionen im Markt gründen sich dabei auf dem klassischen Vertragsrecht, Hierarchie wird durch das relationale Vertragsrecht begründet und Hybridformen beruhen hauptsächlich auf dem neoklassischen Vertragsrecht.

In klassischen Verträgen sind die Transaktionen eindeutig beschreibbar, Leistung und Gegenleistung können ex ante voll spezifiziert werden und ex post durch Dritte verifiziert werden. Die Identität der Vertragspartner ist dabei irrelevant (Williamson, 1979). Es handelt sich demnach um weitestgehend standardisierte Transaktionen und diese bedürfen keiner spezialisierten Beherrschungs- und Überwachungssysteme, weshalb der Markt die günstigste Koordinationsform darstellt (Williamson, 1990). Aufgrund des intensiven Wettbewerbs besitzt diese Organisationsform einen hohen Anreiz für die Akteure, sich vertragsgemäß zu verhalten, da jederzeit der Transaktionspartner aufgrund fehlender spezifischer Investitionen gewechselt werden kann (Dietl, 1995; Williamson, 1990).

Allerdings lässt sich nicht alles durch klassische Verträge regeln. So werden langfristige Verträge, die unter Bedingungen der Unsicherheit abgeschlossen werden, in Form von neoklassischen Verträgen abgeschlossen (Williamson, 1979). Unsicherheit und Komplexität der Umweltentwicklung sowie beschränkte Rationalität machen allerdings eine vollständige Spezifizierung der Einzelleistungen unmöglich. Als Konsequenz sind unvollständige Verträge das Beste, was erreichbar ist. (Williamson, 1981). Um trotzdem dem Risiko der Rechtsbeugung durch eine Partei vorzubeugen, werden Drittinstitutionen schon ex ante mit einbezogen wie z.B. Standards, Schiedsrichter oder Kontrollorgane wie beispielsweise Ratingagenturen (Schramm, 2005; Jost, 2001).

Bei auf Dauer angelegten relationalen Verträgen sind Einzeltransaktionen und Leistungsbeschreibung nicht Bestandteil der Vereinbarung, stattdessen finden häufig implizite Vereinbarungen und stillschweigende Übereinkünfte der Parteien statt, weshalb Dritte die Regelungen nicht mehr ex-post verifizieren können (Schramm, 2005). In einer Hierarchie sind somit Steuerungs- und Kontrollmechanismen notwendig, da Leistungen nur schwer messbar und kontrollierbar und die Verträge unvollständig sind (Nienhäuser/Jans, 2004). Folglich bekommen Ex-post-Betrachtungen von Verträgen besondere Bedeutung, um beispielsweise bestehende vertragliche Lücken zu schließen (Williamson, 1996).

Die Prinzipal-Agenten-Theorie

In den Mittelpunkt der Prinzipal-Agenten-Theorie wird die Institution des Vertrages gerückt. Dabei wird diskutiert, welche Rolle der Vertrag in Austauschbeziehungen zwischen Auftraggeber (Principal oder Prinzipal) und Auftragnehmer (Agent) einnimmt (Ebers/Gotsch, 2001).

Auf der Grundlage eines Vertrages überträgt ein Auftraggeber zur Realisierung seiner Interessen Aufgaben und Entscheidungskompetenzen an eine beauftragte Person. „We define an agency relationship as a contract under which one or more persons engage another person to perform some service on their behalf which involves delegating some decision making authority to the agent." (Jensen/Meckling 1976, S. 309)

Geht man davon aus, dass die Wirtschaftssubjekte[1] Nutzenmaximierer sind (weitere Annahme über das menschliche Verhalten in der NIÖ), so erscheint es einleuchtend, dass die beauftragten Agenten nicht immer im Interesse ihres Prinzipals agieren. Der eigennützig rational handelnde Agent versucht vordergründig seinen Nutzen zu maximieren und nicht den des Auftraggebers. Der Auftraggeber muss also damit rechnen, dass der Agent Verhaltensspielräume ausnutzt, auch wenn er damit dem Prinzipal Schaden zufügt (Picot et al., 2002). Dieses nennt man opportunistisches Verhalten (weitere Annahme über das menschliche Verhalten in der NIÖ). Die Umwelt des Prinzipals wird somit generell durch Informationen, Handlungen, Eigenschaften und Absichten des Agenten bestimmt und ist aufgrund der gegebenen Informationsasymmetrien zu Ungunsten des Prinzipals unvollständig. Folgende vier Situationen von Informationsasymmetrien können unterschieden werden: Hidden Characteristics, Hidden Information, Hidden Intention und Hidden Action.

---

[1] Unter „Wirtschaftssubjekte" zu verstehen ist „allgemein jeder Teilnehmer am Wirtschaftsleben (z.B. Privatperson, juristische Person, öffentlich-rechtliche Körperschaft); im engeren Sinn der Mensch als Gestalter und Träger des Wirtschaftsprozesses (als Produzent und Konsument, Investor und Sparer, Arbeitnehmer und Unternehmer.

2.3 Die Prinzipal-Agenten-Theorie im Fokus der Corporate Governance

2.3.1 Agenturprobleme „Hidden Characteristics", „Hidden Information"

Interessenunterschiede und nicht symmetrische Informationsverteilung zwischen Prinzipal und Agenten lösen Agenturprobleme aus. Im Folgenden wird die gegebene Klassifikation der Agenturprobleme aufgegriffen und vertieft, um dann in einem weiteren Schritt die Lösungsmöglichkeiten aufzuzeigen, die zur Überwindung der Agenturprobleme dienen.

Kennt der Prinzipal unveränderliche Eigenschaften des Agenten vor Vertragsabschluss nicht, sondern erst ex post, so liegen *Hidden Characteristics* vor (Picot et al., 2002). Für den Prinzipal besteht die Gefahr, dass ein Agent trotz schlechter Eigenschaften eingestellt wird. In diesem Fall spricht man von adverser Selektion.

Hidden Information liegt vor, wenn der Prinzipal zwar die Handlungen des Agenten beobachten kann, aber aufgrund von fehlenden Umfeldinformationen nicht beurteilen kann, ob das Handlungsergebnis einzig und allein auf den Agenten zurückzuführen ist. Möglicherweise kann das vorliegende Ergebnis eines Agenten auch auf positive, exogene Faktoren zurückzuführen sein (Picot et al., 2002).

Im Zusammenhang mit Hidden Information wird das Problem der *Hidden Action* diskutiert. Hier ist es dem Prinzipal nicht möglich, die Handlungen des Agenten zu beobachten. Eine lückenlose Überwachung der Agenten kann aus Kostengründen nicht erfolgen, sodass auch in diesem Fall der Prinzipal nicht weiß, welche Anstrengungen der Agent unternommen hat, um diese Ergebnisse vorzulegen. In beiden Fällen liegt ein moralisches Risiko vor. Man spricht von Moral Hazard und meint damit das opportunistische Ausnutzen von Informationsvorsprüngen des Agenten gegenüber seinem Auftraggeber. Je mehr Verhaltensspielräume dem Agenten eröffnet werden und je weniger Möglichkeiten der Prinzipal hat, seinen Agenten zu kontrollieren, desto größer ist die Gefahr des Moral Hazard.

Außerdem besteht die Gefahr der Existenz von *Hidden Intention*. Hierbei ist es dem Prinzipal nicht möglich, die Leistungsbereitschaft des Agenten einzuschätzen. Seine Absichten bleiben ihm verborgen (Witt, 2003). Der Agent selbst erkennt in diesem Fall erst nach Vertragsabschluss einen Gestaltungsspielraum seiner Gegenleistung und nutzt ihn zu seinen Gunsten aus (Schreyögg, 2000).

2.3.2 Die Schaffung von Anreiz-, Kontroll-, und Informationsmechanismen

Das Aufzeigen der Agenturprobleme im vorangegangenen Abschnitt macht die Notwendigkeit an Steuerungs- und Kontrollmechanismen aus Sicht der Auftraggeber deutlich: Die

Entstehung der Agenturprobleme beruht auf der Trennung von Eigentum und Kontrolle, da Unternehmenseigner die Leitung auf Manager (Agent) übertragen und somit mit der Frage konfrontiert werden, wie „suboptimales Verhalten der Manager vermieden werden kann" (Ebers/Gotsch, 2001).

Lösungsmöglichkeiten, um die Auftragnehmer zu einem Verhalten zu bewegen, die der Prinzipal als wünschenswert ansieht, wurden bereits in vielfältiger Weise durch die Vertreter der Neuen Institutionenökonomik vorgeschlagen. Ergänzt werden diese durch die Corporate Governance, welche sich neben rechtswissenschaftlichen Diskussionsbeiträgen vor allem ökonomischen Studien zuwendet. Die Corporate Governance greift Inhalte der Neuen Institutionenökonomik auf, diskutiert sie und entwirft neue Ansätze (Witt, 2003). Die Erkenntnisse der Neuen Institutionenökonomik, welche helfen sollen, die genannten Agenturprobleme zu überwinden, werden nachfolgend beispielhaft an einer Aktiengesellschaft dargestellt.

Das Problem der Hidden Characteristics besteht für die Aktionäre (Prinzipale) darin, nicht genau einschätzen zu können, über welche Qualifikationen die Manager (Agenten) verfügen. Instrumente, die diesem Problem entgegenwirken können, stellen das Signalling und das Screening dar, da mit ihnen bereits vor Vertragsabschluss der Informationsunterschied zwischen Prinzipal und Agent reduziert werden kann (Picot, et al.2002).

Die Manager können sich z.B. durch den Nachweis eines Diploms oder durch die Vorlage diverser Arbeitszeugnisse von weniger qualifizierten Managern abheben, dadurch auf ihre besondere Leistungsfähigkeit aufmerksam machen und somit „Signale" setzen. Während durch Signalling der Agent Aufmerksamkeit auf seine Person zieht, wird im Gegensatz dazu beim Screening der Prinzipal aktiv. Hier werden schon erste Beziehungen zur Corporate Social Responsibility sichtbar. Gerade das Screening ist in der jüngsten Vergangenheit in Deutschland durch Vorfälle bei Lidl (Mitarbeiterbespitzelung), bei der Deutschen Telekom (Abhörung und Aufzeichnung vertraulicher Telefonate) und der Deutschen Bahn (Überprüfung der Bankkonten der Mitarbeiter) sehr in Kritik geraten.

Neben diesen beiden Arten der Problembewältigung ist eine weitere Möglichkeit die Angleichung der Interessen durch die Etablierung geeignete Institutionen. Agenten sollen dazu gebracht werden, dass sie nur solche Ziele verfolgen, die vom Prinzipal grundsätzlich erwünscht sind. Die Reputation des Agenten kann beispielhaft hierbei zur Problembegrenzung genutzt werden. Schließlich sollte ihm wichtig sein, dass üble Nachrede seinen Ruf nicht schädigt (Picot et al., 2002).

Die Problematik der Hidden Action veranschaulicht, dass Arbeitseinsätze der Manager für Aktionäre meist nicht beobachtbar sind, sondern nur in Form des offengelegten Betriebsergebnisses ersichtlich gemacht werden können. Aktionäre müssen also Vermögensverluste befürchten, da die Manager eigene Ziele mehr verfolgen, anstatt das Interesse der Shareholder durchzusetzen.

Eine ebenso typische Prinzipal-Agent-Beziehung, wie zwischen Aktionär und Management, stellt die Beziehung zwischen Aufsichtsrat und Vorstand in einer Aktiengesellschaft dar. Der Aufsichtsrat kann nur schwer beurteilen, ob ein verbessertes Betriebsergebnis auf eine veränderte Unternehmensstrategie, die durch Weisungen des Vorstandes erfolgen musste, zurückzuführen ist, oder ob z.B. Konkurrenten den Markt verlassen haben und das der eigentliche Grund dafür ist, dass sich das Betriebsergebnis verbesserte (Hidden Information).

Den Problemen der Hidden Information und Hidden Action kann mit den Instrumenten Interessenangleichung, Screening und Monitoring entgegengewirkt werden. Interessensangleichungen können z.B. durch Ergebnisbeteiligungen erreicht werden (Picot et al., 2002).

Das Monitoring kann durch Berichtssysteme unterstützt werden, z.B. Kostenrechnungs- und Buchführungssysteme. Das Monitoring wird von Kontrollorganen durchgeführt. Ihnen obliegt die Aufgabe, Transparenz in die Handlungen des Agenten (z.B. Vorstand) zu bringen (Picot et al., 2002). Anreize müssen auch bei Hidden Intention geschaffen werden, sodass der Agent im Sinne des Prinzipals agiert.

Maßnahmen zur Kontrolle des Managements durch den Aufsichtsrat, eine leistungsgerechte Vergütung oder die Nutzung von Informationssystemen stellen nur einige Elemente dar, um Diskrepanzen zwischen Prinzipal und Agenten zu überwinden. Werden Elemente zur Steuerung und Kontrolle (Governance) in die Gestaltung von Verträgen bewusst eingebaut, kann Agenturproblemen vorgebeugt werden. In diesen Fällen spricht man von wirksamen „governance mechanisms" (Ebers/Gotsch, 2001, S. 211f.).

Drei zentrale Arten zur Disziplinierung des Agenten werden zusammenfassend herausgestellt (siehe Abbildung 2.2):

- Das Setzen von Anreizen,
- die direkte Verhaltenssteuerung (Kontrolle)
- die effiziente Gestaltung von Informationssystemen

(siehe Sektion: Informationssysteme zur Corporate Governance).

Die Disziplinierung des Managements steht im Vordergrund, wenn es darum geht, Corporate Governance-Systeme zu gestalten. Die Anreiz-, Kontroll- und Informationsmechanismen sollen helfen, die Unternehmenspolitik an den Interessen der Agenten auszurichten, egal ob mit „Agenten" Shareholder oder Stakeholder, wie z.B. Mitarbeiter, Lieferanten oder sonstige Anspruchsgruppen, gemeint sind.

Wie die Diskrepanzen zwischen Prinzipal und Agenten mithilfe von ausgewählten Instrumenten der Corporate Governance weiterhin reduziert werden können, wird im Folgenden diskutiert.

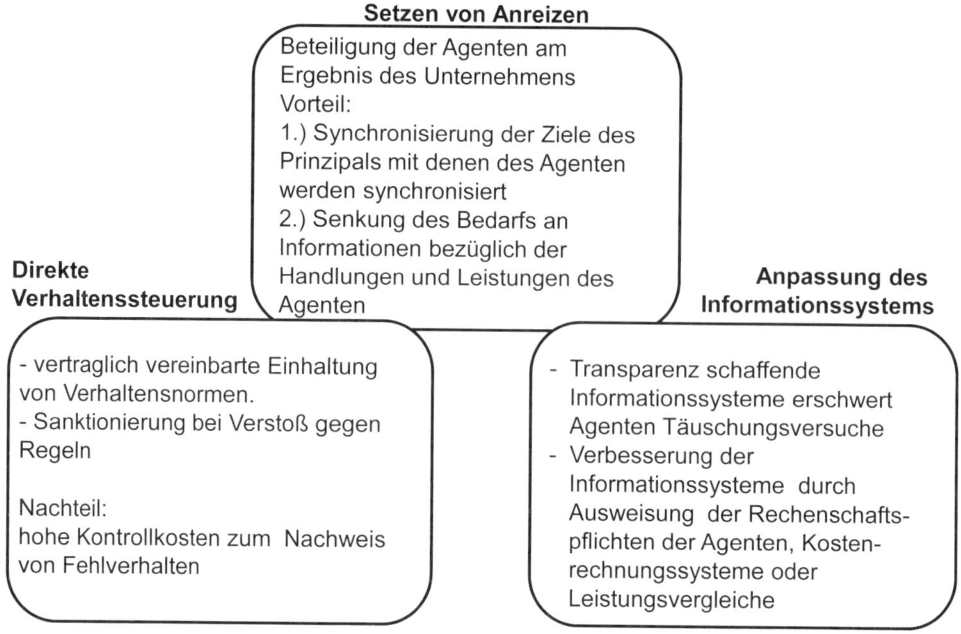

Setzen von Anreizen

Beteiligung der Agenten am Ergebnis des Unternehmens
Vorteil:
1.) Synchronisierung der Ziele des Prinzipals mit denen des Agenten werden synchronisiert
2.) Senkung des Bedarfs an Informationen bezüglich der Handlungen und Leistungen des Agenten

Direkte Verhaltenssteuerung

- vertraglich vereinbarte Einhaltung von Verhaltensnormen.
- Sanktionierung bei Verstoß gegen Regeln

Nachteil:
hohe Kontrollkosten zum Nachweis von Fehlverhalten

Anpassung des Informationssystems

- Transparenz schaffende Informationssysteme erschwert Agenten Täuschungsversuche
- Verbesserung der Informationssysteme durch Ausweisung der Rechenschaftspflichten der Agenten, Kostenrechnungssysteme oder Leistungsvergleiche

Abb. 2.2 Arten zur Disziplinierung des Agenten (i. A. an Ebers/Gotsch, 2001).

2.4 Empfehlungen zur Lösung von Problemen in der Corporate Governance

2.4.1 Suche nach der optimalen Vergütungsstruktur

Ein Instrument, um die Probleme aus der Prinzipal-Agenten-Beziehung zu reduzieren, wird – wie bereits beschrieben – im Setzen von Anreizen gesehen (Jensen, 1993). Diese Anreize können in unterschiedlichster Form geschehen, z.B. auf der Basis von Pay-for-Performance-Entlohnungssystemen. Diese Systeme verfolgen die Absicht, Führungskräfte zu einer guten „Performance" zu bewegen, um anschließend für eine Wertsteigerung des Unternehmens belohnt zu werden. Ziele eines solchen Ansatzes sind, die Manager sowohl mit einer fixen als auch mit einer variablen Vergütung zu entlohnen. Ein fixer Anteil scheint insofern sinnvoll, da der risikoaverse Manager dadurch eine Absicherung erfährt und somit einen Anreiz erhält, ein größeres unternehmerisches Risiko einzugehen (Witt, 2003).

Neben der Festsetzung eines Grundgehaltes kann die variable Vergütung in verschiedenen Ausprägungen erfolgen. Als gängigstes Instrument gilt der Performance Bonus: die Vergütung in Aktien oder Aktienoptionen. Während der Performance Bonus mit der individuellen

Leistung verknüpft ist, orientiert sich die Vergütung in Aktien an der wirtschaftlichen Lage des Unternehmens (Breuer, 2003). Aktienkomponenten ermöglichen es, bei geeigneter Ausgestaltung (z.B. mit einer entsprechenden Halteperiode) die Ziele von Vorstand und Aktionären einander näher zu bringen, da beide hierdurch das Ziel der „langfristigen und nachhaltigen Wertschöpfung" (Breuer, 2003, S. 45) verfolgen. Die Prinzipal-Agenten-Situation wird hier insofern deutlich, als dass die Manager zu Aktionären werden und somit verstärkt bestrebt sind, Wertsteigerungen zu erzielen.

Eine weitere, in der Praxis oft auftretende Form der variablen Vergütung stellen Aktienoptionen (Stock Options) dar. Um Manager dazu zu bewegen, längerfristig im Unternehmen tätig zu sein und sie zu einer langfristigen Unternehmensplanung anzuhalten, werden gerne Aktienoptionen gewählt. Die Finanzpraxis und die Entwicklungen in der Wirtschafts- und Finanzkrise 2007/2008 zeigen jedoch, dass die zugrunde liegenden Vereinbarungen zu den Optionsprogrammen eher zu einer kurzfristigen Orientierung führen. Nur eine mehrjährige Sperrfrist oder ein Verkaufsverbot wirkt diesem entgegen. Stock Options sind überdies mit einem geringeren wahrgenommenen Risiko für die Agenten behaftet als Aktien, da die Eigner nur an positive Wertentwicklungen des Unternehmens beteiligt werden (Witt, 2003). Die Bezahlung in Aktien (als Form der variablen Vergütung) wäre demnach den Stock Options grundsätzlich vorzuziehen, um motivierend auf die Manager einzuwirken, und um sie im Interesse der Aktionäre agieren zu lassen. Beachtet werden muss weiterhin, dass die Parameter, die zur Bemessung der variablen Management-Entlohnung herangezogen werden, auch vom Manager beeinflusst werden können, um so auch die von ihm ausgehende Motivation aufrecht zu erhalten. Da der Nutzen der gesamten Entlohnung mit zunehmenden variablen Anteilen für die risikoaversen Manager abnimmt, belaufen sich Empfehlungen bezüglich der Höhe des variablen Anteils auf 30% bis 50%.

Die Management-Entlohnung stellt zwar einen wichtigen Punkt in der Corporate Governance dar und bietet auch Ansatzpunkte, um Interessenkonflikte zwischen Anteilseignern und Managern zu reduzieren, die Gewährung dafür, dass alle Probleme ausgeräumt werden, kann sie jedoch keinesfalls liefern.

Derzeit stehen Entlohnungssysteme mit Bonuszahlungen in starker medialer Kritik. Trotz Unternehmensverluste in Milliardenhöhe und trotz der finanziellen Unterstützung des Staates zur Abwendung von Insolvenzen (siehe bspw. das Unternehmen Hypo Real Estate) halten die Geschäftsführer weiterhin an den Auszahlungen von Boni fest (z.B. Funke – Vorstand Hypo Real Estate). Verantwortliches gesellschaftliches Handeln ist hier nicht vorzufinden. Jedoch zeigen sich auch positive Beispiele (z.B. Ackermann – Vorstand Deutsche Bank), bei denen Manager trotz vertraglicher Zusage auf ihre Bonuszahlungen freiwillig verzichtet haben, aufgrund der schlechten wirtschaftlichen Geschäftsentwicklung.

2.4.2 Instrument zur Kontrolle von Managern

Kontrolle der Manager durch Mitbestimmung

Das deutsche Führungssystem mit Vorstand und Aufsichtsrat ist ein Modell, das ein ausgewogenes Verhältnis zwischen Führung und Kontrolle in einem Unternehmen herstellen will. Die Aufgabe des Aufsichtsrates ist es, die Durchsetzung der Interessen der Aktionäre zu überwachen. Der Aufsichtsrat befindet sich hierbei in einer zweistufigen Prinzipal-Agenten-Beziehung (siehe Abbildung 2.3), denn zum einem befindet er sich gegenüber dem Anteilseigner in der Rolle des Agenten, zum anderen tritt er gegenüber der Unternehmensleitung als Prinzipal auf. In beiden Fällen kommt es zu Informationsasymmetrien und Interessenkonflikten (Witt, 2003).

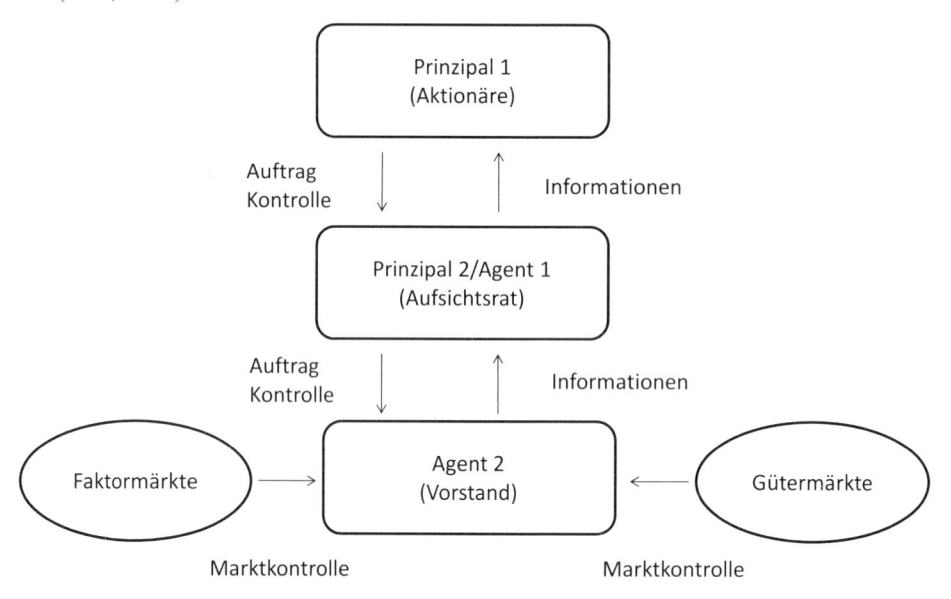

Abb. 2.3 Prinzipal-Agenten-Modell in Aktiengesellschaften.

Informationsasymmetrien gegenüber den Anteilseignern treten dadurch auf, dass Aufsichtsratsmitglieder leichteren Zugang zu Unternehmensinformationen haben. Interessenkonflikte treten weiterhin auf, weil Aufsichtsratsmitglieder nicht unbedingt große Aktienpakete am Unternehmen halten und sich somit nicht ausreichend in die Lage von Anteilseignern versetzen. Zudem wird ihnen unterstellt, dass sich aufgrund der Arbeit im Aufsichtsrat Anreize für sie ergeben, da sie mit dem Management zusammenarbeiten dürfen und sich somit versuchen, besser zu stellen, als es den Aktionären je möglich wäre (Witt, 2003). Es gilt also, die Effizienz des Aufsichtsrates zu erhöhen, um die interne Kontrolle der Unternehmensleitung durch den Aufsichtsrat zu verbessern. Empfehlungen der Corporate Governance werden dahingehend getroffen, dass die Aufsichtsratsmitglieder ihre Funktionen besser wahrnehmen sollten (Breuer, 2003). Oft sind Personen nicht nur Träger eines Mandates in einem Unternehmen, sondern sie nehmen in verschiedenen Gremien eine Position wahr. Die Forderungen lauten deshalb, dass ein Mandat mit einem höheren zeitlichen Aufwand verknüpft werden soll, Aufsichtsratssitzungen dementsprechend häufiger stattfinden müssen (Breuer, 2003).

Darüber hinaus verlangt eine dynamische Wettbewerbsumwelt[2], Entscheidungen schnell zu treffen, um sich neuen Situationen umgehend stellen zu können. Die derzeitige Größe von durchschnittlich etwa 20 Mitgliedern in deutschen Aufsichtsräten verhindert schnelle Entscheidungswege, da Diskussionen weniger geführt werden und Entscheidungsfindungen in großen Gremien erschwert werden. Möglicherweise besteht außerdem die Gefahr der Anpassung, da Mitglieder des Aufsichtsrates teilweise freundschaftliche Kontakte zur Unternehmensleitung hegen und diese nicht durch gegenläufige Meinungen zerstören wollen (Witt, 2003). Breuer (2003) stellt dar, dass kleinere Gremien von bis zu 10 Mitgliedern, bzw. bei großen Gesellschaften eine Staffelung auf acht, zehn oder zwölf Mitglieder, als Lösungsmöglichkeiten für ein effizienteres Arbeiten und bessere Ausgangspositionen für Diskussionsrunden möglich wäre. Diesen Argumenten stehen in Deutschland jedoch Befürchtungen der Gewerkschaften gegenüber, dass durch eine Verkleinerung der Aufsichtsräte ihre Einflussmöglichkeiten, die ihnen durch das Mitbestimmungsgesetz von 1976 eingeräumt wurden, geschmälert werden (Breuer, 2003).

Fraglich ist, inwiefern eine Mitbestimmung der Arbeitnehmer effizient ist, wenn eine staatlich erzwungene Mitbestimmung erfolgen muss. Schon Jensen und Meckling (als Vertreter der Property-Rights-Theorie) zweifelten die Effizienz der Mitbestimmung an: „Wenn die Mitbestimmung der Arbeitnehmer für alle Interessengruppen wirklich vorteilhaft wäre, dann bräuchte man sie nicht staatlich zu erzwingen. Wäre der Nutzen größer als die Kosten, dann hätten die Unternehmen die Mitbestimmung freiwillig eingeführt [...]" (Jensen/Meckling, 1976, S. 474). Auch Breuer (2003) hinterfragt, ob die unternehmerische Mitbestimmung der Arbeitnehmer im Aufsichtsrat, insbesondere durch betriebsfremde Gewerkschaftsvertreter, heute noch ein zeitgemäßes Modell darstellt. Zwar betont er die Vorzüge der betrieblichen Mitbestimmung im deutschen Modell, zweifelt jedoch an, dass es gelingt, ausländischen Unternehmern, die möglicherweise Investoren darstellen, die paritätische Mitbestimmung zu vermitteln. Einen Lösungsansatz sieht er in der Wahlfreiheit zwischen dem One-Tier-Modell, wie es im angelsächsischen Bereich Anwendung findet, und dem Two-Tier-Modell Deutschlands (Breuer, 2003) (siehe hierzu die Sektion „Trennungsmodell oder Board-Modell).

---

[2] Dynamische Wettbewerbsumwelt: Wettbewerb beschreibt eine Konkurrenzsituation, in der ein Unternehmen durch sein Verhalten andere Unternehmen bei der Erreichung ihrer Ziele behindert. Die Wettbewerbsintensität einer Branche wird zum einen durch die Wettbewerbsstruktur und zum anderen durch die Häufigkeit der Aktionen der Branchenbeteiligten bestimmt. Der Begriff der Wettbewerbsdynamik wird analog zur Wettbewerbsintensität verwendet (Kupke 2008, S.11).

Kontrolle der Manager durch Publizitätspflichten

Umfassende Berichterstattungen über Geschäftsabläufe eines Unternehmens garantieren sowohl den Share- als auch den Stakeholdern Transparenz. Informationsasymmetrien werden abgebaut und das Vertrauen in die Unternehmensführung wird gestärkt.

Während bisher sogenannten Outsidern lediglich über den Jahresabschluss Daten des Unternehmens zugänglich waren, wurden in der Zwischenzeit Gesetze verabschiedet, die die Vorschriften der Berichterstattung von Unternehmen ausgeweitet haben. Das deutsche Transparenz- und Publizitätsgesetz (TransPuG)), welches im Juli 2002 in Kraft getreten ist, soll beispielsweise sicherstellen, dass in Hinblick auf die Unternehmensleitung und -überwachung Vorgänge transparenter gestaltet und Ergebnisse verstärkt publiziert werden müssen, um zwischen der Unternehmensleitung und den Anteilseignern die bestehenden Asymmetrien zu reduzieren. Änderungen des Handelsrechts in den Bereichen der Rechnungslegung sowie in denen der Prüfung sind ebenfalls Gegenstand des Gesetzes. Ein größeres Gewicht wird den Abschlussprüfern beigemessen, indem sie z.B. ermächtigt worden sind, gesonderte Berichte über Beanstandungen, die für die Überwachung des Unternehmens von Bedeutung sind, anzufertigen (Peters et al., 2003). Konzernabschlüsse sind erweitert worden, sodass sowohl die Kapitalflussrechnung als auch die Segmentberichterstattung eigene Bestandteile des Jahresabschlusses sind und nicht länger nur Teile im Anhang. In die gleiche Richtung gehen das Bilanzrechtsmodernisierungsgesetz (BilMoG) sowie die Regelungen des Deutschen Corporate Governance Kodex.

Vorteile einer umfassenden Publizität ergeben sich jedoch nicht nur für Anteilseigner, sondern auch für die Unternehmensleitung insofern, als dass potentielle Kapitalgeber einen Einblick in die Geschäfte des Unternehmens erhalten und eventuell ermutigt werden, zu investieren. „Denn weniger umfassende Publizität wird am Kapitalmarkt als ein Signal für geringere Wettbewerbsfähigkeit aufgefasst." (Witt, 2003, S. 28).

Der Beitrag internationaler Ratingagenturen zu einer verbesserten Publizität und erhöhter Transparenz steht derzeit auf dem Prüfstand. Ratings haben in den vergangenen Jahren in vielen Bereichen der Bank- und Finanzwirtschaft an Bedeutung gewonnen. Ursache hierfür sind primär die weltweite Integration und Internationalisierung der Finanzmärkte, das Entstehen komplexer Finanzierungsformen und allgemein die zunehmende Verbriefung von Forderungen („Disintermediation"[3]). Darüber hinaus lässt sich ein erheblicher Wandel der Rahmenbedingungen zur Beschaffung von Fremdkapital feststellen. Dieser Wandel ist unter anderem darauf zurückzuführen, dass der Kapitalmarkt im Zuge der Verbreitung des Shareholder-Value vor allem Druck auf börsennotierten Banken ausübt.

Ein Rating soll im Grunde Aussagen über die gegenwärtige und zukünftige Fähigkeit eines Schuldners (Agenten), seinen finanziellen Verpflichtungen vollständig und fristgerecht nachzukommen, treffen. Je nach Bewertungsansatz ergeben sich Implikationen für die Stabilität der Ratingurteile und für deren Informationsgehalt bzw. Prognosegüte im Zeitablauf. Ratings

---

[3] Unter Disintermediation wird eine Ersetzung bankvermittelter, indirekter Finanzierung durch eine direkte, marktvermittelte Beziehung zwischen Anleger und Unternehmen verstanden.

werden zunehmend auch von Gesetzgebern und Aufsichtsbehörden als Regulierungsinstrument herangezogen.

Externe Ratings sind als nützliche Indikatoren für die Risikomessung von Krediten an Schuldner anzusehen. Es hat sich aber in der Praxis gezeigt, dass sich externe Ratings nicht als alleiniger Maßstab für ein optimales Informationssystem eignen und nur als Komplement zu anderen Bewertungssystemen verwendet werden sollte. Externe Ratings führen dem Kapitalmarkt neue Informationen zu und sind insofern nützlich, um die asymmetrischen Informationsverteilungen zu reduzieren. Andererseits können externe Ratings auch mit Mängeln behaftet sein, deren wesentliche Ursache nicht nur in der generellen Problematik zukunftsorientierter Bewertungen liegt, sondern auch institutionell zu begründen ist.

Im Rahmen des antragslosen Ratingverfahrens (sogenannte unsolicited Ratings) führen Ratingagenturen in Eigeninitiative Ratingurteile ohne eine Auftragserteilung des Emittenten durch. Dagegen können Unternehmen auch selbständig Ratingagenturen beauftragen (und bezahlen) ein Rating durchzuführen. Differenzen der Ergebnisse zwischen diesen beiden Ratingformen sind signifikant. Die Ratingagenturen Moody's und Standard&Poors stufen beispielsweise durchschnittlich unbeantragten Ratings eine halbe Ratingklasse niedriger ein als beantragte Ratings (Yingjin, 2004). Dies lässt sich nach der „punishment hypothese" darin begründen, dass Ratingagenturen einen Anreiz haben, zahlenden Emittenten ein besseres Rating zu erteilen (Yingjin, 2004; Bannier/Tyrell, 2005).

2.4.3 Generierung von Vertrauen im Unternehmen

Wie passen eine durch Kontrolle gekennzeichnete Neue Institutionenökonomik, eine Corporate Governance, die verstärkt Kontrollmechanismen fordert und sich teilweise schon in Gesetzen manifestiert hat, und das eher psychologische Phänomen Vertrauen zueinander?

Unter Kontrolle wird der Unterschied zwischen einem Soll- und einem Ist-Wert einer Leistung verstanden, welcher anschließend durch entsprechende Anpassungen korrigiert wird (Eberl, 2002). Anhand von Standards bzw. unter Zuhilfenahme von gesteckten Zielen lässt sich die erbrachte Leistung ermitteln. Im ersten Fall spricht man von einer Verhaltenskontrolle, während im letzten Fall Ergebniskontrolle vorliegt (Lattemann/Köhler, 2004).

Luhmann definiert Vertrauen als eine Erwartung, „dass jemand sich kooperativ verhält, obwohl relativ sanktionsfreie Möglichkeiten und gewichtige Interessen auf Seiten des Gegenübers bestehen, die Erwartung zu enttäuschen." (Luhmann, 1993, S. 98). Ein möglicher Schaden durch einen Vertrauensbruch wäre demnach größer, als die Vorteile durch einen Vertrauenserweis (Eberl, 2002).

Das Definieren beider Begriffe stellt kein Problem dar. Doch wie können sie zueinander in Verbindung gebracht werden? Dieser Fragestellung nehmen sich auch die Vertreter der Neuen Institutionenökonomik an. In ihren Ausführungen bildeten bisher sowohl die Ergebnis- als auch die Verhaltenskontrolle wichtige Elemente. Als Alternative dazu stellen sie Vertrauen in einer Kosten-Nutzen-Analyse dar (Eberl, 2002). Sie gelangen zu dem Ergebnis, dass durch Vertrauen, Kontrollkosten eingespart werden können. Gleichzeitig sehen sie aber auch, dass

Vertrauen kostenverursachend wirkt, denn „der Vertrauensgeber vertraut nämlich nicht blind, sondern kalkuliert und benötigt dementsprechend Informationen, wodurch wiederum Kosten entstehen" (Eberl, 2002, S. 201). Vertrauen kommt aus transaktionskostentheoretischer Sicht immer dann zur Anwendung, je höher die Kosten für die Kontrolle der Leistungen und der Ergebnisse sind. Aber selbst diese Feststellung macht deutlich, wie rational und mit welchen kalkulatorischen Elementen der Begriff Vertrauen in der Neuen Institutionenökonomik behaftet ist, denn die Vertreter gehen davon aus, dass sobald Rahmenbedingungen geändert werden und Kontrolle wieder begünstigt wird, Vertrauen „abgeschaltet" werden kann (Eberl, 2002).

Kontrolle sollte nicht von vornherein ausschließlich negativ belegt sein, sondern sie sollte immer dann zum Einsatz kommen, wenn sie „möglich und effizient ist" (Eberl, 2002, S. 217). Damit dies aber erfolgreich umgesetzt werden kann, muss eine entsprechende Kommunikation im Unternehmen vorhanden sein, die den Wegfall von Kontrollmaßnahmen und gleichzeitig die vertrauensvolle Zusammenarbeit verkündet (Eberl, 2002).

2.5 Zusammenfassung

Beschäftigt man sich mit der Corporate Governance eines Unternehmens, so wird man gezwungen, sich mit Prinzipal-Agenten-Situationen auseinanderzusetzen. Dies liegt in der Existenz von unvollständigen Verträgen, unterschiedlichen Zielsetzungen sowie Informationsasymmetrien zwischen diesen Gruppen begründet. Daraus ergibt sich die Notwendigkeit zur Etablierung von Corporate-Governance-Systemen.

Ein Interessenausgleich kann über verschiedenste Institutionen herbeigeführt werden. Je unterschiedlicher und vielfältiger die Interessengruppen vertreten sind, umso größer ist deren Einfluss, den sie auf Unternehmensentscheidungen ausüben können.

In den bisherigen Ausführungen konnten nur unsystematisch und vereinzelte Detailprobleme in der Corporate Governance angesprochen werden. In den folgenden Sektionen werden nach der Darstellung der theoretischen Ansätze in der Corporate Governance weitere Problemkreise thematisiert.

2.6 Fallbeispiele

2.6.1 Enron

Mit dem Zusammenbruch des ehemals siebtgrößten Konzerns der USA, Enron, begann eine spektakuläre Reihe von Unternehmenskrisen, welche die Corporate Governance in den USA stark erschütterte. Der Zusammenbruch von Enron wird in der Literatur an zwei Eckpunkten festgemacht. Zum einen war die Bilanzierung von Derivaten, insbesondere die Bilanzierung und Bewertung von langfristigen Terminkontrakten (Laufzeit mit mehr als fünf Jahren) nach dem mark-to-market-accounting[4] problematisch, da diese Bewertungsmethode Marktpreise voraussetzt, welche bei Terminkontrakten von einer Laufzeit mit über fünf Jahren nicht existieren (Healy/Palepu, 2003). Für das Enron-Management hatte dies den Vorteil, dass mögliche Verluste und Risiken für ihre Terminkontrakte nicht gleich, sondern in der Zukunft erfasst wurden. Zum Anderen ist die Nicht-Konsolidierung von Tochterunternehmen[5], insbesondere der Special Purpose Entities (SPE – Zweckgesellschaft). Das Enron-Management nutzte SPEs, um einen Großteil seiner Kredite, risikobehaftete Geschäftsteile und Verluste zu verschieben (Schürmann, 2002). Das führte dazu, dass im offenlegungspflichtigen Konzernabschluss nur die Gewinne berücksichtigt wurden und die finanzielle Lage von Enron verzerrt dargestellt wurde. Für Enron hatte dies zur Folge, dass das Unternehmen ein besseres Rating bekam als es nach objektiven Kriterien verdient hätte und somit seine Refinanzierungskosten am Kapitalmarkt senken konnte. Die Krise von Enron begann, als die Voraussetzungen für die Nicht-Konsolidierung von SPEs nicht mehr gegeben waren und das Unternehmen im Oktober 2001 eine Gewinnrevision in Höhe von 544 Mio. USD und eine Eigenkapitalverringerung um 1,2 Mrd. USD bekannt gab (Benston/Hartgraves, 2002).

Warum haben die Corporate-Governance-Strukturen diese Missstände nicht aufgedeckt? Die Board-Mitglieder von Enron waren durch einen hohen Anteil von Stock Options bei ihrer Entlohnung stark an einer kurzfristigen Gewinnerhöhung interessiert. In der Kritik stand das Audit Committee, welches als ein Ausschuss des Boards die Aufgabe der Überwachung der externen und internen Prüfungstätigkeiten hatte. Zwar waren im Audit Committee kompetente Mitglieder vertreten, aber die beratenden Zusammenkünfte waren zu selten und, um eine effektive Kontrolle durchzuführen, zu kurz. Außerdem gab es für das Audit Committee in den meisten Fällen keine Möglichkeit, die Entscheidungen der Geschäftsleitung im Nachhinein zu kritisieren (Healy/Palepu, 2003).

Besonders weit oben in der Kritik der Beteiligten stehen die externen Prüfer, wie die Wirtschaftsprüfungsgesellschaft Arthur Andersen. Insbesondere die Unabhängigkeit der Abschlussprüfer wird angezweifelt, weil die Wirtschaftsprüfer von Arthur Andersen über die Hälfte ihres Honorars für Beratungsleistungen erhielten und somit in einem Interessenkonflikt standen, da sie zum Teil Enron selbst geprüft haben (Healy/Palepu, 2003). Jedoch ist fraglich, ob den Abschlussprüfern mangelnde Fachkenntnisse im Bereich der Finanzderivate oder konfliktäre Interessen vorgeworfen werden können und weshalb die fragliche Nicht-Konsolidierung der SPEs gebilligt wurde (Benston/Hartgraves, 2002). Eine weitere Gefährdung der Unabhängigkeit der Wirtschaftsprüfer wird auch in der Auslagerung der Internen Revision von Enron Anfang der 1990er-Jahre an Arthur Andersen gesehen (Tanski, 2003). Als problematisch ist hier die Hierarchie bei Arthur Andersen zu betrachten, da junge Prüfer

---

[4] Mark-to-market-accounting bedeutet, dass nach Unterzeichnung der Verträge der gegenwärtige Wert des zukünftigen Cashflows-Stroms als Gewinn angesetzt wird und lediglich die Kosten der Vertragserfüllung berücksichtigt werden. Unrealisierte Gewinne und Verluste sowie das Risiko werden erst später erfasst.

[5] Konsoldierung bedeutet, ein Tochterunternehmen wird in den Konzernabschluss des Mutterunternehmens miteinbezogen. Als Voraussetzung für die Nicht-Konsolidierung gilt, dass ein dritter Kapitalgeber vorhanden ist, der einen Anteil von 3% des Gesamtvermögens am Gründungskapital hält und das zu gründende Unternehmen nicht die Mehrheit der Stimmrechte besitzt (Benston/Hartgraves 2002:108).

die interne Revision betreuten und nicht die Machtposition besaßen, ältere Prüfer, die die externe Rechnungslegung prüften, auf die Missstände hinzuweisen. Außerdem haben sonstige Beteiligte wie Fondsmanager, Analysten und die Börsenaufsichtsbehörde SEC ihre Überwachungsaufgaben im Fall von Enron nicht ausreichend wahrgenommen, da auch hier Interessenkonflikte bestanden (Healy/Palepu, 2003). So waren Fondsmanager und Analysten z.B. nicht an negativen Pressemitteilungen von Enron interessiert, da sie selbst Anteile im Fonds hielten, bzw. ihren Kunden diese Aktie zum Kauf angeboten haben. Insgesamt hat also eine ganze Reihe von Corporate-Governance-Institutionen (Aufsichtsrat, Audit Committee, Wirtschaftsprüfer, Fondmanager/ Kapitalmarkt) bei der Wahrnehmung ihren Aufgaben versagt.

2.6.2 ComRoad

Im Gegensatz zu Enron und WorldCom ist im deutschen Fall von ComRoad zwar der volkswirtschaftliche Schaden viel geringer, aber das Ausmaß der „Betrügereien" ist weitaus größer. ComRoad, ein am damals existierenden „Neuen Markt" gelistetes Unternehmen[6], hatte 98% seiner Umsätze in Höhe von 93,5 Mio. Euro im Geschäftsjahr 2001 frei erfunden. Nach der im Frühjahr 2002 durchgeführten Sonderprüfung konnten nur 1,4% der Umsätze bestätigt werden (Küting et al., 2002). Die Firma wurde fast ausschließlich durch das Ehepaar Schnabel geleitet. Um fehlende Aufträge zu verbergen, fingierten die Ehepartner Schnabel den größten Teil der Aufträge des Navigationssystem-Herstellers. Sie hatten große Teile ihrer Aufträge mit der Scheinfirma VT Electronic in Hongkong abgewickelt und dabei selbst die Eingangsrechnungen verfasst (FTD vom 10.5.2002). Durch diese Praktiken konnten die Erwartungen des Kapitalmarktes erfüllt werden und auch das Privatvermögen des Ehepaars Schnabel stieg beträchtlich an, da sie einen Großteil der Aktien von ComRoad hielten. Verdächtig wurden diese Praktiken, als ComRoad seine anvisierten Umsätze für 2001 überbot, obwohl der Trend zur Marktkonsolidierung offensichtlich war.

Die Mängel in der Corporate-Governance-Struktur sind ähnlich im Vergleich zu denen von Enron und WorldCom gelagert. Der Vorstandsvorsitzende Schnabel hat die Entscheidungen des Unternehmens fast ausschließlich selbst getroffen. Der Aufsichtsrat war mit der Ehefrau und Freunden von Schnabel besetzt, die, bis auf die Ehefrau selbst, von den Praktiken der Umsatzrealisation nichts wussten (Wilhofszki/Külz, 2002). In der Kritik steht neben dem Aufsichtsrat auch die Wirtschaftsprüfungsgesellschaft KPMG, die die Jahresabschlüsse des Unternehmens prüfte. Fraglich ist, warum die Wirtschaftsprüfer den Hauptabnehmer von ComRoad, die VT Electronic, nicht auf ihr Bestehen hin geprüft haben. Weiterhin wurde der Betrug durch das Vertrauen in den Kapitalmarkt in der Hausse Ende der 1990er-Jahre und durch die fehlende strafrechtliche Verfolgung sowie die Überlastung der Strafverfolgungsbehörden begünstigt.

Im Zuge des Skandals wurde der Firmengründer Schnabel zu sieben Jahren Haft wegen Kursbetrugs nach §88 BörsG und wegen Insiderhandels nach §14 WpHG und §263 StGB

---

[6] Handelssegment für junge innovative Unternehmen an der Deutschen Börse

verurteilt. Seine Frau wurde zu einer Bewährungsstrafe von 2 Jahren verurteilt. Weiterhin hatten die Anleger im Fall von ComRoad die Möglichkeit des Schadensersatzes aus Prospekthaftung nach §45 BörsG. Dies ist in der Rechtssprechung relativ selten, da hier die Auffassung vertreten wird, dass derjenige, der in Aktien investiert, alle Risiken selbst tragen muss (Hetzer/Palan, 2003). Bei der Prospekthaftung kann der Anleger Schadensersatz verlangen, wenn Unternehmen und Emissionsbanken im Börsenprospekt unrichtige Angaben gemacht oder wesentliche Angaben weggelassen haben. Der Schadensersatz ist auf die Differenz zwischen dem aktuellen Kurs und dem Emissionskurs beschränkt.

Fragen und Thesen

- Diskutieren Sie das Modell der Arbeitnehmermitbestimmung im Lichte der Prinzipal-Agenten-Theorie (Jensen und Meckling) und berücksichtigen Sie die Argumentation von Breuer (2003) auch mit der Perspektive auf existierende Corporate-Governance-Regime.
- Erläutern Sie kurz die drei zentralen Ansätze der Neuen Institutionsökonomik.
- Erklären Sie die drei Agenturprobleme und geben Sie mögliche Handlungsempfehlungen für die Corporate Governance.
- Erläutern Sie kurz die Prinzipal-Agent-Theorie und nennen Sie ihre Implikationen für die Corporate Governance.
- Stellen Sie die Handlungsempfehlungen der Corporate Governance zur Überwindung der in der Neuen Institutionsökonomik aufgeworfenen Probleme dar.
- Nehmen Sie Stellung zu der Aussage „Kriminelle Energien von Manager können durch eine gut funktionierende Corporate Governance nicht gestoppt, aber gebremst werden".
- Welche zentralen Argumente sprechen für bzw. gegen die Arbeitnehmermitbestimmung innerhalb der Corporate Governance? Diskutieren Sie, warum offensichtlich in Deutschland die positiven Aspekte als höher gewichtet werden, als die negativen.
- Wie ist die Arbeitnehmer-Mitbestimmung im angloamerikanischen Corporate-Governance-Modell gesetzlich geregelt.

3 Theoretische Ansätze in der Corporate Governance

Lernziele

Sie lernen die verschiedenen Anspruchsgruppen an Unternehmen kennen und können deren Bedürfnisse und Interessen anhand verschiedener theoretischer Erklärungsansätze ableiten.

Überdies sollten Sie die verschiedenen theoretischen Ansätze der Corporate Governance benennen und darstellen können, wie diese miteinander in Verbindung stehen, welche Aussagen sie treffen und welchen Annahmen sie zugrunde liegen.

Weiterhin sollten Sie Handlungsoptionen für die Gestaltung einer Corporate Governance anhand von zugrunde liegenden Rahmenbedingungen ableiten können.

3.1 Einleitung – Abgrenzung von Anspruchsgruppen

Im Folgenden werden nach einer kurzen Darstellung verschiedener Anspruchsgruppen an ein Unternehmen theoretische Ansätze zur Gestaltung der Corporate Governance dargestellt.

Die Umwelt jedes Unternehmens umfasst verschiedene Stakeholder-Gruppen (auch Interessen-, Bezugs- oder Anspruchsgruppen genannt). Es gibt keine einheitliche Definition von Stakeholdern. Allgemein werden Stakeholder in einer engen und einer weiten Auffassung definiert. *Stakeholder* sind im engeren Sinne „any identifiable group or individual on which the organisation is dependent for its continued survival" (Freeman/Read, 1983, S. 89). Stakeholder können somit Mitarbeiter, Manager, Investoren, Kontrollorgane und Aktionäre sein. Anspruchsgruppen bilden eine zentrale Erklärungsdimension des Corporate-Governance-Verständnisses. Der Stakeholder-Begriff in der weiteren Auffassung ist als „any identifiable group or individual, who can affect or is affected by the achievement of the organisation's objectives" (Freeman/Read, 1983, S. 89) definiert. Zu den Stakeholder-Gruppen nach der weiten Definition zählen auch der Staat, Medien, Konkurrenten und weitere Interessengruppen.

Die Stakeholder-Gruppen können wie folgt eingeteilt werden (Wentges, 2002):

- primäre und sekundäre Stakeholder (nach ihrer Wichtigkeit für das Unternehmen),

- interne und externe Stakeholder (nach ihrer Angehörigkeit zum Unternehmensumfeld),
- aktuelle und potentielle Stakeholder (nach der zeitlichen Ausrichtung),
- vertraglich gebundene Stakeholder (z.B. Aktionäre, Investoren, Manager, Mitarbeiter, Lieferanten) und öffentliche Stakeholder (die Medien, der Staat, Konsumenten usw.),
- aktive und passive Stakeholder (nach der Wahrnehmung ihrer Ansprüche),
- feindlich und nicht feindlich gesinnte Stakeholder (nach ihren Motiven und Durchsetzungsmethoden von Ansprüchen).

Die Bedeutung der Stakeholder für das Unternehmen hängt von der Kombination ihrer relativen Macht, Legitimität und Dringlichkeit von Ansprüchen gegenüber dem Unternehmen ab. Dieser Kombination entsprechend wird zwischen Market- und Non-Market-Stakeholdern unterschieden. Market-Stakeholder interagieren mit dem Unternehmen durch die ökonomischen Transaktionen und spielen eine wesentliche Rolle in der Wirtschaftskette des Unternehmens. Diese Stakeholder beeinflussen direkt die Wettbewerbsfähigkeit des Unternehmens und gehören zu seinen fundamentalen wirtschaftlichen Konkurrenzkräften („forces of competition"). Kunden, Lieferanten, Mitarbeiter, Aktionäre, Konkurrenten zählen zu den wichtigsten Market-Stakeholdern.

Die Beziehungen zwischen den Non-Market-Stakeholdern und dem Unternehmen haben in der Regel keinen wirtschaftlichen Charakter. Zu dieser Gruppe gehören die öffentlichen und staatlichen Institutionen, Gerichte und spezielle Interessengruppen (z.B. Greenpeace). Aus ihrer Sicht müssen sich die Unternehmen nicht nur auf die Schaffung des ökonomischen Wertes orientieren, sondern sie sind auch sozialen Systemen und sozialen Standards verpflichtet.

Die Shareholder stellen eine wichtige oder sogar die wichtigste Stakeholder-Gruppe dar. Sie können in beziehungs- und gewinnorientierte Shareholder aufgeteilt werden. Zu den beziehungsorientierten Aktionären gehören die Anteilseigner, die ein besonderes Engagement zum Unternehmen zeigen, z.B. Gründungsmitglieder oder die Firmen, die ein dauerhaftes Interesse an den Beziehungen mit dem Unternehmen haben (Lieferanten, Banken usw.). Die gewinnorientierten Shareholder lassen sich, abhängig vom Investitionshorizont, in die kurzfristig orientieren und langfristig orientierten Investoren aufteilen.

Angesichts der großen Anzahl von Anspruchsgruppen an Unternehmen gibt es viele verschiedene Interessen, die Stakeholder explizit oder implizit artikulieren und deren Erfüllung für den Unternehmenserfolg mehr oder weniger relevant ist.

Die Durchsetzung von Stakeholder-Interessen hängt von ihrer jeweiligen Machtstellung ab. Die Anspruchsgruppen üben formale (aus dem Vertrag und/oder den Gesetzen abgeleitete), ökonomische, moralische oder politische Macht aus. Dem Stakeholder kommt die eigentliche Kontrolle über das Unternehmen zu. Diese sind durch Verträge bzw. Leitlinien definiert. Die Manager und zum Teil die anderen Unternehmensmitglieder verfügen über das Recht, Schlüsselentscheidungen zu treffen.

Die Interessen von Anspruchsgruppen lassen sich in private (aus Eigentum stammend), privatwirtschaftliche und gesellschaftliche Interessen einteilen. Sie können explizit (durch Vertrag) und implizit (nicht durch Vertrag und damit rechtlich nicht durchsetzbare Ansprüche) geäußert werden.

Die Interessenhöhe und -komplexität hängen mit dem durch das von den Anspruchsgruppen zu tragende Risiko und der Relevanz von dieser Gruppe für das Unternehmen ab. Anteilseigner, Mitarbeiter, Fremdkapitalgeber, Lieferanten, Kunden und der Staat sind deswegen die wichtigsten Anspruchsgruppen. Grundsätzlich tragen die Anteilseigner und Mitarbeiter die höchsten Risiken im Unternehmen, die Vermögensrisiken sowie Arbeitsplatz- und Einkommensrisiken.

Das Interesse von Stakeholdern hängt auch mit dem erwarteten Nutzen vom Unternehmen zusammen, da die Nutzenfunktionen einzelner Bezugsgruppen sich stark voneinander unterscheiden. Die Interessen verschiedener Anspruchsgruppen konkurrieren häufig untereinander. So sind Fragen zur Gewinn-, Verlust- und Steuerverteilung nicht selten Dimensionen von Interessenkonflikten verschiedener Anspruchsgruppen. Innerhalb einer Anspruchsgruppe koexistieren neben der komplementären oft auch die konkurrierenden Interessen (bspw. die Ziele von Groß- und Kleinaktionären). Manche Interessen sind individuell substitutional (z.B. Arbeitsplatzbedingungen und Gehaltsanforderungen) (Ingley et al., 2004).

Ein besonderes Spannungsfeld weist der Konflikt zwischen Interessen von Shareholdern und Mitarbeitern sowie Shareholdern und Managern auf. Die Beziehungen zwischen den Aktionären und Führungskräften werden im Rahmen der Prinzipal-Agent-Theorie analysiert (siehe Sektion „Theoretische Ansätze in der Corporate Governance").

3.2 Erklärungsansätze zur Unternehmenskontrolle

Hawley und Williams (2000) identifizierten vier theoretische Erklärungsansätze zur Unternehmenskontrolle, denen unterschiedliche Annahmen zugrunde liegen und die somit zu unterschiedlichen Aussagen kommen (siehe Abbildung 3.1).

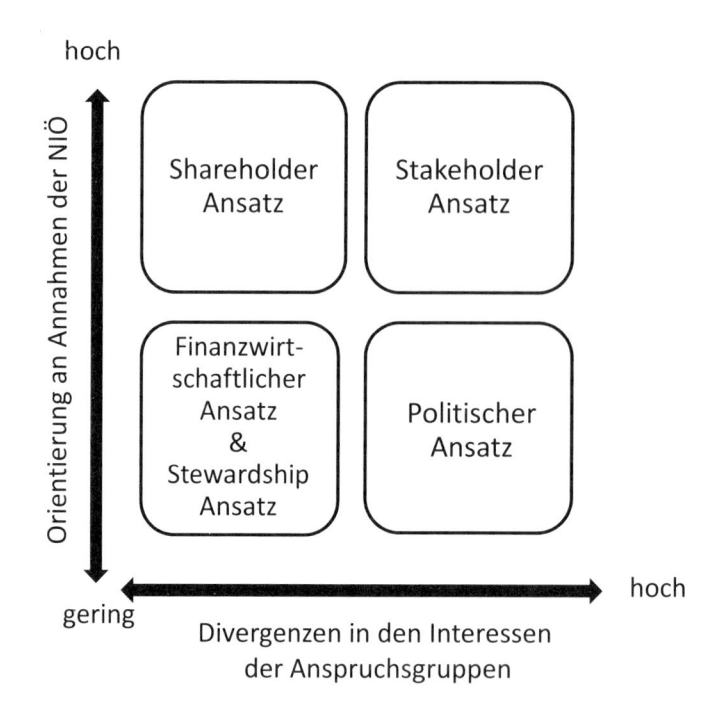

Abb. 3.1 *Erklärungsansätze zur Unternehmenskontrolle.*

3.2.1 Der einfache finanzwirtschaftliche Ansatz

Der finanzwirtschaftliche Ansatz wird als Ausgangspunkt für die heutige Corporate Governance Diskussion betrachtet. Er stellt gleichzeitig die Grundlage für den politischen Ansatz der Corporate Governance dar. Das Stakeholder-Modell und das Stewardship-Modell bauen auf diesem Ansatz auf bzw. haben sich daraus weiterentwickelt.

Hawley und Williams (2000) beschreiben diesen Ansatz als „finance model". Das Unternehmen wird als eine Organisation verstanden, die verschiedene Inputfaktoren zur Produktion von Gütern und Dienstleistungen zusammenbringt, um diese dann am Markt zu verkaufen. Neben den Rohmaterialien und der Arbeitskraft ist auch Finanzkapital (z.B. Verbindlichkeiten und Aktien) ein wichtiger Inputfaktor. Im Unterschied zu den Lieferanten, mit denen feste Verträge vereinbart werden, um u.a. die Zahlungsbedingungen oder Liefertermine festzulegen, werden zwischen Managern und den Anteilseignern keine konkreten Verträge geschlossen (Vishny/Shleifer, 1997; Hawley/Williams, 2000). Würden solche Verträge existieren, könnte das künftige Verhalten der Manager und die Verteilung der Gewinne zwischen ihnen und den Shareholdern exakt bestimmt werden (siehe Sektion „Corporate Governance im Lichte der Neuen Institutionenökonomik"). Da aber zukünftige Eventualitäten nicht

3.2 Erklärungsansätze zur Unternehmenskontrolle

vorhersehbar sind, können solche Verträge in der Praxis nicht realisiert werden (Vishny/Shleifer, 1997).

Eine zentrale Annahme der Theorie des Unternehmens[7] ist, dass ein Unternehmen einzig aus dem Ziel der Gewinnmaximierung heraus existiert (Turnbull, 1997). Die Firma wird als Black Box verstanden, welche auf den Input und die Märkte reagiert, um dadurch einen maximalen Gewinn zu erzielen. Was innerhalb des Unternehmens geschieht, wie, durch wen und welche Entscheidungen getroffen werden, wird nicht berücksichtigt. Somit bleiben auch die Konflikte zwischen Managern und Anteilseignern im Inneren einer Firma, z.B. wegen unterschiedlicher Interessen und Ansichten, unberücksichtigt. Im einfachen Finanzansatz wird nun nicht nur die Theorie des Unternehmens zugrunde gelegt, sondern es kommen wichtige Überlegungen über die Geschehnisse innerhalb dieser „Box", eben die Beziehung von Managern zu Anteilseignern, hinzu (Hawley/Williams, 2000). Somit bildet die Prinzipal-Agenten-Theorie den Mittelpunkt des einfachen finanzwirtschaftlichen Ansatzes (Nippa, 2002; Vishny/Shleifer, 1997). Demzufolge müssen bestimmte Regeln und Anreize geschaffen werden, um die Entscheidungen und das Verhalten der Agenten (Manager) an den Wünschen und Zielen der Prinzipalen (Anteilseigner) auszurichten.

Die Anteilseigner bzw. Eigentümer einer Firma haben zum einen das Recht, die Firma zu kontrollieren, und zum anderen haben sie einen Anspruch auf den Nettoertrag aus der Geschäftstätigkeit. Durch bestimmte Kontrollmöglichkeiten können sie sicherstellen, dass die Firma mit dem Ziel den größtmöglichen Nettoertrag zu erwirtschaften, geführt wird (Hawley/Williams, 2000). Die Fokussierung auf die Gruppe der Shareholder führt zum Shareholder-Ansatz, der im Grunde mit dem finanzwirtschaftlichen Ansatz übereinstimmt, sich lediglich in der Betrachtungsebene unterscheidet.

Ursprünglich geht der Begriff des Shareholder-Ansatzes auf Rappaport zurück, nachdem die Maximierung der Einlagen der Anteilseigner als Hauptziel eines Unternehmens gilt (Rappaport, 1986). Dies wird damit begründet, dass den Kapitalmärkten eine entscheidende Bedeutung für die Unternehmensfinanzierung beigemessen wird (Baden, 2001). Außerdem wird davon ausgegangen, dass Aktionäre die Residualerträge erhalten, während andere Unternehmensteilnehmer entweder vertraglich oder marktgerecht ausgezahlt werden und damit keine weiteren Ansprüche besitzen (Wentges, 2002).

Aus den Annahmen der Prinzipal-Agenten-Theorie kann abgeleitet werden, dass die Anteilseigner ihr Kapital sicher investiert wissen möchten, wohingegen die Manager ihren persönlichen Nutzen auf Kosten der Prinzipale erhöhen wollen (Vishny/Shleifer, 1997). Durch eine effiziente Corporate Governance soll ein Ausgleich der Kräfte zwischen Shareholdern und Managern geschaffen werden, ohne die Wettbewerbsfähigkeit des Unternehmens einzuschränken. Kontroll- und Anreizstrukturen müssen greifen, um die Agency-Kosten möglichst gering zu halten (siehe auch Sektion: „Corporate Governance im Lichte der Neuen Institutionenökonomik").

---

[7] Die Theorien des Unternehmens sind nicht zu verwechseln mit dem finanzorientierten Ansatz.

Probleme und Lösungsmöglichkeiten im finanzwirtschaftlichen Ansatz

Das zentrale Problem beim finanzwirtschaftlichen Ansatz besteht darin, bestimmte Kontroll- und Anreizmechanismen zu schaffen, um das Verhalten der Manager an den Zielen der Anteilseigner auszurichten. Dadurch werden Informationsasymmetrien abgebaut, durch die das Problem der adversen Selektion und die Moral-Hazard-Risiken verringert werden können, Agency-Kosten werden kontrollierbar (Witt, 2002). Die Agency-Kosten setzen sich aus den Kontrollkosten der Prinzipale, den Garantiekosten des Agenten und verschiedenen Wohlfahrtsverlusten zusammen (Jensen/Meckling, 1976).

Verhaltenskontrollen, Ergebniskontrollen wie auch Leistungsanreize können den Agenten davon abhalten, sich selbst zu übervorteilen und die Prinzipale zu schädigen. Abbildung 3.2 zeigt Kontrollmechanismen bzw. Anreizmechanismen auf.

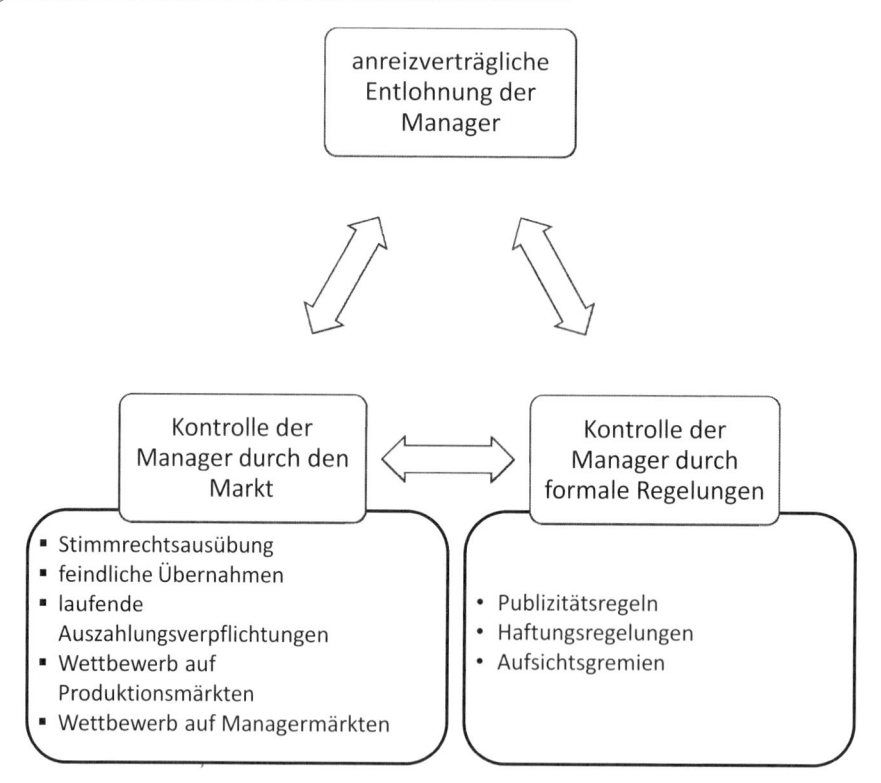

Abb. 3.2   Anreiz- und Kontrollmechanismen (i. A. an Witt, 2003).

Turnbull (1997) zeigte, dass aufgrund der Unvollständigkeit von Verträgen der Wert eines Unternehmens nicht maximiert werden kann, da sich die opportunistisch verhaltenden Manager widerrechtlich an ihm bereichern werden. Dieses Agency-Problem ist auf die Trennung von Eigentum und Kontrolle in der Unternehmenspraxis zurückzuführen (Vishny/Shleifer, 1997; Berle/Means, 1932), die Investoren bringen das Kapital auf; die notwendigen Kenntnisse, um ein Unternehmen zu führen, besitzen jedoch die Manager (Berrar, 2001).

Das Agency-Problem ist vornehmlich bei Aktienunternehmen zu finden, die von vielen einzelnen Kleinaktionären finanziert werden. Halten Aktionäre nur kleine Anteile an einem Unternehmen, ist es für sie irrational, viel Zeit und Geld in die Überwachung des Managements zu investieren (Turnbull, 1997). Die Manager können somit vorerst ihre eigenen Interessen verfolgen. Um dies zu verhindern, müssen bestimmte Aufsichts- und Kontrollorgane geschaffen werden, die wiederum Kosten verursachen und die Gewinne schmälern.

3.2.2 Der Stakeholder-Ansatz

Der Begriff „stake" bedeutet bei freier Übersetzung soviel wie: „Interesse" (an etwas haben). Folglich kann der Stakeholder eines Unternehmens als jemand bezeichnet werden, der ein Interesse an dem Unternehmen hat und für den damit etwas auf dem Spiel steht.

Der Stakeholder-Ansatz wurde am Stanford Research Institute (SRI) entwickelt und gilt als die Erweiterung des Shareholder-Konzeptes (Freeman/Reed, 1983). Die Manager sollen ihre Interessen und Ziele nicht nur an denen der Anteilseigner orientieren, auch andere Anspruchsgruppen sollten berücksichtigt werden (Wentges, 2002). In diesem Zusammenhang beschreibt Clarkson das Unternehmen als: „a system of stakeholders operating within the larger system of the host society that provides the necessary legal and market infrastructure for the firm´s activities. The purpose of a firm is to create wealth or value for its stake holders by converting their stakes into goods and services." (Clarkson 1994, S. 21)

Das Ziel der Corporate Governance, welches sich aus diesem Ansatz ableiten lässt, ist die Schaffung von Wert und Wohlstand für die einzelnen Interessengruppen. Dabei sollten die unterschiedlichen Ziele der Anspruchsgruppen möglichst gleichzeitig Berücksichtigung finden, d. h., Interessenkonflikte müssen identifiziert und simultane Lösungsmöglichkeiten gefunden werden (Nippa, 2002). Hung (1998) beschreibt, dass ein Unternehmen seine Ziele nur dann erreicht, wenn es die „Balance" zwischen den konfliktreichen Interessen der unterschiedlichen Gruppen findet.

Schwachstellen und Chancen dieses Ansatzes

Bisher gelang es den Vertretern dieses Ansatzes nicht, dessen ökonomische Vorteile gegenüber dem stakeholderorientierten Ansatz hervorzuheben. In der überwiegend angloamerikanisch geprägten Wirtschaftsliteratur ist die fast schon ideologische Überlegenheit des einfachen finanzwirtschaftlichen Ansatzes der Corporate Governance deutlich herauszulesen. Ein grundsätzlicher Schwachpunkt des Stakeholder-Ansatzes ist es, dass nicht erklärt wird, warum die Konzentration auf unterschiedliche Stakeholder im Gegensatz zu einer Eigentümerorientierung von ökonomischem Vorteil sein sollte (Nippa, 2002).

Als zentrale Probleme stellen sich die unterschiedlichen Ziele der Stakeholder-Gruppen dar. Der Versuch, alle Ziele der Interessengruppen gleichzeitig zu erfüllen, führt zu einer maximalen Anzahl an Interessenkonflikten. Um diese beseitigen zu können, müssen geeignete

Konfliktlösungsmechanismen gefunden werden. Hier wird die Frage nach der institutionellen Berücksichtigung der Anspruchsgruppen durch Mandate in den Leitungs- und Kontrollgremien eines Unternehmens relevant. Im deutschen Wirtschaftssystem stellt der Aufsichtsrat ein solches Gremium dar, in welchem neben Anteilseignern und Mitarbeitern auch Fremdkapitalgeber und andere Interessengruppen vertreten sein können. Da die gleichzeitige Berücksichtigung aller Stakeholder-Ziele schwer realisierbar ist, müssen Kompromisse gefunden werden, da zum Ausgleich der Zielkonflikte jeder Interessengruppe Informations-, Mitsprache- und auch Widerspruchsrechte zugesprochen werden müssten, damit sie sich in den Entscheidungsfindungsprozess der Firma einbringen können (Nippa, 2002). Aufgrund der anzustrebenden Kompromissbildung bei der Unternehmensleitung und -kontrolle handelt es sich bei diesem Ansatz weniger um eine Agenten-Problematik, sondern vielmehr um ein verhandlungspolitisches Problem, welches von den Präferenzen der einzelnen Interessengruppen bestimmt wird (Witt, 2001).

Aus dem Ansatz selbst geht nicht hervor, wie die Verteilung der Widerspruchs- oder Mitentscheidungsrechte auf die einzelnen Interessengruppen aussieht und in welchem Umfang sie eingeräumt werden können oder sollen. Auch bleibt offen, wer genau die strategischen Interessengruppen sind (Nippa, 2002).

3.2.3 Der Stewardship-Ansatz

Ausgangspunkt für den Stewardship-Ansatz in der Corporate-Governance-Debatte ist die strategische Rolle der Unternehmensführung. Nach Donaldson, Schoorman und Davis (1997) sind die Manager freiwillig gute Verwalter oder Treuhänder des Unternehmens (Stewards). Ihre Interessen sind an denen der Eigentümer ausgerichtet. Sie arbeiten mit größtem Engagement auf die Unternehmensziele und die Ziele der Shareholder hin. Zum einen ist dies das Erzielen möglichst hoher Gewinne für das Unternehmen und zum anderen sollen die Eigentümer die ihnen zustehenden maximalen Rückflüsse erhalten. Die Konsequenzen, die sich aus den Annahmen des Stewardship-Ansatzes ergeben, sind, dass keine Kontroll- oder Aufsichtsgremien im Unternehmen erforderlich sind (Hawley/Williams, 2000).

Entsprechend des Stewardship-Ansatzes wollen die Manager ihre Arbeit im Unternehmen „gut machen", ohne dass es dafür besonderer monetärer Anreize bedarf (Donaldson/Davis, 1994; Davis et al., 1997). Die Motivation erhalten sie durch herausfordernde und verantwortungsvolle Aufgaben, Anerkennung, Handlungsfreiheit in ihren Tätigkeiten und die Möglichkeit zur Selbstverwirklichung im Beruf.

Der Stewardship-Ansatz geht – im Gegensatz zum einfachen finanzwirtschaftlichen Ansatz – von einem einseitigen positiven Menschenbild aus (zum Vergleich beider Ansätze siehe Tabelle 3.1). In der Praxis wird keiner der beiden Ansätze favorisiert, sondern es treten überwiegend „Mischformen" aus beiden Ansätzen auf, d.h. Manager sind weder reine „Stewards" noch ausschließlich opportunistische Agenten. Natürlichen können Extremverhalten der Manager nicht ausgeschlossen werden, jedoch wird der überwiegende Teil weder völlig egoistisches noch absolut loyales und selbstloses Verhalten zeigen (Davis et al., 1997). Ein gewisses Maß an Kontrolle sowie Vertrauen ist für eine optimale und effiziente Corporate Governance notwendig.

Tabelle 3.1 Prinzipal Agenten Theorie vs. Stewardship-Ansatz (Davis et al., 1997, S. 37).

	Prinzipal Agenten Theorie	Stewardship Ansatz
Grundannahme über Verhalten	Homo Oeconomicus	„Self-Actualizing Man"
Verhalten	Eigennutz-orientiert	Dient der Gemeinsschaft
Psychologische Mechanismen		
Motivation	rein finanziell; Extrinsisch	Intrinsisch; Wachstum, Zielorientiertheit, selbstgesteuert
Sozialer Vergleich	Andere Manager	Prinzipal
Identifikation	Niedriges Engagement	Hohes Engagement
Machtverteilung	Institutionalisiert (legitimiert)	Kompetenzbasiert
Situationale Mechanismen		
Management Philosophie	Kontroll-orientiert	Involviertheit aller Akteure
Risiko-orientierung	Kontrollmechanismus	Vertrauen
Zeitorientierung	Kurzfristig	langfristig
Ziel	Kostenkontrolle	Leistungsverbesserung
Kulturelle Unterschiede	Individualismus; High Power Distance	Kollektivismus Low Power Distance

Kritische Würdigung und Lösungsansätze im Stewardship-Ansatz

Die Kritik, die am einfachen finanzwirtschaftlichen Ansatz geübt wird, ist dem Stewardship-Ansatz ebenso entgegenzubringen (Nippa, 2002), denn der Ausgangspunkt dieses Ansatzes ist ebenfalls ein einseitiges Menschenbild. Daher wird auch hier nur die Beziehung zwischen Eigentümern und Managern berücksichtigt. Eine Kontrolle der Manager ist nicht notwendig, denn sie verfolgen vornehmlich die Ziele des Unternehmens und der Eigenkapitalgeber.

Ein Gestaltungsansatz für eine effektive Corporate Governance ist vor diesem Hintergrund der Wegfall von Aufsichts- und Kontrollorganen, was zur Reduktion der Agency-Kosten führt. Würden Kontroll- und Aufsichtsgremien weiterhin aufrecht erhalten, wäre dies jedoch eine Ressourcenverschwendung.

Der Stewardship-Ansatz geht von rationalem und legalem Verhalten eines Unternehmens aus, wodurch aber die Dynamik der Gremien, die zwischenmenschlichen Wahrnehmungen der einzelnen Rollen im Unternehmen und die Effekte aus der Führungsrolle des Vorstandes heraus unberücksichtigt bleiben. Dieser Ansatz liefert daher keine kausalen Erklärungen oder zusätzliches Wissen für das „Leben" in einer Organisation. Wechselwirkungen zwischen Macht, Ideologien und Konflikten in einem Unternehmen werden ebenso wenig betrachtet.

3.2.4 Der politische Corporate-Governance-Ansatz

Der politische Ansatz hatte einen großen Einfluss auf die Herausbildung der heutigen Corporate-Governance-Systeme (Hawley/Williams, 2000). Wissenschaftler wie Roe (1996) und Black (1990) vertreten die Meinung, dass die politischen Traditionen des Föderalismus bzw. der Dezentralisierung und die daraus resultierenden Anfänge der Unternehmenskontrolle die Grundlage für das finanzwirtschaftliche Modell sind (Turnbull, 1997).

Unternehmen wurden bereits in den letzten Jahrhunderten von politischen, gesetzlichen oder auch regulierenden Systemen beeinflusst. Die Aufteilung der Unternehmensmacht, der Privilegien und der Gewinne zwischen den Eigentümern, Managern und übrigen Stakeholdern steht bei diesem Ansatz im Mittelpunkt (Turnbull, 1997) und wird von den politischen Strukturen, Prozessen und Regulierungen des entsprechenden Landes beeinflusst (Nippa, 2002).

Die Gestaltung der Corporate Governance ist von der jeweiligen Gesetzgebung eines Landes und der durch sie angestrebten gesellschaftlichen und politischen Ziele abhängig. Auf der anderen Seite beschreibt dieser Ansatz, dass es auch zur direkten politischen Beeinflussung durch die Unternehmen oder die Stakeholder kommt. Ausgangspunkt für diesen Ansatz ist, dass die einzelnen Interessengruppen bei ihrer Zielverfolgung und -durchsetzung sowie an der Aufteilung der Investitionen und Rückflüsse, aktiv mitwirken können, jedoch nur innerhalb des vorgegebenen makropolitischen Rahmens (Nippa, 2002).

Kritische Würdigung des politischen Ansatzes

Der politische Ansatz bedingt nicht zwingend die Einbeziehung der Regierung in die Corporate Governance, sondern dass es sich eher um einen nicht-marktbezogenen (nicht-ökonomischen) Ansatz zur Gestaltung der Corporate Governance handelt. Lediglich die regulierenden Einflüsse politischer Verfahren und Strukturen gehen in den Gestaltungsprozess mit ein. Zusätzlich werden auch die zu beobachtenden Verhaltensweisen der unterschiedlichen Interessengruppen berücksichtigt. Dennoch fällt es schwer, den Inhalt des politischen Ansatzes genau festzulegen, denn in der Wirtschaftswissenschaft gibt es dahingehend unterschiedliche Auffassungen (Turnbull, 1997).

Die Schwierigkeiten dieses Ansatzes liegen nah an denen des Stakeholder-Ansatzes, z.B. eine maximal große Anzahl an Interessenkonflikten zu bewältigen. Daher können auch in diesem Ansatz Gestaltungsmöglichkeiten, ähnliche denen im Stakeholder-Ansatz, für eine gute und effektive Corporate Governance abgeleitet werden.

Bei der Ausgestaltung der Corporate Governance kommen in diesem Fall andere Variablen hinzu. So entstehen Gestaltungsempfehlungen vor dem Hintergrund staatlicher Förderprogramme, Begünstigung von Mitarbeiterbeteiligungen oder aktienorientierter Kapitalanlagen, gesetzlicher Regelungen zur Hauptversammlung und der Stimmabgabe von Aktionären (Nippa, 2002, Lattemann, 2005). Außerdem sollten Erfahrungen bzgl. der Machtstrukturen oder -prozesse in Organisationen, institutioneller Vereinbarungen oder genereller Erkenntnisse aus der Psychologie, Soziologie und der Politikwissenschaft in die Gestaltung mit einbezogen werden (Nippa, 2002).

3.2.5 Weitere Ansätze zur Corporate Governance

3.2.5.1 Der Mitbestimmungsansatz

Witt (2006) zeigt, dass man von dem Modell der reinen Anteilseignerorientierung (Shareholder-Ansatz) auch das Modell der kombinierten Anteilseigner- und Mitarbeiterorientierung (Mitbestimmungsansatz) unterscheiden kann.

Ausgangspunkt für diesen Corporate-Governance-Ansatz ist das Mitwirken der Mitarbeiter in den Kontroll- und Leitungskommissionen des Unternehmens. Dadurch soll sichergestellt werden, dass nicht nur die Interessen der Anteilseigner, sondern auch die Ziele der Mitarbeiter verfolgt werden, bzw. die Ausrichtung der Unternehmenspolitik an diesen Zielen erfolgt. Diese Ziele sind zum einen die Zahlung der Löhne und Gehälter und zum anderen der Fortbestand des Unternehmens und somit die Sicherung des Arbeitsplatzes (Witt, 2006).

Die Mitarbeiter können durch das Recht der Mitbestimmung die Entscheidungsfindung der Firma direkt beeinflussen, bspw. im deutschen Corporate-Governance-System durch ein Mandat im Aufsichtsrat oder Vorstand. Im Gegensatz zum einstufigen, amerikanischen Board-System gibt es in Deutschland ein gesetzlich vorgeschriebenes, institutionell verankertes Mitbestimmungsrecht der Arbeitnehmer (Gesetz über die Mitbestimmung der Arbeitnehmer – Mitbestimmungsgesetz – MitbestG von 1976).

Eine Bewertung dieses Ansatzes anhand der Theorie der Verfügungsrechte (Property-Rights-Theorie) kommt zu dem Ergebnis, dass durch die Mitbestimmung der Arbeitnehmer eine Verzerrung zwischen den Eigentums- und Kontrollrechten entsteht und es daher zu unvorteilhaften Corporate-Governance-Strukturen kommt.

Ein anderer Bewertungsansatz ist die Partizipationstheorie, welche davon ausgeht, dass Mitarbeiter über spezifisches, für das Unternehmen wichtiges Wissen verfügen, welches selbst die Manager nicht haben. Somit sind die Mitarbeiter bedeutendes firmenspezifisches Humankapital. Und um diese wichtigen Investitionen an das Unternehmen zu binden, sollten deren Ziele und Interessen berücksichtigt werden, da den Unternehmen sonst Verluste entstehen würden (z.B. bei Abwanderung der Arbeiter).

Bestehende Interessenkonflikte innerhalb dieses Ansatzes sind zum einen die Zielkonflikte zwischen Managern und Aktionären, welche bereits diskutiert wurden. Zum anderen existieren hier auch Zielkonflikte zwischen Managern und Mitarbeitern, welche vorwiegend die Entlohnung und die Arbeitsplatzsicherheit zum Inhalt haben.

Der Mitbestimmungsansatz kann auch als Ausgangspunkt des Stakeholder-Ansatzes aufgefasst werden (Witt, 2001), denn es stehen sich hier nicht nur Manager und Aktionäre gegenüber, sondern eine dritte Interessengruppe – die der Mitarbeiter – wird mit einbezogen.

3.2.5.2 Modelle der reinen Mitarbeiterorientierung

Das Konzept der Labor Managed Firm

Der Labor-Managed-Firm-Ansatz geht davon aus, dass Mitarbeiter eines Unternehmens neben ihrer eigentlichen, objektbezogenen Arbeit auch noch die Tätigkeiten des Managements wahrnehmen. Die Mitarbeiter sind entweder alle zusammen Mitglieder der Unternehmensleitung oder wählen ein Leitungsgremium, welches aus einer bestimmten Anzahl an Mitarbeitern des Unternehmens besteht. Auf der einen Seite erhalten die Mitarbeitermanager die erwirtschafteten Gewinne der Firma, gleichzeitig tragen sie jedoch auch das gesamte unternehmerische Risiko. Es können externe Interessenkonflikte zwischen den (1) Mitarbeitermanagern und anderen Stakeholdern auftreten. Oder es kommt zu unternehmensinternen Interessenkonflikten bzgl. der (2) Mitarbeiteranzahl, der (3) Finanzierungsalternativen oder des (4) Arbeitseinsatzes der Mitarbeiter (Witt, 2003).

(1) Interessenkonflikt Mitarbeitermanager und anderen Stakeholder: In diesem Fall stellt sich das Problem der Unvorhersehbarkeit zukünftiger Ereignisse und die daraus resultierende Missachtung von Verträgen. Es wird allerdings nur unter der Annahme der Fremdkapitalfinanzierung betrachtet, da Eigenkapital bei diesem Modell nur im Falle des Konzeptes der Labor Owned Firm vorhanden ist. Zur Absicherung der Fremdkapitalgeber können diese z.B. Kreditsicherheiten oder direkte Verhaltensüberwachungen fordern.

(2) Interessenkonflikt Mitarbeiteranzahl: Die Einkommensquellen eines Mitarbeitermanagers sind sein Lohn für die geleistet Arbeit und die Gewinnanteile aus der Unternehmertätigkeit. Beide Einkommensarten sind im Falle dieses Modells substituierbar. Das Ziel der Mitarbeiter – die Einkommensmaximierung – wird durch die Mitarbeiteranzahl in dem Unternehmen begrenzt. Personalentscheidungen (Einstellung und Entlassung) werden somit stets vor dem Hintergrund der Einkommensmaximierung getroffen.

(3) Interessenkonflikt Finanzierungsalternativen: Den Ausgangspunkt bilden die Annahmen, dass die Aufnahme von Kapital mit der Zahlung marktüblicher Zinsen entlohnt wird und die Kosten und Schulden eines Unternehmens ebenso wie die Gewinne gleichmäßig auf die Mitarbeitermanager verteilt werden. Dies kann mit einem Verschuldungsgrad für Mitarbeiter einhergehen: je weniger Mitarbeiter im Unternehmen, desto höher der Verschuldungsgrad. Dieses Problem könnte gelöst werden, indem vereinbart wird, dass jeder ausscheidende Mitarbeiter seinen Schuldenanteil zurück- bzw. einbezahlt.

(4) Interessenkonflikt Arbeitseinsatzes der Mitarbeiter: Am Arbeitseinsatz der Mitarbeitermanager wird es kaum mangeln, da sie unmittelbar am Erfolg ihrer Arbeit beteiligt sind und dafür entsprechend entlohnt werden. Anreizprobleme entstehen erst dann, wenn das Ergebnis nicht auf einzelne Mitarbeiter zurückzuführen ist, wie z.B. bei der Teamarbeit, da aufgrund opportunistischen Verhaltens Trittbrettfahrer auftreten.

Das Konzept der Labor Owned Firm

Das Konzept der Labor Owned Firm ist ein untergeordnetes Modell des Labor-Managed-Firm-Ansatzes. Hierbei übernehmen die Mitarbeiter nicht nur die Aufgaben des Managements, sondern sie bringen gleichzeitig auch das benötigte Kapital ins Unternehmen ein (Mitarbeitereigentümer). Dies ist insbesondere dann wichtig, wenn bestimmte Vermögensgegenstände nicht fremdfinanziert werden können. Die oben benannten Interessenkonflikte (1) bis (3) können sich auch bei diesem Konzept ergeben (Witt, 2006):

- Da die Mitarbeitereigentümer-Manager, Mitarbeiter und Eigentümer in einem verkörpern, stellt sich ein Interessenkonflikt nur dann, wenn innerhalb der Mitarbeitergruppen unterschiedliche Ziel verfolgt werden.

- Es kommt auch beim Labor-Owned-Ansatz zu jenen Interessenkonflikten bzgl. des Eintritts und Ausscheidens von Mitarbeitern. Erschwert wird dies durch die Eigenkapitalanteile, die ein Mitarbeiter beim Austritt abgeben muss. Die freien Anteile müssen von den übrigen Kollegen aufgekauft werden, womit diese wieder gesteigerte Ausgaben haben und ihr Einkommen geschmälert wird. Daher sind kaum Anreize vorhanden, die Anzahl der Mitarbeiter zu verringern.

- Die Finanzierung erfolgt durch Thesaurierung der Gewinne, d.h., die Gewinne werden einbehalten und das Unternehmen finanziert sich selbst. Will nun ein neuer Mitarbeiter eintreten, muss dieser keine Eigenkapitalanteile ins Unternehmen einbringen (sich damit also verschulden), sondern lediglich in die Gewinnthesaurierung einwilligen.

Kritisch zu beurteilen ist die Effektivität eines solchen Konzeptes der Unternehmensleitung. Da die Mitarbeitermanager die erwirtschafteten Gewinne unter sich aufteilen können, ist wohl eher eine Anteilseignerorientierung als eine unternehmenspolitische Orientierung zu erwarten. Daher ist die Anforderung an die Corporate Governance auch in diesem Modell die Schaffung geeigneter und effektiver Kontroll- und Anreizmechanismen, um die Überwachung zu gewährleisten und die daraus resultierenden Kosten gering zu halten.

3.3 Zusammenfassung

Grundlage für die Betrachtung und die Bewertung der einzelnen Ansätze sind Erkenntnisse über die unterschiedlichen kulturellen und politischen Hintergründe der verschiedenen Wirtschaftssysteme in den einzelnen Ländern. So steht bspw. die angloamerikanische Shareholder-Ausrichtung in einem scharfen Gegensatz zu den europäischen und japanischen Wirtschaftssystemen, wo eher das Stakeholder-Modell bevorzugt wird (siehe Sektionen 4 „Trennung- oder Board-Modell").

Die vorgestellten Ansätze haben das gemeinsame Ziel, die verschiedenen Konflikte zu entschärfen, die im Rahmen der Unternehmensführung und -überwachung und im Hinblick auf den Unternehmenserfolg entstehen können. Die Verschiedenheit liegt meist nur in den unterschiedlichen Annahmen der einzelnen Ansätze.

Als Ausgangspunkt für die Herausbildung von Corporate-Governance-Strukturen kann der finanzwirtschaftliche Ansatz (Shareholder-Ansatz) gesehen werden, der seinen Ursprung in den Regelungen zur Trennung von Eigentum und Kontrolle im Unternehmen hat und bis heute noch von maßgeblicher Bedeutung ist (besonders in angloamerikanischen Unternehmen). Eine Weiterentwicklung dieses doch recht einseitigen Ansatzes ist der Stakeholder-Ansatz. Hier werden die Interessen vielfältiger und die Konflikte umfangreicher, was natürlich auch umfangreicherer Regularien bedarf. Den Stewardship-Ansatz könnte man als eine Art Sonderform des Shareholder-Ansatzes bezeichnen. Er geht ebenso von einer einfachen Manager-Anteilseigner-Beziehung aus, wobei die Manager selbstlose und unternehmensorientierte Individuen sind und es daher zu weitaus geringeren Problemen bei der Interessenabstimmung kommt.

Neuere Sichtweisen in der Corporate-Governance-Diskussion sind das Mitbestimmungsmodell und die mitarbeiterorientierten Ansätze. Sie lassen sich aus den beschriebenen Ansätzen ableiten und können als Zwischenstufe von Shareholder- zu Stakeholder-Ansatz angesehen werden. Bei den Modellen zur Mitarbeiterorientierung sind Manager und Mitarbeiter in einer Person vereinigt. Das Konfliktpotential beider Ansätze ist aufgrund der begrenzten Anzahl der Anspruchsgruppen nicht so hoch wie im dargestellten Stakeholder-Ansatz. Die Erkenntnisse aus beiden Modellen sollten in der Unternehmenslandschaft bei der Gestaltung von Corporate-Governance-Strukturen berücksichtigt werden, denn in der heutigen Zeit der Organisation von Unternehmensprozessen wird der Mitarbeiter als Wissensträger und somit als wichtige Ressource des Unternehmens betrachtet.

In den einfachen Modellen (Shareholder-, mitarbeiterorientierter oder Stewardship-Ansatz) ist zusätzlich zu beachten, dass nicht alle Anteilseigner oder alle Mitarbeitermanager das gleiche Ziel haben. Daraus können sich zusätzlich Intra-Gruppenkonflikte ergeben, die es zu lösen gilt. Der politische Ansatz könnte als Rahmen für die in dieser Sektion vorgestellten Corporate-Governance-Ansätze gelten, denn er zeigt die Relevanz von nicht-ökonomischen Prozessen zur Erklärung der verschiedenen Ansätze.

Weiter Corporate Governance Ansätze existieren; Turnbull (1997) unterscheidet u.a. noch den Kulturansatz, den Machtansatz und den kybernetischen Ansatz.

Fragen und Thesen zur Sektion

- Beschreiben Sie, was der Stakeholder-Ansatz besagt und was Stakeholder sind.
- Der Shareholder-Ansatz und der Stewardship-Ansatz gehen von einem grundsätzlich unterschiedlichen Menschenbild aus. Stellen Sie diese kurz gegenüber und erläutern Sie die Probleme von theoretischen Ansätzen in der Corporate Governance.
- Recherchieren Sie zum Kulturansatz, zum Machtansatz und zum kybernetischen Ansatz und stellen Sie diese Ansätze einander gegenüber.

4 Trennungs- und Board-Modell

Lernziele

In diesem Kapitel lernen Sie die Organe der Corporate Governance kennen und können deren Funktionen voneinander abgrenzen und darstellen. Sie erhalten ein Verständnis für die Existenz verschiedener Corporate-Governance-Systeme und verschiedener Hintergründe für die Entwicklung dieser Systeme (Kultur, Erfahrung, politisches System, Pfadabhängigkeit etc.). Aufbauend auf diesem Wissen können Sie die Entwicklungen von Corporate-Governance-Systemen in einzelnen Ländern und Jurisdiktionen einordnen.

4.1 Einleitung

Der Kapitalmarkt stellt eine wichtige Möglichkeit dar, um die Finanzierung von Unternehmen sicherzustellen. Um die Finanzierungsbereitschaft der Kapitalgeber zu erhöhen, muss gewährleistet werden, dass ihre Interessen geschützt sind. Hier spielt die Corporate Governance eine wichtige Rolle, welche in der Praxis grundsätzlich zwei unterschiedliche Unternehmensleitungsmodelle mit entsprechenden Kontrollmechanismen zur Lösung des Interessenproblems zwischen den Stakeholdern bereitstellt. Im zentraleuropäischen Raum ist es das stakeholder- und bankorientierte (Insider-Control-System) Trennungsmodell, im angloamerikanischen Raum existiert das shareholder- oder kapitalmarktorientierte (Outsider-Control-System) Board-Modell. Beide Modelle haben sich in ihrem Umfeld bewährt, abgesehen von teilweise auftretenden Kontrollproblemen.

Nach vielfachen Reformen der Governance-Systeme in Europa und den USA stellt sich heute die Frage, ob der zunehmend zu beobachtende Systemwettbewerb zwischen dem Trennungs- und dem Board-Modell zur Verdrängung eines der Modelle führt, oder ob es zu Annäherungen zwischen den Modellen kommt. Treibende Faktoren des Wandels sind sich entwickelnde internationale Corporate-Governance-Standards, Kulturen sowie Pfadabhängigkeit und Trägheit von Systemen.

Im Folgenden werden die beiden Modelle der Corporate Governance, das Board- und das Trennungsmodell beispielhaft für die Länder USA und Deutschland dargestellt und weitere Aspekte der Corporate Governance erläutert.

4.2 Unternehmensverfassung in den USA

Grundsätzlich gibt es die Möglichkeit der institutionellen Trennung von Geschäftsführung und Unternehmensüberwachung. Alternativ können die Aufgaben auch durch ein Gesellschaftsorgan ausgeführt werden. Im Fall der Unternehmensverfassungen der US-amerikanischen Aktiengesellschaften wird nicht institutionell zwischen Geschäftsführung und Unternehmensüberwachung getrennt, d.h. hier gibt es nur ein Organ welches die Unternehmensleitung und -überwachung in sich vereint – das Board of Directors. Häufig wird in diesem Zusammenhang vom Vereinigungsmodell oder von einer monistischen oder einstufigen Betriebsstruktur gesprochen (Bleicher/Paul, 1986). Das US-amerikanische Aktiengesellschaftsmodell besteht insgesamt aus zwei zentralen Gesellschaftsorganen:

- das Shareholders' Meeting (Hauptversammlung der Aktionäre) und
- das Board of Directors.

Das Shareholders' Meeting findet grundsätzlich mindestens einmal im Jahr statt. Den Kompetenzen entsprechend, kommen den Anteilseignern auf der Hauptversammlung drei zentrale Aufgaben zu. Sie haben:

- die Mitglieder des Boards zu wählen,
- die Satzung des Unternehmens zu erlassen oder zu ändern,
- Zustimmungs-/Ablehnungsrecht zu außerordentlichen Angelegenheiten der Gesellschaft.

Die Leitungs- und Überwachungsfunktion kommt dem Board of Directors zu. Er setzt sich aus Inside-Directors und Outside-Directors zusammen. Das Board besteht in der Regel bei großen Firmen aus 13 Mitgliedern und tagt in der Regel neunmal pro Jahr (Bleicher/Paul, 1986). Ihm kommen primär folgende Aufgaben zu (Ostermeyer, 2001):

- Überwachung der Geschäftstätigkeit im Interesse der Anteilseigner.
- Festlegung der Ziele für die Unternehmensentwicklung.

Inside Directors sind hauptamtlich angestellte Führungskräfte, die das Unternehmen leiten sollen (Lück, 1990). Zu ihnen zählen insbesondere der Chief Executive Officer (CEO), der Präsident, der Chief Financial Officer (CFO) und die Chairperson. Den größten Einfluss auf die Leitung des Unternehmens hat der CEO/Präsident. Er vereint oftmals die Funktion der Chairperson (Vorsitzenden des Boards) und des Präsidenten in einer Person (Bleicher/Paul, 1986), dies wird in der Literatur CEO-Duality genannt. Der CEO hat eine herausgestellte Position in der Geschäftsführung, da er der höchste und oberste Entscheidungsträger ist. Er ist allen anderen Managern vorgesetzt (Lück, 1999).

Die nicht direkt in die Geschäftsführung eingebundenen Mitglieder, welche auch außerhalb häufig bei anderen Unternehmen tätig sind, bezeichnet man als Outside-Directors (Non-Executive Directors). Ihnen kommt vornehmlich die eigentliche Kontrollfunktion im Board zu. Dies ist abhängig davon, wie das Board-Gremium aufgestellt ist. Das US-amerikanische Recht überlässt diesbezüglich grundsätzlich Spielraum und verzichtet auf bundeseinheitliche

Regelungen (Bleicher/Paul, 1986). Dennoch erhöhte sich der Anteil der Outside-Directors im Board im Verlaufe der Zeit und beträgt ca. 75% (Witt, 2003).

4.3 Unternehmensverfassung in Deutschland

Das deutsche Modell der Unternehmensverfassung zielt ausdrücklich auf eine institutionelle Trennung von Unternehmensleitung und Unternehmensüberwachung ab. In diesem Zusammenhang werden auch die Begriffe Trennungsmodell, Two-Tier-Board-System und zweistufiges Modell verwandt (Langenbucher/Blaum, 1994). In der dualistischen Verfassung sind drei Gesellschaftsorgane gesetzlich vorgeschrieben (siehe Abbildung 4.1):

- die Hauptversammlung,
- der Vorstand,
- der Aufsichtsrat.

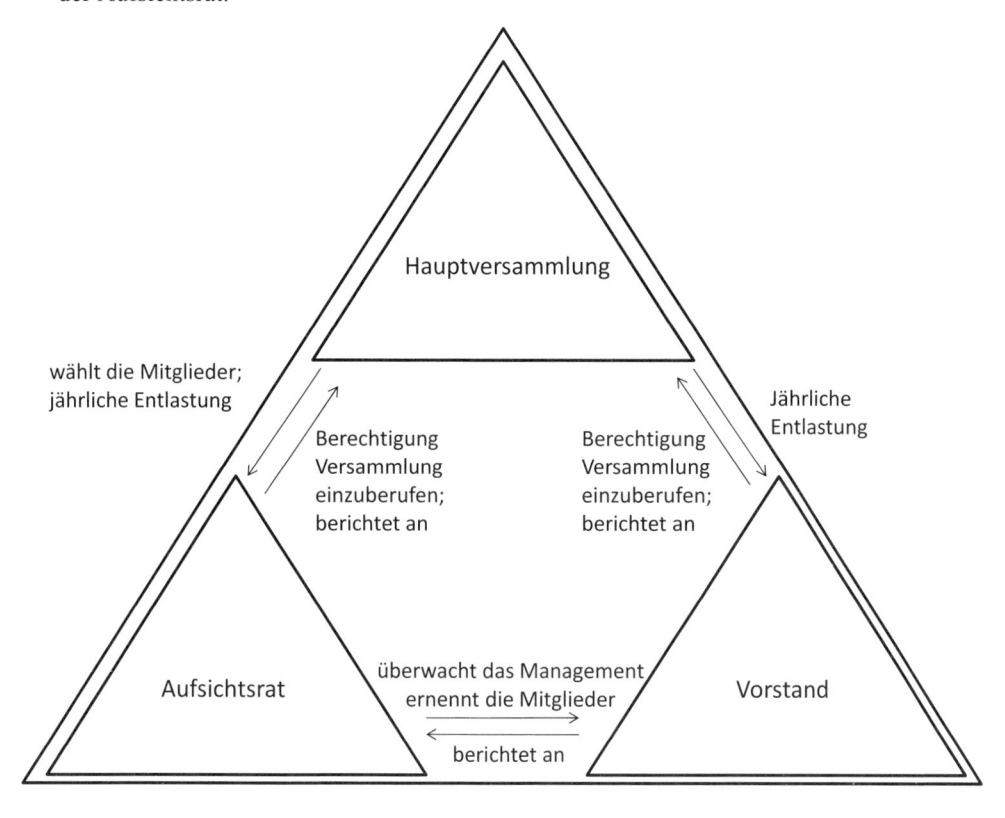

Abb. 4.1 Das deutsche Modell der Unternehmensverfassung.

Die Aufgaben der Hauptversammlung werden durch §119 Abs. 1 AktG vorgegeben. Zu den zentralen Aufgaben zählen die Bestellung der Mitglieder des Aufsichtsrats und der Abschlussprüfer. Darüber hinaus soll der Vorstand und der Aufsichtsrat durch sie entlastet werden. Die Kompetenzen dieses Gesellschaftsorgans sind hinsichtlich der Unternehmensüberwachung durch den Gesetzgeber stark eingeschränkt und dienen eher zur Willensbildung als zur Kontrolle. Der Vorstand hat gemäß §76 Abs. 1 AktG die Aufgabe, die Geschäfte der Unternehmung zu leiten (Innenleitung) und nach außen zu vertreten. Das Management steht gemäß §90 AktG dem Aufsichtsrat gegenüber in der Informations- und Berichtspflicht. Laut §91 Abs. 2 AktG kommt dem Vorstand die Aufgabe zu, für ein zweckmäßiges Internes Kontrollsystem zu sorgen. Darüber hinaus hat er neben dem Nachweis über Ordnungsmäßigkeit und die Rechtmäßigkeit auch die Zweckmäßigkeit und Wirtschaftlichkeit des unternehmerischen Handelns hauptsächlich zu verantworten.

Durch seine unmittelbaren Einsichts- und Prüfrechte gegenüber dem Vorstand ist der Aufsichtsrat das zentrale Überwachungs- und Kontrollorgan innerhalb der Aktiengesellschaft. Ihm kommen folgende Hauptaufgaben zu:

- Auswahl, Bestellung, Ernennung, Wiederwahl und Abberufung der Vorstandsmitglieder (§84 Abs. 1 und 3 AktG)
- Überwachung der Unternehmensleitung (§111 Abs. 1 AktG)
- Feststellung des Jahresabschlusses einschließlich des Gewinnverwendungsvorschlages und der Billigung des Konzernabschlusses (§171 Abs. 1 Satz 1, Abs. 2 Satz 4 und 5 AktG).

Die Größe des Aufsichtsrats wird durch den Gesetzgeber vorgegeben und sollte mindestens drei bis maximal 21 Mitglieder betragen (§95 AktG.). Er setzt sich aus gewählten Vertretern der Aktionäre der Hauptversammlung zusammen und aus den für Deutschland spezifischen Vorschriften des Mitbestimmungsgesetz bestimmten Arbeitnehmervertretern (§96 Abs. 1 AktG). Dies stellt im internationalen Vergleich eine Besonderheit des deutschen dualistischen Modells dar. Grundsätzlich können vom Aufsichtsrat diverse Ausschüsse gebildet werden (§107 Abs. 3 Satz 1 AktG).

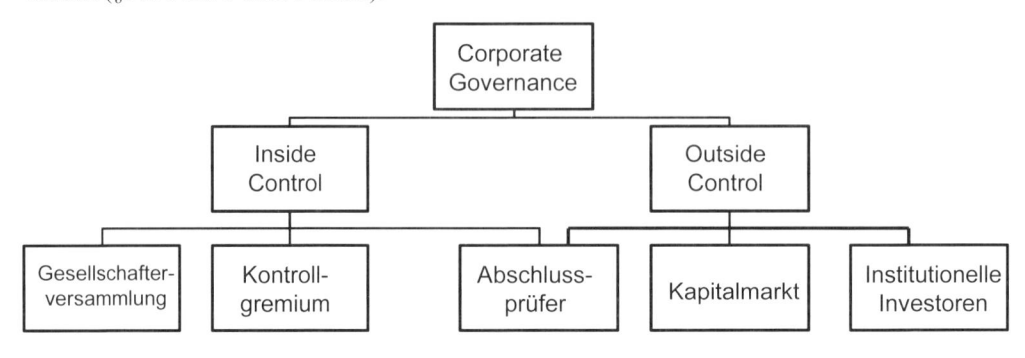

Abb. 4.2 *Inside Control vs. Outside Control.*

Diesbezüglich wird in der Praxis vom Aufsichtsrat oft der Präsidialausschuss, der Vermittlungsausschuss wie auch ein Prüfungsausschuss bestellt (Lutter, 2002). Der Prüfungsausschuss kann als Gremium einer Aktiengesellschaft deutschen Rechts zur Sicherung und Verbesserung der Unternehmensüberwachung aufgefasst werden.

4.4 Corporate Governance und Abschlussprüfung

Neben der Leitung durch den Vorstand sowie der Überwachung durch den Aufsichtsrat bildet die gesetzliche Abschlussprüfung die dritte Säule der Corporate Governance (Hommelhoff/Mattheus, 2003). Dabei ist der Abschlussprüfer sowohl ein Teil der internen als auch der externen Corporate Governance (siehe Abbildung 4.2). Er übernimmt als unabhängiger Sachverständiger eine unternehmensinterne Unterstützungsfunktion sowie eine unternehmensexterne Garantiefunktion und dient damit dem Abbau von Informationsasymmetrien zur Lösung des Prinzipal-Agenten-Konfliktes (Hommelhoff/Mattheus, 2003). Hinsichtlich des Aufbaus von Vertrauen spielt der Abschlussprüfer eine entscheidende Rolle in der Corporate Governance. Dieser wird von dem Aufsichtsrat vorgeschlagen, von der Hauptversammlung gewählt und anschließend wiederum vom Aufsichtsrat bestellt.

Grundsätzlich sind alle großen und mittelgroßen Kapitalgesellschaften in Deutschland nach §316 HGB gesetzlich zur Abschlussprüfung verpflichtet. Der Gegenstand der Prüfung umfasst sowohl den Jahres- bzw. Konzernabschluss als auch den jeweiligen Lagebericht. Diese vom Vorstand erstellten Offenlegungsinstrumente werden durch den Abschlussprüfer daraufhin untersucht, ob sie den gesetzlichen Vorschriften entsprechen und ob sie ein zutreffendes Bild der Lage, Risiken und zukünftigen Entwicklungen vermitteln (IDW, 2001). Entgegen der weitläufigen Meinung, gehört es nicht zu den Aufgaben des Prüfers, systematisch und gezielt betrügerische Handlungen aufzudecken (Scheffler, 2005). Diese Fehlwahrnehmung wird in der Literatur mit „Erwartungslücke" umschrieben (Biener, 1995). Die Art und der Umfang der Prüfung werden vom Abschlussprüfer selbstständig festgelegt, allerdings besteht eine Pflicht für den Vorstand, die Prüfungsdurchführung zu begleiten und zu unterstützen (Mößle, 2003). Nach dem Konzept der abgestuften Publizität erfolgt eine zweifache Veröffentlichung des Ergebnisses, aus der sich eine Doppelverantwortung des gesetzlichen Abschlussprüfers im Corporate-Governance-System erschließt (IDW 2001). Der umfangreichere Prüfungsbericht als Instrument der internen Berichterstattung wird sowohl dem Vorstand als auch dem Aufsichtsrat übermittelt. Im Gegensatz dazu stellt der aufgrund der Schutzwürdigkeit der Unternehmensinteressen im Umfang stark verkürzte Bestätigungsvermerk die Informationsquelle für externe Adressaten dar (IDW, 2001).

Drei grundsätzliche Funktionen des Abschlussprüfers können im Hinblick auf die Corporate Governance unterschieden werden (IDW, 2001):

- die Kontrolle und Berichterstattung im Interesse der Öffentlichkeit,
- die Unterstützung des Aufsichtsrates,
- die Präventivfunktion, die er in Bezug auf den Vorstand einnimmt.

Die erste Funktion dient der Stärkung der Glaubwürdigkeit und damit der Stärkung des Vertrauens der externen Interessengruppen in die Rechnungslegung. Mit der Beglaubigung durch den unternehmensunabhängigen Abschlussprüfer haben sie die Möglichkeit, diese als zuverlässiges Überwachungsinstrument zu nutzen (Mößle, 2003). Neben dieser Schutzfunktion für Gläubiger, Lieferanten, Banken und Arbeitnehmer als Stakeholder der Kapitalgesellschaften wird der Abschlussprüfung vor allem aus Sicht des Kapitalmarktes eine zentrale Bedeutung zugeschrieben. Durch verlässliche Informationen können die Anteilseigner die zukünftige Wertentwicklung ihrer Beteiligung besser abschätzen und mögliche Verluste frühzeitig kalkulieren (Mößle, 2003).

Auch werden dadurch potentielle Anleger in ihren Investitionsentscheidungen gestärkt, weshalb die Abschlussprüfung sowohl für die einzelne Kapitalgesellschaft als auch für die Sicherung und Entfaltung des nationalen Kapitalmarktes eine zentrale Rolle einnimmt (Hommelhoff/Mattheus, 2003).

In seiner zweiten Funktion unterstützt der Abschlussprüfer den Aufsichtsrat bei dessen Prüfung der Rechnungslegung und berät ihn in Bezug auf die Überwachung der Unternehmensleitung kritisch (Breuer, 2003). Durch die schriftliche und mündliche Berichterstattung versorgt er den Aufsichtsrat mit aus unternehmensunabhängiger Sicht erstellten Informationen, die gemeinsam mit der partiellen Zusammenarbeit der beiden Organe eine auch im Interesse der Stakeholder liegende effizientere Unternehmensüberwachung ermöglichen sollen.

Diese doppelte Überwachung wirkt zudem insofern auf den Vorstand, als dass dieser sich schon vorab stärker bemüht, einen fehlerfreien Abschluss aufzustellen (IDW, 2001). Damit übt der Abschlussprüfer seine dritte Funktion aus, die präventiv und qualitätsverbessernd wirkt.

Die aus diesen drei Funktionen abgeleitete Rolle des Abschlussprüfers als „konflikt-lösende Ausgleichsfunktion" stellt im Zuge der steigenden Komplexität der Unternehmensstrukturen hohe Erwartungen und Anforderungen an diesen (Mößle, 2003).

Die externen Kontrollinstitutionen und Mechanismen in der Corporate Governance werden in der folgenden Sektion beschrieben.

4.5 Die zwei theoretischen Ansätze zur Corporate Governance

Der Shareholder-Ansatz ist vor allem im angloamerikanischen Raum Grundlage der Corporate Governance und spiegelt sich auch im Unternehmensleitungsmodell, dem Board-Modell, wider. So ist im US-amerikanischen Board-Modell die Mitarbeiterbeteiligung nicht institutionalisiert. Die Kontrolle wird über den Kapitalmarkt ausgeübt, da sich die Unternehmen in der Regel in Streubesitz befinden. Das bedeutet, dass die Aktionäre das Unternehmen über Exit-Strategien kontrollieren (siehe Sektion „Exit oder Vote"), indem sie ihr Anteile bei Interessenabweichungen verkaufen. Eine Kontrolle durch Großanleger ist relativ selten, da diese gesetzlich unterbunden ist. Ein hohes Maß an Transparenz und Unabhängigkeit der Interessengruppen durch die Marktkontrolle führt zu einer Flexibilität des Outsider-Systems. Durch den Mangel an unternehmensspezifischen Investitionen der Interessengruppen soll die Kontrollverantwortung bei den Anteilseignern liegen, welche das größte Risiko eingehen (Mann, 2003).

Der Stakeholder-Ansatz, der multiple Anspruchsgruppen berücksichtigt, wird im kontinentaleuropäischen Corporate-Governance-Trennungsmodell, speziell in Deutschland, verfolgt. Zum Beispiel ist es in Deutschland gesetzlich geregelt, dass auch Arbeitnehmer Vertreter in den Aufsichtsrat senden. Aufgrund unternehmensspezifischer Investitionen, die von Arbeitnehmer oder von Managern aufgebaut werden oder durch die Schaffung langfristiger Kapitalinvestitionen von Großanlegern, sollen möglichst diese Anspruchsgruppen Kontrolleinfluss ausüben können. Hierbei erfolgt dies aber nicht über den Kapitalmarkt, sondern über die direkte Besetzung des Kontrollorgans Aufsichtsrat. Diese Form der Kontrollausübung wird auch Voice-Strategie genannt.

Auf dieser Grundlage scheint es nicht verwunderlich, dass Banken als Großanleger und Arbeitnehmer zumindest in Deutschland einen großen Einfluss im Aufsichtsrat haben. Die Abhängigkeit der Interessengruppen untereinander und ihre langfristigen Investitionsstrategien sollen theoretisch zu einer Stabilität im System führen. Durch diese Verhältnisse können jedoch Entscheidungsfindungen auch verlangsamt und die Kapitalmarktfinanzierung erschwert werden.

4.6 Unternehmensleitungsmodelle in Theorie und Praxis

4.6.1 Theoretische Grundlage der Entwicklung von Corporate-Governance-Modellen

Die Entstehung von Corporate-Governance-Modellen ist pfadabhängig (North, 1990). Institutionen entstehen auf Grundlage der Berücksichtigung verschiedener Interessengruppen, deren Verhalten und den gegeben Rechtsrahmenbedingungen. Die Entwicklung von Corporate-Governance-Modellen kann entsprechend als ein evolutionärer Prozess angesehen werden. Mit der Herausbildung eines stabilen, konsistenten Systems kann davon ausgegangen werden, dass sich abweichendes Verhalten nachteilig auswirkt und zu Abwehrreaktionen führt. Dementsprechend befindet sich das System in einer Pfadabhängigkeit. Das bedeutet, dass der Entwicklungspfad durch vereinzelte Veränderungen kaum erschüttert wird. Systeme können also nicht durch einzelne kleinere Ereignisse (ausgenommen externe Schocks) beeinflusst werden, was dazu führt, dass mögliche ineffiziente Systeme oder Systembestandteile bestehen bleiben. Eine groß angelegte Veränderung muss zu den vorhandenen Systembestandteilen passen und wird nur vollzogen, wenn die Kosten der Veränderung durch sich daraus ergebene Erträge amortisiert werden (Mann, 2003).

Bei radikalen Änderungen muss berücksichtigt werden, dass diese möglicherweise kein Verbesserungspotenzial in sich tragen, sondern vielmehr mit unvorhersehbaren Risiken verbunden sind, da Interdependenzen zwischen einzelnen Systemelementen unberücksichtigt bleiben (Schmidt, 2001) (siehe Sektionen „Corporate Governance in China" und „Corporate Governance in Russland").

Die wachsende Internationalisierung bewirkt jedoch einen Wettbewerb zwischen den unterschiedlichen Systemen der zu einem gewissen Maß einen Veränderungsdruck aufbaut. Bei Beeinflussung von zentralen Systemelementen kommt es dementsprechend zu einem Wandel eines Systems, da durch die Interdependenzen mit anderen Elementen das System insgesamt stark beeinflusst wird.

Eine weitere Komponente, welche eine entscheidende Relevanz für die Corporate-Governance-Systeme hat, ist die kulturelle Dimension. Diese spiegelt sich beispielsweise im Verhalten der Individuen oder in den Gesetzen des jeweilig betrachteten Landes bzw. der jeweiligen betrachteten Gesellschaft wider. Kulturelle Variablen sind nach Hofstede (1984) (siehe Abbildung 4.3):

- Individualismus und Kollektivismus: Diese Variable zielt auf die Beziehungen zu anderen Individuen oder das Gruppenverhalten ab.
- Kleine und große Machtdistanz: Hier zeigt sich, inwieweit eine übergeordnete Macht von der Gesellschaft akzeptiert wird.
- Starke und schwache Vermeidung von Unsicherheit reflektiert das Umgehen der Gesellschaft mit Unsicherheit und Risiko.
- Maskulinität und Feminität: Hier wird definiert, ob die Gesellschaft leistungs- und erfolgsbezogen oder eher bescheiden, harmonisch und beziehungsbezogen ist.

Neuere Ansätze ergänzen diese Variablen.

Unterschiede in der Kultur, Tradition, im politischen und rechtlichen System prägen vor allem die Unterschiede der Ausgestaltung der Governance Systeme in den Emerging Markets wie China, Indien, Brasilien oder Russland (BRIC-Staaten). Guanxi (Prinzip, sich gegenseitig Gefallen zu tun) in China, Konfuzianismus (Anerkennung des Senioritätsprinzips) sowie die langjährige Abwesenheit von Rechtsstaatlichkeit in China oder Russland erlauben z.B. keine unreflektierte Übernahme westlicher Corporate-Governance-Regelungen für diese Wirtschaftsräume. In Indien herrscht z.B. ein tief verwurzeltes philanthropisches Verständnis, was die Corporate Governance eher in die Richtung Corporate Social Responsibility trägt (Lattemann et al., 2009).

4.6 Unternehmensleitungsmodelle in Theorie und Praxis

[Abbildung: Kulturelle Variablen nach Hofstede mit Achsen Individualism (Low/High) und Power Distance (Small/Large)]

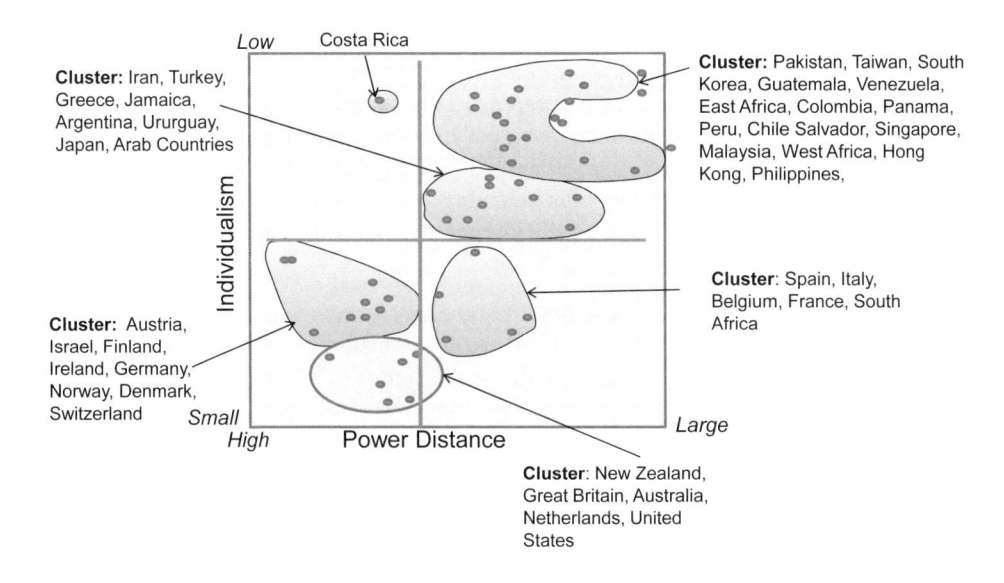

Cluster: Iran, Turkey, Greece, Jamaica, Argentina, Ururguay, Japan, Arab Countries

Cluster: Costa Rica

Cluster: Pakistan, Taiwan, South Korea, Guatemala, Venezuela, East Africa, Colombia, Panama, Peru, Chile Salvador, Singapore, Malaysia, West Africa, Hong Kong, Philippines,

Cluster: Austria, Israel, Finland, Ireland, Germany, Norway, Denmark, Switzerland

Cluster: Spain, Italy, Belgium, France, South Africa

Cluster: New Zealand, Great Britain, Australia, Netherlands, United States

Abb. 4.3 *Kulturelle Variablen (Hofstede, 1984).*

4.6.2 Entwicklungseinflüsse beim angloamerikanischen Board-Modell

Mit der folgenden Darstellung soll gezeigt werden, welche Einflussfaktoren auf die Entwicklung von Governance-Systemen wirken. Vor allem wird anhand der Darstellungen deutlich, dass Pfadabhängigkeiten, gekoppelt mit unterschiedlichen Voraussetzungen (wie z.B. Kulturen, wirtschaftliche Situation etc.) zu einer unterschiedlichen Entwicklung von Systemen führen kann. Die hier ausgeführten Darstellungen des angloamerikanischen Board-Modells werden für Vereinfachungszwecke auf das US-amerikanische Modell, speziell auf die Aktiengesellschaften, bezogen.

In den USA hat die Gründung von Kapitalgesellschaften mit einem weiten Streubesitz eine lange Tradition. Der US-amerikanische Kapitalmarkt ist der größte der Welt. Dieses ist damit zu begründen, dass die Industrialisierung in der zweiten Hälfte des 19. Jahrhunderts die Massenproduktion, Technologieweiterentwicklungen und die Vergrößerung der Absatzmärkte in den USA bewirkt hat. Einzelne Kapitalgeber waren nicht mehr in der Lage, Finanzierungsmittel allein aufzubringen, was dazu führte, Kapital von diversen Investoren einholen zu müssen. Es hätte zwar die Möglichkeit bestanden, Gelder über Banken, Versicherungen und Fondgesellschaften zu akquirieren, dem standen jedoch spezifische kulturelle Aspekte gegenüber (Roe, 1996).

Durch die Zusammensetzung der Bevölkerung in den USA aus unterschiedlichsten ethischen Gruppen, welche über keine gemeinsamen, langfristigen Beziehungsverflechtungen verfügen, wird Individualität und Chancengleichheit groß geschrieben. Des Weiteren ist eine kleine Machtdistanz erkennbar, d.h., staatliche Macht oder Machtausübung großer Organisationen wird abgelehnt (Mintz, 2005). So wurde eine Finanzierung der Unternehmen durch Banken bis zum Ende des 20. Jahrhunderts eingegrenzt. Dies geschah vor allem durch Beschränkungen der geographischen Ausdehnung, sowie durch die Trennung von Geschäfts- und Investmentbanken im Glass-Steagall-Act von 1933. Die Banken waren zu dieser Zeit kaum in der Lage, das benötigte Kapital der Großunternehmen zu decken. Versicherungen verloren Anfang des 20. Jahrhunderts ihr Recht auf Aktienbesitz, nachdem zahlreiche Betrugs- und Bestechungsfälle bekannt wurden.

Eigenschaften, wie eine hohe Risikobereitschaft und die Ablehnung von Machtkonzentration in einzelnen Händen, spiegeln sich im föderalistischen Prinzip der USA wider. Jeder Bundesstaat besitzt seine eigenen Gesetze und Rechtsprechungen. Es besteht ein Wettbewerb zwischen den Bundesstaaten um Systeme und Rechtssprechungen (Witt, 2002; Nagy, 2002).

Einschränkungen erfuhr dieser Wettbewerb erstmals durch die Einführung des Sherman Antitrust Act von 1890 als erstes Bundesgesetz der Antitrustpolitik. Diesem folgten diverse weitere Gesetze auf nationaler Ebene, welche die Bewahrung des freien Wettbewerbs als Ziel hatten (Schmidt, 2001). Zum Schutz der Aktionäre und zur Definition der Publizitätspflichten der Unternehmensführung wurde 1933 der Securities Act und 1934 der Securities Exchange Act eingeführt. Mit dem Securities Exchange Act einhergehend entstand auch die Bundesbehörde Securities Exchange Commission (SEC) zur Durchsetzung und Überwachung der gesetzlichen Richtlinien. Seit dem 2002 eingeführten Sarbanes-Oxley Act hat die amerikanische Gesetzgebung direkten Einfluss auf die Corporate Governance, auch im internationalen Sinne. So sind auch deutsche Unternehmen hiervon betroffen (siehe hierzu Sektion „Corporate Governance in den USA").

Aufbau und Aufgaben

Das US-amerikanische Gesellschaftsrecht ist vor allem durch einzelstaatliche Regelungen geprägt. Damit ist die rechtliche Ausgestaltung der Organe dem Gesetz des Gründungsortes der Gesellschaft unterworfen (Aurich, 2006).

Da im US-amerikanischen Board-System keine Trennung der Organe in Leitung und Kontrolle vorliegt, kontrolliert sich das Board of Directors mehr oder weniger selbst (Macharzina/Wolf, 2005). Diese geläufige Form der Board-Organisation kann als Mischform betrachtet werden. Andere Varianten sind z.B., dass alle Board-Mitglieder in einem bestimmten Segment mit der Geschäftsführung betraut sind, oder dass das Board nur aus Outside-Directors besteht (Potthoff, 1996).

Die Geschäftsführung hat einen direktionalen Charakter, d.h., der CEO verfügt über eine hohe Machtkonzentration (Bleicher et al., 1989). Die Vorteile dieses Prinzips liegen in einer kurzen Entscheidungsfindung, verbunden mit einer schnellen Reaktionsfähigkeit und einer klaren Verantwortungsvergabe (Bleicher, 1991). Eine Besonderheit des Board-Modells ist die Option, sogenannte Committees als Gremien festzulegen. Diese nehmen Management- und Treuhandaufgaben wahr. Zu den wichtigsten Committees gehören (Macharzina/Wolf, 2005):

- Executiv Committee (zuständig für Geschäftsführungsaufgaben),
- Financial Committee (überwacht die Finanzsituation),
- Audit Committee (zuständig für Abschlussprüfungen),
- Compensation Committee (zuständig für Managergehälter),
- Nomination Committee (zuständig für die Bestellung der Boardmitglieder).

Kritische Würdigung

Zur Bewertung des US-amerikanischen One-Tier-Board-Modells wird im Sinne einer guten Corporate Governance im Folgenden auf drei Kriterien abgestellt. Diese sind (Berger, 2004):

1. Die Struktur / der Aufbau des Board-Modells,
2. Die Qualifikation der handelnden Personen (zur Übernahme der Aufgabe, zur Weitergabe von Informationen, Interessenkonflikte),
3. der Prozess der Entscheidungsfindung (Geschwindigkeit, Transparenz) .

Kritisch an der Struktur des Boards kann gesehen werden, dass die Möglichkeit der Zusammenführung von CEO und Chairperson of the Board (CEO-Duality) in einer Person besteht. Der Überwachungsauftrag der Outside-Directors und der Chairperson of the Board wäre also nicht mehr zweckmäßig gewährleistet und der CEO nimmt eine herausragende Rolle ein (Berger, 2004). Diesen Auswirkungen soll mit einem Monitoring-Modell begegnet werden, welches eine formale Aufgabenteilung vorsieht. Dieses Modell impliziert die genannten Committees, wobei heute insbesondere auf die Besetzung der Positionen mit unabhängigen Outside-Directors Wert gelegt wird (Aurich, 2006). Besonderen Einfluss auf die Zusammensetzung und die Aufgaben des Audit Committee hat der 2002 erlassene Sarbanes-Oxley Act (SOX), welcher als Bundesgesetz konzipiert ist (siehe Sektion: „Corporate Governance in den USA").

Hinsichtlich der Qualität des Board-Modells wird davon ausgegangen, dass die enge Verzahnung der Mitglieder des Boards zu einem verbesserten Informationsfluss führt und damit die Entscheidungsqualität positiv beeinflusst wird (Berger, 2004). Praktisch kommt es jedoch zu einem Informationsdefizit und mangelnder Unabhängigkeit. Hinsichtlich des Informationsdefizits kommen zwei Gründe in Betracht. Einerseits beschäftigen sich die Outside-Directors zu wenig mit dem Unternehmen, da sie oftmals CEOs anderer Unternehmen sind und damit kaum Zeit für Vorstandsversammlungen haben. Andererseits ist der Informationsfluss der Geschäftsführung an das restliche Board nur mangelhaft ausgeprägt (Berger, 2004).

Die fehlende Unabhängigkeit zwischen Inside- und Outside-Directors ist ein weiteres Problem in der Überwachung der Geschäftsführertätigkeit, da die Inside-Directors, als Unternehmensangestellte, in einem direkten Abhängigkeitsverhältnis zum CEO stehen und die Outside-Directors oftmals Freunde, Geschäftspartner oder Bekannte sind (Aurich, 2006).

Die Konstellationen im Board-Modell haben generell positive Auswirkungen auf die Prozessdynamik und Entscheidungswege im Unternehmen. Eine Teilnahme der Outside-Directors an der Entscheidungsbildung macht diese direkt nachvollziehbar (Berger, 2004). Hinsichtlich der Transparenz sind US-amerikanische Unternehmen an die Publizitätspflichten und Rechnungslegungsstandards der Generally Accepted Accounting Principles (US-GAAP) gebunden. Finanzanalysten beschäftigen sich mit Unternehmensinformationen und teilen sie der Öffentlichkeit mit. Eine Besonderheit ist die Verpflichtung der Publizierung der Managergehälter und die freiwillige Preisgabe von Unternehmensdaten (Witt, 2006). Mit dem SOX sind weitgehende Veränderungen im Board-Modell verbunden. Offenlegungspflichten wurden erweitert, Neuerungen bei der Abschlussprüfung vorangetrieben und die Einbindung von unabhängigen Outside-Directors in das Board, zur Durchsetzung von Aktionärsinteressen, angestrebt (siehe Sektion „Corporate Governance in den USA").

4.6.3 Entwicklungseinflüsse beim kontinentaleuropäischen Trennungsmodell

Das kontinentaleuropäische Trennungsmodell wird am Beispiel Deutschlands, speziell am Beispiel von Aktiengesellschaften, näher betrachtet werden. Wie auch in den USA führte die Industrialisierung in der zweiten Hälfte des 19. Jahrhunderts zu einem erhöhten Kapitalbedarf der Unternehmen, welcher nicht durch Einzelpersonen gedeckt werden konnte. Gegenüber den USA waren Banken jedoch nicht durch Regulierungen in ihrem Handeln bzgl. der Unternehmensfinanzierung bzw. dem Anteilsbesitz betroffen. Zur Zeit des Nationalsozialismus wurde die Börse von Kleinanlegern weitestgehend gemieden, was die Banken in ihrer Position als Anteilsträger stärkte. Gegenüber den USA, wo eine aktive Antitrust-Politik verfolgt wurde, wurden Kartelle in Deutschland begünstigt, teilweise sogar angeordnet. Ein Beispiel ist hier die Förderung der Rüstungsindustriekartelle während des 2. Weltkrieges. Selbst nach einem Entflechtungsversuch in der Besatzungszeit der Amerikaner nach 1945 stellten sich bald wieder die alten Netzwerke aus Anteilsblöcken und Verflechtungen her. Gründe waren steuerliche Vorteile bei der Fremdkapitalaufnahme und die Unterentwicklung des Kapitalmarktes (Schmidt, 2001).

Eine Besonderheit des deutschen Corporate-Governance-Systems gegenüber anderen ist die Mitarbeiterbeteiligung. Diese impliziert eine Berücksichtigung und Beteiligung der Mitarbeiter bei der Leitung und Kontrolle von Unternehmen. Sie hat ihre Ursprünge in der freiwilligen Einrichtung von Arbeitsräten in der Gewerbeordnung von 1891 und wurde nach Enteignungs- und Sozialisierungsdruck der Jahre nach dem 2. Weltkrieg insoweit gestärkt, dass Mitarbeiter und Gewerkschaften im Aufsichtsrat der Unternehmen zu berücksichtigen sind. Gesetzlich verankert ist diese Regelung heute in dem Montanmitbestimmungsgesetz (1951), dem Betriebsverfassungsgesetz (1952) und im Mitbestimmungsgesetz (1976).

Ausgelöst durch enge Beziehungen zwischen Unternehmen, Banken, Eigentümern und Mitarbeitern ist die Unternehmensführung von einer kollektiven Verantwortung gezeichnet. Des Weiteren tendieren deutsche Entscheidungsträger eher zu einer Vermeidung von Unsicherheit (Uncertainty Avoidance). So werden Banken als Anteilseigner ihr Wissen nutzen, um riskante Geschäftsgänge zu vermeiden, mit dem Ziel, die Rückzahlung ihrer Kredite zu sichern. Das spiegelt sich auch in der hohen Relevanz des Gläubigerschutzes im deutschen Recht wider (Mintz, 2005).

Die starke Verflechtung zwischen Banken und Industrieunternehmen sowie die Finanzierung aus einbehaltenen Gewinnen und Bankkrediten brachten dieser Konstellation auch den Namen Deutschland AG ein (Cromme, 2003) (siehe Abbildung 4.4). Heutige Entwicklungen gehen dahin, dass die Banken ihre Anteile an Aktiengesellschaften verkleinern (1993: 12,8% – 2003: 9,0%), wohingegen diese Lücke durch Versicherungsgesellschaften geschlossen wird (1993: 6,6% – 2003: 13,2%) (Vitols, 2005). Die privaten Haushalte kehrten nach den Börsencrashs im Jahr 2001 (und 2008) wieder zu alten Bankanlageformen als Kapitalanlage zurück (Vitols, 2005).

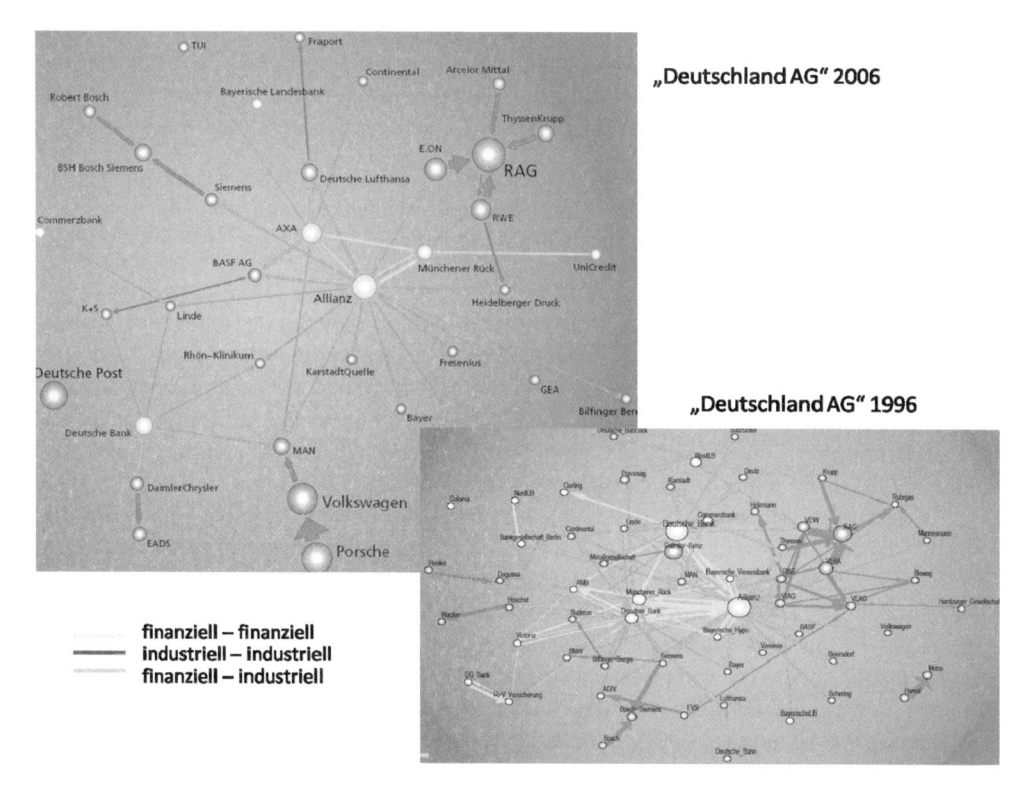

Abb. 4.4 Verflechtungen in der Deutschland AG 1996 und 2006.(MPIFG 2006)

Aufbau und Aufgaben des Trennungsmodells

Das deutsche Trennungsmodell ist stark an die juristische Definition der Teilung von Führung und Überwachung angelehnt (Bleicher et al., 1989). Die Unternehmensführung- und Überwachung von Aktiengesellschaften wird durch zwei getrennte Organe durchgeführt. Hieraus lässt sich auch der alternative englischsprachige Begriff „Two-Tier-Board" ableiten.

Der Vorstand übernimmt die Unternehmensführung und der Aufsichtsrat die Überwachung (Theisen, 2004). Ein drittes Organ der deutschen Aktiengesellschaft ist die Hauptversammlung. In ihr ist die Gesamtheit der Aktionäre vertreten und sie kann als beschließendes und damit oberstes Organ der AG angesehen werden. Zu ihren Aufgaben zählen die Bestellung der Mitglieder des Aufsichtsrates, die Entscheidung über die Nutzung des Bilanzgewinnes, die Möglichkeit der Satzungsänderungen sowie die Bestellung des Abschlussprüfers.

Die Funktionstrennung von Vorstand und Aufsichtsrat wurde erst im Aktiengesetz von 1937 verankert. In den vorherigen gesetzlichen Regelungen, welche bis auf das Jahr 1861 zurückgehen, konnte der Aufsichtsrat auch geschäftsführende Aufgaben wahrnehmen und das Trennungsmodell hatte Ähnlichkeit mit dem angelsächsischen Board-Modell. Heute gilt für die einzelnen Organe und deren Aufgaben das Aktiengesetz in seiner Fassung von 1965, in das die Regelungen des Deutschen Corporate Governance Kodex (von 2002 und den Folgejahren) eingegangen sind. Der Vorstand setzt sich aus natürlichen Personen zusammen und wird vom Aufsichtsrat für fünf Jahre, mit der Verlängerungsoption von weiteren fünf Jahren, gewählt. Die genaue Zahl der Mitglieder ist durch die Satzung der Gesellschaft bestimmt.

Aufgaben des Vorstandes sind die Führung des Unternehmens in eigener Verantwortung, die Vorbereitung und Durchführung von Beschlüssen der Hauptversammlung, die Erstattung von Berichten an den Aufsichtsrat, die Aufstellung, Vorlage und Darstellung des Jahresabschlusses und zuletzt auch die Einberufung der Hauptversammlung.

Der Charakter des Aufsichtsrates als Organ beinhaltet die Beachtung der Unternehmensinteressen, wobei jedes Mitglied jedoch uneingeschränkt eigenverantwortlich handelt. Die Zusammensetzung des Aufsichtsrates hängt von der Rechtsform und der entsprechenden Mitarbeiterzahl des Unternehmens ab. Zu den Aufgaben des Aufsichtsrates gehört die Bestellung und Abberufung des Vorstandes, was ihm eine weitgreifende Sanktionierungsmöglichkeit zukommen lässt. Er soll durch seinen Überwachungsauftrag sicherstellen, dass der Vorstand seine Aufgaben im Sinne der Gesellschaft und Anteilseigner erfüllt. Hierzu zählen die Prüfung des Jahresabschlusses sowie die Durchsetzung seines Informationsrechtes gegenüber dem Vorstand, welcher seinerseits zur Berichterstattung verpflichtet ist. Eine weitere starke Kontrollmöglichkeit ist die Option des Aufsichtsrates, bestimmte Arten von Geschäften des Vorstandes nur mit seiner Zustimmung durchführen zu lassen. Die Organtrennung unterliegt dem Kollegialprinzip. Das bedeutet, dass Personen der Organe zusammen Entscheidungen treffen. Vorteile dieses Prinzips sind der Machtausgleich, die Nutzung einer größeren Informationsbasis, die Steigerung der Entscheidungsqualität und die Förderung der Zusammenarbeit (Bleicher, 1991).

Kritische Würdigung

Wie bereits zuvor am Board-Modell, wird im Folgenden das deutsche Trennungsmodell anhand der drei Kriterien für „gute" Corporate Governance (Struktur/Aufbau des Board-Modells; Qualifikation der handelnden Personen; Prozess der Entscheidungsfindung) bewertet.

Hinsichtlich der Struktur liegt keine Verflechtung zwischen Führung und Kontrolle durch die Organtrennung im Trennungsmodell vor. Der Aufsichtsrat kann frei handeln, da eine Distanz zum Vorstand (zumindest theoretisch) besteht. Damit ist ihm ein gewisses Maß an Selbstständigkeit zuzuschreiben (Berger, 2004). Dieses kann jedoch durch den Wechsel von Vorstandsmitgliedern in den Aufsichtsrat, was in Deutschland häufig der Fall ist, eingeschränkt werden, da hiermit eine Selbstüberwachung, zumindest vergangener Entscheidungen, vorgenommen wird. Dieses Verhalten ist besonders fraglich, wenn ein Vorstandsvorsitzender später Vorsitzender des Aufsichtsrats wird. In der Praxis kann es als Nachteil angesehen werden, dass der Aufsichtsrat nur eine passive Rolle einnimmt. Es besteht kaum die Möglichkeit für ihn, innerhalb des Entscheidungsprozesses auf den Vorstand einzuwirken, vor allem wenn dieser eine Zusammenarbeit mit dem Aufsichtsrat nicht zulässt. Es scheint ausgeschlossen zu sein, dass eine Kontrolle ohne direkte Beteiligung, in der sogar noch Informationsdefizite auftreten, überhaupt zielführend ist. Forderungen gehen dahin, dass der Aufsichtsrat stärker hinsichtlich der Mitwirkung und Beratung einbezogen werden soll (siehe Sektion „Corporate Governance in Deutschland").

Den beschriebenen Nachteil der Besetzung des Aufsichtsrates kann man allerdings nicht einem Strukturmangel des Systems anlasten. Vielmehr gehen diese Mängel primär auf jeweils getroffene Personalentscheidungen zurück. Dieser Einwand gilt auch für die im deutschen Recht verankerte Mitbestimmung. Sie hat keine Auswirkung auf die eigentliche Systemstruktur, da sie in beiden Systemen vorhanden oder nicht vorhanden sein kann (Berger, 2004).

Die Qualität von Entscheidungen wird maßgeblich durch die Distanz und Selbstständigkeit der Vorstandsmitglieder und Aufsichtsratsmitglieder (positiv) bestimmt. Sie birgt aber auch die Gefahr, dass eine gewisse Entscheidungsferne vorliegt, welche die effektive Kontrolle beeinflusst. Ein Grund hierfür können mangelnde Fachkenntnisse der Aufsichtsratsmitglieder (insbesondere der Arbeitnehmervertreter) in der Unternehmensüberwachung sein (Böckli, 2003).

Richtige Entscheidungen können jedoch nur gefällt werden, wenn man die entsprechende Zeit besitzt, sich mit dem Problem auseinanderzusetzen und wenn man die fachliche Qualifikation mitbringt. Aufgrund der Häufungen von Aufsichtsratsposten bei einzelnen Personen, nicht selten haben einzelne Personen 10 oder mehr Aufsichtsratsposten inne, kann bezweifelt werden, dass Aufsichtsratsmitglieder genügend Zeit finden, sich mit der Kontrolle eines Unternehmens ausreichend zu beschäftigen (Aurich, 2006). Dieses Argument wird auch in dem Deutschen Corporate Governance Kodex von 2002 aufgegriffen.

Durch die Unabhängigkeit der Aufsichtsratsmitglieder wird gewährleistet, dass gesetzliche Regelungen weitestgehend umgesetzt werden. Jedoch wird auch in diesem System die Überwachung nicht immer im vollen Umfang ausgeschöpft. So soll durch eine Wahl der Aufsichtsratsposten durch die Hauptversammlung ohne Einfluss des Vorstandes die Unabhängigkeit gesichert sein. Die zur Wahl stehenden Personen der Anteilseignerseite sollen durch den Aufsichtsrat als Vorschlag der Hauptversammlung vorgelegt werden. Das Problem besteht nun darin, dass die Wahlvorschläge zumeist vom Vorstand gemacht werden und nur vom Aufsichtsrat abgesegnet werden. Hier scheint es also zweifelhaft, ob die Vorgeschlagenen ihren Überwachungsauftrag erfüllen können bzw. wollen. Eine besondere Gefahr besteht dann, wenn ein ehemaliger Vorstandsvorsitzender zum Aufsichtsratsvorsitzenden gewählt wird. Ein solches Verfahren lässt kaum eine effektive Kontrolle zu, da der ehemalige Vorstandsvorsitzende sicherlich direkten Einfluss auf seinen Nachfolger hatte (Aurich, 2006). Auch dieses Argument wird in dem Deutschen Corporate Governance Kodex von 2002 aufgegriffen.

In Bezug auf Entscheidungsfindungsgeschwindigkeit und Transparenz (Prozesse) besteht im Trennungsmodell systemimmanent gegenüber dem Board-Modell ein Nachteil. Ein Grund hierfür ist die nähere Zusammenarbeit zwischen Leitung und Kontrolle im Board-Modell, da Outside-Directors direkt an der Entscheidungsfindung teilnehmen. Im Trennungsmodell ist der Abstimmungsaufwand, auch bedingt durch das Kollegialprinzip, größer als beim Board-Modell. Besonders kritisch kann im deutschen Trennungsmodell der Einfluss externer Arbeitnehmervertreter im Aufsichtsrat gesehen werden. Hier besteht die Gefahr, dass unternehmensinterne Informationen nach außen getragen werden. Dementsprechend sind diese für den Aufsichtsrat in der Praxis meist auf das rechtlich geforderte Minimum beschränkt. Insgesamt gesehen führt die Mitarbeiterbeteiligung zu einem Interessenkonflikt im Aufsichtsrat, was im Extremfall zu einer Blockadehaltung führen kann (Berger, 2004).

Anforderungen an die Transparenzpraktiken deutscher Unternehmen stehen derzeit durch gesetzliche Änderungen und durch die Globalisierung der Kapitalmärkte in einem Wandel. Unternehmen stellen sich (teilweise freiwillig) internationalen Rechnungslegungsstandards oder haben einer entsprechenden EU-Verordnung Rechnung zu tragen, welche den Konzernabschluss nach IAS/IFRS bei kapitalmarktorientierten Kapitalgesellschaften fordert (EU-VO Nr. 1606/2002).

Weiterentwicklungen in der deutschen Gesetzgebung sind auch im Gesetz zur Kontrolle und Transparenz im Unternehmensbereich (KonTraG 1998) und im Gesetz zur weiteren Reform des Aktien- und Bilanzrechts, zu Transparenz und Publizität (TransPuG 2002) zu finden. Ihre Schwerpunkte liegen auf der Reform der Aufsichtsratsarbeit. Hier soll speziell die Kontrolleffizienz, Transparenz, Zusammenarbeit Abschlussprüfer-Aufsichtsrat, Informationsversorgung Aufsichtsrat-Vorstand und die Informationsverarbeitung im Aufsichtsrat erhöht und gestärkt werden (Theisen, 2003).

Des Weiteren wurde im Jahr 2002 der Deutsche Corporate Governance Kodex vorgestellt. Dieser Kodex hat selbst keinen Gesetzescharakter, fasst jedoch gesetzliche Vorschriften, Empfehlungen und Anregungen in einem Werk zusammen. Bestandteile sind: Aufsichtsrat, Vorstand, Transparenz, Rechnungslegung und Abschlussprüfung, Aktionäre und Hauptversammlung, sowie die Zusammenarbeit von Vorstand und Aufsichtsrat (siehe Sektion „Corporate Governance in Deutschland).

4.6.4 Annäherung des Trennungsmodells an das Board-Modell

In der Implementierung vom Board- und Trennungsmodell in der Praxis ist es in den letzten Jahren zu einer Annäherung gekommen. Diese beruht darauf, dass Schwächen des einen Systems durch die Übernahme der Stärken des anderen Systems ausgeglichen werden sollen.

Diese Schwächen beziehen sich meist auf gewisse Informationsasymmetrien innerhalb der einzelnen Systeme. Die Konvergenz ergibt sich zwangsläufig, da vor allem der Gedanke der Corporate Governance aus dem angloamerikanischen Raum kommt, wo das Board-Modell beheimatet ist. Schwächenbehebungen erfolgen also automatisch durch Stärkenübernahme aus dem Trennungsmodell (Böckli, 2003).

Formal gesehen sind die Unternehmensführung und die Kontrolle im Trennungsmodell in unterschiedlichen getrennten Organen gelagert, im Vorstand und im Aufsichtsrat. Der Aufsichtsrat nimmt jedoch häufig eine passive Rolle in diesem Gefüge ein. Er ist in der Regel nicht wie die Outside-Directors im Board-Modell direkt in den Entscheidungsprozess eingebunden. Diese Einbindung fordert aber der Deutsche Corporate Governance Kodex (DCGK). Der Aufsichtsrat und der Vorstand sollen eng zusammenarbeiten, dieses impliziert eine Abstimmung der beiden Organe und einen regelmäßigen Informationsaustausch hinsichtlich der strategischen Unternehmensausrichtung des Unternehmens. Daraus ergibt sich eine Verpflichtung zu einer ständigen Informationsversorgung der beiden Organe untereinander.

Vorberatungen der Aufsichtsratsgeschäfte zwischen den Spitzen der einzelnen Organe können zur Überwindung der institutionellen Trennung beitragen und die passive Rolle des Aufsichtsrates in eine aktivere Rolle verwandeln (Böckli, 2003).

Diese Partizipation des Aufsichtsrates kann weiterhin durch die Bildung von Ausschüssen nach dem Vorbild des Board-Modells erfolgen. Diesen Ausschüssen können bestimmte Aufgaben übertragen werden. Hierzu zählen, wie im Board-Modell, ein Prüfungsausschuss und Ausschüsse, welche sich mit den Rekrutierungen und Gehältern der Vorstandsmitglieder befassen können. Der Prüfungsausschuss soll eng mit dem Abschlussprüfer zusammenarbeiten und der Aufsichtsrat soll mehr als Adressat und Ansprechpartner des Jahresabschlussprüfers und der Bilanz gelten. Hiermit wird gewährleistet, dass der Aufsichtsrat auch schon vorher, d.h. innerhalb des Jahres, Informationen zur Entscheidungsbildung erhält und nicht erst einmalig am Ende des Jahres (Schmidt, 2001). Neben dem Deutschen Corporate Governance Kodex, der teilweise selbstverpflichtenden Charakter besitzt, sind Informationspflichten gegenüber dem Aufsichtsrat und die Stärkung der Beziehung zwischen Abschlussprüfer und Aufsichtsrat gesetzlich im KonTraG von 1998 und im TransPuG von 2002 verankert.

4.6.5 Annäherung des Board-Modells an das Trennungsmodell

Auch wenn im angloamerikanischen Raum das Board-Modell im Allgemeinen nicht in Frage gestellt wird (Böckli, 2003), sind auch hier Änderungen zu erkennen, welche stark zum Trennungsmodell hin tendieren und damit für eine Annäherung der beiden Systeme sprechen.

Ausgelöst durch Missstände bei der Unternehmenskontrolle wurden gesetzliche Regelungen erlassen, welche eine Zunahme von unabhängigen Outside-Directors im Board fordern. Dies soll auch der Möglichkeit der Machtkonzentration in einer Person von CEO und Chairman entgegenwirken. Beispiel hierfür ist der im Jahre 2002 erlassene Sarbanes-Oxley Act (SOX), welcher z.B. die Bildung eines Audit Committees vorschreibt.

Dieses Audit Committee hat die Vorlagefähigkeit des Jahresabschlusses zu garantieren. Der Gesamtvorstand stellt den Jahresabschluss endgültig fest und leitet ihn an die Aktionäre weiter. Hier ist eine Konvergenz an ein formales Aufsichtsorgan zu erkennen. Darüberhinaus ist der Prüfungsausschuss auch verpflichtet, die Unternehmensabschlüsse hinsichtlich der Qualität und Richtigkeit gegenüber den Rechnungslegungsstandards zu prüfen. Des Weiteren kann das eingesetzte Compensation und Nomination Committee entsprechend mit dem Aufsichtsrat verglichen werden. So haben beide, Aufsichtsrat und Committees, die Aufgabe, das Management und deren Vergütung zu bestimmen.

Die Annäherung ist auch außerhalb des US-amerikanischen Boardsystems erkennbar. So wurde bereits 1992 im britischen Cadbury Code empfohlen, dass börsennotierte Unternehmen ein Audit Committee, besetzt mit nicht geschäftsführenden Direktoren, haben sollen, wobei diese nicht unabhängig hinsichtlich ihrer Geschäftsbeziehung sein müssen (Witt, 2001). Im Folgenden wurde im britischen Combined Code von 1998 eine Unabhängigkeit einzelner Boardteilnehmer gefordert.

Um eine gewisse Trennung zwischen Unternehmensleitung und Kontrolle zu gewährleisten forderte der Cadbury Report (Großbritannien) die Trennung von CEO und Chairman of the Board (Witt, 2006). Trotz der Unterschiede im Rechtssystem, den Kulturen, Finanztraditionen und Eigentumsstrukturen können in den zahlreichen europäischen Corporate Governance Kodizes viele Übereinstimmungen gesehen werden. Dies deutet darauf hin, dass ähnliche Probleme vorliegen, denen mit ähnlichen Lösungsansätzen begegnet wird (Cromme, 2003).

4.6.6 Divergenzen zwischen Trennungs- und Board-Modell

Auch wenn auf einzelnen Gebieten Konvergenzen zu beobachten sind, so sollte trotzdem nicht missachtet werden, dass einerseits das Board in der Gesamtverantwortung steht und ein direkter Informationsfluss innerhalb eines Sitzungsbeschlusses nur im Board-Modell gewährleistet ist. Des Weiteren besitzt dieses Gremium eine einzelne Führungspersönlichkeit mit einer Vielzahl an Kompetenzen. Demgegenüber stellt das Trennungsmodell zwei kollektiv verantwortliche Organe dar, bei denen trotz aller Anstrengungen der Zusammenarbeit die Kompetenzen vom Gesetzgeber klar geregelt sind. Der Vorstand übernimmt die Geschäftsführung, der Aufsichtsrat die Kontrolle. Unterschiede werden hinsichtlich einer Mitarbeiterbeteiligung in der Organisationsstruktur bestehen bleiben. Durch Mitbestimmungsgesetze ist es nahezu unmöglich, das Gremium Aufsichtsrat im Sinne der angloamerikanischen Unabhängigkeit zu besetzen, da Arbeitnehmervertreter nicht unabhängig vom Unternehmen sind (Böckli, 2003).

4.6.7 Trennungs- oder Board-Modell zur Unternehmens- bzw. Konzernleitung?

In der Fachliteratur wird oftmals analysiert, welches Modell besser bzw. schlechter ist. Hierbei wird häufig das an dem Shareholder-Ansatz orientierte, kontinentaleuropäische Trennungsmodell, welches von Insidern (in Deutschland vornehmlich von Banken) kontrolliert wird, mit dem am Shareholder-Ansatz orientierten Board der USA, welches von Outsidern (Kapitalmarkt) kontrolliert wird, verglichen.

Einige Autoren kommen in ihren Untersuchungen zu dem Schluss, dass das Corporate-Governance-System in Deutschland weiterhin stakeholderorientiert und insiderkontrolliert ist und kaum Wandlungen zu einer Shareholderorientierung zu erkennen sind (Vitols, 2005; Hackethal et al., 2005). Dies kann vor allem darauf zurückgeführt werden, dass sich Insidersysteme durch eine gewisse Stabilität auszeichnen. Es scheint also, dass im Sinne der Pfadabhängigkeit bisher keine grundlegenden Elemente des Systems von den neuen Einflüssen betroffen sind, welche eine gravierende Veränderung auslösen würden.

Bei einem Vergleich von Corporate-Governance-Modellen im Sinne eines Vergleichs von Trennungs- und Board-Modell muss berücksichtigt werden, dass nur die systemimmanenten Schwächen und Stärken berücksichtigt werden dürfen. Darunter sind jene Systemeigenschaften zu verstehen, welche sich direkt aus dem Systemaufbau ergeben. Andere Stärken und Schwächen können von der jeweiligen Systemgestaltung abhängen und sollten bei einem Vergleich unberücksichtigt bleiben. Beispiele sind hier die Besetzung der einzelnen Gremien, die Definition einzelner Zuständigkeiten, die Mitbestimmung und die Transparenz. Lässt man diese Eigenschaften außer Acht und beschränkt sich auf systemimmanente Vor- und Nachteile, so ergibt sich kein überlegenes System, da Systeme immer auch im Kontext des Kulturkreises und Rechtssystems gesehen werden müssen.

Auch die EU gibt sich neutral bei der Bewertung beider Modelle, was sich am Beispiel der Ausgestaltung der europäischen Aktiengesellschaft (Societas Europea) zeigt (Böckli, 2003) (siehe Sektion „Corporate Governance in Frankreich").

4.6.8 Konvergenz der Corporate-Governance-Systeme

Das französische Corporate-Governance-Modell zeigt, dass ein gewisser Wettbewerb zwischen den Corporate-Governance-Systemen existiert (siehe Sektion „Corporate Governance in Frankreich"). Wird es in Zukunft ein Modell geben, das zwischen dem One-Tier-System und dem Two-Tier-System liegt, oder wird eines der Modelle die zukünftige Unternehmensverfassung weltweit dominieren? Der Wettbewerb könnte zu einer Konvergenz führen, anstatt zur Dominanz eines der beiden Systeme.

Man kann durchaus eine Konvergenzbewegung im Bereich der Corporate-Governance-Systeme feststellen. Die internationalen Unternehmen spielen insofern eine wichtige Rolle, als dass sie ihr Corporate-Governance-System verbreiten und sie selbst Ansprüche auf Harmonisierung stellen: „Die Unternehmen haben einen Anreiz, theoretisch klar vorteilhafte Governance-Strukturen freiwillig einzuführen" (Witt, 2006). Zum Beispiel führen multinationale Unternehmen internationale Publizitätsvorschriften aus, um die Informationseffizienz auf dem Kapitalmarkt zu steigern. Diese Konvergenz betrifft insbesondere die „One-Tier" und „Two-Tier" Systeme. Hopt bemerkt, „bei näherem Hinblick, ist der anscheinend so große Unterschied weniger bedeutend" (Hopt, 2003, S. 147). Man kann viele Beispiele nennen, um dieses Phänomen zu erklären. Zum Beispiel wird die Bedeutung der Banken in den deutschen Unternehmen zurückgedrängt. Parallel dazu steigt der Anteil der weltweit agierenden

Pensionsfonds in den kontinentaleuropäischen Unternehmen. Das angloamerikanische System passt sich durch die Anforderungen nach Transparenz und Information dem One-Tier-System an. Hier findet eine gegenseitige Annäherung zwischen den Systemen statt.

Fragen und Thesen

- Wie werden Trennungs- bzw. Board-Modell noch genannt? Welche Besonderheit kennt das deutsche Aktienrecht für Trennungsmodelle in Aktiengesellschaften?
- Erläutern Sie Inside Control und Outside Control.
- Was sind die Aufgaben der Hauptversammlung, des Vorstandes und des Aufsichtsrates im deutschen Trennungsmodell?
- Benennen Sie Vor- und Nachteile des amerikanischen Board-Modells (und des Trennungsmodells).
- Ist das (amerikanische) One-Tier-Corporate-Governance-System dem (deutschen) dualen Modell überlegen? Stellen Sie Vor- und Nachteile der beiden Modelle gegenüber.
- Kommt es durch die zunehmende Globalisierung und Internationalisierung zur Verdrängung oder zur vollständigen Vermischung der Inside und Outside Control?
- Diskutieren Sie folgende Aussage: „Die stark überrepräsentierten Stakeholder-Interessen mindern den Unternehmensgewinn und eine positive Beschäftigungsentwicklung!"
- Diskutieren Sie folgende Aussage: „Die Berücksichtigung der Stakeholder-Interessen führt zu einer höheren Akzeptanz von unternehmerischen Entscheidungen und fördert die Unternehmen."
- Diskutieren Sie folgende Aussage: „Der Shareholder-Ansatz wird langfristig weltweit durch den Stakeholder-Ansatz abgelöst."
- Ist die geringe Akzeptanz des Shareholder-Ansatzes in Deutschland vor dem Hintergrund der Globalisierung ein Standortnachteil?
- Soll der Staat im Aufsichtsrat/Board eine Rolle spielen, wie es nach der Finanzkrise im Jahr 2008 diskutiert wurde. Stellen Sie Pro- und Contra-Argumente gegenüber.

5 Exit oder Vote – Externe Kontrollmechanismen und Stimmrechteausübung

Lernziele

In dieser Sektion lernen Sie die Rolle des Kapitalmarktes in der Corporate Governance kennen und verstehen die dahinter liegenden Wirkungsmechanismen. Sie können nach der Erarbeitung des Stoffes die Unterschiede zwischen internen und externen Kontrollmechanismen erklären und darstellen. Sie sind in der Lage zu beschreiben, wie der Kapitalmarkt als disziplinierende Institution wirkt und welche Anreiz- und Sanktionsmechanismen für die Unternehmensführung und das Unternehmen existieren. Weiterhin sollten Sie in der Lage sein, aufzuzeigen, warum die theoretisch funktionierende Sanktionierung am Kapitalmarkt durch Verteidigungsstrategien nicht immer effizient wirksam ist.

5.1 Exit oder Vote – Die Wall-Street-Regel

Die Exit-Strategie mit ihren impliziten Folgen für das Unternehmen und das Management, wird häufig als Alternative zur Vote-Strategie von institutionellen Investoren an US-Börsen gewählt. Kann ein Unternehmen nicht die vom Aktionär gewünschte Performance aufweisen, hat ein Investor zwei grundlegende Alternativen, um eine Situationsveränderung für sich zu erzielen. Entweder verkauft er seine Aktien (Exit) über den Kapitalmarkt und investiert in für ihn attraktivere Investitionsobjekte, oder er nimmt über die Hauptversammlung Einfluss auf das Management (Voice bzw. Vote).

Zunächst werden im Folgenden die Funktionen des Kapitalmarktes und die Bedeutung der institutionellen Investoren in der Corporate Governance dargestellt. Anschließend werden die Wirkungsweisen der Exit-Strategie erläutert und Alternativen der Stimmrechtsausübung diskutiert.

5.2 Funktionen des Kapitalmarktes in der Corporate Governance

Die Marktkapitalisierung der amerikanischen Unternehmen betrug 2007 etwa 15.640 Mrd. USD. Die Bedeutung des Kapitalmarktes ist, gemessen an der Relation von Aktienmarktkapitalisierung zum Bruttoinlandsprodukt, in den USA mit 130% nahezu doppelt so hoch wie in Europa (74%), und in Deutschland (Deutsche Börse) mit nur 57% nochmals deutlich niedriger (Rudolph, 2003). Damit sind die amerikanischen Börsen (NYSE, AMEX, NASDAQ) die wichtigsten Finanzierungsquellen für Unternehmen in den USA.

Die Finanzierung europäischer Unternehmen ist unverändert stark bankdominiert. Kredite haben bei Unternehmen im Euro-Währungsraum einen Anteil von 87% an den aufgenommenen Geldern (Kredite, Corporate Bonds, Commercial Paper), in den USA hingegen nur 50% (2001). In Relation zu allen Verbindlichkeiten beläuft sich der Anteil der Kredite im Euro-Währungsraum auf 23%, in den USA nur auf 5% (1999).

Der Kapitalmarkt (Sekundärmarkt) ist ein wichtiges Instrument der Allokation von Kapital- und Eigentumsrechten. Der Aktienmarkt spiegelt zum einen die subjektive und rückwärtsgerichtete Vergangenheit wider und ermöglicht das Monitoring vergangener Managemententscheidungen und ermöglicht zugleich auch zukunftsorientierte Betrachtungen. Der Kapitalmarkt generiert Informationen über zukünftig zu erwartende Entscheidungen und Unternehmensgewinne (Asato, 2002). Für den amerikanischen Aktienmarkt wird eine halbstrenge Informationseffizienz[8] unterstellt, bei der die Aktienkurse die Qualität des Managements reflektieren (Schmidt, 2001).

5.3 Institutionelle Investoren in der Corporate Governance

Unter dem Begriff „institutionelle Investoren" fallen Pensionskassen und -fonds, Versicherungsunternehmen, Kapitalanlagegesellschaften, Kreditinstitute, Stiftungen, nicht finanzielle Unternehmen und öffentliche Haushalte (Steiger, 2000). Die Bedeutung der institutionellen Investoren am Kapitalmarkt hat in den letzten Jahren zugenommen. Institutionelle Investoren in den USA halten über 50% des gesamten Aktienvermögens. Die stärkste Gruppe unter ihnen sind die Pensionsfonds mit 22,4% verwaltetem Vermögen (Schmidt, 2001). Sie können somit im Kollektiv maßgeblich Einfluss über Exit- oder Vote-Strategien auf Unternehmensentscheidungen ausüben. Dieses hat zur Folge, dass deren Handelsverhalten und Corpo-

---

[8] Die schwache Form der Informationshypothese besagt, dass sämtliche Informationen über die historischen Anlagepreise in den Marktpreisen enthalten sind. Die halbstrenge Form der Informationseffizienz geht von der Verarbeitung aller öffentlich verfügbaren Informationen aus. Schließlich reflektieren die Marktpreise bei der strengen Definition der Informationseffizienz alle Informationen, so auch Insiderinformationen (Fama, 1970; Lattemann 1997, S.61).

rate-Governance-Präferenzen den internationalen Kapitalmarkt prägen (Gillan et al., 2001). Die Aktionärsstruktur amerikanischer Unternehmen ist andererseits aber auch sehr zerstückelt (Schmidt, 2001). Institutionelle Investoren halten aufgrund rechtlicher Vorgaben und strategischer Überlegungen (Hess, 1996) überwiegend nur Anteile im einstelligen Prozentbereich an einem Unternehmen. Eine Ausnahme davon bilden Pensionsfonds, die am ehesten in der Lage sind, größere Anteilsblöcke zu halten (Schmidt, 2001).

5.4 Der Markt für Unternehmenskontrolle – Governance via Exit

Die Sanktionierung von Geschäftsführern bei schlechter Performance des Unternehmens kann folgendermaßen durchgeführt werden: Das Topmanagement wird vom Board überwacht. Von der Einschätzung des Boards hängen deren Arbeitsplatz, deren Gehalt und deren sonstigen Bezüge ab. Das Board of Directors muss vor allem im Interesse der Investoren handeln, um von den Aktionären wiedergewählt zu werden (Hess, 1996). Sollten die Aktionäre mit den Unternehmensergebnissen unzufrieden sein, können sie mit ihrer Stimme in der Hauptversammlung neue Geschäftsführer/Vorstände (Voice, Vote) mit dem Ziel wählen, die Unternehmensleistung dadurch zu verbessern. Darüber hinaus können Aktionäre von Publikumsgesellschaften, sofern sie mit den Vorgängen im Unternehmen nicht einverstanden sind, „mit den Füßen abstimmen", dass heißt, ihre am Unternehmen gehaltenen Aktien verkaufen (Exit). Insofern ist im Gegensatz zur direkten Kontrolle durch den Besitz der Aktie (Stimmrecht, Einsichtnahme in die Bücher und Bilanzen des Unternehmens), der Verkauf der Aktien ein indirektes Kontrollinstrument.

Ein durch den Verkauf von Aktien induzierter Kursverfall signalisiert einen Vertrauensverlust in die Unternehmung und kann, sofern Gehaltsbestandteile des Managements an die Aktienkursentwicklung gekoppelt sind, zu Einkommensverlusten beim Management führen. Weiterhin erhöhen sich bei Kapitalbedarf des Unternehmens die Refinanzierungskosten aufgrund des niedrigen Aktienkurses und des geringen Vertrauens in die zukünftige Performance des Unternehmens, z.B. über eine Herabstufung des jeweiligen Unternehmensratings. Gleichzeitig wird das Unternehmen bei der Suche nach neuen Kapitalgebern verstärkt zur Veröffentlichung von Unternehmenszahlen und zu einer erhöhten Transparenz gezwungen.

Die Unterbewertung eines Unternehmens und die Möglichkeit, durch ein neues Management die Profitabilität des Unternehmens und den Shareholder-Value zu erhöhen, machen das Unternehmen wiederum zu einem potentiellen Übernahmeziel. Für das noch amtierende Management hieße dies ggf. den Verlust des Arbeitsplatzes und damit verbunden den Verlust von Einkommen, Macht und Reputation (Carlsson, 2001; O´Sullivan, 1997; Seger, 2003; Steiger, 2000).

Diese Kausalkette zeigt die potentielle Bedrohung für das Management durch den „Markt für Übernahmen" (Market for Corporate Control). Diese Bedrohung sollte zumindest theoretisch dazu führen, dass das Management im Sinne der Aktionäre das Unternehmen führt. In der

Praxis sind jedoch Verteidigungsstrategien seitens der Unternehmensführung implementierbar, um z.B. die Gefahr der Übernahme oder des Einkommensverlustes abzuschwächen.

5.4.1 Theorie über die Existenz von Verteidigungsinstrumenten

Zur Wirkung von Sanktionsmechanismen am Kapitalmarkt existieren zwei gegensätzliche Hypothesen.

Die erste Hypothese zur ineffizienten Wirkung von Kapitalmarktmechanismen zur Sanktionierung von Fehlverhalten ist die sogenannte Managerial-Entrenchment-Hypothese, die davon ausgeht, dass Manager Verteidigungsinstrumente entwickeln, um die Kosten einer Übernahme zu erhöhen, um so die Gefahr der Übernahme abzuschwächen. Die dadurch gewonnenen Freiräume wirken sich nicht disziplinierend auf das Management aus und gehen damit zu Lasten der Aktionäre. Irrationales Handeln der Aktionäre und die substanziellen Kosten uninformierter Aktionäre zur Bewertung der Verteidigungsstrategien werden als Argumente herangezogen, um zu erklären, warum Aktionäre Verteidigungsinstrumente zulassen (O´Sullivan, 1997). Informierte Investoren (z.B. institutionellen Investoren) haben in der Regel einen sehr engen Kontakt zur Unternehmensführung, sodass Interessenkonflikte auftreten können, die die Wirksamkeit von Sanktionsmechanismen verhindern.

Die zweite Hypothese zur effizienten Wirkung von Kapitalmarktmechanismen zur Sanktionierung von Fehlverhalten ist die Shareholder-Interest-Hypothese. Sie besagt, dass Verteidigungsstrategien eine Alternative zum Monitoring darstellen und geeignet sind, die Wohlfahrt der Aktionäre zu erhöhen. Im Gegensatz zur Managerial Entrenchment Hypothese führt die Existenz von Verteidigungsmechanismen demnach nicht zur Ineffizienz von Sanktionsmechanismen. Vielmehr stärken die Instrumente das Management in der Form, dass es eine stärkere Unternehmenskontrolle und -steuerung ausüben kann. Durch die gestärkte Verhandlungsmacht des Managements ist es beispielsweise in der Lage, Übernahmen zu stoppen, um Auktionsprozesse in Gang zu setzen und dadurch einen höheren Erlös für das Unternehmen beim Verkauf zu erzielen. Weiterhin ermöglicht ein wirksamer Verteidigungsmechanismus die Fokussierung des Managements auf langfristige Ziele und nachhaltige Unternehmensergebnisse. So kann das Management z.B. verstärkt in Humankapital investieren, was sich wiederum langfristig positiv auf den Shareholder-Value auswirkt. Die große Stabilität und Kontinuität im Management führt zu effizienten Vertragsgestaltungen zwischen Management und Aktionären (O´Sullivan, 1997).

Im Folgenden werden kurz die bekanntesten Verteidigungsstrategien dargestellt.

- Elimination of Cumulative Voting

  Beim Cumulative Voting ergibt sich die Zahl der Stimmen des einzelnen Aktionärs aus dem Produkt seiner Anteile und der zur Wahl stehenden Mandate. Dem Aktionär steht es dabei frei, ob er seine Stimmen auf die verschiedenen Manager verteilt oder alle Stimmen auf einen Manager setzt. Dadurch ist es vorstellbar, dass eine Minderheitenbeteiligung ausreicht, um zumindest einen bestimmten Manager zu wählen. Durch die Beseitigung des Cumulative Voting Rights ist in der Regel die Aktienmehrheit erforderlich, um die Besetzung des Vorstands und des Aufsichtsrates zu beeinflussen (Seger, 2003). Untersuchungen zeigten, dass die Beseitigung des Cumulative Voting Rights einen negativen Einfluss auf den Shareholder-Value hat (Bhagat/Brickley, 1984).

- Targeted Share Repurchases und Standstill Agreements

Die Strategien Targeted Share Repurchases und Standstill Agreements sind auch als sogenannte „Greenmail" (Carlsson, 2001) bekannt. Hierbei kauft das Unternehmen die eigenen Aktien zu einem weit über den Marktpreis liegenden Kurs von einem Investor, der andernfalls mit der Übernahme des Unternehmens droht. Gleichzeitig verpflichtet sich im Gegenzug der Investor, dass sein Anteil am Eigenkapital des Unternehmens einen festgesetzten Prozentsatz innerhalb eines vereinbarten Zeitraumes nicht überschreitet (Gompers et al., 2003). Untersuchungen zum Einfluss auf den Shareholder-Value weisen sowohl auf positive als auch auf negative Einflüsse hin (Gompers et al., 2003; O´Sullivan, 1997).

- Anti-takeover Amendments

Zu den Maßnahmen zur Abwehr einer drohenden Übernahme zählt auch das Supermajority Voting, bei dem beispielsweise in der Geschäftsordnung für Fusionen eine sehr hohe Zustimmungsquote (bis zu 95% der Stimmrechte) erforderlich ist. Eine zweite Möglichkeit ist das Staggered Board-System, bei dem immer nur ein Teil des Boards zur Wahl steht. Die Erreichung einer vollständigen Kontrolle des Boards kann sich somit über Jahre hinweg ziehen.

Poison-Pills, Golden Parachutes und die Reduzierung von Stimmrechten durch Umtausch in stimmrechtslose Aktien (Dual-Class Recapitalization) sind noch weitere Beispiele für Verteidigungsinstrumente. Eine Vielzahl von Untersuchungen kommen zu dem Ergebnis, dass die Einführung dieser Instrumente zu negativen „Abnormal Returns" führen und damit die Managerial Entrenchment Hypothese stützen (Bhagat/Brickley, 1984; Jarrell/Poulsen 1987; Pound, 1989). Positive Effekte dagegen wurden festgestellt, wenn sich die Aktionäre gegen eine Übernahme gewehrt haben oder aber das Board eine ausgeglichenes Kräfteverhältnis zwischen Inside und Outside Directors aufwies (O´Sullivan, 1997).

5.4.2 Effizienz des Marktes für Unternehmenskontrolle

Bei der Analyse des Marktes für Unternehmenskontrolle als Instrument zur Beeinflussung der Corporate Governance wird untersucht, ob der Exit der bisherigen Aktionäre zu einer Veränderung in der Unternehmensführung führt und ob die Performance des Unternehmens sich dadurch verändert.

Die Ergebnisse von Event Studies unterstützen grundsätzlich die Annahme, dass Übernahmen zu einem zumindest kurzfristigen wirtschaftlichen Gewinn für Aktionäre führen (Eckbo, 1983). Problematisch dabei ist allerdings, dass die Ursachen des Gewinns, also beispielsweise der Austausch des Managements (Management Turn Over), Steuerersparnisse oder Monopol-Effekte, nicht genau identifiziert werden können. Hinzu kommt, dass Untersuchungen aufzeigen, dass ein Wechsel in der Unternehmensleitung in Folge einer Übernahme langfristig zu einer unterdurchschnittlichen Performance führt, was möglicherweise auf eine überoptimistische Erwartungshaltung während der Bekanntgabe der Übernahme zurückzuführen ist (O´Sullivan, 1997).

5.4.2.1 Management Turn Over nach Übernahme

Unter der Annahme, dass Übernahmen getätigt werden, um die Effizienz durch einen Managementwechsel zu erhöhen, müsste in der Praxis eine signifikant höhere Fluktuation nach der Übernahme zu beobachten sein. Es gibt bereits relativ viele Studien, die das Phänomen des Management Turn Overs untersucht haben (siehe beispielhaft Furtado/Karan, 1990). Einheitliche Ergebnisse über das Verhältnis des Turn Overs zu Unternehmensentwicklung, Finanzschwierigkeiten und Nachfolgeregelungen sind nicht beobachtbar. Wenige Studien zeigen einen positiven Zusammenhang zwischen feindlichen Unternehmensübernahmen und Managementwechsel auf (O´Sullivan, 1997).

5.4.2.2 Macht einer Übernahmedrohung

Untersuchungen zeigen, dass eine drohende Übernahme (erfolgreich abgewehrte oder nicht akzeptierte Übernahmeversuche) das Management diszipliniert, diese daher keine persönlichen Nutzenmaximierungsziele verfolgen und sich die Mitglieder des Boards auf Aufgaben der Unternehmensleitung statt auf Eigeninteressen konzentrieren (Witt, 2006). Untersuchungen in den USA zeigen, dass Aktienkurse nach der Abwehr der Übernahme über einen längeren Zeitraum hinweg auf einem höheren Niveau notierten, als vor der Übernahmeofferte und damit zu einem höheren Shareholder-Value beitrugen. Allerdings gibt es aber auch Untersuchungen, die langfristige negative „abnormal Returns" für den Aktionär nachweisen (O´Sullivan, 1997).

5.5 Stimmrechteausübung – Governance via Vote

Als einfachste Alternative der Einflussnahme auf die Unternehmensleitung durch die Aktionäre wird die Exit-Strategie gesehen. Für den Fall, dass der Exit nicht möglich oder nicht gewünscht ist, verbleibt als Alternative die Ausübung des Stimmrechts. Das Stimmrecht wird daher häufig als Restgröße (Residium) betrachtet (Asato, 2002).

5.5.1 Das Stimmrecht

In der Regel sind die Aktien amerikanischer Unternehmen als Namenspapiere notiert. Hierbei führt jedes Unternehmen ein Aktionärsbuch, worin der Name des Aktionärs und die Höhe seiner Beteiligung verzeichnet ist (Schmidt, 2001). Namensaktien werden auch seit der Umsetzung des TransPuG zunehmend in Deutschland ausgegeben. Stimmrechte können in den in der Regel einmal pro Jahr stattfindenden Hauptversammlungen (Annual General Meeting) ausgeübt werden. Darüber hinaus gibt es die Möglichkeit für Aktionäre, über Quoren Entscheidungen und Beschlüsse in schriftlicher Form (Written Consent) außerhalb der Hauptversammlungen herbeizuführen.

5.5.2 Proxy Voting

Zunächst ist es jedem Aktionär freigestellt, an der Hauptversammlung persönlich teilzunehmen und über jeden Punkt der Tagesordnung nach eigenem Ermessen abzustimmen oder eine Vollmacht zu erteilen. Darüber hinaus stehen dem Aktionär folgende Möglichkeiten offen.

Der Aktionär kann sein Stimmrecht durch einen Bevollmächtigten vertreten lassen (Proxy Voting). In der Regel sind es dabei die Bevollmächtigten, die sich um eine Vollmacht bemühen (Proxy Solicitation) (Schmidt, 2001). Zu den Personen, die um eine Stimmrechtsvollmacht werben, gehören das Management des Unternehmens, Aktionäre – wie etwa Pensionsfonds, die Aktien des Unternehmens halten, und Treuhänder. Ziel dieser Personengruppen ist es, eigene Interessen mit den Stimmrechten der anderen Anteilseigner durchzusetzen. Anders als in Deutschland ist ein Depotstimmrecht in den USA, bei denen die depotführenden Banken die Stimmrechte ihrer Depotkunden ohne eine jeweilige Zustimmung ausüben dürfen, nicht zugelassen. Die Bevollmächtigten müssen sich daher zu jeder Hauptversammlung neu um die Erteilung von Einzelweisungen bewerben. Das Proxy Voting existiert mittlerweile auch in Deutschland.

Bewirbt sich das Management oder ein Aktionär um Stimmrechte, müssen sie angeworbenen Aktionären eine ordnungsgemäße Proxy Solicitation zusenden. In der Regel bewirbt sich das Management selbst um die Stimmrechtevertretung (Schmidt, 2001). Die Proxy Solicitation enthält neben der Vollmachtsurkunde (Proxy Form/Proxy Card) und einer Art Geschäftsbericht (Annual Report) auch eine Broschüre (Proxy Statement), in der alle Informationen und Umstände offengelegt werden, die für die Abstimmung von Bedeutung sein können (Seger, 2003).

- Aktionärsvorschläge – Das „Sprachrohr der Kleinaktionäre":

  Unter bestimmten Voraussetzungen (Mindestanzahl von Aktienstimmrechten, rechtzeitiger Zugang des Antrags etc.) muss das Management Vorschläge der Aktionäre auf Kosten der Gesellschaft in die sogenannten Proxy-Unterlagen aufnehmen. Allerdings kann der Aktionärsvorschlag zurückgewiesen werden. Dies ist unter anderem der Fall, wenn sich der Vorschlag auf das Tagesgeschäft, die Dividendenhöhe und Personalentscheidungen bezieht (Schmidt, 2001). Diese Möglichkeit des Shareholder Proposals ist für Kleinaktionäre oft die einzige und günstigste Möglichkeit, mit anderen Aktionären zu kommunizieren (Schmidt, 2001).

- Der Aktionär kann selbst Proxies sammeln (Mailing Communication):

  Jeder Aktionär kann sich um Stimmrechtsvollmachten bewerben, wenn er die Kosten hierfür selbst trägt, sich die Vollmacht auf die bevorstehende Hauptversammlung bezieht und er selbst stimmberechtigt ist. Der Vorteil liegt darin, dass die Shareholder Proxy nicht durch das Management zensiert werden darf und keine Beschränkungen bezüglich des Umfangs existieren. Allerdings wird die Mailing Communication nur selten angewendet, da sie für den Initiator hohe Kosten verursacht (Seger, 2003).

- Proxy Contest:

  Ziel beim Kampf um die Stimmrechtsvollmachten (Proxy Contest) ist die Kontrolle über das Unternehmen am Tag der Hauptversammlung, um eigene Interessen, wie etwa die Aufstellung eines eigenen Kandidaten für den Board of Directors, gegen den Willen des Managements oder einer anderen Aktionärsgruppe, durchzusetzen. Der „Kampf" um die Stimmrechte unterscheidet sich von den Aktionärsvorschlägen und der Mailing Communication dadurch, dass der aktive Anteilseigner den Kontakt zu den anderen Aktionären selbst organisieren muss (Schmidt, 2001).

Neben diesen Handlungsoptionen unterhalten institutionelle Investoren häufig einen engen Kontakt zum Management. Dadurch können bereits im Vorfeld der Hauptversammlung und der Stimmrechtsbevollmächtigung Absprachen beispielsweise über die Wunschkandidaten für den Board of Directors getroffen werden. In den meisten Fällen sind es auch die Institutionellen, die bei Dissonanzen mit dem Management das Mittel des Proxy Contest benutzen, um ihre eigenen Interessen durchzusetzen (Seger, 2003).

5.5.3 Elektronisierung der Stimmrechteausübung

Als weitere, zwar bisher nicht faktische, aber theoretische Option zwischen Exit und Vote, ergibt sich ein Stimmrechtehandel. Die zunehmende Anzahl von Kleinaktionären und international agierenden Investoren am deutschen Aktienmarkt geht einher mit einer sinkenden Präsenz der Stimmrechtsanteile in Hauptversammlungen. In den Jahren 1996 bis Ende 2002 ist die Anzahl der Aktionäre in Deutschland um ca. 45% auf 5.000.000 gestiegen (DAI, 2003), im gleichen Zeitraum ist die Abstimmungspräsenz des Grundkapitals in Hauptversammlungen bei DAX30-Unternehmen von 72% auf 53% gesunken. Die Elektronisierung und Internationalisierung im Aktienhandel und der gleichzeitige Stillstand in der Gestaltung der Stimmrechtsausübung hat in den letzten Jahren nach einem Wandel im Organisationsrecht von Aktiengesellschaften verlangt. Ein Elektronisierungsgrad bei der Ausübung der Stimmrechte auf dem Niveau des vollständig computerisierten Wertpapierhandels ist notwendig geworden. Ortsungebundene, informations- und kommunikationsbasierte Hauptversammlungen können einen Beitrag dazu leisten, die Transaktionskosten der Ausübung von Stimmrechten gleichermaßen für Aktionäre und Unternehmen zu senken und somit die Abstimmungspräsenz des Grundkapitals zu erhöhen (Lattemann, 2005).

Im Gegensatz zum vollelektronisierten Aktienhandel ist die Unterstützung der Stimmrechtsausübung durch Informations- und Kommunikationstechnologie derzeit schwach ausgeprägt. Die Folge ist, dass für Kleinaktionäre und für international agierende Investoren die Ausübung ihrer Stimmrechte mit zum Teil prohibitiv hohen Kosten verbunden ist (Expertengruppe Cross Border, 2002). Aber nicht nur für die Aktionäre entstehen Kosten. Die Hauptversammlung der Deutschen Bank verursachte im Jahr 1999 Kosten in Höhe von 12 Mio.

Euro (Wohlwend, 2001). Den Gesellschaften entstehen dabei zum Teil Kosten in Höhe von 500 Euro für jeden teilnehmenden Aktionär (Zetsche, 2002).

Zur Aktivierung des Stimmpotenzials der Kleinanleger ist ein Elektronisierungsgrad der Prozesse rund um die Hauptversammlung äquivalent zum Wertpapierhandel erforderlich. Für die international agierenden Investoren muss die grenzüberschreitende Stimmrechtsausübung durch elektronische Medien deutlich vereinfacht werden (Lattemann, 2005). Von Unternehmensseite sind in den letzten Jahren diesbezüglich einige Maßnahmen ergriffen worden: Die Führung eines vollelektronischen Aktionärsregisters ermöglicht ein direktes Investor Relations. Zum Beispiel können die Aktiengesellschaften mit diesem Verfahren direkt, ohne Intermediation von Depot-führenden Banken, Informationen oder Einladungen zur Hauptversammlung an Aktionäre versenden. Zunehmend wird auf die Elektronisierung der Weisungsvergabe für die Stimmrechtsausübung und die Internetpräsentation der Hauptversammlungen verwiesen.

Auch die deutsche Gesetzgebung hat in den letzten Jahren auf die größer werdende Lücke im Elektronisierungsgrad zwischen dem Wertpapierhandel und der Stimmrechtsausübung reagiert. Sie hat erkannt, dass sich u.a. die Reorganisation der Hauptversammlungen, dem Nukleus der Kommunikation zwischen der Geschäftsführung und den Aktionären, als ein Ansatzpunkt zur Auflösung des Kontrollvakuums anbietet.

Internet-Technologien können eine einfache, schnelle, kostengünstige und somit effiziente Kommunikation zwischen Geschäftsführung und Aktionären unterstützen, Transaktionskosten senken, für mehr Transparenz sorgen und Informationsasymmetrien reduzieren. Die Eintrittsbarrieren zur Partizipation an der Unternehmenskontrolle und -überwachung sinken. Entsprechend dem skizzierten Wirkungsmechanismus müsste durch die Einführung von Transaktionskosten senkender Informations- und Kommunikationslösungen die Präsenz in der Hauptversammlung steigen (Lattemann/Niedermeyer, 2003).

Informations- und Kommunikationstechnologien (IuK) können in diesem Kontext unterschiedlich wirken. In ihrer Unterstützungsfunktion reduziert die IuK die für die Aktionäre und Unternehmen anfallenden Transaktionskosten bei der Beschaffung und Verbreitung von Informationen. Im Rahmen der Durchführung der Hauptversammlung werden, durch die Möglichkeit zur Bestimmung der Stimmrechtsvertreter oder der Verfolgung der Hauptversammlung über elektronische Medien, Reise- und Portokosten auf Aktionärsseite, Raummieten und Bewirtungskosten auf Unternehmensseite reduziert. Die Gestaltungsfunktion nimmt die Informations- und Kommunikationstechnologie in diesem Kontext wahr, indem völlig neue Konzepte und Verfahren in der Corporate Governance eingeführt werden, wie z.B. im Investor Relations oder im Umfeld der Hauptversammlungen. Diesbezüglich bedarf es noch intensiver Grundlagenforschung, vor allem in sicherheitstechnologischen und politsoziologischen Fragestellungen im Rahmen des Forschungsfeldes der Internet-Wahlen, in dessen Themenkomplex die Hauptversammlung integriert ist.

Die Nutzung von Technologien wie dem Internet sollte aus theoretischen Überlegungen heraus langfristig zu einer höheren Präsenz und damit zu einer verbreiterten Legitimationsbasis der gefassten Beschlüsse in der Hauptversammlung führen. Von Unternehmensseite könnten damit unerwünschte Entstehungen von Zufallsmehrheiten und ungewollte Abhängigkeiten vermieden werden. Eine empirische Analyse von Lattemann (2005) zeigt, dass für den Zeitraum 2000 bis 2001 ein schwacher positiver Zusammenhang zwischen Einsatz von Informations- und Kommunikationstechnologien und Höhe der Stimmrechtsausübung zu beobachten ist.

Vor allem die Realisierung der Stimmrechtsausübung aus dem Ausland stellt derzeit ein rechtliches, technisches und ökonomisches Problem dar. Mit den rechtlichen Fragestellungen dieses Problemkomplexes beschäftigte sich die europäische Expert Group on Cross Border Voting (Expertengruppe Cross Border, 2002). Diese Kommission hat drei wesentliche Problemfelder identifiziert:

- das Fehlen einheitlicher europäischer Regelungen zur Stimmrechtsausübung,
- die fehlende Möglichkeit zur Stimmrechtsausübung,
- die mangelnde zeitnahe Versorgung Stimmberechtigter mit relevanten Informationen.

Eine komplett virtuelle Hauptversammlung erscheint, wie auch die vollständige Elektronisierung des Aktienhandels, aufgrund des breit gestreuten Aktienvermögens unter Kleinanlegern und Ausländern, für gewisse Aktiengesellschaften angemessen. Sie sollte dispositiv in der Unternehmensverfassung geregelt werden können. Dies ist jedoch aufgrund rechtlicher Bestimmungen der §§118 Abs. 1 und 112 AktG bisher nicht möglich.

Nicht nur die Rechtssysteme sind derzeit suboptimal auf die Durchführung virtueller Hauptversammlungen ausgerichtet, auch ist das Verständnis für und das Bedürfnis nach einer virtuellen Hauptversammlung in der Gesellschaft kaum verankert. Einige Meinungsführer in diesem Umfeld weisen z.B. darauf hin, dass der gänzliche Verzicht auf eine Präsenzveranstaltung nicht das endgültige Ziel sein kann, da dem sozialen Charakter einer Präsenzveranstaltung eine hohe Bedeutung auch in Zukunft zukommen muss (Engelbrecht/Schröder, 2001). Dieses ist in dem Irrglauben begründet, dass durch eine vollkommene Elektronisierung soziale Aspekte bedeutungslos werden. Ähnliche Argumente wurden auch Anfang der 1990er-Jahre im Rahmen der Elektronisierung des Wertpapierhandels hervorgebracht. Wie die Entwicklung jedoch gezeigt hat, werden tradierte Verhaltensweisen in einer Welt zunehmender Internationalisierung und steigendem Wettbewerbs- und Ertragsdruck obsolet. So konnte auch im Börsenwesen eine fast vollständige Elektronisierung nicht verhindert werden.

Das häufig hervorgebrachte Argument, dass das Internet nicht zum selbstverständlichen Kommunikationsmittel gehört, kann insbesondere unter der Berücksichtigung des elektronischen Aktienhandels und der zunehmenden Verbreitung von Breitbandtechnologien (Ebner et al., 2004) entkräftet werden. Für die Unternehmen steht vielmehr die ökonomisch-politische Frage im Vordergrund, ob die intensive Partizipation aller Aktionäre erwünscht ist. Die Frage kann nur aus der Sicht der individuellen Situation (Aktionärs- und Wettbewerbsstruktur) einer jeden Aktiengesellschaft beantwortet werden. Unabhängig von etwaigen Besonderheiten der Internet-Partizipation hat die Corporate Governance einen wesentlichen Einfluss auf die Entscheidungsfähigkeit eines Unternehmens, da Reibungsverluste bei der Entscheidungsfindung auftreten können (Hansmann, 1996). Hansmann argumentiert, dass bei Individuen das Vorteilhaftigkeitskalkül von ökonomisch irrationalen Erwägungen überlagert werden könnten (Hansmann, 1996). Ein weiterer Aspekt, der die Nützlichkeit der intensiven Partizipation der Aktionäre in einer Hauptversammlung in Frage stellt, ist die zu erwartende Frageflut und deren Bewältigung, für die es bisher keine befriedigenden Lösungsansätze gibt. Aus diesem Aspekt heraus ist von den Unternehmen zum heutigen Zeitpunkt eine rein virtuelle Hauptversammlung nicht zu befürworten (PwC/BDI, 2000).

In Zukunft sind innovative informations- und kommunikationsbasierte Ansätze zur Lösung offener Fragen im Umfeld der Elektronisierung der Hauptversammlung zu entwickeln (einfache und transparente Verschlüsselungstechnologien, internetbasierte Push- oder Pull-Dienste, Koordination des Fragerechts über Software-Agenten, Einsatz mobiler Devices für nicht physisch Anwesende, Nutzung von Web 2.0 Technologien etc.), um die Akzeptanz einer computerisierten Hauptversammlung zu erhöhen und somit zu einer effizienten Hauptversammlung mit einem hohen Abstimmungsvolumen zu gelangen.

Einige nicht zu vernachlässigende Fragen werden sich in Zukunft hinsichtlich des wandelnden Charakters der Hauptversammlung durch die Elektronisierung stellen. Welche Rolle wird einer virtuellen Hauptversammlung zukommen? Welchen Sinn wird die Durchführung einer solchen Hauptversammlung in Zukunft haben? Können nicht andere, effizientere Überwachungs- und Kontrollmechanismen die Aufgabe einer Hauptversammlung übernehmen?

5.5.4 Überlegungen zu einem Stimmrechtehandel

Die Beschreibungen in diesem Abschnitt stellen einen visionären Ansatz vor, dem fallenden Trend zur Stimmrechtsausübung entgegenzuwirken. Er fokussiert nicht wie die herkömmlichen Ansätze auf die Reduktion der Transaktionskosten, sondern auf die effiziente Allokation von Stimmrechten über Marktmechanismen.

Eine Vielzahl wissenschaftlicher wie praxisorientierter Arbeiten hat sich in den letzten Jahren mit der Thematik der Erhöhung der Stimmrechtspräsenz in den Hauptversammlungen beschäftigt. In der Literatur zeichnen sich als Lösungsansätze zur Erhöhung der Präsenzen zwei sich nicht zwingend gegenüberstehende Ansätze ab. Der erste Forschungszweig untersucht die Möglichkeiten zur Reduktion von Transaktionskosten bei der Ausübung von Stimmrechten in Hauptversammlungen (z.B. durch die Entbindung des Aktionärs von der Anwesenheit in der Hauptversammlung mithilfe von Proxy Votings und der Elektronisierung der Hauptversammlung (Bhattacharya, 1997; Lattemann/Niedermeyer, 2003; Noack, 2005; Zetsche, 2002) oder etwa durch die Etablierung von Bonussystemen (Noack, 2005). Hierdurch soll die Präsenz des Abstimmungskapitals erhöht werden. Obwohl vereinzelt durch solche Maßnahmen eine Zunahme der Präsenz zu verzeichnen ist (FAZ, 2006), zeigen breiter angelegte empirische Studien, dass solche Maßnahmen nur von geringer nachhaltiger Wirkung sind (Lattemann, 2005; Noack, 2005).

Der zweite – und der für diesen Teil der Diskussion zentrale Forschungszweig – besteht darin, Aktie und Stimmrecht zu trennen und die Stimmrechte über einen Markt in die Hände der an der Unternehmenskontrolle interessierten Marktteilnehmer zu übertragen (Reallokation). Entsprechend der Ergebnisse verwandter Arbeiten (z.B. von Blair et al., 1989; Manne,

1982; Schüller, 1979; Neeman/Orosel, 2003) können neben der Erhöhung der Stimmrechtepräsenz darüber hinaus auch Ineffizienzen im bisher existierenden Allokationsmechanismus überwunden und die Effizienz der Unternehmenskontrolle verbessert werden.

Analysen weisen nach, dass Stimmrechte einen ökonomischen Wert besitzen (u.a. von Daske/Ehrhardt, 2002; Ernst et al., 2005; Nicodano, 1998; Rydqvist, 1996). De Angelo/De Angelo (1985) sowie Zingales (1995) weisen nach, dass die Werte von Stimmrechten bei feindlichen Übernahmen steigen. Ausgangspunkt der Überlegungen sind die in der Realität zu beobachtenden Kursdifferenzen zwischen Stamm- und Vorzugsaktien. Der hieraus abzuleitende Wert des Stimmrechts wird durch mehrere Faktoren, wie z.B. eine feindliche Übernahme, das Rechtssystem, der damit verbundene Rechtsschutz der Kleinaktionäre (La Porta et al., 1999) sowie die Höhe der Stimmrechtsanteile verschiedener Großaktionäre (Daske/Ehrhardt, 2002), beeinflusst. Nach Rydqvist (1996) liegt die Differenz zwischen Stamm- und Vorzugsaktien in Deutschland zwischen 1956 und 1998 im Mittel bei etwa 17% und damit im Rahmen der auch für andere Länder beobachteten Werte, die zwischen 5% und 23% schwanken.

Wenn Stimmrechte einen Wert an sich haben, sollte doch deren Handel nahe liegen. Die Trennung von Aktie und Stimmrecht wird aus ökonomischer wie aus rechtlicher Sicht kontrovers diskutiert. Manne (1975) spricht sich für einen Handel mit Stimmrechten aus und misst der Möglichkeit zur Kontrolle eines Unternehmens direkt einen eigenen monetären Wert zu, da hiermit gleichzeitig die Verfügungs- und Dispositionsmöglichkeiten über die Unternehmensressourcen verbunden sind. Nach Elschen (1988) haben die Trennung der Aktie vom Stimmrecht und der separate Stimmrechtehandel aber nicht nur positive Wirkung. Der Managementkontrolle könnte mit einer solchen Maßnahme entgegengewirkt werden und wohlfahrtserhöhende Transaktionen könnten beeinträchtigt werden. Andererseits verhindert die erzwungene Koppelung von Aktie und Stimmrecht eine wesentliche ökonomische Signalwirkung (Manne, 1982).

Easterbrook/Fischel (1983) weisen ebenfalls als Gegner des separaten Stimmrechtehandels darauf hin, dass nur beim gekoppelten Erwerb von Aktien und Stimmrecht gewährleistet sein kann, dass die Inhaber bei der Ausübung des Stimmrechts auch die daraus resultierenden Konsequenzen für ihr Vermögen, beispielsweise in Form der Aktienkursänderungen oder Dividendenzahlungen, mittragen müssen und dass so die entschädigungslose Beeinträchtigung der Interessen anderer Aktionäre ausgeschlossen werden könnte. Unter anderen vertreten Grossman/Hart (1988) die Meinung, dass durch einen separaten Stimmrechtehandel aus der Aktie nur negative Konsequenzen für Unternehmen und Aktionäre resultieren.

Befürworter eines Stimmrechtehandels, wie Blair et al. (1989) oder Clark (1979), empfehlen hingegen die Einführung gesetzlicher Regelungen zum Stimmrechtehandel, denn die Gefahr von Plünderungen ist zwar nach ihrer Meinung nicht von der Hand zu weisen, doch die Vorteile einer effizienten Allokation der Stimmrechte und einer verbesserten Unternehmenskontrolle könnten die Nachteile kompensieren. Zu den vorgeschlagenen Lösungsansätzen zum Handel mit Aktienstimmrechten gehören beispielsweise die Gleichbehandlung aller verkaufswilligen Stimmrechtsinhaber zu im Vorfeld fest vereinbarten Konditionen, inhaltliche oder zeitliche Beschränkungen bei der Ausübung des Stimmrechts, Rückkaufsmöglichkeiten, zeitlich befristete Überlassung des Stimmrechts im Rahmen einer Wertpapierleihe (Christoffersen et al., 2004) und die Einführung zusätzlicher Kontroll- und Sanktionsrechte der Aktionäre (Elschen, 1988).

Im aktuellen rechtlichen Diskurs geht es vor allem um die gesetzlichen Gestaltungsoptionen zum Stimmrechtehandel, insbesondere vor dem Hintergrund, dass die gegenwärtige Rechtslage die freie und getrennte Verfügung aller Aktionärsrechte blockiert (u.a. Noack, 2005).

Empirische Studien über Wertpapierleihegeschäfte zeigen auf, dass ein indirekter Handel der Stimmrechte über den Markt für Wertpapierleihe bereits realisiert wird (Christoffersen, 2002), diesbezügliche einschränkende Regelungen gelockert wurden (Christoffersen, 2004) und ein Handel der Stimmrechte in Verbindung mit einer Wertpapierleihe in Australien bereits praktiziert wird (Harris/Raviv, 1988). Umso interessanter erscheint hier der Gedanke, einen solchen Quasi-Handel mit einem dedizierten Marktmodell zum Handel von Aktienstimmrechten zu standardisieren.

Trotz dieser Vielzahl von verwandten Forschungsrichtungen in dem Kontext des Stimmrechtehandels existieren bisher keine Arbeiten, die die erforderlichen Rahmenbedingungen eines standardisierten Stimmrechtehandels und ein mögliches Marktmodell explizit aufzeigen.

Diese Perspektive diskutieren Lattemann et al. (2007). Gegenstand des Stimmrechtehandels ist die isolierte Übertragung von Stimmrechten vom Verkäufer zum Käufer. Nach aktueller Gesetzgebung ist der Handel mit isolierten Stimmrechten in vielen Ländern aufgrund des Abspaltungsverbots nicht möglich und die Stimmrechtsausübung bleibt zumindest in Deutschland an den Besitz der Aktie gebunden (§12 Abs.1 AktG). Obwohl der deutsche Gesetzgeber bereits die restriktive Handhabung der Stimmrechtsabgabe bzw. -vertretung gelockert hat, ist die Ausübung des Stimmrechts nach wie vor dem Besitzer der Aktie zum Zeitpunkt des Record Date (stichtagsbezogene Hinterlegungspflicht, in der Regel ca. 7 Tage vor der Hauptversammlung) vorbehalten. Das Stimmrecht selbst stellt kein selbstständiges Recht dar und zählt im Gegensatz etwa zum Bezugsrechtehandel nicht zu den Wertpapieren im Sinne des §11 BörsZulV.

Bei der Realisierung eines Handels mit Stimmrechten nach heutigem Stand könnte in der Praxis auf Kassamarktgeschäfte mit Aktien zurückgegriffen werden. Denn es ist trotz der genannten rechtlichen Restriktionen möglich, durch einen gleichzeitig gezielten Kauf einer Cum-Vote-Aktie (mit Stimmrecht) und den Verkauf einer Ex-Vote-Aktie (ohne Stimmrecht) das Stimmrecht indirekt zu erwerben. Diese beiden Kassamarktgeschäfte könnten in einem Wertpapierleihegeschäft gebündelt werden. Dieser Variante liegt die Idee zugrunde, den Aktienkauf vor der Ausübung des Stimmrechts mit einem festgelegten Rückkauf nach dessen Ausübung zu kombinieren, sodass die Aktie zusammen mit dem Stimmrecht am Record Date Eigentum des Käufers ist. Rechtlich ist die indirekte Realisierung eines Stimmrechtehandels auf diesen Wegen möglich. Allerdings verwehrt eine solche, rein institutionelle und im OTC-Markt durchgeführte Wertpapierleihe insbesondere den Kleinanlegern weitestgehend den Marktzugang.

Bei Vernachlässigung rechtlicher Restriktionen stellt der Handel des isolierten Stimmrechts die effizienteste Alternative zur Realisierung eines Stimmrechtehandels dar. Dem auf dem Kassamarkt basierten Aktienhandel kann nur eine stark eingeschränkte Eignung für einen indirekten Stimmrechtehandel zugesprochen werden, da der Handel der ganzen Aktie nicht nur mit Transaktionskosten verbunden ist, sondern der Käufer auch das Aktienkursrisiko für den Besitzzeitraum trägt. Dieses Risiko könnte allerdings durch die Minimierung der Haltedauer reduziert sowie über den Terminmarkt abgesichert werden (Christoffersen, 2004).

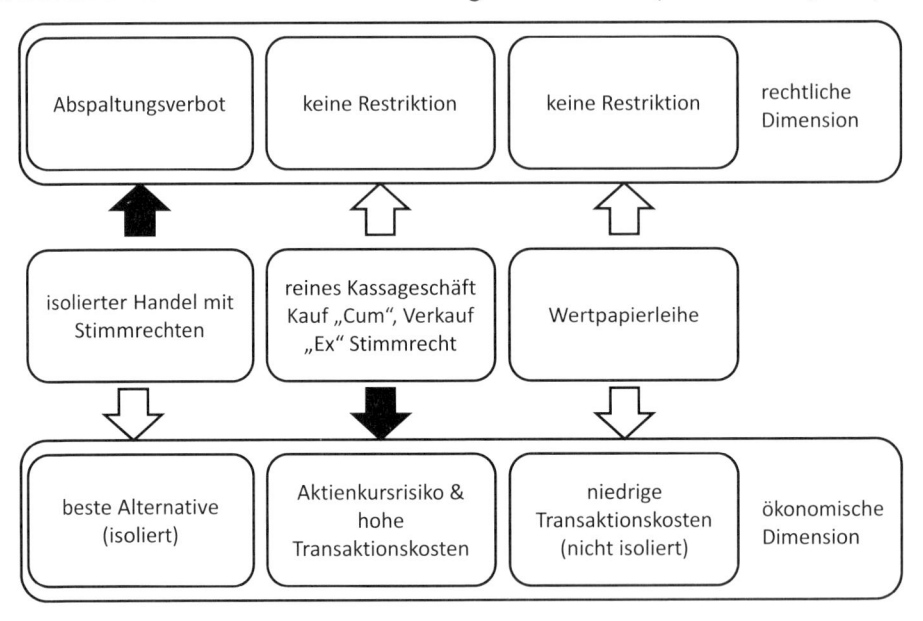

```
┌─────────────────────────────────────────────────────────────────────┐
│  ┌──────────────┐   ┌──────────────┐   ┌──────────────┐   ┌────────┐│
│  │Abspaltungs-  │   │keine         │   │keine         │   │rechtli-││
│  │verbot        │   │Restriktion   │   │Restriktion   │   │che     ││
│  │              │   │              │   │              │   │Dimen-  ││
│  └──────────────┘   └──────────────┘   └──────────────┘   │sion    ││
│         ▲                 ⇧                 ⇧             └────────┘│
│  ┌──────────────┐   ┌──────────────┐   ┌──────────────┐             │
│  │isolierter    │   │reines Kassa- │   │              │             │
│  │Handel mit    │   │geschäft Kauf │   │Wertpapier-   │             │
│  │Stimmrechten  │   │„Cum", Verkauf│   │leihe         │             │
│  │              │   │„Ex" Stimm-   │   │              │             │
│  │              │   │recht         │   │              │             │
│  └──────────────┘   └──────────────┘   └──────────────┘             │
│         ⇩                 ▼                 ⇩                       │
│  ┌──────────────┐   ┌──────────────┐   ┌──────────────┐   ┌────────┐│
│  │beste Alter-  │   │Aktienkurs-   │   │niedrige      │   │ökono-  ││
│  │native        │   │risiko & hohe │   │Transaktions- │   │mische  ││
│  │(isoliert)    │   │Transaktions- │   │kosten        │   │Dimen-  ││
│  │              │   │kosten        │   │(nicht iso-   │   │sion    ││
│  │              │   │              │   │liert)        │   │        ││
│  └──────────────┘   └──────────────┘   └──────────────┘   └────────┘│
└─────────────────────────────────────────────────────────────────────┘
```

Abb. 5.1 Rechtliche und ökonomische Dimension eines Stimmrechtehandels.

Abbildung 5.1 stellt drei grundsätzlich mögliche Formen des direkten und indirekten Handels mit Stimmrechten dar, die sich aus dem Spannungsfeld zwischen rechtlichen und ökonomischen Rahmenbedingungen ergeben. Bei Berücksichtigung der rechtlichen Restriktionen kann die Wertpapierleihe zur First-best-Lösung für den Stimmrechtehandel werden: Die bei einer Umsetzung über den Kassamarkt notwendigen Hedgegeschäfte entfallen und das Marktrisiko wird aufgrund des festgelegten Verkaufspreises eliminiert. Eine solche Lösung muss dann im Rahmen der Standardisierung eines neuen Wertpapierleihegeschäfts voraussetzen, dass die Aktie mitsamt ihrer Vermögens- und Verwaltungsrechte an den Stimmrechtskäufer übertragen wird und die anfallenden Erträge aus den Vermögensrechten (z.B. Dividenden und Bezugsrechte) an den Verkäufer der Stimmrechte fließen. Nach Ablauf der Leihe wird die Aktie zurückübertragen. So kann das Ziel eines bestmöglichen isolierten Stimmrechtehandels unter Ausschluss etwaiger Preisverzerrungen realisiert werden (siehe Abbildung 5.2).

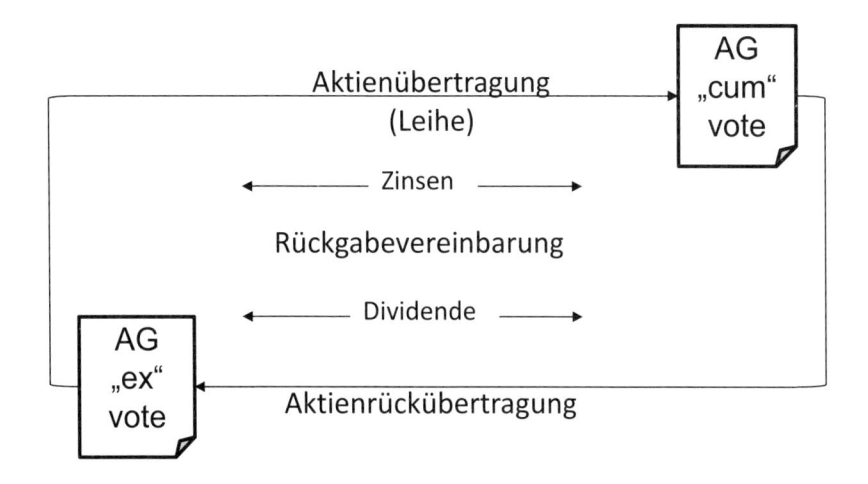

Abb. 5.2 Stimmrechtehandel basierend auf der Wertpapierleihe.

Im vorgestellten Modell wird mit Geschäftsabschluss der Stimmrechtepreis in Form der Leihgebühr für den vereinbarten Zeitraum fällig. Zum Laufzeitende der Wertpapierleihe übereignet der Stimmrechtekäufer als derzeitiger Aktienbesitzer nach Ausübung seines Stimmrechts die Aktien in gleicher Qualität an den Stimmrechteverkäufer zurück. Der Zeithorizont der Wertpapierleihe muss sich hierbei nach der minimal notwendigen Haltefrist richten, die es erlaubt, dass der Stimmrechtskäufer zur Hauptversammlung stimmberechtigt ist. Aufgrund derzeitiger rechtlicher Restriktionen kann ein Stimmrechtehandel nach dem Handelsansatz nur über den Umweg der Wertpapierleihe realisiert werden.

5.6 Institutionelle Investoren und „Shareholder Activism"

Für Kleinaktionäre ist es rational, sich bei der Ausübung ihrer Stimmrechte passiv zu verhalten und das Management gewähren zu lassen, da die möglichen Kosten des Monitoring – also die Informations-, Beobachtung-, Aktions- und Koordinierungskosten – größer sind als der Nutzen in Form von Kursgewinnen und Dividenden. Außerdem agieren Kleinaktionäre häufig als Trittbrettfahrer, indem sie vom Monitoring anderer Aktionäre profitieren. Die Folge ist, dass Kleinaktionäre die Unternehmensleitung und die Aktivitäten des Unternehmens nicht mehr kontrollieren (Schmidt, 2001).

Im Umkehrschluss zur rationalen Passivität der Kleinaktionäre (rationale Apathie) müsste es die Aufgabe der institutionellen Investoren sein, die in ihrem Portfolio gehaltenen Unternehmen zu kontrollieren, da sie die Vermögensansprüche vieler Kleinanleger verwalten und über das notwendige Instrumentarium und Know-how verfügen (Bhattacharya, 1997). Es gibt aber auch Argumente, die gegen ein Monitoring solcher Großaktionäre sprechen: Öffentliche Aktivitäten und Interventionen gegen Unternehmen werden als „schlechte Nachrichten" am Markt aufgefasst und können zu fallenden Aktienkursen führen. Weiterhin gelten institutionelle Investoren durch ihre Involviertheit in die Unternehmensleitung als „Insider". Dadurch ist ihr Handel in diesen Aktien laut Gesetz (Insiderhandel) eingeschränkt, beziehungsweise unterliegt Restriktionen, sodass daraus möglicherweise Verluste entstehen können. Ferner ist auch der finanzielle Aufwand eines Monitoring für institutionelle Investoren nicht marginal. Institutionelle Investoren haben ihre Portfolios breit diversifiziert und eine effektive Kontrolle aller gehaltenen Unternehmen ist nahezu unmöglich (Short/Keasey, 1997). Schließlich haben institutionelle Investoren meistens einen kurzfristigen Anlagehorizont und dürften daher den Exit bevorzugen. Trotz dieser Gegenargumente zeigen prominente Beispiele, insbesondere aus den USA, dass institutionelle Investoren, insbesondere Pensionsfonds (z.B. CalPERS), durch ihr Stimmrecht und Interventionsmöglichkeiten die Corporate Governance und damit die Performance eines Unternehmens positiv beeinflussen können.

5.7 Zusammenfassung

Der Schwerpunkt dieser Sektion lag auf der Betrachtung der Unternehmensführung und der Unternehmenskontrolle im Sinne der Aktionäre und auf den Mechanismen von „Exit- oder Vote-Strategien" bei der Beeinflussung der Corporate Governance börsennotierter Aktiengesellschaften. Die Exit-Strategie führt zu einer relativen Veränderung des Preisniveaus und ist durch die Signalwirkung eine Art Scorecard, die Auskunft über die Einschätzung der Corporate Governance eines Unternehmens gibt. Der Aktienmarkt spielte dabei eine besondere Rolle hinsichtlich der Allokation von Kapital und Verfügungsrechten.

Die Exit-Strategie wird zwar insbesondere im angelsächsischen Raum aufgrund der dort vorherrschenden kurzfristig ausgerichteten Renditeorientierung (Schmidt, 2001) präferiert, eindeutige positive Effekte auf den Shareholder-Value konnten jedoch nicht festgestellt werden (Short/Keasey, 1997). Ist also die Voice-Strategie geeigneter? Obwohl eine Reihe von – insbesondere empirischen – Anhaltspunkten darauf hindeutet, dass das Monitoring institutioneller Investoren und deren Aktivitäten einen positiven Einfluss auf die Corporate Governance hat, gibt es unterschiedliche Aussagen darüber, ob dies auch gleichzeitig die Performance eines Unternehmens in Form des Shareholder-Values positiv beeinflusst. Gründe hierfür liegen in der Auswahl unterschiedlicher empirischer Studien, den berücksichtigten Zeiträumen und den endogenen Erfolgsvariablen, die nur schwer oder gar nicht zu identifizieren sind (Steiger, 2001). Auch wenn der Einfluss nicht ganz klar ist, so ist doch sicher, dass institutionelle Investoren durch Monitoring und Shareholder Activism die Informationstransformation zum Markt hin gewährleisten und den Markt mit Liquidität versorgen (Gillan et al., 2001). Die erhöhte Informationseffizienz und ein intakter Markt für Unternehmenskontrolle engen den Spielraum des Managements, persönliche Nutzenmaximierungsziele zu verfolgen, ein.

5.8 Fallbeispiel – CalPERS & Co.

Ein Pionier im Shareholder Activism ist der Pensionsfonds „California Public Employees Retirement System" (CalPERS) (www.calpers.ca.gov), der sich zusammen mit anderen institutionellen Investoren organisierte, um gemeinsame Interessen besser durchsetzen zu können. Die Aktivitäten institutioneller Anleger bezüglich der Corporate Governance haben ihre Ursprünge im Jahr 1984 in den USA. Damals richteten sich die Maßnahmen von CalPERS primär gegen Unternehmen, die sich durch Verteidigungsstrategien vor Übernahmen zu schützen versuchten und dadurch erheblichen Schaden für die Aktionäre verursachten (Carlsson, 2001). Mittlerweile stehen nicht nur Verteidigungsinstrumente und die Rechte der Aktionäre im Mittelpunkt, sondern vielmehr Aspekte der gesamten Corporate Governance, wie etwa die Besetzung des Boards, die Unternehmensleitung und die Shareholder-Value-Orientierung.

Bei der aktiven Kontrolle von Unternehmen gehen CalPERS und andere Shareholder Associations im Allgemeinen wie folgt vor (Carlsson, 2001):

1. Als erstes erfolgt ein Screening aller Unternehmen, die sich im Portfolio der Fonds befinden. Hierbei werden alle Unternehmen selektiert, die beispielsweise eine schlechte Performance, eine hohe Beteiligung institutioneller Investoren oder Schwächen der Corporate Governance, wie etwa mangelnde Unabhängigkeit des Boards, aufweisen.

2. Von den so identifizierten Unternehmen werden etwa zehn Unternehmen als Zielscheibe (Target) selektiert und auf einer sogenannten Focus List (siehe Abbildung 5.3) veröffentlicht.

3. Der Fonds kontaktiert daraufhin das Board, um Änderungen in der Corporate Governance zu diskutieren und Unterstützung bei der Durchführung anzubieten.

4. Wenn mit dem Board keine Einigung erzielt werden kann, werden Shareholder Proposals gestellt (Forderungen an den Vorstand) und auf Hauptversammlungen massiver Druck ausgeübt.

> **Xerox Corporation (XRX) – Stamford, Connecticut**   CalPERS Holding: 3 Mill. Shares
>
> **Xerox Shareowners Concerns:** Xerox is one of the most ineffective boards. The company has been fined by the SEC and forced to restate earnings from 1997 though 2000and ist board has also been publicly accused of faulty financial manipulation by ist own former employees. From fiscal year 1998 to 2001. Xerox EVA declined by over $1 Billion.
>
> **Governance Concerns:** Current Board consists of same members that oversaw Xerox during a significant accounting scandal and strategic missteps. Nominating Committee is less than 100% independent.
>
> **What CalPERS Required:**
> - Add three new independent directors
> - Consider eliminating committee
> - Adapt CalPERS definition of independent directors
> - …
>
> **What Xerox Agreed to:**
> - Adopted new charter to provide for 100% key committee independence base on NYSE definition
> - Adopted new committee charter to provide for annual self assessment of Board and Committee performance

Abb. 5.3 *Focus List von CalPERS.*

Bezüglich der Shareholder Proposals wurde in Untersuchungen festgestellt, dass nur ein kleiner Teil (ca. 2,5%) der Proposals eine Zustimmung auf Hauptversammlungen fand. Ein signifikant positiver Zusammenhang zwischen Proposal und Aktienkurs konnte nicht festgestellt werden, wohl aber zwischen Proposal und Return on Assets (Seger, 2003). Andere Untersuchungen bestätigen, dass es zwar keinen signifikanten Zusammenhang zwischen Proposal und Aktienkursentwicklung gibt, jedoch wurde eine steigende Erfolgsrate in Form der Annahme der Proposals auf Hauptversammlungen oder Einigungen mit dem Management festgestellt (Seger, 2003). In einer Untersuchung von Smith (1996), der die Aktivitäten von CalPERS untersuchte, konnten langfristige positive „Abnormal Return" in Höhe von durchschnittlich 2,8% identifiziert werden. Weiterhin fand Smith (1996) nicht signifikante Hinweise darauf, dass Shareholder Activism zu einer Erhöhung des operativen Ergebnisses und zu einer Reduzierung fehlgeleiteter Cashflows führt.

Hinsichtlich der Entwicklung der Aktienkurse der Unternehmen, bei denen CalPERS intervenierte, wurde nachgewiesen, dass deren Aktienkurse sich im Fünfjahreszeitraum vor der Intervention um 65% schlechter entwickelten als der S&P 500. In einem Zeitraum von fünf Jahren nach der Intervention entwickelten sich die Werte dagegen um 40% besser als der Vergleichsindex (Carlsson, 2001). Im Vergleich zu dem großen Vermögen, das CalPERS betreut (im Jahr 2000: ca. 166 Mrd. USD, davon 74,9 Mrd. USD in amerik. Aktien), nehmen sich die auf den Shareholder Activism zwischen 1987 und 1993 zurückzuführenden Gewinne in Höhe von ca. 18,9 Mio. US – wovon noch 3,5 Mio. USD davon entfallende Kosten abzuziehen sind – eher bescheiden aus (Smith, 1996). Da CalPERS zwischen 1% und 2%, maximal aber 5% an den Unternehmen hält, ist es vielmehr die Gesamtheit aller Aktionäre, für die ein enormer Shareholder-Value geschaffen wird.

Durch die verschiedenen Möglichkeiten der institutionellen Investoren, Druck auf die Unternehmensleitung auszuüben (Fokus List, Medien etc.), wurde beobachtet, dass Unternehmen, die in den Brennpunkt eines Pensionsfonds gerieten, relativ schnell Veränderung zur Verbesserung der Corporate Governance vornahmen. So führte die Forderung nach der Unabhängigkeit des Boards of Directors, beziehungsweise dem „Non-Executive Chairman", zur sogenannten „Boardroom-Revolution" in den frühen 1990er-Jahren (Carlsson, 2001).

Eine besondere Rolle in diesem Zusammenhang spielen auch die sogenannten „Just vote no"-Kampagnen (Precatory Judgement). Als Symbol des Vertrauensentzugs auf der Hauptversammlung werden Directors gezwungen, ihre Aktivitäten zu erklären und zu begründen, um sich für die Führung des Unternehmens zu legitimieren und um eine Reputation aufzubauen. Andernfalls werden sie gezwungen, das Unternehmen zu verlassen.

Fragen und Thesen

- Nennen Sie fünf mögliche Folgen für das Management und das Unternehmen, die durch einen massiven Verkauf der Aktien (Exit-Strategie der Aktionäre) und der daraus resultierenden Kursverluste entstehen.

- Erläutern Sie die Gründe dafür, dass in Deutschland Kleinaktionäre kaum noch an der Hauptversammlung teilnehmen, um ihr Stimmrecht auszuüben.

- Was beschreibt die „Wall Street Rule"?

- Diskutieren Sie, warum Übernahmen von Unternehmen oder drohende Übernahmen zu einem höheren Shareholder-Value beitragen können.

- Erläutern Sie Vor- und Nachteile der Exit- und Vote-Strategien und diskutieren Sie, ob Kleinaktionäre eine der beiden Strategien bevorzugen sollten.

- Was und wie erleichtert dem Kleinaktionär die Ausübung seines Stimmrechts in Bezug auf das neue Medienzeitalter?

- Nennen sie Möglichkeiten und Vor- und Nachteile für einen separaten Stimmrechtshandel.

- Welche Rolle spielen Stakeholder in der Exit- und Vote-Diskussion?

6 Corporate Governance in Deutschland

Lernziele

Nach der Erarbeitung des Stoffes in dieser Sektion kennen Sie die Fundamente der Corporate Governance in Deutschland. Sie verstehen das prinzipienbasierte „Comply or Explain"-Prinzip, das der deutschen Corporate Governance zugrundeliegt. Weiterhin können Sie das deutsche Corporate-Governance-System in einen internationalen Vergleich beschreiben. Sie können erklären, welchen Zwecken der Corporate Governance Kodex dient.

6.1 Einleitung

Spektakuläre Unternehmensskandale in der Zeit um den Zusammenbruch des Neuen Marktes im Jahr 2000 führten zu einer besonderen Wahrnehmung des Themas Corporate Governance sowohl in der deutschen Öffentlichkeit als auch weltweit. Verantwortlichkeiten des Topmanagements waren und sind zentraler Diskussionspunkt im Zusammenhang mit dem dramatischen Verfall von Börsenwerten. Die Schaffung einheitlicher Corporate Governance Standards im Umfeld der zunehmenden Globalisierung der Wirtschaft wurden gefordert (Rechkemmer, 2003).

Entsprechend des jeweiligen Begriffsverständnisses (guter) Corporate Governance werden die zu lösenden Interessenkontroversen und Informationsasymmetrien in der Gestaltung des länderspezifischen Corporate-Governance-Systems und institutionellen Mechanismen berücksichtigt. Je nach Eignung, funktionaler Umsetzung und Ausgestaltung dieser Mechanismen gelingt der Interessenausgleich und damit auch eine Senkung der mit der Austragung von Interessenkonflikten verbundenen Transaktionskosten, wodurch sich in Folge die Produktivität der eingesetzten Faktoren ceteris paribus erhöht. Das lässt sich darauf zurückführen, dass die Interessengruppen bei guter Corporate Governance gegenseitiges Vertrauen aufbauen, Informationsasymmetrien nur in geringerem Maße ausnutzen und unternehmensintern eine wechselseitige Leistungsmotivation stattfindet. Eine weitere Erfolgswirkung geeigneter Regelungen der Organisationsstruktur ist die steigende Attraktivität der Unternehmen aus Sicht potentieller Investoren. Darüber hinaus kann durch eine Schaffung angemessener Rahmenbedingungen unabhängig vom einzelnen Unternehmen die Wettbewerbsfähigkeit des jeweiligen Standortes gestärkt werden (IDW, 2001). Demzufolge hat auch das Corporate-

Governance-System umfangreiche Auswirkungen auf die Erfolgssituation von Unternehmen und einer Volkswirtschaft (Sell, 2004).

Insofern liegt die Umsetzung einheitlicher Verhaltensregeln der Unternehmen nahe, sowohl im Interesse der Anleger als auch der Unternehmen. Aber was ist mit Stakeholdern im erweiterten Umfeld? Mit dem Transparenz- und Publizitätsgesetz (TransPuG) und nicht zuletzt mit dem Deutschen Corporate Governance Kodex wurden viele Forderungen nach Transparenz und guter Governance in den letzten Jahren in Deutschland umgesetzt. Die Veränderungen durch die Einführung des Deutschen Corporate Governance Kodex und der modernisierten 8. EU Richtlinie werden – auch im internationalen Vergleich – im Folgenden detailliert dargestellt.

6.2 Der Deutsche Corporate Governance Kodex

6.2.1 Motive und Treiber eines deutschen Corporate Governance Kodex

Die Etablierung überstaatlicher Wirtschaftsräume und Freihandelszonen in den letzten Dekaden hat zu einer beachtlichen Ausdehnung der Aktionsradien von Unternehmen geführt. Die Globalisierung führt zu einer großen Vielfalt von Governance-Systemen innerhalb internationalisierter Unternehmen (Mesoebene) welche durch die unterschiedlichen kulturellen, wirtschaftspolitischen und rechtlichen Aspekte der jeweiligen Standorte geprägt sind (von Werder, 2003b; Li et al., 2004). Das Ergebnis ist die Entwicklung einer Vielzahl von Ansätzen zur Unternehmensführung. Der Angleichung unterschiedlicher Governance Systeme zur Erhöhung der Transparenz kommt deshalb eine wachsende Bedeutung zu.

Auf der Makroebene geht es um den internationalen Wettbewerb ganzer Corporate-Governance-Systeme. Weltweit existieren mehr als 60 Standards und Positionspapiere zu diesem Thema.[9] Die Frage nach der Wettbewerbsfähigkeit (im Sinne der Transparenz) der Governance Systeme deutscher Unternehmen wird insbesondere durch ausländische, institutionelle Investoren gestellt. Ausschlaggebend für deren Einfluss ist die zunehmende Finanzierung der globalen Expansion von Unternehmen und internationaler Projekte über Finanzmärkte.

In diesem Kontext basiert die Notwendigkeit eines eigenen deutschen Regelwerks zur Corporate Governance zur Klärung von Verständnisschwierigkeiten in der Interpretation des dualen (Two-Tier-)Führungs- und Kontrollsystems deutscher Prägung - im Vergleich zum angelsächsischen One-Tier-Boardsystem. So erscheinen z.B. international der Einfluss der deutschen Arbeitnehmervertreter im Aufsichtsrat sowie die Beziehungsverflechtungen zwi-

---

[9] Auf der Webseite http://www.ecgi.org/codes/all_codes.php sind die Corporate-Governance-Kodizes, Gesetzentwürfe und Vorlagen einzelner Länder und Märkte abrufbar.

schen Kreditgebern und Vertretern von Streubesitzanteilen als nicht förderlich für eine effektive Unternehmenskontrolle. Ein weiterer Kritikpunkt aus internationaler Perspektive an der Corporate Governance in Deutschland ist die ineinander verschachtelten Kontrollfunktionen, die sich in der bereits dargestellten Deutschland AG bis 2000 widergespiegelt haben.

Die Unkenntnis seitens internationaler Investoren über die Funktionsweise und das Selbstverständnis der Corporate Governance in Deutschland bremste die Öffnung des deutschen Kapitalmarktes für internationale Investoren für lange Zeit. Aufgrund kultureller, historischer und gesetzlicher Gegebenheiten können international anerkannte „Best-Practices" nicht 1:1 in Deutschland übernommen werden. Das Fehlen derartiger Grundsätze im deutschen Recht bis zum Jahr 2000 erschwert die Vergleichbarkeit von Risiken und Chancen bei Investitionen durch ausländische Geldgeber. Die Veränderung der Finanzierungsstruktur deutscher Unternehmen, weg von Krediten und Innenfinanzierung aus einbehaltenden Gewinnen hin zur Nutzung der nationalen und internationalen Wertpapiermärkte (siehe Abbildung 6.1), erforderte jedoch den Eintritt in den Wettbewerb um die knappe Ressource Kapital (Cromme, 2003).

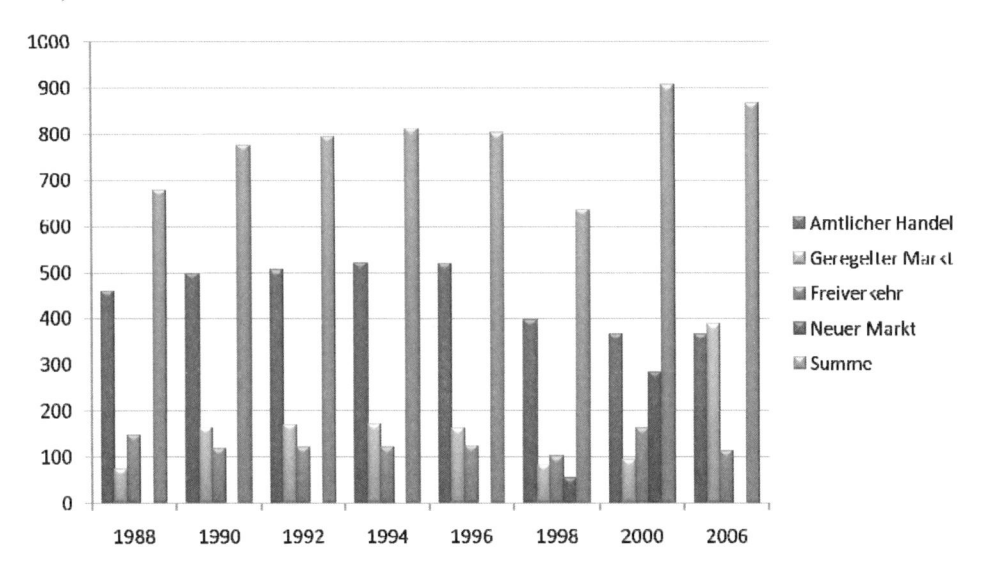

Abb. 6.1 Anzahl notierter Aktiengesellschaften an der FWB (Deutsche Börse 2007).

Auch deutsche Unternehmen müssen sich zunehmend an international vergleichbaren Standards messen lassen. Sie haben eine Informations-Bringschuld (Dörner et al., 2003). Die Beachtung einer guten Corporate Governance ist aus der heutigen Wirtschaftspraxis kaum noch wegzudenken. Dies wird vor allem vor dem Hintergrund der steigenden Anzahl von Richtlinien, Verordnungen, Kodizes und Gesetzen (www.ecgi.org/codes/all_codes.php) zur Corporate Governance deutlich. Doch auch schon vor der Einführung des Deutschen Corporate Governance Kodex im Jahr 2002 gab es eine Reihe von Richtlinien und Verordnungen zur guten Unternehmensführung, die in Deutschland z.B. im Aktienrecht, Bilanzrecht, Kapitalmarkt- und Mitbestimmungsrecht bestanden.

Die Existenz einer Vielfalt von Verordnungen zur Corporate Governance wirft die Frage der Notwendigkeit eines neuen Corporate Governance Kodex für Deutschland auf. Wäre eine Umsetzung bereits bestehender internationaler Kodizes in Deutschland nicht ausreichend gewesen? Auch ist die Frage legitim, ob eine steigende Anzahl von Regelungen wirksam sein kann, „[…] wenn eine schlechte Corporate Governance niemals ursächlich für Betrügereien sein kann, da eine mangelhafte oder fehlende Überwachung die Tat erleichtern, nie jedoch fördern kann." (Tanski, 2003, S. 92). Müssen hier nicht andere Mechanismen wie z.B. Selbstverantwortung und Vertrauen zum Tragen kommen?

Der Vergleich von Corporate-Governance-Modellen auf internationalem Niveau zeigt, dass es weltweit einheitliche Regelungen für Corporate Governance nicht geben kann und die Übernahme internationaler Standards guter Corporate Governance auf einzelne Jurisdiktionen nicht immer funktioniert. Dies ist kulturell, historisch und vor allem verfassungsrechtlich begründet. So ist die Unvereinbarkeit des monistischen Leitungsorgans mit dem dualistischen System zu nennen. Auch die Ausrichtung der Corporate Governance auf unterschiedliche Stakeholder bzw. Shareholder erschweren die Ausrichtung einzelner Corporate Governance Kodizes an internationale Standards. Ferner spielen Kulturen und Traditionen bei der Entwicklung von Corporate-Governance-Standards eine wesentliche Rolle. So ist z.B. in China das Corporate-Governance-System mit dem dort weit verbreiteten Guanxi und dem Konfuzianismus in Einklang zu bringen. Die dort fast 100 jährige Abwesenheit objektiver Rechtsprechung ist zu berücksichtigen. Wirtschaftsakteure vertrauen hier im stärkeren Maße auf gegenseitige Vereinbarungen und Beziehungen als auf staatliche Regelungen (Lattemann, 2009). Li et al. (2004) haben in diesem Bezug Gesellschaften in "rule-based" und "relation-based governance environments" eingeteilt.

6.2.2 Entstehung des Deutschen Corporate Governance Kodex

Am Anfang der Entwicklung des Deutschen Corporate Governance Kodex standen die Leitlinien für die Ausgestaltung von Corporate-Governance-Systemen der Organisation for Economic Cooperation and Development (OECD). Als Hauptziel der OECD kann allgemein die Koordinierung der Wirtschaftspolitik, vor allem jedoch der Konjunktur- und Währungspolitik der Mitgliedsländer bezeichnet werden. Die OECD hatte – aufgrund der wohlwissentlichen Bedeutung eines funktionierenden Corporate-Governance-Systems zur positiven Wirtschaftsentwicklung eines Landes – bereits frühzeitig „OECD – Grundsätze der Corporate Governance" erarbeitet und verabschiedet. Diese, vor allem auf börsennotierte Unternehmen ausgerichteten Grundsätze richteten sich in erster Linie an Regierungen unterentwickelter Länder, aber auch an marktwirtschaftlich orientierte Länder und natürlich an die Unternehmen selbst. Die Grundsätze der OECD, welche recht allgemein und flexibel gehalten sind, untergliedern sich in die fünf wesentlichen Bereiche:

- Schutz der Aktionärsrechte,

6.2 Der Deutsche Corporate Governance Kodex

- Gleichbehandlung der Aktionäre,
- Rolle der Stakeholder,
- Offenlegung und Transparenz,
- Pflichten des Aufsichtsrats.

Der Deutsche Corporate Governance Kodex referenziert in seiner heutigen Form direkt auf die OECD-Regelungen. Die Entwicklung eines Deutschen Corporate Governance Kodex erfolgte durch die von der Bundesregierung eingesetzte Expertenkommission „Corporate Governance: Unternehmensführung – Unternehmenskontrolle – Modernisierung des Aktienrechts" (Juni 2000) sowie durch zwei von privaten, mit Praktikern und Wissenschaftlern besetzte Initiativen – der „Frankfurter Grundsatzkommission Corporate Governance" und dem „Berliner Initiativkreis German Code of Corporate Governance". Die von der Frankfurter Grundsatzkommission im Januar 2000 vorgestellten Corporate-Governance-Grundsätze für deutsche börsennotierte Gesellschaften hatten zum Ziel, die Grundsätze der OECD, angepasst an deutsche Rahmenbedingungen, zu übernehmen. Dieser sogenannte „Code of Best-Practice" beschreibt die wesentlichen OECD-Grundsätze sowie ihre gesetzlichen Umsetzungen in Deutschland und gibt für die Vorstands- und Aufsichtsratstätigkeit Gestaltungsempfehlungen. Der vom Berliner Initiativkreis entwickelte Kodex (2000) dagegen war allgemeiner gehalten, ohne sich direkt auf die OECD-Grundsätze zu beziehen. Die Regierungskommission „Corporate Governance" wurde im Mai 2000 vom damaligen Bundeskanzler Schröder einberufen. Der Auftrag lautete:

„Die Kommission soll sich aufgrund der Erkenntnisse aus dem Fall Holzmann mit möglichen Defiziten des deutschen Systems der Unternehmensführung und -kontrolle befassen. Darüber hinaus soll sie im Hinblick auf den durch Globalisierung und Internationalisierung der Kapitalmärkte sich vollziehenden Wandel unserer Unternehmens- und Marktstrukturen Vorschläge für eine Modernisierung unseres rechtlichen Regelwerkes unterbreiten." (BT-Drs. 14/7515, S. 3, Bericht der Regierungskommission)

Der Abschlussbericht der Regierungskommission vom Juli 2001 enthielt insgesamt 130 Empfehlungen zur Änderung beziehungsweise Ergänzungen des bestehenden Aktiengesetzes und des Handelsgesetzbuches (Baums/Stöcker, 2003). Der Bericht wurde von der Bundesregierung akzeptiert und die Bundesjustizministerin mit der Umsetzung beauftragt. Der wichtigste Vorschlag der Regierungskommission war die Erarbeitung eines deutschen Corporate Governance Kodex und zwar durch den Einsatz einer neuen Kommission (BT-Drs. 14/7515 vom 14.08.2001, Rzn.16 f) sowie die Einbindung der Regelungen in geltendes Recht.

Die „Regierungskommission Deutscher Corporate Governance Kodex" wurde im August 2001 einberufen. Die Leitung übernahm Cromme, Vorstandsmitglied der Thyssen Krupp AG, der bereits im Februar 2002 mit der Anfertigung des vorherigen Gutachtens betraut war.

Es sollte eine Lösung gefunden werden, die nicht zwingendes Gesetz, aber dennoch in gewisser Weise verpflichtend war. Das Schlagwort heißt hier „Comply or Explain" oder, wie die deutsche Entsprechung der Regierungskommission lautet, „entsprich oder erkläre". Nach diesem Verfahren steht es den Gesellschaften frei, die Empfehlungen des Kodex zu akzeptieren oder abzulehnen; Abweichungen müssen jedoch erklärt werden. Eine solche Lösung findet sich bereits im britischen Corporate Governance Kodex, dem Combined Code. Dort sind nach den Zulassungsregeln der britischen Börsenaufsicht die notierten Gesellschaften verpflichtet zu bestätigen, dass sie den Anforderungen des Combined Codes entsprechen. Dies ist auch für den Fortbestand der Zulassung an den Börsen nötig.

Mit Ausnahme der Bedingung zur Börsenzulassung wurde dieses Vorgehen von der Regierungskommission in ihren Vorschlägen übernommen (BT-Drs. 14/7515 vom 14.08.2001 Rzn.9). Die Bundesregierung ihrerseits übernahm diesen Vorschlag ebenfalls. Im Resultat wurde der neue §161 AktG verabschiedet. Allerdings fordert der §161 AktG keine Begründung bei Abweichung vom Kodex. Der Kodex empfiehlt die Abgabe einer Begründung in Ziff. 3.10 allerdings nicht in der Erklärung nach §161 AktG, sondern jährlich im Geschäftsbericht.[10] Dem deutschen Modell wird daher mit der Bezeichnung „Entsprechenserklärung" und nicht „Comply or Explain" genüge getan. Der im Februar 2002 der Öffentlichkeit vorgestellte Deutsche Corporate Governance Kodex der Cromme-Kommission wurde abschließend im Juni 2002 im amtlichen Teil des elektronischen Bundesanzeigers veröffentlicht. Die Vorschläge der Regierungskommission wurden jedoch schon zum Teil neben der Entwicklung des Deutschen Corporate Governance Kodex mit dem Transparenz- und Publizitätsgesetz (TransPuG) umgesetzt (Baums/Stöcker, 2003).

> „Die Allianz Aktiengesellschaft entspricht sämtlichen Empfehlungen der Regierungskommission Deutscher Corporate Governance Kodex. Die Vorstandsmitglieder der Allianz AG behalten sich jedoch vor, die Höchstzahl konzernexterner Mandate (Kodex Ziffer 5.4.3) gegebenenfalls zu überschreiten, da die Übernahme von Aufsichtsratsmandaten bei wesentlichen Beteiligungsgesellschaften zu den mit dem Vorstandsmandat verbundenen Aufgaben gehört.

Abb. 6.2 *Erste Entsprechenserklärung zum DCGK nach §161 AktG der Allianz AG.*

6.2.3 Ziel und Aufbau des Deutschen Corporate Governance Kodex

Der Deutsche Corporate Governance Kodex in seiner Fassung vom Mai 2003 richtet sich an etwa 15.000 Aktiengesellschaften und ca. 750.000 GmbHs in Deutschland (Rechkemmer, 2003). Er wird jährlich von einer Expertenkommission überarbeitet und gegebenenfalls angepasst.

Der Aufbau des Kodex gliedert sich in sieben Abschnitte:

---

[10] §161 AktG - Vorstand und Aufsichtsrat der börsennotierten Gesellschaft erklären jährlich, dass den vom Bundesministerium der Justiz im amtlichen Teil des elektronischen Bundesanzeigers bekannt gemachten Empfehlungen der „Regierungskommission Deutscher Corporate Governance Kodex" entsprochen wurde und wird oder welche Empfehlungen nicht angewendet wurden oder werden. Die Erklärung ist den Aktionären dauerhaft zugänglich zu machen.

6.2 Der Deutsche Corporate Governance Kodex

1. Präambel,

2. Aktionäre und Hauptversammlung,

3. Zusammenwirken von Vorstand und Aufsichtsrat,

4. Vorstand,

5. Aufsichtsrat,

6. Transparenz,

7. Rechnungslegung und Abschlussprüfung.

Die Ziele des Deutschen Corporate Governance Kodex werden in der Präambel formuliert (siehe Abbildung 6.3). Der Kodex ist in der aktuellen Fassung im Internet neben dem elektronischen Bundesanzeiger unter www.corporate-governance-code.de abrufbar.

„Der [...] Deutsche Corporate Governance Kodex [...] stellt wesentliche gesetzliche Vorschriften zu Leitung und Überwachung deutscher börsennotierter Gesellschaften (Unternehmensausführung) dar und enthält international und national anerkannte Standards guter und verantwortungsvoller Unternehmensführung. Der Kodex soll das deutsche Corporate Governance System transparent und nachvollziehbar machen. Er will das Vertrauen der internationalen und nationalen Anleger, der Kunden, der Mitarbeiter und der Öffentlichkeit in die Leitung und Überwachung deutscher börsennotierter Aktiengesellschaften fördern.".

Abb. 6.3 Präambel des Deutschen Corporate Governance Kodex.

Im Deutschen Corporate Governance Kodex wird zwischen geltendem Recht, Anregungen und Empfehlungen unterschieden. Während bestehende gesetzliche Regelungen nicht besonders hervorgehoben werden, sind Empfehlungen mit der Verwendung des Wortes „soll" kenntlich gemacht. Zur Hervorhebung der Anregungen finden die Worte „sollte" und „kann" Anwendung. Die Besonderheiten der Empfehlungen und Anregungen liegen darin, dass die Gesellschaften von ihnen abweichen können, und zwar mit der Maßgabe, dies bei den Empfehlungen jährlich durch Entsprechenserklärungen offen zu legen. Bei den Anregungen dagegen ist keine Offenlegung vonnöten.

6.2.4 Geltendes Recht/Empfehlungen/Anregungen

Die Dreischichtigkeit des Kodex mit seinen gesetzlichen Regeln, den Empfehlungen und den Anregungen stellt eine Besonderheit dar. Der Kodex folgt in seinem Aufbau durch diese sprachliche Trennung der inneren Systematik von Corporate Governance (Lutter, 2003). Da es sich bei den Empfehlungen um Themen handelt, die keine gesetzliche Entsprechungen haben, jedoch in der Literatur beziehungsweise Rechtsprechung durchaus Beachtung finden, zählen diese zur sogenannten „Best-Practice". Das heißt, es handelt sich um Verhaltensregeln, die nicht neu erfunden wurden, sondern bereits heute in verantwortungsvoll geleiteten Unternehmen Anwendung finden. Dies gilt sicher nicht für alle Empfehlungen des Kodex, allerdings erscheint somit die Entsprechenserklärung des §161 AktG in einem anderen Licht. Somit stellen die Anregungen den interessantesten Bereich des Kodex dar, da diese nicht die Qualität von Empfehlungen aufweisen und somit nicht zur geltenden „Best-Practices" gezählt werden. Die Anregungen fallen somit auch (noch) nicht direkt in die Systematik der Entsprechenserklärung, da die Unternehmen diese nur beachten sollen. Eine Abweichung muss aber nicht offen gelegt werden.

6.2.5 Umsetzung bei DAX 30 Unternehmen

Nachfolgend wird die Umsetzung des Deutschen Corporate Governance Kodex bei den DAX 30 Unternehmen im Jahre 2003 dargestellt. Regelmäßig wird der aktuelle Stand der Umsetzung des Deutschen Corporate Governance Kodex veröffentlicht (siehe z.B. von Werder, 2003a).

Die Grundlage der im Folgenden eigens erstellten Internetanalyse waren die jeweiligen Entsprechenserklärungen der DAX 30 Unternehmen. Berücksichtigt wurden dabei die Soll–Empfehlungen des Kodex, die erklärungspflichtig sind. Auf die Anregungen wurden dabei nicht weiter eingegangen, zumal diese von den Unternehmen nicht erklärungspflichtig sind, beziehungsweise nicht von allen ausgeführt wurden.

In die Betrachtung wurden alle bis zum 11.12.2003 zugänglichen Entsprechenserklärungen der DAX 30 Unternehmen einbezogen. Ergebnis war, dass alle Unternehmen den Deutschen Corporate Governance Kodex weitestgehend akzeptieren und dies auch mit der jeweiligen Entsprechenserklärung äußerten. Des Weiteren ließ sich feststellen, dass 12 Unternehmen (40%) alle Empfehlungen des Kodex befolgten. Teilweise bezogen sich die Erklärungen noch auf die Fassung des Kodex vom 07.11.2002.

Bei den Gesellschaften, die nicht alle Empfehlungen umsetzten, gab es in der Regel die zusätzliche Information, teilweise mit konkreten Zeitangaben, diese in Zukunft umzusetzen. Außerdem gab es kein DAX 30 Unternehmen, das von mehr als fünf Empfehlungen der damals aufgestellten 67 Empfehlungen abwich (siehe Tabelle 6.1).

Die mit Abstand häufigsten Bestimmungen, von denen abgewichen wurde, waren:

- Aufdeckung der Vergütung der Aufsichtsratsmitglieder,
- Regelung zum angemessenen Selbstbehalt bei D&O Versicherungen für Vorstand und Aufsichtsratsmitglieder (Directors and Officers Liability). Unternehmen schlossen zwar eine D&O Versicherung für Vorstand und Aufsichtsrat ab, allerdings nicht mit einem angemessenen Selbstbehalt, wie die Empfehlung des Kodex dies vorsieht.
- individualisierte Angaben zur Vergütung der Vorstandsmitglieder im Konzernabschluss.

6.2 Der Deutsche Corporate Governance Kodex

Tabelle 6.1 Entsprechensgrad der DAX 30 Unternehmen mit Kodexbereichen (Lattemann, 2005).

Aktiengesellschaft	Aktionäre und Hauptversammlung	Zusammenwirken Aufsichtsrat/Vorstand	Vorstand	Aufsichtsrat	Transparenz	Rechnungslegung & Abschlussprüfung	Gesamt
Adidas-Salomon	94,44%	87,50%	72,73%	54,10%	66,67%	86,67%	**69,81%**
Allianz	88,89%	100,00%	86,36%	73,77%	81,48%	100,00%	**83,65%**
Altana	88,89%	87,50%	90,91%	72,13%	70,37%	100,00%	**80,50%**
BASF	77,78%	62,50%	77,27%	60,66%	74,07%	86,67%	**69,81%**
Bay. Hypo- & Vereinsbank	88,89%	87,50%	72,73%	75,41%	77,78%	86,67%	**79,25%**
Bayer	77,78%	56,25%	77,27%	62,30%	77,78%	100,00%	**71,70%**
BMW	77,78%	68,75%	72,73%	57,38%	74,07%	86,67%	**68,55%**
Commerzbank	77,78%	100,00%	77,27%	68,85%	77,78%	86,67%	**77,36%**
Continental	77,78%	87,50%	81,82%	65,57%	74,07%	86,67%	**74,84%**
Daimler Chrysler	83,33%	87,50%	77,27%	70,49%	77,78%	86,67%	**77,36%**
Deutsche Bank	77,78%	93,75%	86,36%	81,97%	81,48%	86,67%	**83,65%**
Deutsche Börse	88,89%	93,75%	86,36%	70,49%	70,37%	86,67%	**78,62%**
Deutsche Lufthansa	77,78%	87,50%	77,27%	59,02%	81,48%	86,67%	**72,96%**
Deutsche Post	83,33%	100,00%	81,82%	67,21%	77,78%	86,67%	**77,99%**
Deutsche Telekom	94,44%	68,75%	86,36%	65,57%	74,07%	86,67%	**75,47%**
E.ON	77,78%	68,75%	81,82%	67,21%	77,78%	86,67%	**74,21%**
Fresenius Medical Care	77,78%	81,25%	77,27%	63,93%	74,07%	86,67%	**72,96%**
Henkel KGaA	88,89%	93,75%	77,27%	68,85%	70,37%	86,67%	**76,73%**
Infineon	88,89%	75,00%	81,82%	67,21%	77,78%	86,67%	**76,10%**
Linde	83,33%	93,75%	81,82%	63,93%	77,78%	86,67%	**76,10%**
MAN	77,78%	93,75%	77,27%	62,30%	74,07%	86,67%	**73,58%**
METRO	83,33%	87,50%	81,82%	59,02%	74,07%	86,67%	**72,96%**
Münchener Rück	88,89%	68,75%	77,27%	60,66%	70,37%	86,67%	**71,07%**
RWE	88,89%	100,00%	90,91%	67,21%	77,78%	86,67%	**79,87%**
SAP	88,89%	68,75%	86,36%	60,66%	77,78%	86,67%	**73,58%**
Schering	77,78%	100,00%	86,36%	70,49%	77,78%	86,67%	**79,25%**
Siemens	77,78%	81,25%	86,36%	75,41%	81,48%	86,67%	**79,87%**

Thyssen Krupp	88,89%	100,00%	86,36%	75,41%	81,48%	86,67%	**83,02%**
TUI	83,33%	100,00%	81,82%	65,57%	74,07%	86,67%	**76,73%**
Volkswagen	77,78%	93,75%	77,27%	62,30%	74,07%	86,67%	**73,58%**

Immerhin entsprechen zwölf Gesellschaften allen Empfehlungen des Deutschen Corporate Governance Kodex. Somit eignet sich dieser auch zur Bewertung von Unternehmen, teilweise im internationalen Vergleich. Es ist erkennbar, dass sich die Unternehmen zunehmend mehr an den Corporate Governance Kodex richten und entsprechend ihre Governance anpassen.

Die Mehrzahl empirischer Studien zur Bewertung der Corporate Governance basiert auf länderspezifischen Kriterien. Auf Firmenebene sind solche Vergleiche nur vereinzelt zu finden (Bassen et al., 2005, Drobetz et al., 2004). Für global agierende Unternehmen sind, wie beschrieben, international anerkannte Standards guter und verantwortungsvoller Unternehmensleitung jedoch ebenso maßgeblich wie nationale Regelungen und Gesetze, da sich diese Unternehmen an internationalen Kapitalmärkten refinanzieren. Lattemann (2005) stellt in einer Untersuchung Ergebnisse einer Analyse der Corporate Governance deutscher Großunternehmen dar, deren Bewertung gleichermaßen auf Regelungen des Deutschen Corporate Governance Kodex wie auf internationalen Best-Practices in der Corporate Governance beruhen. Für die Analyse wurde eine eigene Scorecard entwickelt. Die Scorecard setzt sich zusammen aus internationalen Standards guter und verantwortungsvoller Unternehmensleitung, die in rechtlicher, politischer und ökonomischer Hinsicht in verschiedenen Ländern gleichermaßen anwendbar sind (Auszug in Tabelle 6.2). Eine Bewertung wurde an den deutschen Unternehmen des DAX 30 durchgeführt. Mit der Integration der deutschen Bestimmungen in die Scorecard sind die Ergebnisse anhand vergleichbarer national ausgerichteter Studien validierbar.

Tabelle 6.2 Internationale Best-Practices zur Bewertung der Corporate Governance deutscher Unternehmen.

Adressat	Themenaspekt	Kriterien (nicht im deutschen Corporate Governance Kodex enthalten, aber internationale Best-Practices)	Herkunft (CC: Combined Code; SCGC: Swiss Codex; SOX: Sarbanes-Oxley Act)
Aktionäre und Hauptversammlung			
	Hauptversammlung		
1		Anwesenheit aller Vorstands- und Aufsichtsratsmitglieder	D.2.3 CC
	Einladung zur Hauptversammlung; Stimmrechtsvertreter		
2		Möglichkeit zur persönlichen Ausübung des Stimmrechts bei Abwesenheit durch elektronische Medien	II.C.4; III.A.5 OECD
3		zeitige Mitteilung der Einberufung der Hauptversammlung sowie Versand der Einberufungsunterlagen	III.A.5 OECD; D.2.4 CC; I.4 SCGC
Vorstand			
	Aufgaben und Zuständigkeiten		
4		regelmäßige Weiterbildung der Vorstände	A.5 CC

5		Beglaubigung der Geschäfts- und Quartalsberichte durch den Vorstandsvorsitzenden und den Finanzvorstand	Sec. 302 (a) SOX
6		Entschädigung des Unternehmens durch den Vorstandsvorsitzenden und den Finanzvorstand bei fehlerhafter Finanzberichterstattung	Sec. 304 (a) SOX
7		Benennung einer für Aktionärsbeziehungen zuständigen Stelle	I.8 SCGC
	Interessenkonflikte		
8		Wahrnehmung max. eines Aufsichtsratsmandats sowie keines Aufsichtsratsvorsitzes bei einem anderen Unternehmen	A.4.5. CC (Combined Code)
Aufsichtsrat (AR)			
	Aufgaben und Zuständigkeiten		
9		Unterstützung der Meldung unethischer oder gesetzeswidriger Verhaltensweisen durch die Unternehmensmitarbeiter	IV.E, VI.D.6 OECD; C.3.4 CC; Sec. 301 (m) (4) (B) SOX
10		Erstellung eines unternehmensinternen Verhaltenskodex	VI.D.6 OECD
11		Einrichtung interner Programme und Verfahren zur Förderung der Einhaltung geltender Gesetze und Regelungen	VI.D.7 OECD
12		regelmäßige Weiterbildung	A.5 CC; II.b.13 SCGC
13		Unabhängige Beratung des AR auf Unternehmenskosten	A.5.2 CC
14		Einführung neuer Mitglieder	II.b.13 SCGC
15		Prüfung der Notwendigkeit besonderer Maßnahmen bezüglich des Wertpapierhandels in kritischen Zeitspannen	II.d.17 SCGC
	Aufgaben und Befugnisse des Aufsichtsratsvorsitzenden		
16		Wahrnehmung keines Aufsichtsratsvorsitzes bei einer anderen großen Gesellschaft	A.4.3. CC
	Bildung von Ausschüssen		
17		Bestehen des Prüfungsausschusses aus nur unabhängigen Mitgliedern	C.3.1 CC; Sec. 301 (m) (3) SOX; II.g.23 SCGC
18		angemessene Verteilung der einzelnen Ausschussmandate	A.3 CC
19		Teilnahme nur von Ausschussmitgliedern sowie geladenen Personen an Ausschusssitzungen	A.3 CC
20		Vorhandensein von Fachkenntnissen bei der Mehrzahl der Mitglieder des Prüfungsausschusses	II.g.25 SCGC
	Zusammensetzung und Vergütung		
21		Stattfinden regelmäßiger, mind. vier jährlicher Sitzungen	II.c.14 SCGC
22		sorgfältige Prüfung der Unabhängigkeit bei kreuzweiser Einsichtnahme in Aufsichtsräten	II.g.22 SCGC
	Effizienzprüfung		
23		regelmäßige Effizienzprüfung der einzelnen Aufsichtsratsmitglieder	A.6 CC
24		regelmäßige Effizienzprüfung der Aufsichtsratsausschüsse	A.6 CC
25		regelmäßige Effizienzprüfung des Vorstands sowie der einzelnen Vorstandsmitglieder	A.6 CC

		Transparenz	
26		Offenlegung detaillierter Informationen über die Vorstandsmitglieder	V.A.4 OECD; 4.1 RL SCGC
27		Offenlegung detaillierter Informationen über die AR-Mitglieder	V.A.4 OECD; 4.1 RL SCGC
28		Veröffentlichung detaillierter Informationen über die Funktionsweise von Vorstand und Aufsichtsrat	A.6.1 CC
29		Veröffentlichung detaillierter Informationen über die Evaluierung von Vorstand und Aufsichtsrat	A.6.1 CC
30		Veröffentlichung detaillierter Informationen über die Zusammensetzung und Arbeitsweise der Aufsichtsratsausschüsse	VI.E.2 OECD; A.4.1, B.2.1, C.3.3 CC
31		Veröffentlichung der Anzahl der Aufsichtsrats- und Ausschusssitzungen	A.1.2 CC
32		Veröffentlichung der individuellen Teilnahme der Mitglieder an den Aufsichtsrats- und Ausschusssitzungen	A.1.2 CC
33		Offenlegung der unabhängigen Aufsichtsratsmitglieder	A.3.1 CC; 3.2 RL SCGC
34		Offenlegung der anderen externen Verpflichtungen des Aufsichtsratsvorsitzenden	A.4.3 CC
35		Darlegung des internen Kontrollsystems im Geschäftsbericht	Sec. 404 (a) SOX
36		zügige Veröffentlichung des Protokolls zur Hauptversammlung	I.6 SCGC
37		Offenlegung der anderen externen Tätigkeiten der Vorstands- und Aufsichtsratsmitglieder	4.2, 3.2 RL SCGC
38		Offenlegung der Kontrollinstrumente des Aufsichtsrats gegenüber dem Vorstand	3.7 RL SCGC
Rechnungslegung und Abschlussprüfung			
39		Beifügung einer Stellungnahme zu der Art und Weise der Erstellung und Präsentation des Jahresabschlusses an den Prüfungsvermerk	V.C OECD
40		Vorschrift einer Pflichtrotation für Abschlussprüfer	V.C OECD; Sec. 203 (j) SOX
41		Einstellung eines ehemaligen Abschlussprüfers erst nach einer definierten Frist	V.C OECD

Die Umsetzung aller in die Analyse aufgenommenen Regelungen inklusive der Einbeziehung internationaler Kriterien ist mit einem durchschnittlichen Entsprechensgrad von 76% durchaus hoch einzuschätzen. Die Ergebnisse für die Einhaltung der deutschen Bestimmungen decken sich mit Ergebnissen ähnlicher Studien (Bassen et al., 2005).

In der Adaption internationaler Best-Practices in der Führung deutscher Unternehmen besteht jedoch mit durchschnittlich knapp 36% Nachholbedarf. Es scheint sehr wahrscheinlich, dass die Unternehmen einige der internationalen Kriterien befolgen, dies aber nicht offen legen. Zusammenhänge zwischen Branchenzugehörigkeiten und Entsprechensgrad mit internationalen Best-Practice-Regelungen sind nicht erkennbar. Wohl aber ist ein leichter Zusammenhang zwischen der Anzahl der Listings an verschiedenen ausländischen Börsen und der Übernahme internationaler Standards erkennbar (Lattemann, 2007a).

6.2 Der Deutsche Corporate Governance Kodex

Die geringste Normenakzeptanz bei deutschen Unternehmen ist in den Bereichen Aufsichtsrat sowie Transparenz festzustellen. Hierdurch lässt sich zukünftiger Regelungsbedarf identifizieren.

Unter den internationalen Standards sind einige Regelungen zu finden, die von der Mehrzahl der deutschen DAX 30 Unternehmen nicht umgesetzt werden. Solche Normen werden in der Literatur, vor allem im Kontext der länderspezifischen Analysen, als „kritisch" bezeichnet (Bassen et al., 2005). Hier werden diejenigen Normen als kritisch identifiziert, welche von mehr als einem Drittel der Unternehmen abgelehnt bzw. nicht umgesetzt werden. Von den 41 untersuchten internationalen Best-Practices kann somit im Sinne der Umsetzung der deutschen Unternehmen 29 Regeln als „kritisch" angesehen werden (siehe Tabelle 6.3).

Die Ergebnisse der Analyse zeigen, aufgeschlüsselt nach Governance-Mechanismen und Herkunft der Governance-Regelungen, Schwachstellen in der Adaption der Regelungen durch die untersuchten deutschen Unternehmen auf. Hiermit wird dargestellt, dass auch nach der Einführung des deutschen Corporate Governance Kodex im internationalen Vergleich deutsche Unternehmen Aufholbedarf haben.

Die Analyse zeigt, dass Corporate Governance-Scorecards für eine Bewertung „guter" Corporate Governance herangezogen werden können. Aufgrund der zunehmenden Bedeutung und der Forderung nach „guter" Corporate Governance seitens der Investoren ist eine Bewertung „guter" Corporate Governance im Rahmen der Unternehmensanalyse für Finanzanalysten und Investoren inzwischen ein wichtiger Bestandteil. Die Deutsche Vereinigung für Finanzanalyse und Asset Management (DVFA) hat aufgrundlage des deutschen Kodex sowie weiterer international gültiger „Best-Practices" eine Scorecard zur Bewertung der Corporate Governance entwickelt (DVFA, 2003). Die Scorecard soll Analysten und potentiellen Investoren als praxisgerechtes Analysewerkzeug zur Beurteilung der Corporate Governance von Unternehmen dienen. Zudem ist die Scorecard auch zur Selbstevaluation der Unternehmen vorgesehen.

Tabelle 6.3 Internationale „kritische" Standards.

Kritische Regeln (Entsprechensgrad unter 66,7%)	Entsprechensgrad
Hauptversammlung	
Möglichkeit zur persönlichen Ausübung des Stimmrechts bei Abwesenheit durch elektronische Medien	10,0%
Vorstand	
regelmäßige Weiterbildung der Vorstände	0,0%
Beglaubigung der Geschäfts- und Quartalsberichte durch den Vorstandsvorsitzenden und den Finanzvorstand	40,0%
Entschädigung des Unternehmens durch den Vorstandsvorsitzenden und den Finanzvorstand bei fehlerhafter Finanzberichterstattung	0,0%
Wahrnehmung max. eines Aufsichtsratsmandats sowie keines Aufsichtsratsvorsitzes bei einem anderen Unternehmen	20,0%

Aufsichtsrat (AR)	
Unterstützung der Meldung unethischer oder gesetzeswidriger Verhaltensweisen durch die Unternehmensmitarbeiter	36,7%
Erstellung eines unternehmensinternen Verhaltenskodex	60,0%
Einrichtung interner Programme und Verfahren zur Förderung der Einhaltung geltender Gesetze und Regelungen	56,7%
regelmäßige Weiterbildung der AR-Mitglieder	0,0%
Finanzierung unabhängiger Beratung der AR durch Unternehmen	0,0%
Einführung neuer Mitglieder	0,0%
Prüfung der Notwendigkeit besonderer Maßnahmen bezüglich des Wertpapierhandels in kritischen Zeitspannen	0,0%
Wahrnehmung keines AR-Vorsitzes bei einer anderen großen Gesellschaft	60,0%
Bestehen des Prüfungsausschusses aus nur unabhängigen Mitgliedern	13,3%
angemessene Verteilung der einzelnen Ausschussmandate	50,0%
Teilnahme nur von Ausschussmitgliedern sowie geladenen Personen an Ausschusssitzungen	3,3%
Vorhandensein von Fachkenntnissen bei der Mehrzahl der Mitglieder des Prüfungsausschusses	6,7%
sorgfältige Prüfung der Unabhängigkeit bei kreuzweiser Einsichtnahme in Aufsichtsräten	6,7%
regelmäßige Effizienzprüfung der einzelnen Aufsichtsratsmitglieder	0,0%
regelmäßige Effizienzprüfung der Aufsichtsratsausschüsse	10,0%
regelmäßige Effizienzprüfung des Vorstands sowie der einzelnen Vorstandsmitglieder	0,0%
Transparenz	
Offenlegung detaillierter Informationen über die Aufsichtsratsmitglieder	6,7%
Veröffentlichung detaillierter Informationen über die Evaluierung von Vorstand und Aufsichtsrat	0,0%
Veröffentlichung der individuellen Teilnahme der Mitglieder an den Aufsichtsrats- und Ausschusssitzungen	0,0%
Offenlegung der unabhängigen Aufsichtsratsmitglieder	0,0%
zügige Veröffentlichung des Protokolls zur Hauptversammlung	0,0%
Offenlegung der Kontrollinstrumente des Aufsichtsrats gegenüber dem Vorstand	40,0%
Rechnungslegung und Abschlussprüfung	
Vorschrift einer Pflichtrotation für Abschlussprüfer	10,0%
Einstellung eines ehemaligen Abschlussprüfers erst nach einer definierten Frist	10,0%

6.3 Bedeutung der modernisierten 8. EU-Richtlinie in Deutschland

Mit der Verabschiedung der modernisierten 8. EU-Richtlinie am 17.05.2006 wurden, als Reaktion auf die zahlreichen weltweiten Bilanzskandale, sämtliche EU-Mitgliedstaaten verpflichtet, vorgegebene Regelungen zur effizienteren Gestaltung einer verantwortungsvollen Unternehmensführung bis zum Juni 2008 in nationales Recht umzusetzen. Auf der Suche nach den Ursachen für die folgenschweren Bilanzfälschungen, wie sie unter anderem bei Konzernen wie Holzmann, Enron, Parmalat und WorldCom in den Jahren ab 2001 aufgedeckt wurden, richtete sich der Fokus insbesondere auf die Schwachstellen der Überwachungstätigkeit der Abschlussprüfer als Teil des Corporate-Governance-Systems. Neben dem Ziel einer Verbesserung der Strukturen in den einzelnen Ländern, wird mit der Richtlinie eine EU-weite Harmonisierung bedeutsamer Aspekte des Ordnungsrahmens der Corporate Governance zur Verringerung des Risikos weiterer Bilanzfälschungen und damit zur Stärkung des Vertrauens der Anleger angestrebt.

Bezüglich des Harmonisierungsbestrebens zeigen sich, trotz des noch anhaltenden Transformationsprozesses in den bisherigen Gesetzesanpassungen, bereits zahlreiche Umsetzungsschwierigkeiten sowie eine Notwendigkeit nationaler Abweichungen in einigen Bereichen, die auf diverse, zum Teil kulturell bedingte Besonderheiten in den bestehenden Corporate-Governance-Systemen und unterschiedlichen rechtlichen Ausgangssituationen der Länder zurückzuführen sind.

6.3.1 Einfluss des SOX auf die Entwicklung der modernisierten 8. EU Richtlinie

Als Vorreiter der Reaktionen auf die geschilderten Bilanzskandale reagierten die USA im Juli 2002 mit der Verabschiedung des Sarbanes-Oxley Acts (SOX) mit tiefgreifenden Veränderungen, insbesondere für den Berufsstand der Abschlussprüfer (Ballwieser/Dobler, 2003). Unter dem Einfluss der USA wurde in Europa neben zahlreichen nationalen Reformen zur Stärkung einzelner Teilbereiche der Corporate Governance die modernisierte 8. EU-Richtlinie verabschiedet.

Die internationalen Skandale sowie die komplexen Verflechtungen vieler weltweit operierender Konzerne haben deutlich gemacht, dass die Notwendigkeit besteht, länderübergreifend einheitliche Regelungen und effizientere Überwachungsmechanismen zu etablieren. Dabei geht es nicht um einen Abbau von Komplexität, sondern vielmehr darum, diese durch Manager und Abschlussprüfer zu durchdringen und transparent zu machen (Ballwieser/Dobler, 2003).

Nach dem folgenschweren Zusammenbruch von Enron handelten die Regierung und der Kongress in den USA mit großer Schnelligkeit und Entschlossenheit (Engelen, 2004). Mit dem Ziel das Vertrauen der Kapitalmarktteilnehmer wiederzuerlangen, verabschiedeten sie im Juli 2002 den Sarbanes-Oxley Act, der tiefgreifende Umgestaltungsmaßnahmen für Kapitalgesellschaften sowie für deren Wirtschaftsprüfer vorsah (PwC, 2005). Die für die Unternehmen bedeutenden Veränderungen sind die Etablierung eines Audit Committees mit gesetzlich vorgeschriebenem Aufbau sowie Kompetenzen und die Verschärfung der Verantwortlichkeit und des Haftungsrisikos der CEO und CFO für die Rechnungslegung. Weiterhin verfolgte das Gesetz umfangreichere Offenlegungspflichten des Managements insbesondere in Bezug auf die Einschätzung des internen Kontrollsystems sowie die Verpflichtung zur Etablierung eines Beschwerdemanagements (PwC, 2005). Doch vor allem für den Berufsstand der Wirtschaftsprüfer, der im Zuge der Diskussion um die Schwachstellen, die die Bilanzdelikte ermöglichten, stärker in den Mittelpunkt der Debatte geriet, hatte der Sarbanes-Oxley Act weitreichende Folgen (Schmidt, 2005). Zur Stärkung der Unabhängigkeit der Abschlussprüfer wurden zahlreiche Maßnahmen, wie unter anderem ein Verbot bestimmter

Nichtprüfungsleistungen und eine interne Rotation der hauptverantwortlichen Prüfer, eingeführt. Darüber hinaus wurde die Organisation der Prüferaufsicht insofern neu geregelt, als dass ein unabhängiges Aufsichtsorgan, das Public Company Accounting Oversight Board (PCAOB), die Überwachung aller Abschlussprüfer von inländischen sowie auch ausländischen, an der US-Börse gelisteten Kapitalgesellschaften oder deren Tochter- und Enkelunternehmen von diesem Zeitpunkt an übernehmen sollte (PWC, 2005). Dieser grenzüberschreitende Geltungsbereich und die daraus resultierenden exterritorialen Konsequenzen stießen in Europa auf starke Kritik (Engelen, 2004). Neben hohen administrativen und finanziellen Belastungen für die Prüfungsgesellschaften in der EU durch die Doppelaufsicht und vielfachen Inkompatibilitäten der Bestimmungen mit nationalem bzw. EU-Recht, wie z.B. in Bezug auf die Datenschutzvorschriften in Deutschland, fürchtete die EU eine zu starke weltweite Einflussnahme der USA (Engelen, 2004). Auf ihre Forderungen zur Einräumung von Ausnahmeregelungen für die EU und eine wechselseitige Akzeptanz der unterschiedlichen Aufsichtssysteme sind die USA im Laufe der vergangene Jahre eingegangen. Unter dem Druck der USA sowie durch die steigenden Forderungen der Aktionäre in Europa nach einem schnellen Handeln zur Verhinderung weiterer Bilanzfälschungen und Unternehmenszusammenbrüche wurde in Brüssel der Entwurf für eine modernisierte 8. Gesellschaftsrechtrichtlinie entwickelt (Engelen, 2004). Diese sollte sich den Zielen der USA anpassen und den Standards in Bezug auf die Corporate Governance sowie der Abschlussprüferaufsicht entsprechen, um eine reziproke Akzeptanz der Aufsichtssysteme zu gewährleisten und den Forderungen der Öffentlichkeit nach Reformen in diesen Bereichen entgegenzukommen (Engelen, 2004).

Trotz der Umstände (Druck vom Kapitalmarkt etc.), unter denen die Richtlinie entwickelt wurde, maßen viele Kritiker den Fernwirkungen des verschärften Kapitalmarktgesetzes der USA eine bedeutende Rolle als Reformhebel für eine Verbesserung zahlreicher Aspekte der Corporate Governance in Europa bei. Aus deren Sicht schaffen diese die notwendige Grundlage für die Gestaltung eines funktionsfähigen Systems zur Überwachung international operierender Unternehmen und damit für die Attraktivität der europäischen Kapitalmärkte im internationalen Wettbewerb um die Anleger (Engelen, 2004).

6.3.2 Gliederung der Regelungen und Rechtsverbindlichkeit der 8. EU Richtlinie

Bei der Betrachtung der Corporate Governance lassen sich drei Problembereiche feststellen: die Unternehmensleitung, die Unternehmensüberwachung sowie die Transparenz. Die Regelungen der 8. EU-Richtlinie (Richtlinie 2006/43/EG) beabsichtigen inhaltlich dabei in erster Linie die Stärkung der Funktionen des Aufsichtsrates, des Abschlussprüfers sowie deren Zusammenarbeit und ebenso, durch eine Einführung von zusätzlichen Offenlegungspflichten, die Verbesserung der Transparenz im Interesse der Stakeholder der Kapitalgesellschaften. Eine direkte Einflussnahme auf den Vorstand und die Aktionäre findet im Rahmen der Vorschriften der Richtlinie nicht statt.

Die modernisierte 8. EU-Richtlinie, die wegen ihres starken Bezugs zur Abschlussprüfung auch Abschlussprüferrichtlinie bzw. Prüferbefähigungsrichtlinie genannt wird, ersetzt die bisherige 8.Gesellschaftsrechtliche EU-Richtlinie von 1984 (Pingel, 2007; Schauerte, 2007; Lanfermann, 2005). In zwölf Kapiteln unterteilt, regelt sie sämtliche Bereiche der Abschlussprüfung sowie prüfungsrelevante Aspekte der Corporate Governance auf gesamteuropäischer Ebene und enthält zudem Bestimmungen zur Kooperation von nationalen Berufsaufsichten und deren Zusammenarbeit mit den Berufsaufsichten in Drittstaaten (Lanfermann, 2005).

Im ersten Kapitel werden zunächst die Prüfungen von sämtlichen nach dem Gemeinschaftsrecht vorgeschriebenen Jahres- bzw. Konzernabschlüssen als Gegenstand der Richtlinie festgelegt sowie bestimmte unscharfe Begriffe näher erläutert. Die Regelungen zur Zulassung, Fortbildung, gegenseitiger Anerkennung sowie Registrierung von Abschlussprüfern werden im zweiten und dritten Kapitel behandelt. Im Rahmen der Vorschriften zu den Berufsgrundsätzen wird im vierten Abschnitt vordergründig die Unabhängigkeit und damit einhergehend die Ausübung von Nicht-Prüfungsleistungen geregelt. Weitere für alle Prüfungen geltende Vorschriften umfassen die Einführung internationaler Prüfungsstandards im fünften Kapitel sowie die Qualitätssicherung, Untersuchungen und Sanktionen, die öffentliche Berufsaufsicht und die Haftung von Abschlussprüfern im sechsten bis achten Kapitel, die stark durch den Anpassungsdruck an den Sarbanes-Oxley-Act geprägt sind. Des Weiteren werden die Bestellung und Abberufung der Wirtschaftsprüfer neu geregelt. Darüber hinaus enthält die Richtlinie besondere Bestimmungen, die ausschließlich für die Prüfungen von Unternehmen des öffentlichen Interesses gelten. Zu diesen zählen sämtliche Unternehmen, deren Wertpapiere an einem Kapitalmarkt gelistet sind, sowie Banken, Versicherungen und weitere Unternehmen, die aufgrund der Art des Geschäfts, der Größe und der Arbeitnehmeranzahl von erheblicher öffentlicher Bedeutung sind (Pingel, 2007). Im zehnten Kapitel werden für diese Prüfungen unter anderem ein verkürzter Turnus der Qualitätskontrollzyklen und die Veröffentlichung eines Transparenzberichtes vorgesehen. Neben den Prüfern als Adressat bezieht die Richtlinie in diesem Abschnitt auch die Unternehmen mit ein, indem sie für diese, angelehnt an den Sarbanes-Oxley Act, die Einrichtung eines Prüfungsausschusses und die verbindliche Kommunikation mit dem Abschlussprüfer inklusive der Einholung einer Unabhängigkeitserklärung vorschreibt. Darüber hinaus werden die interne Rotation und die Cooling Off Period hier geregelt. Weitere Bestimmungen umfassen internationale Aspekte, also die Zusammenarbeit mit Drittländern, sowie die Übergangsbestimmungen, die abschließend im zwölften Kapitel genannt werden.

Tabelle 6.4 Einflussnahme der modernisierten 8. EU-Richtlinie auf Problemfelder der Corporate Governance.

Problemfelder der Corporate Governance	Regelungsbereiche der 8. EU-Richtlinie
Unternehmensüberwachung	
Aktionäre und Hauptversammlung	
Aufsichtsrat	- Einrichtung eines Prüfungsausschusses

Abschlussprüfer	- Zulassung und Fortbildung
	- Berufsgrundsätze (Unabhängigkeit)
	- Qualitätssicherung
	- Öffentliche Aufsicht
	- Untersuchungen und Sanktionen
	- Haftung
	- Leitung von Prüfungsgesellschaften
	- Verantwortung für Konzernabschluss
Zusammenarbeit der Überwachungsorgane	- Bestellung und Abberufung des Prüfers
	- Kommunikation des Abschlussprüfers mit dem Prüfungsausschuss
	- Unabhängigkeitserklärung des Prüfers
	- Interne Rotation und Cooling Off Periode
Transparenz	
Transparenz und Offenlegung	- Registrierung der Prüfungsgesellschaften
	- Veröffentlichung eines Transparenzberichtes
	- Internationale Prüfungsstandards
	- Angabe über Honorar an den Abschlussprüfer

Die in der Abschlussprüferrichtlinie enthaltenen Regelungen stellen lediglich Mindestanforderungen an Unternehmen in den EU-Mitgliedstaaten dar. Die EU-Mitgliedsstaaten mussten die Regelungen innerhalb von 24 Monaten, bis 2008, in nationales Gesetz umsetzten. Für einzelne Teilgebiete wurde diese Frist verlängert. Trotz des großen Einflusses des US-Gesetzes auf zahlreiche Bereiche der Richtlinie enthält sie insgesamt vergleichsweise weniger „scharfe" Vorschriften (Engelen, 2004).

Im Folgenden werden nun die speziellen Auswirkungen der einzelnen Regelungen auf die berücksichtigten Problemfelder der Corporate Governance näher betrachtet (siehe Tabelle 6.5) und deren Ausmaß jeweils anschließend mit Bezugnahme auf Deutschland kritisch gewürdigt.

6.3.3 Auswirkungen der 8. EU Richtlinie auf Unternehmensorgane in Deutschland

Von besonderer Bedeutung für die Struktur der Corporate Governance ist die mit der Verabschiedung der modernisierten 8. EU-Richtlinie eingeführte Verpflichtung für den Aufsichtsrat von Unternehmen des öffentlichen Interesses einen Prüfungsausschuss einzurichten. Dieser muss aus mindestens einem unabhängigen Mitglied, welches über Sachverstand in der Rechnungslegung oder Abschlussprüfung verfügt, bestehen und dient als spezialisiertes Gremium vorrangig der unabhängigen und kompetenten Überwachung des Finanzberichterstattungsprozesses, der Wirksamkeit des internen Kontrollsystems und des Risikomanagementsystems. Ferner ist der Ausschuss für die Beaufsichtigung der Unabhängigkeit des Abschlussprüfers zuständig (Pingel, 2007). Dabei bleiben die Verantwortlichkeiten der Geschäftsführung sowie des Aufsichtsrats in Bezug auf die genannten Bereiche unberührt (Lanfermann, 2005). Der Ursprung des Prüfungsausschusses liegt in der Gewährleistung der Unabhängigkeit für Unternehmen mit monistischer Leitungs- und Überwachungsstruktur. Inzwischen zeigen sich jedoch auch bei Unternehmen, die sich durch eine personelle und institutionelle Trennung der Leitung und Überwachung auszeichnen, diverse Vorteile durch die Einrichtung eines solchen Ausschusses (AKEIÜ, 2007, S. 2129). Dies ist vor allem darauf zurückzuführen, dass dieser den Aufsichtsrat entlasten und spezifische Themen besonders in Bezug auf die Abschlussprüfung sachgerecht behandeln kann (AKEIÜ, 2007). Damit stärkt der Prüfungsausschuss die Effizienz und Effektivität der Arbeit des Aufsichtsrates, verbessert die Zusammenarbeit mit dem Abschlussprüfer und kann das insbesondere beim Trennungsmodell auftretende starke Informationsgefälle zwischen den verschiedenen Organen als integratives Element verringern (AKEIÜ, 2007; Breuer, 2003; Mößle, 2003).

In Deutschland ist die Einrichtung eines Prüfungsausschusses bisher nicht gesetzlich vorgeschrieben, sondern er wird lediglich durch den Deutschen Corporate Governance Kodex in Form einer Soll-Vorschrift empfohlen. Nach einer im Jahr 2007 veröffentlichten Erhebung hatten rund zwei Drittel der kapitalmarktorientierten Unternehmen in Deutschland einen Prüfungsausschuss eingerichtet (AKEIÜ, 2007). Bei der Umsetzung der Vorgabe wird der deutsche Gesetzgeber voraussichtlich von dem eingeräumten Wahlrecht, bestimmte Unternehmen von der Einrichtungspflicht zu entbinden, Gebrauch machen. So sieht der derzeitige Referentenentwurf des für das 2008 geplanten Bilanzrechtsmodernisierungsgesetzes (BilMoG) eine Befreiung für Unternehmen vor, bei denen die Funktionen des Ausschusses durch den Aufsichtsrat ausgeübt werden.

Auch in Bezug auf die Zusammenarbeit des Prüfungsausschusses mit dem Abschlussprüfer im Corporate-Governance-System wurden mit dem Ziel der Gewährleistung einer effektiven Kontrolle sowie der Unabhängigkeit des Abschlussprüfers vom geprüften Unternehmen durch die 8. EU-Richtlinie verstärkte Regelungen eingeführt. So muss der Prüfer von Unternehmen des öffentlichen Interesses dem Prüfungsausschuss wichtige, im Rahmen der Prüfung gewonnene Erkenntnisse und festgestellte Risiken insbesondere im Hinblick auf mögliche Schwachstellen in der internen Kontrolle des Rechnungslegungsprozesses berichten (Pingel, 2007). Damit soll vor allem die Funktion des Abschlussprüfers als Unterstützer des Aufsichtsrates gefördert und eine kompetentere und effizientere Beschäftigung mit den Prüfungsergebnissen durch das Unternehmen ermöglicht werden. Weiterhin muss der Prüfer durch die Bestimmungen der Richtlinie eine jährliche schriftliche Unabhängigkeitserklärung, die eine Auflistung erfolgter sowie zukünftiger Nicht-Prüfungsleistungen insbesondere im Hinblick auf den Beratungssektor beinhaltet, an den Prüfungsausschuss abgeben (Pingel, 2007; AKEIÜ, 2007). Der Hintergrund für diese Regelung ist eine Verhinderung der Gefährdung der Unabhängigkeit des Prüfers bei der gesetzlichen Abschlussprüfung sowie eine Vermeidung der Selbstprüfung, die durch die gleichzeitige Durchführung von Beratungsleistungen im geprüften Unternehmen auftreten kann. Ebenfalls zur Stärkung der Unabhängigkeit der externen Überwachung festgelegte Reglementierungen der Abschlussprüferrichtlinie befassen sich mit der Bestellung und Abberufung des Prüfers. Die Richtlinie sieht eine Bestellung dieses durch die Gesellschafter- bzw. Hauptversammlung vor, wodurch die Einflussnahme der Aktionäre im Rahmen der Corporate Governance gestärkt und eine die Unabhängigkeit gefährdende Beteiligung der Geschäftsführung verhindert werden soll (Pingel, 2007). Im Falle einer Abberufung muss die zuständige Berufsaufsicht informiert werden (Lanfermann, 2005).

Sowohl die verstärkte Kommunikation der beiden Organe als auch die Abgabe einer Unabhängigkeitserklärung durch den externen Prüfer werden in Deutschland bereits seit der Einführung des Deutschen Corporate Governance Kodex im Jahr 2002 empfohlen und haben sich inzwischen in der Praxis als Standard etabliert. Die Bestimmungen zur Bestellung und Abberufung finden sich im §318 I HGB. Ferner wurde durch das Abschlussprüferaufsichtsgesetz (APAG) von 2004 die Wirtschaftsprüferkammer als zuständige Stelle für Meldungen von Abberufungen eingeführt, sodass die Prüfer in Deutschland diesbezüglich ebenfalls mit keiner Veränderung konfrontiert werden.

Zur zusätzlichen Stärkung der Unabhängigkeit des Abschlussprüfers enthält die Richtlinie für Prüfer von Unternehmen des öffentlichen Interesses Regelungen, die eine gesetzliche Einführung einer internen Rotation des verantwortlichen Prüfungspartners nach spätestens sieben Jahren sowie eine Cooling-off Periode von zwei Jahren für Abschlussprüfer, die in eine verantwortungsvolle Führungsposition des geprüften Unternehmens wechseln wollen, vorsehen (Tiedje, 2006; Pingel, 2007). Eine darüber hinaus gehende externe Rotation, d.h. ein zeitlich festgelegter Wechsel der gesamten Prüfungsgesellschaft, wurde im Vorfeld stark diskutiert, doch aufgrund von möglichen Wirtschaftlichkeits- und Qualitätsgesichtspunkten nicht in die Richtlinie übernommen (IDW, 2001). Da diese aber lediglich eine Mindestharmonisierung der Gesetze der EU-Mitgliedstaaten vorsieht, ist es den Ländern möglich, auch eine externe Rotation im jeweiligen Land einzuführen (Tiedje, 2006). Die Regelungen verfolgen in erster Linie die Absicht, der Gefahr einer möglichen „Betriebsblindheit", die durch ein langjähriges Prüfungsverhältnis und einer daraus resultierenden unangemessenen Vertrautheit mit dem geprüften Unternehmen entstehen kann, vorzubeugen (Tiedje, 2006; IDW, 2001). Dadurch wird sowohl die Prüfungsqualität als auch die wahrgenommene Unabhängigkeit gestärkt und dem durch die Skandale verursachten Vertrauensverlust der Öffentlichkeit entgegengewirkt (Ballwieser/Dobler, 2003).

Die grundsätzliche Idee der internen Rotation ist in Deutschland bereits im §319a I S.1 Nr.4 HGB gesetzlich angelegt. Im Gegensatz dazu muss die Regelung zur Cooling off Periode noch gesetzlich transformiert werden. Somit bewirkt letztere auch in Deutschland eine weitergehende Berücksichtigung der Unabhängigkeit der Abschlussprüfer und damit eine Stärkung seiner Funktionen im Hinblick auf die Corporate Governance.

Keinen unmittelbaren Einfluss auf die Zusammenarbeit der Organe im Sinne der Corporate Governance, aber einen mittelbaren Einfluss auf diese durch eine Verbesserung der Qualifizierung der Prüfer, stellen die Regelungen hinsichtlich der Zulassung und Fortbildung von Abschlussprüfern sowie deren Berufsgrundsätzen dar. Nach der modernisierten 8. EU-Richtlinie muss bei der Zulassung festgestellt werden, ob die Prüfer die erforderliche berufliche Eignung besitzen und ob die Prüfungsgesellschaften die notwendigen Voraussetzungen im Hinblick auf die Eigentümer- und Leitungsstruktur erfüllen (Tiedje, 2006). Ersteres sieht vor allem eine Ausweitung des Ausbildungskataloges um Kenntnisse internationaler Rechnungslegungs- und Prüfungsgrundsätze vor, um der Forderung nach der Internationalisierung des Berufsstandes nachzukommen (Lanfermann, 2005). Dieses Ziel wird ebenso mit der Liberalisierung des Eigentums an und Managements von Prüfungsgesellschaften durch die Einbeziehung von Berufsangehörigen anderer Mitgliedstaaten im Sinne des „european approval" als Ersatz zum „local approval" verfolgt (Lanfermann, 2004). Eine zusätzliche Stärkung der Qualifizierung und damit der Wirksamkeit der externen Überwachung im Hinblick auf die Corporate Governance soll durch die einzuführende Pflicht für Prüfer, sich kontinuierlich weiterzubilden, erreicht werden (Tiedje, 2006).

Durch die Tatsache, dass unsachgemäße Beratungsleistungen bei zahlreichen Skandalen eine wesentliche Rolle spielten, gab es bei der Festlegung der Regelungen zu den Berufsgrundsätzen im Vorfeld strittige Ansichten über notwendige Maßnahmen. Beeinflusst wurde die Diskussion durch das Verbot von konkreten, die Unabhängigkeit gefährdenden Nicht-Prüfungsleistungen im Sarbanes-Oxley Act und der daraus resultierenden Uneinigkeit über die Übernahme bzw. das Absehen von einer solchen Vorschrift in der Europäischen Union. Trotz des Drucks durch die USA, ebenfalls den regelbasierten Ansatz aufzugreifen, entschied sich die EU-Kommission für einen prinzipienbasierten Ansatz (Tiedje, 2006). Danach liegt es in der Verantwortlichkeit des Prüfers sicherzustellen, dass tatsächlich eine unabhängige Prüfung erbracht wird, wobei er zur Beurteilung über das Bestehen möglicher Unabhängigkeitsgefährdungen von der Betrachtungsweise eines objektiven, sachverständigen Dritten ausgehen muss (Pingel, 2007). Er muss ebenfalls von der Durchführung einer Prüfung absehen, wenn eine die Unabhängigkeit gefährdende Beziehung zwischen dem zu prüfenden Unternehmen und einem Mitglied des Netzwerkes des Prüfers vorliegt (Pingel, 2007).

Während sich zu diversen Berufsgrundsätzen schon seit Jahren konkrete Vorgaben im HGB, im WPO sowie der Berufssatzung der Wirtschaftsprüfer finden lassen, stellt vor allem die Netzwerkklausel eine wesentliche Neuerung für den Berufsstand in Deutschland dar (Pingel, 2007). Kritiker betrachten die Auswirkung dieser Vorschrift sehr zwiespältig, da sie zwar einerseits die Unabhängigkeit strenger überwacht, aber andererseits die Abnahme von wichtigen Netzwerken und Kooperationen zwischen den Prüfern sowie auch eine mögliche Abwendung vom Prüfungsgeschäft und Konzentration auf den Beratungssektor befürchtet wird (Schmidt, 2005). Bezüglich der Regelungen zur Fortbildungspflicht wird der Richtlinie in Deutschland bereits durch §43 II S.4 WPO entsprochen, weshalb diese Vorschrift keine weiteren Auswirkungen auf den Berufsstand haben wird. Im Hinblick auf die Zulassung von Prüfern und Prüfungsgesellschaften wurde in Deutschland mit der Verabschiedung der 7. WPO-Novelle am 14. Juni 2007 die Übernahme des „european approval" grundsätzlich eingeführt, wobei es in Bezug auf die vorgesehene Minderheitsbeteiligung von Nicht-Berufsangehörigen eine Abweichung in der Weise gibt, dass nur solche Personen zugelassen werden, die sogenannte sozietätsfähige Berufe ausüben. Diese Abweichung wird damit begründet, dass die Zulassung von anderen Nicht-Berufsangehörigen die Unabhängigkeit gefährden könne, wobei auch hierüber zwiespältige Meinungen im deutschen Raum vertreten sind.

Die Abschlussprüferrichtlinie sieht weiterhin vor, eine verstärkte externe Qualitätskontrolle der Prüfer, eine öffentliche berufsstandsunabhängige Aufsicht über alle Abschlussprüfer und Prüfungsgesellschaften sowie ausgeweitete diesbezügliche Untersuchungs- und Sanktionsmaßnahmen in den Mitgliedstaaten verbindlich einzuführen. Diese zusätzlichen Mechanismen zur Kontrolle des externen Überwachungsorgans im Corporate-Governance-System verfolgen eine Verringerung möglichen Fehlverhaltens und fehlerhafter Prüfungsergebnisse sowie damit einhergehend eine Stärkung des Vertrauens der Öffentlichkeit in den Berufsstand, wodurch die Abschlussprüfung die ihr zugedachte Rolle zur Überwindung des Prinzipal-Agent-Konfliktes besser erfüllen kann (Schauerte, 2007).

Mit dem Erlass der 6. WPO-Novelle bzw. des Abschlussprüferaufsichtskommission im Jahr 2004 wurde in Deutschland bereits vor der Verabschiedung der 8. EU-Richtlinie die Abschlussprüferaufsichtskommission (APAK) als zur US-amerikanischen Aufsicht äquivalentes System eingerichtet, um eine frühzeitige Einflussnahme durch das PCAOB zu vermeiden (Pingel, 2007). In Bezug auf die externe Qualitätskontrolle sowie auf die Sanktionspflichten wurden die Vorgaben der Richtlinie inzwischen mit der 7. WPO-Novelle bzw. dem BARefG von 2007 weitestgehend umgesetzt (Schauerte, 2007). Die Berufsangehörigen sind fortan mit anlassunabhängigen, stichprobenartigen Sonderuntersuchungen durch die Wirtschaftsprüferkammer (WPK) konfrontiert, wobei dieser darüber hinaus noch zusätzliche Ermittlungszuständigkeiten und -kompetenzen zugesprochen wurden (Schauerte, 2007). Für den deutschen Berufsstand bedeuten diese neuartigen Regelungen neben einer wesentlich strengeren Überwachung ihrer Arbeit auch einen zusätzlichen finanziellen und zeitlichen Aufwand, wobei der Wirtschaftlichkeit bei der Durchführung der Maßnahmen von beiden Seiten eine wichtige Rolle beigemessen wird.

Aufgrund der erheblichen Schäden und der mangelnden Möglichkeit, diese den Verantwortlichen zuzuweisen, geht die 8. EU-Richtlinie auch auf die Haftung von Abschlussprüfern sowie die Übernahme von Verantwortung für den geprüften Konzernabschluss ein. Das beinhaltet eine Gesamtverantwortlichkeit des Konzernprüfers, wodurch diesem auch die Pflicht haben, die Tätigkeiten weiterer beteiligter Prüfer zu überprüfen, was wiederum die Zugangsmöglichkeit zu deren Arbeitspapieren voraussetzt (Tiedje, 2006). Dieser „verantwortliche Prüfungspartner" kann durch einen oder mehrere namentlich genannte Prüfer gebildet werden und übernimmt mit der Unterzeichnung des Bestätigungsvermerks künftig die Beglaubigungsfunktion für die Öffentlichkeit (Pingel, 2007).

Hinsichtlich der Haftung wurden in der Richtlinie zunächst keine in nationales Recht umzusetzenden Regelungen getroffen, da die Auswirkungen verschiedener Haftungsbestimmungen zuvor durch eine in Auftrag gegebene Studie untersucht werden sollten. Diese Studie wurde inzwischen veröffentlicht und macht deutlich, dass eine unbeschränkte Haftung, wie sie in den USA festgelegt ist, aufgrund der häufigen Unfähigkeit der Prüfungsgesellschaften die immensen Höhen für den Schadensersatz zu begleichen, lediglich eine Scheinhaftung darstelle und sogar zu einem übermäßigen Umfang an Insolvenzen der Gesellschaften führen könne (Pingel, 2007). Daher stelle diese keine zusätzliche Sicherheit für die geprüften Unternehmen sowie für die Kapitalgeber dar, wodurch eine gesetzliche Begrenzung der finanziellen Haftung für die Förderung der Stabilität der europäischen Kapitalmärkte vorteilhafter sei (Pingel, 2007). Da eine entsprechende Haftungsbegrenzung im deutschen Gesetz bereits vorliegt, sind auch in diesem Bereich keine weiteren Auswirkungen zu erwarten (Pingel, 2007).

6.3.4 Reglementierungen zur Stärkung der Transparenz

Die modernisierte 8. EU-Richtlinie setzt einen weiteren Schwerpunkt auf die Förderung der Transparenz der Unternehmen und des Abschlussprüfers. Im Sinne einer effizienten Corporate Governance verfolgt sie damit das Ziel, bestehende Informationsasymmetrien weiter abzubauen und die Informationsbeschaffungskosten für Investoren, Analysten und weitere Stakeholder zu senken. Bezüglich der Abschlussprüfer schreibt die Richtlinie eine EU-weite Registrierung der Prüfer und Prüfungsgesellschaften in einem für jedermann zugänglichen elektronischen Register vor, das spätestens bis zum 29. Juni 2009 in jedem Mitgliedstaat eingerichtet sein soll (Tiedje, 2006). Durch die Zuhilfenahme des Internets sollen alle Stakeholder in diversen Bereichen gleichberechtigt informiert werden, was mit den Zielen einer effizienten Corporate Governance im Einklang steht (Bassen et al., 2000). Das deutsche Recht berücksichtigt im §38 WPO bereits die Einrichtung eines öffentlichen Registers, wobei durch die ausgeweiteten Bestimmungen der Richtlinie in Bezug auf den Inhalt auch für deutsche Abschlussprüfer die Offenlegungspflichten erweitert werden (Klein/Tielmann, 2004). Mit der gleichen Zielsetzung wird durch die Richtlinie außerdem vorgeschrieben, dass die Prüfungsgesellschaften aller EU-Mitgliedstaaten künftig einen ebenfalls öffentlich zugänglichen, jährlichen Transparenzbericht erstellen müssen, der einen umfassenden Einblick in die Verhältnisse der Prüfungsgesellschaften ermöglichen soll und damit die transparente Kommunikation mit den Stakeholdern zusätzlich unterstützt (Bassen et al., 2000). Wesentliche Bestandteile dieses Berichtes sind dabei unter anderem die Beschreibung des internen Qualitätskontrollsystems und eine Erklärung zur Führungsstruktur der Gesellschaft („governance statements") (Lanfermann, 2005). Ferner müssen Angaben zur Vergütung der Partner, eine Darstellung getroffener Maßnahmen zur Wahrung der Unabhängigkeit und eine Liste geprüfter Unternehmen des öffentlichen Interesses beigefügt werden (Pingel, 2007).

Eine weitere bedeutende Regelung der modernisierten 8. EU-Richtlinie beinhaltet die künftig in allen Mitgliedstaaten durchzusetzende verpflichtende Anwendung der internationalen Prüfungsgrundsätze bei gesetzlichen Pflichtprüfungen (Ferlings et al., 2007; Brinkmann, 2006). Der Hintergrund für die verpflichtende Einführung der Prüfungsgrundsätze ist zum einen die bereits durchgesetzte Anwendung internationaler Rechnungslegungsgrundsätze (IAS) für die Erstellung der Konzernabschlüsse kapitalmarktorientierter Konzerne aus der EU, woraus sich zwangsläufig eine Zweckmäßigkeit der Prüfung nach internationalen Standards ergibt (Breuer, 2003). Zum anderen dient die Harmonisierung zur Überwindung von Anerkennungskonflikten der Abschlussprüfungen zwischen den Ländern wie auch in Bezug auf Drittstaaten (Brinkmann 2006). Nicht zuletzt stärkt sie die Transparenz vor allem für internationale Investoren, da die Anwendung gleicher Prüfungsgrundsätze die Deutung der Prüfungsergebnisse vereinfacht und dadurch die Investitionsentscheidung erleichtert wird. Aufgrund der diversen nationalen Unterschiede in den bestehenden Rechtssystemen und Standards für die Abschlussprüfung wird es weiterhin notwendig sein, bestimmte Aspekte der ISA an die Rechtslage der einzelnen Länder anzupassen, weshalb die Richtlinie dafür in einigen Teilbereichen nationale Änderungsmöglichkeiten zulässt (Lanfermann, 2005). In Deutschland hat das Institut der Wirtschaftsprüfer (IDW) in den Jahren von 1998 bis 2004 bereits wesentliche Vorarbeiten für die Transformation geleistet, da sie diverse Bereiche der ISA in abweichend strukturierte deutsche IDW-Prüfungsstandards umgesetzt hat (Brinkmann, 2006). Daher wird es bei der verbindlichen Anwendung der ISA in Deutschland inhaltlich kaum bedeutende Probleme geben (Ferlings et al., 2007).

Neben der Verbesserung der Transparenz in Bezug auf die Abschlussprüfer sieht die Richtlinie auch eine Ausweitung der Offenlegungspflichten von Seiten der Unternehmen vor. Um die Unabhängigkeit des Prüfers öffentlich darzulegen, haben Kapitalgesellschaften das an den Prüfer gezahlte Honorar im Anhang aufgeschlüsselt nach Gesamthonorarsummen für Prüfungsleistungen, Bestätigungs- und Bewertungsleistungen, Steuerberatungsleistungen sowie sonstigen Leistungen anzugeben (Scheffler, 2005). Diese Unterteilung bietet den Adressaten die Möglichkeit, das Ausmaß eventueller Interessengegensätze einzuschätzen, wodurch die externe Überwachung durch die Stakeholder gestärkt wird (Ballwieser/Dobler, 2003). Diese Angabepflicht im Anhang galt in Deutschland nach §285 Nr.17 und §314 I Nr.9 HGB bisher nur für große Kapitalgesellschaften, wohingegen die Richtlinie eine solche Regelung zusätzlich auch für mittelgroße Kapitalgesellschaften vorsieht. Diese Ausweitung wird daher mit der Verabschiedung des Bilanzrechtsmodernisierungsgesetzes (BilMoG) im deutschen Gesetz implementiert, wodurch zahlreiche weitere Kapitalgesellschaften zur verstärkten Transparenz verpflichtet werden.

6.4 Schlussbetrachtung

Aus der vorangehenden Betrachtung lässt sich erkennen, dass die Corporate Governance und insbesondere eine „gute" Corporate Governance sowohl auf der Seite der Investoren, der Unternehmen und nicht zuletzt der Regierung eine wichtige, wenn nicht sogar zentrale Rolle spielt. Es ergibt sich somit zu Recht die Forderung nach einheitlichen, zumindest bundesdeutschen Regeln der Corporate Governance, zumal diese in anderen Ländern bereits gängige Praxis sind. Dieses ist insbesondere in Hinblick auf die Globalisierung der Finanzmärkte von zentraler Bedeutung. So besteht ein berechtigtes Interesse internationaler Investoren an einer angemessenen Transparenz in der Unternehmenskontrolle. Ziel kann es hier nur sein, Vertrauen gegenüber internationalen Investoren aufzubauen.

Auch wenn einige Gruppen beklagen, dass der deutsche Kodex in bestimmten Bereichen zu starr ist oder dass seine Vorgaben zu unkonkret beziehungsweise zu weit gefasst sind, so drückt dies nur den Versuch aus, dass Gesellschaften unterschiedlichster Branchen mit einer einheitlichen Leitlinie in Einklang gebracht werden sollen. Daher sollte auch die Anwendung aller Regelungen nicht zwingend (regelbasiert) sein, so wie es im Sarbanes-Oxley Act der Fall ist, sondern prinzipienbasiert. Mit dem Deutschen Corporate Governance Kodex werden den Unternehmen vielmehr die Möglichkeiten und Freiräume gegeben, eine Anpassung an unternehmensspezifische Bedingungen vorzunehmen, natürlich mit der Empfehlung, dies zu erläutern. Entsprechend regelt der Kodex auch nicht jedes Detailproblem in der Unternehmensführung, sondern gibt den Rahmen vor, der von den Unternehmen auszufüllen ist.

Die Auswirkungen der Regelungen der modernisierten 8. EU-Richtlinie sollen zwar generell weitreichende Verbesserungen in vielen Bereichen der Corporate Governance schaffen, die Folgen in Deutschland sind allerdings aufgrund der bereits bestehenden Gesetze sehr begrenzt. Auch andere Mitgliedstaaten haben ausgeprägte Rechtsvorschriften, die einen Großteil der einzuführenden Regelungen bereits vorher abgedeckt hatten (Downes, 2006). Trotz dieser eingeschränkten Wirkungen in diversen EU-Ländern nimmt die Richtlinie eine bedeutende Stellung in Bezug auf die grenzüberschreitende Harmonisierung und Angleichung der Regelungen zwischen den Mitgliedstaaten ein. Denn nur mit der Einführung von vorgegebenen Standards als Mindestmaß in sämtlichen EU-Ländern können Mechanismen aufgebaut werden, die eine Steuerung und Kontrolle großer international tätiger Konzerne gewährleisten und damit das Risiko weiterer Bilanzskandale verringern. Darüber hinaus ist die Vereinheitlichung von Standards ebenfalls notwendig, um die Unsicherheit nationaler sowie internationaler Investoren abzubauen und deren Investitionsentscheidungen durch Transparenz und einheitliche Standards zu unterstützen und somit die europäischen Kapitalmärkte zu stärken.

Diese positiven Wirkungen werden allerdings dadurch eingeschränkt, dass nationale Besonderheiten der Gesetze sowie erhebliche, teilweise kulturell bedingte Unterschiede der Strukturen der Corporate Governance in den einzelnen Ländern die Zulassung von Sonderregelungen und Abweichungen notwendig machen. So haben die Wahlrechte in Teilbereichen wie unter anderem bei der Bestellung des Abschlussprüfers, der Einrichtung eines Prüfungsausschusses und bei Regelungen zur Unabhängigkeit in der bisherigen Umsetzung der Richtlinie bereits zu zahlreichen gesetzlichen Differenzen zwischen den EU-Ländern geführt und somit das Erreichen der beabsichtigten Ziele teilweise gebremst (Tiedje, 2006). Des Weiteren bemängeln einige Kritiker auch die mögliche zukünftige Überforderung der Abschlussprüfer durch neue Vorgaben wie die Prüfung nach internationalen Prüfungsstandards, aus der wiederum eine Gefährdung der Glaubwürdigkeit des Berufsstandes resultieren könne. Dies betreffe deren Meinung nach insbesondere die Prüfer solcher Länder, die aufgrund der bisherigen schwachen Regulierung durch die Einführung der neuen Vorgaben einschneidende Veränderungen erfahren. Ferner wird die starke Orientierung an den US-amerikanischen Regulierungen bei der Erstellung der Richtlinie zahlreich kritisiert. Da es fundamentale Unterschiede zwischen den Corporate-Governance-Systemen der USA und Europa gibt, wäre es nach Meinung von diversen Kritikern sinnvoller gewesen, wenn auch bei der Entwicklung der Regelungen zur Effizienzsteigerung der Strukturen grundsätzlich verschiedene Ansätze verfolgt worden wären (z.B. Enriques/Volpin, 2007).

Da die Umsetzungsarbeiten in anderen Mitgliedstaaten teilweise gerade erst beginnen, bleibt es abzuwarten, inwiefern die Regelungen weitere Auswirkungen hervorrufen und in welchem Ausmaß die gesetzten Ziele auf nationaler und internationaler Ebene durch die 8. EU-Richtlinie letztendlich erreicht werden.

6.5 Fallbeispiel – Holzmann

Das 1849 gegründete, traditionsreiche Bauunternehmen Philipp Holzmann erlitt ab dem Jahr 1994 hohe Verluste im Projektgeschäft, die von der Unternehmensleitung durch die Ausübung von handelsrechtlichen Wahlrechten sowie Verstößen gegen die Grundsätze ordentlicher Buchführung in den Folgejahren in ausgewiesene Jahresüberschüsse transformiert wurden (Peemöller/Hofmann, 2005). 1999 musste die Aktiengesellschaft eine Überschuldung offenbaren, da die Auflösungen stiller Reserven durch umfangreiche bilanzielle Gestaltungsmaßnahmen ausgereizt waren. Um die zahlreichen Arbeitsplätze im Unternehmen zu erhalten, erhielt Holzmann zunächst staatliche Hilfen. Doch aufgrund der tiefreichenden

Falschbilanzierungen konnte der Zusammenbruch nicht verhindert werden, sodass das Unternehmen im März 2002 seine Insolvenz beantragen musste (Peemöller/Hofmann, 2005).

Auch im deutschen Holzmann-Fall wurden die bewussten Verstöße gegen geltendes Rechnungslegungsrecht ebenfalls weder durch die interne Überwachung noch durch den beauftragten Abschlussprüfer aufgedeckt. Trotz der aufkommenden Kritik wurde die Anklage gegen die Prüfungsgesellschaft KPMG fallen gelassen. Nach Meinung zahlreicher Autoren liegt die in diesem Fall bedeutendste Schwachstelle bei der Deutschen Bank, die mit ihren Funktionen als gleichzeitiger Kreditgeber sowie Hauptanteilseigner die notwendige Trennung von Leitungs- und Überwachungskompetenzen partiell außer Kraft setzte (Peemöller/Hofmann, 2005).

Fragen und Thesen

- Nehmen Sie bitte zu folgenden Aussagen Stellung:
    - „Kodizes sind wichtig, garantieren aber noch keine solide Corporate Governance."
    - „Eine gesetzliche Form des Kodex ist nötig, um die Einhaltung zu garantieren."
    - „Ohne eine anspruchsvolle Corporate Governance ist an den internationalen Kapitalmärkten keine Topbewertung mehr zu erzielen."
    - „Ein Kodex funktioniert nur, wenn er „gelebt" wird."
    - „Der einzige Weg, eine angemessene Kontrolle international tätiger Konzerne zu gewährleisten, ist eine globale Angleichung der gesetzlichen Rahmenbedingungen!"
    - „Aufgrund der unterschiedlichen Corporate-Governance-Systeme der einzelnen Länder sind nationale Lösungswege am effektivsten!"
    - „Ein weiterer möglicher Aufgabenbereich für Wirtschaftsprüfer ist in einer Prüfung der Richtigkeit der Angaben des Vorstands zur Einhaltung der Corporate-Governance-Grundsätze zu sehen."
- Sind die OECD-Grundsätze der Corporate Governance als einziges internationales Werk ausreichend?
- Ist ein europäischer Superkodex nach Vorbild der EASD angebracht?
- Kann der Deutsche Corporate Governance Kodex auch ohne Druck vom Kapitalmarkt erfolgreich sein?
- Ist die starke Konzentration allein auf die Überwachungsorgane im Deutsche Corporate Governance Kodex sinnvoll?
- Kann die Glaubwürdigkeit der Entsprechenserklärung durch Einführung einer inhaltlichen Prüfungspflicht des Wirtschaftsprüfers gestärkt werden?
- Sollte die Idee der Compliance verworfen werden? Wenn ja, welche Alternativen würden sich anbieten?

- Ist es sinnvoll, sämtliche Beratungsleistungen zur Stärkung der Unabhängigkeit für den Abschlussprüfer zu verbieten?
- Kann der Kodex die erwünschte Wirkung der Vertrauensförderung erreichen, auch in Hinsicht auf die genannten Änderungen?
- Stellen Sie die Betrugsfälle bei Flowtex und Parmalat dar.
- Das Auftreten vieler Skandale, wie bspw. die Betrugs- und Verschleierungsfälle von Enron, Worldcom etc., zog die Schlussfolgerung nach sich, dass die Aufsichtsräte versagt hätten, da sie als Aufsichts- und Kontrollgremium etwas hätten bemerken müssen. Diskutieren Sie die Aussage: „Aufsichtsrat morgen? Staat ersetzt Aufsichtsrat!"

7 Corporate Governance in den USA

Lernziele

Nachdem Sie diese Sektion durchgearbeitet haben, kennen Sie in Grundzügen den US-amerikanischen regelbasierten Ansatz zur Corporate Governance. In Verbindung mit der Erarbeitung der Inhalte der vorherigen Sektion sind Sie in der Lage, die Unterschiede zwischen regelbasierten und prinzipienbasierten Ansatz zu erkennen und zu bewerten. Sie lernen die wichtigsten Regelungen des US-amerikanischen Sarbanes-Oxley Act und die Auswirkungen und Konsequenzen amerikanischer Rechtsprechung auf exterritoriale Gebiete kennen, insbesondere in Verbindung mit dem deutschen Recht (HGB und AktienG).

7.1 Der Sarbanes-Oxley Act 2002

Nach den Zusammenbrüchen der Finanzmärkte im Jahr 2001 wurde in den USA in einem ausgesprochen schnellen Gesetzgebungsverfahren ein von staatlicher Seite indirekt kontrolliertes System zur Unternehmenskontrolle eingeführt. Der damalige Präsident Georg W. Bush unterzeichnete am 30. Juli 2002 den Sarbanes-Oxley Act (SOX), benannt nach den an seiner Ausgestaltung maßgeblich beteiligten beiden Personen, dem Senator Paul Sarbanes und dem Abgeordneten des Repräsentantenhauses Michael Oxley. In Form eines auszugestaltenden Rahmengesetzes (regelbasierter Ansatz) beinhaltet der SOX wichtige Änderungen zum Securities Act (SA) von 1933 sowie zum Securities Exchange Act von 1934 (Crone/Roth, 2003). Es handelt sich um das wichtigste wirtschaftsrechtliche Gesetzeswerk seit der Weltwirtschaftskrise in den 1930er-Jahren in den USA. Diese gravierenden Einschnitte in das US-Wertpapiergesetz sollen einen wirksamen Beitrag zur Bekämpfung der Wirtschaftskriminalität und der Wiederherstellung des Vertrauens der Investoren in Rechnungslegung und Überwachung darstellen (Bertschinger/ Schaad, 2002). Infolgedessen setzt sich das neue Bundesgesetz zum Ziel, die Verlässlichkeit der Finanzberichterstattung börsennotierter Unternehmen zu verbessern, betrügerisches Verhalten aufzudecken und angemessen zu ahnden, um so die Anleger vor Fehlinvestitionen zu schützen (Schrader, 2003).

Der enorme zeitliche Druck, mit dem der SOX umgesetzt wurde, machte den Handlungsbedarf der Vereinigten Staaten deutlich, das verloren gegangene Vertrauen der Anleger zurückzugewinnen.

Der SOX besteht aus 11 Abschnitten. Die Regelungen sind in „Sections" geordnet (siehe Tabelle 7.1).

Tabelle 7.1 Abschnitte des SOX.

Abschnitt	Oberthema (Originaltext)	Erläuterungen
I	PCAOB	Festlegung von Organisation und Aufgabenbereichen des Aufsichtsgremiums über die Rechnungslegung der in den USA gelisteten Unternehmen
II	Auditor Independence	Bestimmungen zur Unabhängigkeit der Wirtschaftsprüfer
III	Corporate Responsibility	Erläuterungen und Erweiterungen der Verantwortlichkeiten der einzelnen Unternehmen
IV	Enhanced Financial Disclosures	Festlegung von erweiterten Veröffentlichungspflichten für Finanzinformationen
V	Analyst Conflicts of Interests	Vorschriften zur Verhinderung von Interessenskonflikten bei Finanzanalysten
VI	Commission Resources and Authority	Einzelregelungen bezüglich Finanzierung und Befugnissen der SEC
VII	Studies and Reports	Festlegung der Themen, zu denen US-Behörden Studien und Berichte zu erstellen haben
VIII	Corporate and Criminal Fraud Accountability	Regelungen zu Informantenschutz (Fraud) und erweiterten Aufbewahrungspflichten für Dokumente
IX	White-Collar Crime Penalty Enhancements	Verschärfung der strafrechtlichen Bestimmungen bei unrichtiger eidesstattlicher Bestätigung
X	Corporate Tax Returns	Festlegung zur Unterzeichnung der Steuererklärung durch den CEO
XI	Corporate Fraud Accountability	Bestimmungen zur Verantwortlichkeit der Geschäftsleitung im Falle von Unregelmäßigkeiten

7.1.1 Regelungen des Sarbanes-Oxley Acts (Sec. 201ff.)

Im Gegensatz zu den bisherigen amerikanischen Kapitalmarktvorschriften, die ausländische Emittenten zumeist von ihren Regelungen ausnahmen, sorgt die über die US-Grenzen hinausgehende Anwendung des SOX international für Diskussionen. Der SOX betrifft alle Unternehmen, die an einer amerikanischen Wertpapierbörse notiert sind (Sec. 12 Securities Exchange Act), bzw. den Berichtspflichten gegenüber der SEC unterliegen, einschließlich den etwa 1300 gelisteten ausländischen Emittenten an US-Börsen (Sec. 13 (a) und Sec. 15 (d) Securities Exchange Act.) sowie einzelnen Wirtschaftsprüfungsunternehmen, welche die Prüfungsleistungen für die jeweilige Unternehmung erbringen (Lenz, 2002; Meyer, 2003). Dies wirft erhebliche Probleme auf, da die Neuregelungen zum Teil im Widerspruch zu Bestimmungen anderer Jurisdiktionen stehen.

Auch deutsche Unternehmen mit einer US-amerikanischen Börsennotierung (Foreign Private Issuers) wie e.On, Deutsche Bank und SAP und deren Abschlussprüfer müssen die SOX Regelungen befolgen (Hütten/Stomann, 2003; Emmerich/Schaum, 2003). Darüber hinaus hat der SOX Ausstrahlungswirkungen auf Tochtergesellschaften von SEC-registrierten Unternehmen und deren Abschlussprüfer.

Die betroffenen, nicht-US-amerikanischen Unternehmen müssen sich nach in Kraft treten des SOX mit zwei Jurisdiktionen auseinandersetzen. Neben den Vorschriften des Sitzlandes schafft der SOX ein zweites Regelwerk, welches die betroffenen Unternehmen anzuwenden haben (Kamann/Simpkins, 2003). Da etliche Regelungen des SOX nicht mit den geltenden Vorschriften der Heimatländer kompatibel sind, hat das Gesetz eine weitreichende internationale Diskussion ausgelöst. Emittenten aus der EU (EU-Kommission; in Deutschland: IDW, BDI), Japan, oder der Schweiz haben sich z.B. mit Stellungnahmen und Beiträgen an die SEC gewandt (Salzberger, 2003). Diese Bemühungen führten maßgeblich dazu, dass die neue SEC-Ausführungsregelungen in wichtigen Bereichen Ausnahmen und Erleichterungen für ausländische Emittenten und Abschlussprüfer erhalten, um Konflikte mit nationalen Rechtssystemen zu vermeiden (Regelin/Fisher, 2003).

Insbesondere die vom Vorstandsvorsitzenden und vom Finanzvorstand persönlich abzugebende Bestätigung über die Vollständigkeit und Korrektheit der einzureichenden Finanzdaten, bzw. die Funktionsfähigkeit des internen Kontrollsystems in Sec. 302 SOX haben in Deutschland für Protest gesorgt. Deutsche Unternehmen, die an der New Yorker Börse NYSE notiert sind, wandten sich in einem Schreiben vom 16. August 2002 an die SEC und sprachen sich für eine Nichtanwendung der Sec. 302 SOX auf ausländischen Unternehmen aus (Salzberger, 2003).

Die „Beendigung der Selbstregulierung der Wirtschaftsprüfer" in den USA (Baumann, 2002), im Zuge der Schaffung des privatrechtlichen Aufsichtsorgans Public Company Accounting Oversight Board (PCAOB), bedeutet für deutsche Wirtschaftsprüfungsunternehmen neben der nationalen Wirtschaftsprüferkammer (WPK) eine zusätzliche Berufsaufsicht. Die Unabhängigkeitsanforderungen des SOX gehen zum Teil über die europäischen Standards hinaus (Salzberger, 2003). Die Einwilligung in die umfangreichen Kontrollbefugnisse des PCAOB und der SEC verstoßen gegen die Verschwiegenheitspflicht der Wirtschaftsprüfer (§43 WPO, §9 Berufssatzung der WPK) und gegen das deutsche Datenschutzgesetz.

Trotz der exterritorialen Auswirkungen des SOX handelt es sich bei diesem Gesetzeswerk nicht um eine nach internationalem Recht unzulässige Ausdehnung des US-amerikanischen Rechts auf außeramerikanische Sachverhalte. Die Zulassung zum Kapitalmarkt der Vereinigten Staaten unterliegt dem amerikanischen Gesetzgeber und greift somit nicht direkt in die Rechtsetzungshoheit ausländischer Staaten ein (Gruson/Kubicek, 2003a).

Ausgewählte Aspekte des SOX werden im Folgenden beschrieben:

- Einrichtung eines Audit Committees (Sec. 301)
- Bestätigungen von CEO und CFO zur Finanzlage und zum Internen Kontrollsystem (Sec. 302)

- Einrichtung und Unterhaltung des internen Finanzkontrollsystems (Sec. 404)
- Publizitätskontrollsystem und erweiterte Offenlegungspflichten (Sec. 302, 404)
- Verschärfung der Sanktionen bei Fehlverhalten (Sec 802, 906)
- Einrichtung eines Code of Ethics (Sec. 406)
- Aktienhandelsbeschränkungen (Sec. 306, 403)
- Verbot der Einflussnahme auf Abschlussprüfer (Sec. 303)
- Schutz von „Wistleblower" (Sec 806)
- Unabhängigkeit der Abschlussprüfer (Sec. 201, 203, 206, 207)

Einrichtung eines Audit Committees (Sec. 301)

Die Sec. 301 SOX verpflichtet alle an US-Börsen notierten Unternehmen zur Schaffung eines unabhängigen Prüfungsausschusses, dem Audit Committee. Andernfalls droht nach der am 9. April 2003 von der SEC erlassenen Verordnung zur Sec. 301 SOX ein Delisting an der Börse, sofern der Mangel nicht umgehend behoben wird.

Das Audit Committee im Sinne von Sec. 301 SOX ist ein Ausschuss des Boards of Directors eines Unternehmens. Es muss aus mindestens drei Mitgliedern bestehen, wobei gemäß Sec. 407 SOX mindestens ein Mitglied ein Finanzexperte sein sollte (Kamann/Simpkins, 2003). Ist das Audit Committee noch nicht eingerichtet, gilt das gesamte Board als Audit Committee (Lanfermann/Maul, 2002). Die Mitglieder des Audit Committees müssen den im SOX definierten Unabhängigkeitskriterien entsprechen. Demnach gilt ein Mitglied als nicht unabhängig, wenn es neben den Bezügen für die Mitgliedschaft in einem Leitungsorgan noch weitere Einkünfte vom Unternehmen bezieht oder wenn es sich bei diesem Mitglied um eine dem Unternehmen oder einer Tochtergesellschaft nahestehende Person handelt. Die SEC hat darüber hinaus in ihrer Verordnung zu Sec. 301 SOX betont, dass die genannten Unabhängigkeitsanforderungen Mindeststandards darstellen, die von den jeweiligen US-Börsen noch weiter ausgestaltet werden können.

Zu den Aufgaben des Audit Committees gehören die Überwachung des Rechnungs- und Finanzberichtswesens sowie der Prüfung der Unternehmensabschlüsse (Gruson/Kubicek, 2003a). Entsprechend der Ausführungen in Sec. 301 SOX ist das Audit Committee unmittelbar für die Ernennung, Entschädigung und Beaufsichtigung der Wirtschaftsprüfer verantwortlich, die wiederum ihre Ergebnisse direkt dem Audit Committee zu berichten haben. Des Weiteren sind Meinungsverschiedenheiten zwischen der Geschäftsleitung und dem Abschlussprüfer bzgl. der Rechnungslegung zu schlichten. Das Audit Committee hat Regelungen zur Bearbeitung von Beanstandungen in seinem Aufgabenbereich und zum Schutz von „Whistleblower" zu erarbeiten. Es besteht das Recht, nach Bedarf auch externe Berater hinzuzuziehen. Sowohl Prüfungsleistungen als auch Nicht-Prüfungsleistungen sind im Voraus vom Audit Committee zu genehmigen. Die Unternehmensleitung ist verpflichtet, die Mittel zur Finanzierung der anfallenden Kosten des Audit Committees bereitzustellen (Entlohnung der Abschlussprüfer und externen Berater, Deckung allgemeiner Verwaltungskosten) (Kersting, 2003).

Übertragen auf das deutsche Recht, kann unter dem Board of Directors nur der Aufsichtsrat verstanden werden, da kein Mitglied des Vorstands unabhängig i.S. des SOX ist. Wird kein Prüfungsausschuss gebildet, so ist der Aufsichtsrat mit dem Audit Committee identisch.

Der Vergleich des amerikanischen Audit Committees mit dem deutschen Aufsichtsrat zeigt Unvereinbarkeiten auf. Nach dem deutschen Aktiengesetz kann der Aufsichtsrat zwar einen Abschlussprüfer vorschlagen (§124 Abs. 3 S. 1 AktG), für die endgültige Bestellung ist jedoch die Hauptversammlung zuständig (§119 Abs. 1 Nr. 4 AktG). Dieses Verfahren wurde von der SEC anerkannt.

Entsprechend den Bestimmungen des deutschen Mitbestimmungsgesetzes setzt sich der Aufsichtsrat sowohl aus Aktionären als auch aus Arbeitnehmern zusammen, die vom Unternehmen ein Gehalt beziehen (Lanfermann/Maul, 2003). Dies wäre nach den Regelungen zu den Unabhängigkeitsanforderungen der Mitglieder des Prüfungsausschusses unzulässig. Die SEC hat jedoch diesbezüglich Zugeständnisse unter der Voraussetzung gemacht, dass die Namen der Mitglieder des Audit Committees unter Formblatt 20-F offengelegt werden.

Bestätigungen von CEO und CFO zur Finanzlage (Sec. 302, 404, 906)

Der Chief Executive Officer (CEO) (deutsches Äquivalent: Vorstandsvorsitzender) und der Chief Financial Officer (CFO) (deutsches Äquivalent: Finanzvorstand) haben nach Sec. 302 SOX zu bestätigen, dass die bei der SEC eingereichten Berichte wahrheitsgetreu sind, keine irreführenden Informationen enthalten und die wirtschaftliche Lage des Unternehmens angemessen und vollständig wiedergegeben ist. Des Weiteren übernehmen sie mit ihrer Unterschrift die Verantwortung dafür, ein Publizitätskontrollsystem und ein internes Finanzkontrollsystem einzurichten und bestätigen, deren Funktionsfähigkeit innerhalb der letzten 90 Tage überprüft zu haben. Alle festgestellten wesentlichen Schwachstellen des Finanzkontrollsystems sowie sämtliche Vorkommnisse betrügerischen Handelns von Managern oder Angestellten sind dem Abschlussprüfer und dem Prüfungsausschuss mitzuteilen. Für ausländische Unternehmen bezieht sich diese Bestätigungspflicht ausschließlich auf den nach Formblatt 20-F einzureichenden Jahresbericht.

Die Sec. 906 SOX fügt in den US-Criminal Code einen neuen Paragraphen 1350 ein, wonach der CEO und der CFO zusätzlich zu bestätigen haben, dass die bei der SEC eingereichten Berichte den Anforderungen der Rule 13 (a) bzw. 15 (d) Securities Exchange Act genügen. Die in den Berichten enthaltenen Finanzinformationen haben in allen wesentlichen Belangen die Vermögenslage und das Betriebsergebnis des Unternehmens angemessen darzustellen.

Einrichtung und Unterhaltung eines internen Finanzkontrollsystems (Sec. 302, 404) – „Management Assessment of Internal Control"

Die Sec. 302 SOX „Corporate Responsibility for Financial Reports" schafft eine Konkretisierung der Pflichten des Managements. Der CEO und der CFO haben die Aufgabe, in einer Erklärung zu zertifizieren, dass der vierteljährliche oder jährliche Geschäftsbericht:

- wahrheitsgetreu ist,

- die Finanz, Vermögens- und Ertragslage zutreffend darstellt und

- keine irreführenden Informationen enthält.

Darüber hinaus wird den Unterschreibenden die Einrichtung und Pflege von Disclosure Controls and Procedures (= Kontrollen und Verfahren zur Offenlegung) auferlegt, um zu gewährleisten, dass die Interessenten speziell im Zeitraum der Abschlussaufstellung alle wesentlichen Informationen über das Unternehmen, einschließlich dessen konsolidierten Töchtern, erhalten (Menzies, 2004). Somit muss das Management u.a. dafür Rechnung tragen, dass interne Kontrollen in Prozessen, die für die Datenlieferung der Finanzberichterstattung notwendig sind, korrekt weitergeleitet werden (Reinke, 2003).

Die Section 302 SOX fordert eine schriftliche Bewertung (Certification) interner Kontrollen durch den CEO und den CFO und zielt dabei auf etwaige Änderungen seit der letzten Beurteilung der Kontrollen ab. Des Weiteren hat die Section einen weitreichenden Fokus und bezieht somit auch nichtfinanzielle Informationen mit ein.

Der CEO und der CFO haben die Einrichtung eines internen Finanzkontrollsystems gemäß Sec. 302 SOX zu bestätigen und dessen Verfahren im gesamten Unternehmen zu implementieren. Dabei ist sicherzustellen, dass die Finanzberichte und Unternehmensabschlüsse nach den Vorstellungen des Managements und in Übereinstimmung mit den Buchhaltungsgrundsätzen des US-GAAP erstellt werden. Dazu sind alle wesentlichen Informationen über das Unternehmen und seine konsolidierten Töchter zur Verfügung zu stellen.

Die Sec. 404 SOX erfordert in den betroffenen Unternehmen den größten Umsetzungsaufwand (Hütten/Stromann, 2003). Die oberste Zielsetzung dieser Norm ist eine Vermeidung von Fehlinformationen, die auf unzureichende Kontrollen zurückzuführen sind. Somit muss durch einen von CEO und CFO eingerichteten Prozess sichergestellt werden, dass (Büssow/Taetzner, 2005):

- Geschäftsvorfälle und Vermögenswerte ausreichend und korrekt abgebildet werden,

- alle wesentlichen Geschäftsvorfälle erfasst werden,

- erst durch eine Genehmigung der Unternehmensleitung ein Zugriff auf die Vermögenswerte ermöglicht wird,

- die Verhinderung oder Aufdeckung von unrechtmäßigen Erwerb, Verwendung und Übertragung von Vermögensgegenständen gewährleistet wird.

7.1 Der Sarbanes-Oxley Act 2002

Um den von der SEC gestellten Anforderungen gerecht zu werden, müssen Unternehmen für relevante Prozesse in der Finanzberichterstattung interne Kontrollen bewerten und dokumentieren.

Sowohl die SEC als auch das PCAOB schreiben die Bewertung der Wirksamkeit der ordnungsgemäßen Finanzberichterstattung anhand eines allgemein anerkannten Rahmenmodells (Frameworks) vor. Die Anwendung des im Folgenden dargestellten COSO Frameworks (siehe Sektion „Informationssysteme zur Corporate Governance") ist hierbei kein Fixum, sondern eine Leitlinie. Es kann durch die Unternehmen individuell angepasst oder erweitert werden, wobei mindestens die Inhalte vom COSO Modell umgesetzt werden müssen. Aus der Perspektive der IT heraus wird das COSO Rahmenwerk als ungenügend erachtet, deshalb wird weiterhin auf das Modell „Control Objectives for IT and related Technology" (CobiT) abgestellt. Dieses Modell stellt sich in Verbindung mit dem COSO Rahmenwerk als geeignet dar, um das Informations- und Kommunikationssystem (IKS) aus der IT zu bewerten und dem Management eine hinreichende Unterstützung zu bieten.

Für die Einhaltung der Section 302 SOX bedarf es bei dem CEO und dem CFO eines sehr hohen Wissensstands über die einzelnen Gebiete. Ansonsten kann keine ordnungsgemäße Durchführung gewährleistet werden (Lanfermann/Maul, 2002). Um diese Pflicht zu erfüllt bedarf es einer ausgereiften technischen Infrastruktur. Deshalb sollte ein CIO bestimmt werden, der für folgende Aufgaben bezüglich der unternehmensinternen Informationssysteme und die technische Infrastruktur verantwortlich gezeichnet wird (Anand, 2004):

- Implementierung der Datenerfassungssysteme durch integrierte Anwendungen wie z.B. ERP-Systeme, CRM-Systeme,
- Implementierung der Dokumentenerfassungssysteme, z.B. durch Schrifterkennungsprogramme (OCR = Optical Character Recognition),
- sichere Daten und Dokumentenübertragung, z.B. durch Verschlüsselungstechnologien,
- sichere Speicherung (teilweise auch langfristig) der geforderten Informationen und Berichte der SEC durch zentralisierte Datenaufbewahrungssysteme.

Publizitätskontrollsystem und erweiterte Offenlegungspflichten (Sec. 302, 401, 404, 409)

Der SOX zeigt im Vergleich zu den deutschen Regelungen, wie unterschiedlich die Publizitätspflichten in verschiedenen Ländern ausgeprägt sein können. Die SEC hat mit ihrer Verordnung zu Sec. 302 (a) 4 SOX eine materielle Organisationspflicht zum Verfahren und zur Kontrolle der Offenlegung abgeleitet (Gruson/Kubicek, 2003a). Demnach ist sicherzustellen, dass die für die SEC bestimmten Berichte alle relevanten Informationen beinhalten, welche zeitnah aufgezeichnet, bearbeitet und veröffentlicht worden sind. Ziel ist es, alle wesentlichen Informationen unmittelbar dem Management zur Verfügung zu stellen, um somit eine zeitgerechte Entscheidung bzgl. der Notwendigkeit einer Veröffentlichung zu ermöglichen.

Die Bestätigungspflichten des CEO und des CFO beziehen sich einerseits auf die Einrichtung und Unterhaltung eines Publizitätskontrollsystems und andererseits auf die Überprüfung der Wirksamkeit am Ende des Geschäftsjahres. Die Untersuchungsergebnisse sind zusammen mit den anderen bei der SEC einzureichenden Berichten (Formblatt 20-F) zu veröffentlichen. Diese Informationen sind durch einen unabhängigen Prüfer zu bestätigen (Kamann/Simpkins, 2003).

Um diese Aufgaben erfüllen zu können, wird von der SEC die Einberufung eines sogenannten Disclosure-Committee empfohlen, das dem Vorstand untersteht und ihm zu berichten hat.

Im Rahmen des SOX sind die bestehenden Berichts- und Informationspflichten am Kapitalmarkt erweitert worden. Der bereits 1998 entwickelte Vorschlag zur beschleunigten Veröffentlichung von Ad-hoc-Mitteilungen gemäß Formblatt 8-K ist, nachdem er zum damaligen Zeitpunkt als unpraktikabel vom Markt abgelehnt wurde, nun in Sec. 409 SOX durchgesetzt worden (Donald, 2003). Demnach werden die Unternehmen dazu verpflichtet, Informationen über bedeutende Änderungen der finanziellen Situation oder Geschäftslage in „real time" und in klar verständlicher Sprache („plain English") der SEC vorzulegen. Sie hat dann nach eigenem Ermessen zu beurteilen, welche Informationen der Offenlegungspflicht unterliegen (Kamann/Simpkins, 2003). Ausländische Unternehmen sind gemäß dem Verordnungsvorschlag der SEC von dieser Regelung ausgenommen, da deren Ad-hoc-Publizität auf dem Formblatt 6-K geregelt wird.

Die Jahresberichterstattung der Emittenten an den US-amerikanischen Börsen haben in Zukunft umfangreichere Pflichten bei der Zusammenstellung der Unterlagen gemäß Formblatt 20-F zu erfüllen. Neben den Berichten zu den internen Kontrollen bzgl. der Verfahren und Effektivität (Sec. 404 (a) SOX) und den jeweiligen Bestätigungen durch einen unabhängigen Prüfer (Sec. 404 (b) SOX) sind in Zukunft auch alle wesentlichen Off-Balancesheet-Transaktionen (siehe Fall von Enron) zu veröffentlichen. Dabei handelt es sich um Vereinbarungen oder Eventualverpflichtungen, die nicht in der Bilanz erscheinen und kurz- oder langfristig erhebliche Auswirkungen auf die finanzielle Situation der Emittenten haben können (Sec. 401 (a) SOX).

Entsprechend den am 30. Oktober 2002 vorgeschlagenen Ausführungsbestimmungen der SEC zu Sec. 401 (b) SOX sind diese sogenannten Pro-Forma-Finanzausweise in Off-Balancesheet-Informationen klar von den Finanzausweisen nach den US-GAAP-Richtlinien abzugrenzen (Crone/Roth, 2003). Demnach dürfen veröffentlichte Informationen keine unwahren, verfälschten oder unvollständigen Tatsachen enthalten, die nicht die nach GAAP festgestellte Bilanzsituation widerspiegeln (Kamann/Simpkins, 2003).

Verschärfung der Sanktionen bei Fehlverhalten (Sec. 304, 305, 802, 906)

Den Strafvorschriften, die mit dem SOX eingeführt oder erweitert worden sind, galt in Europa besondere Aufmerksamkeit. Wissentlich falsche Zertifizierungen des CEO oder des CFO können mit einer Geldstrafe von bis zu einer Mio. USD und/oder einer Freiheitsstrafe von bis zu zehn Jahren sanktioniert werden. Werden Erklärungen absichtlich falsch abgegeben, kann das Strafmaß auf bis zu fünf Mio. USD und/oder 20 Jahre Freiheitsstrafe erhöht werden (Sec. 906 c SOX).

Auch für Wirtschaftsprüfer, die Bilanzakten noch vor Ablauf der fünfjährigen Aufbewahrungspflicht vernichten, gelten mit der Einführung des SOX verschärfte Strafen (Sec. 802

SOX). Dies gilt u.a. für die Vernichtung oder Änderung sämtlicher Akten in der Absicht, Untersuchungen im Rahmen eines Insolvenzverfahrens zu behindern oder Wertpapier- und Bilanzbetrug zu vertuschen (siehe Fall von WorldCom).

Wird bekannt, dass der CEO oder der CFO gegen die Mitteilungspflichten seiner Gesellschaft verstoßen hat, können alle Zuwendungen sowie Gewinne aus Geschäften mit Aktien der Gesellschaft, die innerhalb von einem Jahr nach Veröffentlichung der zu korrigierenden Abschlüsse vereinnahmt wurden, zurückverlangt werden (Sec. 304 SOX).

Direktoren und Executive Officers, die gegen die gesetzlichen Regelungen verstoßen haben oder die ein Gericht für ungeeignet hält, ein Unternehmen zu führen, kann zukünftig nach einer Anhörung vor Gericht auf Antrag der SEC die Ausübung ihrer Position untersagt werden (Sec. 305 SOX).

Code of Ethics (Sec. 406)

Nach der Sec. 406 SOX haben die Unternehmen im Rahmen der periodisch bei der SEC einzureichenden Berichte offenzulegen, ob es den Ethikkodex (Code of Ethics) für Senior Financial Officers angenommen hat. Somit werden der CFO sowie der leitende Controller und der Chief Accounting Officer (CAO–Bilanzmanager) verpflichtet, die Vorschriften des SOX zu befolgen. Ist ein Unternehmen nicht bereit, den Ethikkodex zu akzeptieren, ist dies schriftlich zu begründen. Änderungen oder Einschränkungen des Kodex sind der SEC mit dem Formblatt 8-K mitzuteilen oder über das Internet elektronisch offenzulegen. Dabei gilt für US-amerikanische Unternehmen die Publizitätspflicht als Ad-hoc-Mitteilung. Ausländische Emittenten haben solche Informationen lediglich zusammen mit den Unterlagen zu Formblatt 20-F einzureichen oder innerhalb von fünf Tagen auf der eigenen Internetwebseite zu veröffentlichen.

Ziel des Kodex ist es, eine angemessene Lösung von Interessenkonflikten insbesondere bei einem Aufeinandertreffen beruflicher und privater Interessen zu finden und die ordnungsgemäße Offenlegung der Finanzdaten zu gewährleisten (Lanfermann/Maul, 2002).

Der Code of Ethics ist als Anlage zum Jahresbericht einzureichen. Alternativ kann er auch im Internet auf der Webseite des Unternehmens veröffentlicht werden, oder das Unternehmen erklärt sich dazu bereit, auf Anfrage kostenlos eine Kopie zu versenden.

Aktienhandelsbeschränkungen (Sec. 306, 403)

In den USA ist es durchaus üblich, einen Teil des Gehalts als Altersvorsorge in Aktien zu investieren. Der Arbeitgeber beteiligt sich in den meisten Fällen daran, insbesondere beim Kauf unternehmenseigener Aktien. Diese Aktien dürfen zum eigenen Schutz der Arbeitnehmer vor einem (unbewussten) Insiderhandel während einer sogenannten Blackout Period (Phase, in der finanzmarktrelevante Informationen eines Unternehmens noch nicht am Markt durchgedrungen sind und festgesetzte Frist zwischen Erwerb und Veräußerung) nicht veräußert werden. Diese Handelsbeschränkung wurde mit der Sec. 306 SOX nun auch auf die Vorstandsmitglieder ausgeweitet, sofern sie die Aktien ihrer Gesellschaft in Zusammenhang mit ihrer Position erworben haben, beispielsweise im Rahmen von Aktienoptionsprogrammen (Kamann/Simpkins, 2003). Vereinnahmte Gewinne, die durch eine Verletzung dieser Regelung entstehen, können vollständig von der Gesellschaft zurückerstattet werden. Darüber hinaus soll das gesamte Vergütungssystem des Managements strenger reguliert werden. Nach dem Vorschlag der SEC sind künftig die Vorstandsgehälter vollständig offenzulegen (Schwarz/Holland, 2002). Ein besonderer Fokus liegt dabei auf Aktienoptionspläne, die ursprünglich die Interessen der Manager und Aktionäre einander angleichen sollten. Tatsächlich wurden die Aktienoptionen durch den Informationsvorsprung und die Machtposition der Manager so gestaltet, dass Risiken und Anreizstrukturen weitgehend eliminiert wurden.

Darüber hinaus haben die Mitglieder des Boards der SEC gemäß Sec. 403 SOX anzuzeigen, wenn sie Wertpapiere ihres Unternehmens besitzen, die nach Rule 12 Securities Exchange Act notiert sind. Dies gilt ebenso für den Wechsel des Inhabers der Wertpapiere. In Deutschland setzt diese Meldepflicht erst ab einem Anteil von 5% ein (§§20 ff. WpHG).

Verbot der Einflussnahme auf Abschlussprüfungen (Sec. 303)

Entsprechend den Ausführungen der SEC zu Sec. 303 (a) SOX ist es leitenden Personen oder von ihnen geführten Mitarbeitern ausdrücklich untersagt, den mit der Prüfung des Unternehmens beauftragten Abschlussprüfer in jeglicher Form zu nötigen oder durch falsche Informationen in die Irre zu führen. Wird einem Direktor oder einem Executive Officer nachgewiesen, in betrügerischer Weise den Abschlussprüfer beeinflusst zu haben, um absichtlich den Aussagegehalt der Bilanzen zu manipulieren, steht der SEC das Recht zu, dieses Vergehen zivilgerichtlich zu verfolgen. Der SOX beinhaltet jedoch nicht nur Regelungen zum Schutz der Abschlussprüfer, um die ordnungsgemäße Erstellung der bei der SEC einzureichenden Unterlagen zu gewährleisten. Die Vorschriften sind auch direkt an die Wirtschaftsprüfungsgesellschaften gerichtet.

Schutz von Whistelblowers (Sec. 806)

Die Regelungen des Sec. 806 SOX sollen Angestellte von Unternehmen, denen Gesetzesverstöße auffallen und die diese an die Überwachungsbehörden, den Kongress oder die Regierung melden, besser vor „Revange-Maßnahmen" des Arbeitgebers schützen. Die Audit Committees sollen sicherstellen, dass diese Angestellten keinen Nachteil, wie Entlassungen, Suspendierungen oder sonstige Diskriminierungen erleiden (Kamann/Simpkins, 2003). Der Gesetzgeber will damit Arbeitnehmer ermutigen, an der Aufdeckung und Bekämpfung von Gesetzesverstößen mitzuwirken. Strafrechtlich wird eine Behinderung oder Diskriminierung von „Whistleblower" durch SEC 107 SOX mit einer Geldstrafe oder Freiheitsstrafe von bis zu zehn Jahren verfolgt.

Im deutschen Recht ist eine derartige Vorschrift nicht zu finden. Solche Fälle werden im arbeitsrechtlichen Rahmen behandelt.

Unabhängigkeit der Abschlussprüfer (Sec. 201, 203, 206, 207)

Die Unabhängigkeit eines Abschlussprüfers von seinem Mandanten ist bei der Erstellung von Prüfungsleistungen von essentieller Bedeutung für die Glaubwürdigkeit der getätigten Aussagen und Beurteilungen. Besteht beispielsweise eine finanzielle Abhängigkeit des Prüfungsunternehmens von einem Mandanten, weil dieser einen erheblichen Anteil zum Gesamtumsatz der Prüfungsgesellschaft beiträgt, so ist zu vermuten, dass aufgrund dessen der Abschlussprüfer eher zu gewissen Zugeständnissen bereit ist. Diese Vermutung lag auch im Fall von Arthur Andersen und Enron nahe. Im Jahr 2000 erhielt Arthur Andersen von Enron ein Honorar von insgesamt 52 Mio. USD, wovon 27 Mio. USD auf sogenannte Nicht-Prüfungsleistungen entfielen (Baumann et al., 2002). In diesem Zusammenhang wurde auch die öffentliche Diskussion über die Vereinbarkeit von Prüfungsleistungen und sonstigen Dienstleistungen (Nicht-Prüfungsleistungen) wieder neu entfacht. Bisher konnte jedoch kein wissenschaftlicher Beweis erbracht werden, der einen Einfluss von Nicht-Prüfungstätigkeiten auf die Unabhängigkeit von Prüfern eindeutig belegt. Die SEC hatte bereits im November 2002 diesbezüglich neue Vorschriften erlassen, die jedoch aufgrund der enormen Kritik des Berufsstandes nur in abgeschwächter Form durchgesetzt werden konnten (Lenz, 2002). Die Sec. 201 SOX beinhaltet eine Auflistung mehrerer Nicht-Prüfungsleistungen, die neben einer Prüfungstätigkeit künftig generell untersagt sind. Dazu gehören (Ferlings/Lanfermann, 2002):

- Mitwirkung an der Buchführung,
- Entwurf und Implementierung von Finanzinformationssystemen,
- Bewertungsleistungen, Sacheinlagenprüfung,
- versicherungsmathematische Leistungen,
- Übernahme von Funktionen in der Internen Revision,
- Managementfunktionen oder Personalberatungsleistungen,
- Tätigkeit als Broker, Investmentberater oder Investmentbankleistungen,
- rechtliche Beratung oder Gutachterleistungen, die nicht mit der Prüfung im Zusammenhang stehen.

Ebenfalls untersagt ist die Prüfung eines Unternehmens, deren Controller, CEO, CFO, CAO oder Personen in ähnlicher Position innerhalb der letzten 12 Monate vor Beginn der Prüfung beim Prüfungsunternehmen angestellt waren und zu diesem Zeitpunkt bei der Prüfung des Unternehmens mitgewirkt hat (Sec. 206 SOX). Für unabhängige Vorstandsmitglieder sowie für deren direkte Familienangehörige wurde durch die neuen NYSE Corporate Governance Listing Standards diese sogenannte „Abkühlphase – Cooling Off Period" auf fünf Jahre erhöht. Im Gegensatz zum deutschen und europäischen Recht ist der umgekehrte Fall des Wechsels einer Führungskraft vom Mandanten zum Prüfungsunternehmen nicht weiter geregelt (Ferlings/Lanfermann, 2002).

Eine weitere Maßnahme zur Sicherung der Unabhängigkeit ist der in Sec. 203 SOX vorgeschriebene Wechsel des primär mit der Prüfung verantwortlichen Partners (Lead Audit Partner) und des Review Partners (Vier-Augenprinzip) nach spätestens fünf bzw. sieben Jahren.

Bevor die SEC die Ausführungsregelungen zur Unabhängigkeit der Abschlussprüfer verabschiedet hat, wurde am 17. Dezember 2002 ein „International Roundtable" einberufen, um Meinungen ausländischer Experten anzuhören. Trotzdem eine Reihe von Verbesserungen für die Abschlussprüfer erreicht werden konnten, ist es nicht gelungen eine generelle Anerkennung der Gleichwertigkeit der EU-Empfehlung durchzusetzen (Ferlings/Lanfermann, 2002).

7.1.2 SEC und PCAOB als Überwachungsorgane (Sec. 101–106)

Einrichtung des PCAOB und Registrierungspflicht der Wirtschaftsprüfer (Sec. 101, 102, 106)

Mit der Einrichtung des PCAOB als neue Berufsaufsicht im Bereich der Wirtschaftsprüfungsunternehmen endet nun, so der Chef der US-Börsenaufsicht Harvey Pitts, die Ära der Selbstregulierung bei den Wirtschaftsprüfern (Baumann, 2002) in den USA. Mit der rigorosen Durchsetzung der Qualitäts- und Unabhängigkeitsanforderungen an die Wirtschaftsprüfer (Sec. 101 SOX) soll das Vertrauen der Anleger in den Kapitalmarkt zurückgewonnen werden.

Das Oversight Board ist keine öffentlich-rechtliche Behörde. Das PCAOB ist eine finanziell unabhängige, privatrechtlich organisierte Non-Profit-Gesellschaft mit umfangreichen prozessualen und disziplinarischen Befugnissen, die der Aufsicht der SEC unterliegt (Crone/Roth, 2003). Das Oversight Board besteht aus fünf von der SEC bestellten Mitgliedern, von denen zumindest zwei Personen zertifizierte Wirtschaftsprüfer sein müssen (Sec. 101 c SOX).

Sofern ein Wirtschaftprüfungsunternehmen Prüfungsleistungen für ein an einer US-Börse notiertes Unternehmen erbringt, besteht gemäß Sec. 101 SOX die Pflicht, sich beim PCAOB registrieren zu lassen (Lenz, 2002). Dies schließt auch ausländische Prüfungsunternehmen ein, die Prüfungsleistungen für Emittenten zur Vorlage bei der SEC erstellen (Sec. 106 (a) 1 SOX). Das PCAOB ist dazu berechtigt, die Registrierungspflicht auch auf solche ausländische Prüfungsunternehmen auszuweiten, die zwar keinen Bestätigungsvermerk für ein gelistetes Unternehmen erstellen, jedoch in diesem Zusammenhang eine wesentliche Funktion übernehmen (Sec. 106 (a) 2).

Um bei dem PACOB ordnungsgemäß registriert werden zu können, sind gemäß Sec. 102 SOX eine Reihe von Angaben einzureichen. Dazu gehören u.a. der Kundenstamm, die jährlich erhaltenen Honorare, Finanzinformationen und Qualitätssicherungsmaßnahmen des Prüfungsunternehmens, Informationen zu schwebenden Verfahren und sämtlichen Veröffentlichungen bzgl. der Unstimmigkeiten zwischen Emittenten und der Prüfungsgesellschaft sowie eine Erklärung seitens der Prüfungsgesellschaft zur unbedingten Bereitschaft der vollen Kooperation mit dem PCAOB (Lanfermann/Maul, 2002). Diese Informationen sind jährlich zu aktualisieren.

Neben der Registrierung der Wirtschaftsprüfungsgesellschaften hat das PCAOB neue Berufsregeln und -standards zu setzen, die gewissen Mindestanforderungen des SOX genügen müssen (Kersting, 2003). In Deutschland ist dieses die Aufgabe der Wirtschaftsprüferkammer (WPK), die der Aufsicht des Bundeswirtschaftsministeriums (BMWi) unterliegt.

Überwachungs- und Kontrollbefugnisse des PCAOB (Sec. 104, 105, 106)

Die Hauptaufgabe des PCAOB besteht in der Überwachung und Kontrolle der Wirtschaftsprüfungsgesellschaften. Unternehmen mit mehr als 100 in den USA börsennotierten Mandanten sind mindestens einmal jährlich zu überprüfen, alle anderen registrierten Gesellschaften mindestens einmal alle drei Jahre (Sec. 104 SOX). Außerordentliche Inspektionen können zusätzlich jederzeit angeordnet werden (Lenz, 2002). Im Rahmen der Überwachungstätigkeit ist eine Qualitätskontrolle durchzuführen. Die Einhaltung von US-amerikanischen Ethik-, Unabhängigkeits- und Prüfungsstandards ist zu kontrollieren (Crone/Roth, 2003). Bei der Durchführung der Kontrollen ist es gemäß Sec. 104 (d) SOX legitim, anhand ausgewählter Prüfungsaufträge die Angemessenheit des Internen Kontrollsystems und des Prüfungsverfahrens zu beurteilen. Das Ergebnis ist schriftlich festzuhalten, an die SEC weiterzuleiten und unter Beachtung von Vertraulichkeitsaspekten offenzulegen. Festgestellte Mängel einer Wirtschaftsprüfungsgesellschaft werden jedoch frühestens nach einem Jahr publiziert, sofern sie nicht beseitigt wurden (Lenz, 2002). Das bisher übliche Peer-Review-Verfahren zur Qualitätssicherung, das erst Ende 2000 Eingang in das deutsche Gesetz gefunden hat (§§57a-h WPO), wird somit von einem fortlaufenden Inspektionsprogramm (Monitoring-Verfahren) abgelöst (Lanfermann/Maul, 2002).

Stellt das PCAOB Handlungen oder Unterlassungen eines Wirtschaftsprüfungsunternehmens fest, die gegen das US-amerikanische Bilanzierungsrecht verstoßen, ist bei der Untersuchung des Sachverhaltes die Vernehmung der Mitarbeiter der betroffenen Prüfungsgesellschaft und deren Mandanten möglich. Dazu gehört auch die Pflicht, auf Verlangen des PCAOB hin, sämtliche im Besitz der Prüfungsgesellschaft oder deren Mandanten befindlichen Dokumente vorzulegen (Sec. 105 SOX). Verweigert ein Prüfer die Kooperation mit dem PCAOB, droht ein Berufsverbot oder die Entziehung der Registrierung und somit die Berechtigung für in den USA gelistete Unternehmen Prüfungsleistungen zu erbringen (Hilber/Hartung, 2003). Liegt fahrlässiges Handeln vor, können zudem Geldstrafen von bis zu 100.000 USD bei natürlichen Personen und bis zu 2 Mio. USD bei juristischen Personen verhängt werden, eine öffentliche Rüge ausgesprochen oder zusätzliche Weiterbildungsmaßnahmen auferlegt werden. Kann vorsätzliches Handeln nachgewiesen werden, sind Geldstrafen von bis zu 750.000 US-$ für natürliche Personen bzw. bis zu 15 Mio. USD für juristische Personen möglich. Gemäß Sec. 106 c SOX liegt es im Ermessen der SEC bzw. des PCAOB, ausländische Wirtschaftsprüfungsgesellschaften von diesen Regelungen auszunehmen.

Kollision der Regelungen zur PCAOB mit der Verschwiegenheitspflicht und dem deutschen Datenschutz (Hilber/Hartung, 2003)

Die umfassenden Befugnisse des PCAOB und der SEC widersprechen zum Teil den Berufsgrundsätzen deutscher Wirtschaftsprüfer zur Verschwiegenheitspflicht (§43 Abs.1 S.1 WPO, §9 Abs.2 BS WP) und zum Zeugnisverweigerungsrecht (§383 Abs. 1 Nr. 6 ZPO, §53 Abs. 1 Nr.3 StPO, §98 VwGO). Die Weitergabe von vertraulichen Informationen durch einen Wirtschaftsprüfer ist nach deutschem Gesetz gemäß §203 StGB und §333 HGB strafbar und wird mit Geldbußen und/oder mit einem Freiheitsentzug von bis zu zwei Jahren sanktioniert. Selbst wenn seitens der Wirtschaftsprüfungsgesellschaft und des PCAOB ein berechtigtes Interesse an der Offenlegung mandantenspezifischer Informationen besteht, können aufgrund eines ausländischen Gesetzes das deutsche Datenschutzgesetz und der Verschwiegenheitsgrundsatz nicht umgangen werden. Da es sich bei den USA um einen Drittstaat handelt, der nicht zur Europäischen Wirtschaftsunion gehört und zudem, nach allgemeiner Ansicht der Datenschutzbehörden, über kein angemessenes Datenschutzniveau verfügt, kann ein solches Vorgehen nicht akzeptiert werden. Daran ändert sich auch dann nichts, wenn die an das PCAOB übermittelten Informationen in den USA als „privilegiert" gelten, d.h., dass sie in keinem anderen Verfahren verwand und nur unter gewissen Voraussetzungen publiziert werden dürfen (Sec. 105 b 5 SOX).

In Ausübung seines Ermessens gemäß Sec. 106 c SOX hat das PCAOB in seiner Sitzung am 23. April 2004 beschlossen, ausländische Wirtschaftsprüfungsgesellschaften von den Mitteilungspflichten des SOX zu befreien, die eine Verletzung ausländischen Rechts zur Folge hätten.

Die einzigen Informationen, die dem PCAOB ohne Weiteres zur Verfügung gestellt werden können, sind die bereits in einem öffentlichen Register offengelegten Daten, wie beispielsweise im Handelsregister oder im Berufsregister der Wirtschaftsprüfer. Informationen, die darüber hinaus gehen, kann ein Wirtschaftsprüfer nur dann weiterleiten, wenn er ausdrücklich durch die betreffenden Mandanten von seiner Schweigepflicht entbunden wurde. Da das PCAOB die Offenlegung von vertraulichen Informationen von einem Mandanten seiner Wahl zu Zwecken der Qualitätskontrolle eines Wirtschaftsprüfungsunternehmens verlangen kann, müssten derartige Einwilligungen von sämtlichen Mandanten eingeholt werden. Dies wäre sehr aufwendig und ist nicht immer im Interesse der Vorstände der betroffenen Unternehmen, da sie die Wahrung von Geschäftsgeheimnissen zu verantworten haben. Die Einholung von Einwilligungen der Mitarbeiter sowohl des Wirtschaftsprüfungsunternehmens als auch der Mandanten, zur uneingeschränkten Kooperation mit dem PCAOB, können zudem faktisch als erzwungen angesehen werden, da der Arbeitgeber dies von seinen Angestellten erwartet.

7.2 Der Sarbanes-Oxley Act nach 2002

Seit seiner Einführung im Jahr 2002 wurden in Wissenschaft und Praxis zahlreiche Diskussionen um den SOX geführt. Bestimmungen von der SEC sowie dem PCAOB sind seither

7.2 Der Sarbanes-Oxley Act nach 2002

ergänzt, verändert und konkretisiert worden. Diese dynamische Entwicklung lässt sich hauptsächlich auf die Härte und Auswirkungen des Gesetzes für Unternehmen und Kapitalmärkte zurückführen. In den Vereinigten Staaten hat sich eine breite Lobby gegen die SOX-Gesetzgebung und die damit verbundene Unattraktivität des amerikanischen Kapitalmarktes herausgebildet. Sie fordert mehr Wettbewerbsfähigkeit für Unternehmen durch Lockerung der Gesetze. Senator Michael Oxley selbst erklärte, dass die aufwendige praktische Umsetzung der Gesetzgebung nicht den Intentionen der Gesetzesautoren entspricht und schlug deshalb eine flexiblere Gangart vor (Menzies, 2006).

Die Vorgaben des SOX lösten bei vielen Unternehmen große interne Veränderungen in den Kontrollstrukturen aus. Untersuchungen haben gezeigt, dass durchschnittlich rund 26.000 Stunden Mehrarbeit pro Unternehmen angefallen sind, damit die SOX- und SEC-Vorgaben erfüllt werden konnten (Buchter, 2007). Zu diesen Lohnkosten fielen insgesamt rund 6 Mrd. USD für zusätzliche EDV-Kosten an. Diese resultierten hauptsächlich aus neuen Aufbewahrungspflichten und dem damit verbundenen Verwaltungs- bzw. Archivierungsaufwand der schriftlichen Dokumente und E-Mails. Zudem verdoppelten sich die Kosten für die Börseneinführung von Unternehmen auf durchschnittlich 2,5 Mio. USD. Insgesamt sollen die Kosten des SOX nach Hochrechnungen zu einer jährlichen Vernichtung von rund 75 Mrd. USD an Marktkapitalisierung amerikanischer Aktien geführt haben (Buchter, 2007).

Eine Umfrage unter 15 deutschen Unternehmen von Glaub et al. aus dem Jahre 2006 hat ergeben, dass die Mehrheit der befragten Unternehmensvertreter ein ungünstiges Kosten-Nutzenverhältnis bei der Umsetzung der SOX Reglungen sehen (siehe Abbildung 7.1).

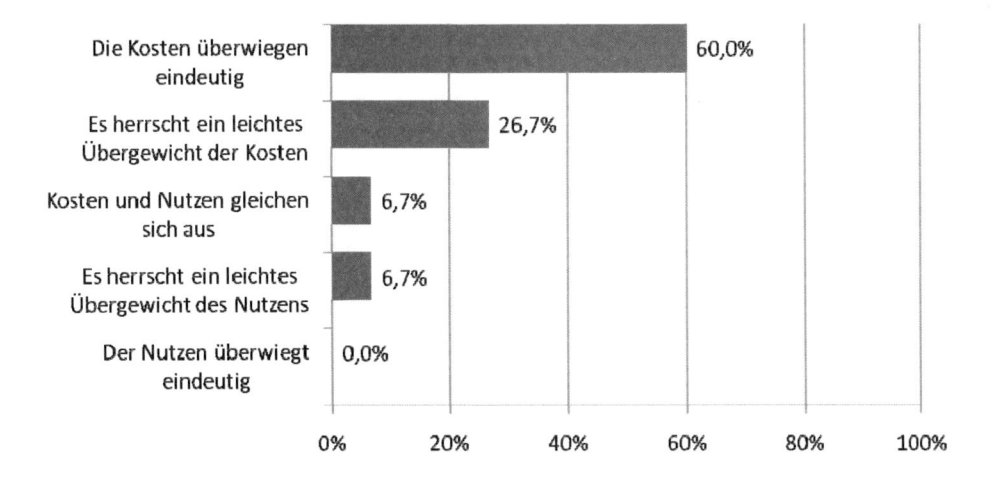

Die Kosten überwiegen eindeutig	60,0%
Es herrscht ein leichtes Übergewicht der Kosten	26,7%
Kosten und Nutzen gleichen sich aus	6,7%
Es herrscht ein leichtes Übergewicht des Nutzens	6,7%
Der Nutzen überwiegt eindeutig	0,0%

Abb. 7.1 SOX Beurteilung nach Kosten und Nutzen (Glaum et al., 2006, S. 41).

Als Konsequenz der Verfolgung des regelbasierten Ansatzes und der damit einhergehenden strengen Gesetzgebung und der damit verbundenen Mehrkosten konnte ein leichter Trend zum „Delisting", d.h. zum Rückzug von der US-Börse, festgestellt werden. Insbesondere bei kleineren Aktiengesellschaften stand der stark gestiegene Verwaltungsaufwand in keiner Relation zum Vorteil des Handels ihrer Aktien (Merkl, 2006). Auch ausländische Unternehmen verzichteten häufiger auf das Listing an US-Börsen und ließen sich stattdessen in anderen Ländern notieren. Hierfür waren auch die fehlende Bereitschaft der Vorstandsvorsitzenden und Finanzvorstände Ursache, die die mit einer US-Notierung verbundenen persönlichen Haftungsrisiken, insbesondere in Bezug auf die Richtigkeit der Finanzinformationen, auf sich zukommen sahen (Hannich, et al. 2005; Lanfermann/Maul, 2002).

Die Fehlentwicklung, die durch und mit dem SOX entstanden ist, erreichte ihren vorläufigen Höhepunkt, als die SEC am 4. Juni 2007 Richtlinien lockerte, die ausländischen Unternehmen das Abmelden von der New Yorker Börse erleichtern sollen. Zahlreiche Unternehmen, insbesondere europäische Unternehmen, kündigten ihren Rückzug aus New York an. Darunter waren unter anderem die Schweizer Zeitarbeitsfirma Adecco, der französische Lebensmittelgigant Danone und die Fluglinie British Airways. Andere Unternehmen, wie der Spezialchemieanbieter Altana, sind seit Mai 2007 nicht mehr in New York gelistet.

Multinationale Konzerne wie Hitachi und Sony sahen sich dazu veranlasst, die Bekanntgabe ihrer Ergebnisse für das Geschäftsjahr 2006/07 um einige Wochen zu verschieben. Beide Firmen machten den großen bürokratischen Aufwand durch den SOX für die Verzögerung verantwortlich. Die wichtigsten Änderungen in der SOX Gesetzgebung nach 2003 werden in Tabelle 7.2 zusammenfassend gegenübergestellt.

Tabelle 7.2 Veränderungen der SOX und SEC Regelungen.

Nr.	ursprüngliche Gesetzgebung	veränderte Gesetzgebung
1	Rotationspflicht der verantwortlichen Prüfungspartner, Prüfungsteams und Review Partner alle fünf Jahre	Prüfungsrotation für leitende Prüfer alle fünf Jahre, für andere Prüfer alle sieben Jahre
2	Grundsätzliches Verboten der Steuerberatung bei zu prüfenden Mandanten	Freiraum für Abschlussprüfer bei der Steuerberatung ihrer Mandanten.
3	Zwang zur Anpassung des Zahlenwerks von US-börsengelisteten Unternehmen an die US-GAAP Bilanzierung	Akzeptanz der europäischen Bilanzregeln IAS für ausländische börsennotierte Unternehmen
4	Pflicht zur Errichtung eines internen Kontrollsystems, das vom Management überwacht und vom Wirtschaftsprüfer explizit überprüft werden muss	Lockerung der persönlichen Haftung des Managements für das interne Kontrollsystem und Verzicht auf das Prüfungsurteil zur Beurteilung der Wirksamkeit des IKS durch die Geschäftsleitung
5	vollständige Deregistrierung von der Börse falls nachgewiesen werden kann, dass nicht mehr als 300 Anleger mit Wohnsitz in den USA über Anteile des Unternehmens verfügen	vollständige Deregistrierung falls nachgewiesen werden kann, dass der US-Anteil am täglichen Aktienvolumen des Unternehmens unter 5% liegt

Bei der Prüferrotation, die zum Zwecke der Erhaltung der Unabhängigkeit der Abschlussprüfer eingeführt wurde, haben die SEC und das PCAOB ihre Anforderungen gelockert. Die

Prüferrotation erforderte den Wechsel sämtlicher Prüfungsmitwirkender im fünfjährigen Turnus. Zu ihnen zählten die verantwortlichen Prüfungspartner (Lead Audit Partner), die zuständigen Prüfungsteams (Audit Engagement Team) sowie die für die Überprüfung des Prüfungsberichts zuständigen Review Partner (Concurring Partner). Die neue Regelung besagt, dass nur noch der leitende Prüfungspartner den Mandanten alle fünf Jahre wechseln muss. Für alle anderen Prüfungsmitwirkenden gilt eine Frist von sieben Jahren (Peemöller/Hoffmann, 2005).

Neben den acht Leistungsarten, die der Wirtschaftsprüfer nicht für den zu prüfenden Mandanten erbringen durfte und darf, galt die Steuerberatung als grundsätzlich erlaubt. Eine stetige Unsicherheit blieb bei den großen Prüfungsgesellschaften, welche ihre Mandanten auch bei der Steuerplanung und bei der steuerlichen Gestaltung unterstützen wollten, dennoch bestehen. Nunmehr sichert die SEC den Prüfern Freiraum bei diesen Tätigkeiten gesetzlich zu. Ein vollkommenes Verbot wurde zurückgewiesen (Peemöller/Hoffmann, 2005).

Die Anerkennung der europäischen IAS Bilanzierung von amerikanischen Behörden galt als längst überfällig und wurde besonders in Europa mit großer Erleichterung aufgenommen. Die meist nicht nach US-GAAP bilanzierenden europäischen Unternehmen hatten durch die Regelungen des SOX Nachteile. Sie mussten unter Zeit-, Geld- und Personalaufwand ihre Bilanzen anpassen. Ausländische Firmen müssen jetzt zwar weiterhin außerbilanzielle Posten, wie beispielsweise „Umbuchungen aufgrund der durch Abschlussprüfer aufgedeckten Fehler", offen legen, können dies aber nach nationalen und internationalen Bilanzregeln tun (Peemöller/Hoffmann, 2005).

Die Verpflichtung zur Einrichtung eines internen Kontrollsystems bei allen börsennotierten Unternehmen stieß in der Wirtschaft aufgrund der hohen Implementierungskosten auf harte Kritik (Merkl, 2007; Abbildung 7.1). Aufgrund dieser Erkenntnis wurde Ende Mai 2007 die Sec. 404 SOX von der SEC gelockert. Die verantwortlichen Manager haben künftig größeren Spielraum und können ihre Finanzkontrollen auf Bereiche konzentrieren, die sie als potentielle Risiken ausgemacht haben. Ein unabhängiger Wirtschaftsprüfer soll bewerten, ob die Kontrollen funktionieren, muss aber nicht mehr den gesamten Prozess attestieren.

Seit dem 4. Juni 2007 ist das Delisting für ausländische Unternehmen vereinfacht. Nach der Einstellung der Notierung erfolgt die Deregistrierung, wenn die Unternehmen nachweisen können, dass ihr US-Anteil am täglichen Aktienhandelsvolumen unter 5% liegt. Eine Deregistrierung kann wegen der vorgeschriebenen Fristen bis zu einem Jahr andauern (Forckenbrock/Riecke, 2007).

7.3 Kritische Würdigung der Auswirkungen des SOX auf exterritoriale Gebiete

„Der SOX geht völlig in die falsche Richtung." (Zitat von EU Kommissionsmitglied Bolkenstein, zitiert nach Wetzel, 2003). Der regelbasierte Ansatz lässt allgemeingültige Prinzipien vermissen und beinhaltet somit eine Tendenz zur Überregulierung. Dies zeigt sich auch in den Veränderungen des SOX nach 2003 und in den Kritiken am SOX in den USA selbst. Um die Schlupflöcher des US-amerikanischen Bilanzierungssystems stopfen zu können, sollte ein prinzipienbasierter Ansatz zumindest als Ausgangsgrundlage dienen, denn die alleinige Verschärfung der Regelungen und Sanktionen hilft nur bedingt, kriminelle Handlungen zu verhindern. Dies zeigen auch die Entwicklungen in der Wirtschafts- und Finanzkrise 2008 in der Bankenindustrie. Hinzu kommen die Kollisionen mit dem europäischen Recht und den einzelnen nationalen Regelungen aufgrund der exterritorialen Wirkungen des Gesetzes.

Insgesamt kann der SOX in seiner ersten Fassung als Ergebnis eines vorschnellen, undiplomatischen Handelns der Vereinigten Staaten verstanden werden, der keine Rücksicht auf mindestens ebenso wirksame Schutzmechanismen ausländischer Rechtsverordnungen nimmt, wie beispielsweise das europäische Boardsystem.

7.4 Fallbeispiel – WorldCom

Die Manipulationen der Jahresabschlüsse 1999 und folgende beim Telekommunikationsunternehmen WorldCom bestand darin, die laufenden Kosten für die Nutzung der Telefonleitungen anderer Gesellschaften nicht als Aufwand in der Bilanz anzusetzen, sondern sie als Vermögenswert zu aktivieren (Tanski, 2002). Kosten können jedoch nur aktiviert werden, wenn es sich um selbsterstellte Güter handelt, die in der Zukunft abgeschrieben werden. Durch diese Bilanzierungspraxis brauchte WorldCom keinen Verlust in Höhe von 0,7 Mrd.USD verbuchen, sondern konnte einen Gewinn in Höhe von 1,38 Mrd. USD im Jahr 2001 ausweisen, um die Erwartungen der Analysten zu erfüllen (Tanski, 2003). Hierbei ging es insbesondere darum, die für den Kapitalmarkt wichtigen Kennzahlen, wie bspw. EBITA oder Earnings per Share, den Erwartungen entsprechen zu lassen. WorldCom erhoffte sich dadurch, die Verluste zukünftig zu erfassen, wenn die Ertragslage besser wäre.

Fraglich ist, warum Manipulationen dieses Ausmaßes möglich waren und welche Überwachungsmechanismen der Corporate Governance versagt haben.

Das Management stand stark unter dem Erwartungsdruck des Kapitalmarktes (Analysten und Investoren). Führen nun externe Schocks zu Veränderungen am Kapitalmarkt, dann sieht sich das Management gezwungen zu handeln, um weitere Gewinneinbrüche und Kursrückgänge zu verhindern (Tanski, 2002). Im Fall von WorldCom führte der Markteinbruch im Jahr 2000 zu einer externen Störgröße, die die Erträge bei WorldCom sinken ließ. Außerdem war das Topmanagement von WorldCom durch eine Vielzahl persönlicher Motive zu Manipulationen verleitet worden. Dies waren zum einen existierende Aktienoptionspläne und zum anderen psychologische Aspekte, wie der Wunsch nach Selbstdarstellung als „Finanzmagier". Dies wird für den relativ jungen CFO Sullivan von WorldCom als ein mögliches Motiv angenommen (Barrier, 2002). Ei weiteres Motiv war ein fehlendes Unrechtsbewusstsein in der Unternehmensleitung (Barrier, 2002).

Die mangelhafte Corporate-Governance-Struktur bei WorldCom erleichterte eine Manipulation zumindest. Zunächst war die Unabhängigkeit des Boards nicht gegeben, da die meisten Mitglieder entweder langjährige Geschäftspartner des CEO Ebbers oder Inhaber von Firmen, die WorldCom aufkauften, waren (Tanski, 2002). So wurden Entscheidungen, wie die der Vergabe eines persönlichen Kredites in Höhe von 340 Mio. USD an den CEO, nicht kritisch hinterfragt. Ein weiterer gravierender Mangel in der Corporate Governance bei WorldCom war die direkte Unterstellung der Internen Revision unter den CFO (Tanski, 2002). Infolgedessen hatte der CFO die Kontrolle über die Bücher des Unternehmens und er war faktisch die interne Prüfinstanz des Unternehmens. Dies bedeutet, dass er seine fragwürdigen Bilanzmethoden innerhalb des Unternehmens selbst geprüft hat.

Es stellt sich die Frage, warum diese Praktiken nicht bei der externen Prüfung aufgefallen sind. Auch im Fall von WorldCom ist die Unabhängigkeit des Abschlussprüfers Arthur Andersen fraglich, da Andersen drei Viertel des Honorars für Beratungs- und ähnliche Dienstleistungen bekam. Im Jahr 2001 entfielen von 16,8 Mio. USD lediglich 4,4 Mio. USD auf Prüfungsleistungen.

Der Zusammenbruch von Worldcom wurde eingeleitet, als der CEO seinen persönlichen Kredit in dreistelliger Millionenhöhe nicht zurückzahlen konnten und im Rahmen des Wechsels des CEO die Missstände aufgedeckt wurden. Im Rahmen des Vertrauensverlustes des Kapitalmarktes sank der Kurs der WorldCom-Aktie von ehemals 64,50 USD (1999) auf 0,05 USD (Juni 2002).

Fragen und Thesen zur Sektion

- Diskutieren Sie den Unterschied zwischen Regelungen mit „Comply or Explain"-Bedingungen und gesetzlichen Vorschriften wie im SOX.
- Welche Regelungen des SOX und des DCGK halten Sie für sinnvoll, insbesondere vor dem Hintergrund der jüngsten Finanzkrise?
- Sind Bilanzskandale durch die IAS/IFRS zukünftig auszuschließen?
- Sind internationale Rechnungslegungsstandards ein Mittel zur Verbesserung der Corporate Governance?
- Welche Probleme können sich durch die Einrichtung von Audit Committee in Deutschland ergeben? Wie kann diesen Problemen entgegengewirkt werden?
- Kann ein Gesetz wie der SOX in Zukunft Rechnungslegungsskandale wie z.B. bei Enron und Worldcom und die damit verbundene Vernichtung von Anlegervermögen verhindern?
- Ist ein generelles Verbot bestimmter Nicht-Prüfungsleistungen zur Wahrung der Unabhängigkeit der WPG sinnvoll?
- Ist der prinzipienorientierte Ansatz dem regelbasierten Ansatz vorzuziehen?

- Welche Lösungsansätze wurden zur Lösung der „Enronitis" entwickelt? Nennen Sie Gesetze, Regelungen und nennen Sie die wesentlichen Unterschiede zwischen den Gesetzen/Regelungen.

- Inwiefern könnte man den Wirtschaftsprüfern eine Mitschuld an den Bilanzskandalen (Enron/Worldcom) geben?

- Nennen Sie zwei wesentliche Schwachstellen in der Corporate Governance, die das Auftreten von Betrugsskandalen wie bei Enron usw. erleichterten. Wie wurde diesen Schwachstellen speziell im SOX entgegengewirkt? Geben Sie eine kurze Beurteilung der Wirksamkeit/Effizienz der SOX Regeln in Bezug auf die Behebung der Schwachstellen.

8 Corporate Governance in Frankreich

Lernziele

Sie lernen den Einfluss von Kultur und Historie auf Corporate-Governance-Systeme kennen und verstehen die Bedeutung von Pfadabhängigkeiten. Sie lernen neben den bisher vorgestellten angloamerikanischen und kontinentaleuropäischen Systemen ein weiteres Corporate-Governance-System kennen. Nach der Bearbeitung der Inhalte dieser Sektionen können Sie abschätzen, ob die Koexistenz zwischen dem angloamerikanischen und kontinentaleuropäischen System ein Zukunftsmodell für Europa und andere Regionen darstellt oder ob es sich dabei lediglich um einen Sonderfall handelt.

8.1 Das französische Wahlmodell

Das französische Corporate-Governance-System ist schwer in nur eines der bereits dargestellten Kategorien eines Corporate-Governance-Systems einzuordnen: Es ist weder ein einstufiges noch ein zweistufiges Governance System, sondern ein Mischsystem, da Unternehmen in Frankreich die Wahl haben, sich zwischen dem Trennungs- und Board-Modell zu entscheiden.

Traditionell ist die Unternehmensspitze in Frankreich durch das Board-Modell geprägt. Hier liegt das Direktorialprinzip vor, d.h., eine Person hat Weisungs- und Beschlussbefugnisse. In Frankreich vereinigen sich diese Einflüsse beim Président-Directeur-Général (PDG), dem präsidialen Generaldirektor. Zurückzuführen ist diese Bevorzugung zentraler Macht auf die französische Historie, welche stets von zentraler Herrschaft und Autorität geprägt war. Der PDG wird durch den Conseil d'Administration (Board) gewählt.

Wie im Trennungsmodell ist die Directoire für die Geschäftsführung zuständig und der Conseil de Surveillance bzw. d'Administration für die Unternehmensaufsicht und Kontrolle. Gegenüber dem deutschen Modell kann der Président de Directoire, welcher die gleiche Stellung wie der PDG besitzt, nicht durch den Conseil de Surveillance, sondern nur durch die Hauptversammlung (Asemblée Générale) abgelöst werden (Witt 2003).

Die Macht des PDG ist größer als bei dem US-amerikanischen CEO oder dem deutschen Vorstandsvorsitzenden, da er das alleinige Recht besitzt, das Unternehmen nach außen hin zu vertreten und die Geschäfte zu führen. Des Weiteren bestimmt er in der Regel seinen Nachfolger selbst, auch wenn dieser offiziell vom Conseil d`Admistration gewählt wird. Die große Machtkonzentration wird nur dadurch ausgeglichen, dass der PDG vom Conseil d`Administration ohne wirtschaftlichen oder persönlichen Grund entlassen werden kann. Der PDG hat also keinen Kündigungsschutz und keinen Anspruch auf Gehaltsfortzahlung im Kündigungsfall (Witt, 2003).

Aufgrund der Globalisierung und der wachsenden Internationalisierung der Aktionäre am französischen Markt wurde aber das französische Modell, das seit 1966 bestand hat, durch zwei Gesetze in den Jahren 2001 und 2003 reformiert. Das Ziel dieser Gesetze war es, eine Anpassung an den internationalen Wettbewerb der Systeme zu erreichen. Die Entwicklung des französischen Governance-Systems kann derzeit wie folgt umschrieben werden: „if the old system has faded, it is far from clear what is emerging and where it will go." (Gourevitch/Shinn, 2005, S. 262).

8.2 Das französische Governance-System – Eine historische Betrachtung

Das französische Corporate-Governance-System wird sowohl von politischen als auch von historischen Elementen geprägt.

8.2.1 Der Einfluss des Regimes von Vichy

Das französische Governance System entwickelte sich während des 2. Weltkrieges und ist aus dem Vichy-Regime übernommen worden. Das autoritäre Regime von Vichy ermöglichte die Kontrolle der Wirtschaft und die Wiederherstellung der Ordnung nach der Invasion der Deutschen Wehrmacht in Frankreich. 1940 wurde in Frankreich der Status des PDG eingeführt. Der PDG übernimmt in Unternehmen gleichzeitig die Rolle des Hauptmanagers sowie die des Vertreters der Aktionäre. Es ist eine Fusion der Rollen des Vorsitzenden und des Hauptgeschäftsführers eines Unternehmens. Der PDG führt den Verwaltungsrat.

Eine weitere Besonderheit in der Führung französischer Unternehmen ist noch heute die starke Einflussnahme des Staates durch die zentralistische Regierung in Frankreich nach dem Prinzip des „Etat Colbertiste".[11] Hierdurch kommt es zu einer Vermischung wirtschaftlicher und politischer Ziele.

---

[11] Benannt nach dem königlichen Minister Colbert, der als erster Minister die Wirtschaft sehr stark zentralistisch kontrollierte und lenkte.

1966 änderte Charles De Gaulle das seit der Vichy-Regierung bestehende Gesellschaftsrecht. Diese Gesetzesänderung gab den Unternehmen von dato an die Möglichkeit, die bis damals vereinten zwei Hauptbefugnisse des PDGs an getrennte Personen zu verteilen. Hiermit geht die Errichtung eines Vorstands und eines Aufsichtsrats einher. In der Praxis bestand jedoch das System des PDGs weiterhin.

8.2.2 Die Rolle De Gaulles

Das französische Corporate-Governance-System wurde von Charles de Gaulles politischer Vorstellung der Wirtschaft geprägt. Diese Vorstellung kann durch verschiedene Paradoxe charakterisiert werden. Einerseits hatte De Gaulle eine liberale Wirtschaftspolitik im Sinn, andererseits unterstützte er eine Interventionspolitik: Nach De Gaulles Meinung, sollten Märkte durch Wettbewerb und nicht durch Vereinbarungen und Protektionismus reguliert werden. Die Modernisierung der französischen Wirtschaft nach dem 2. Weltkrieg sollte jedoch wiederum durch den Staat organisiert werden (Meisel, 2004), um den im Krieg vermehrt eingegangenen Kartellen entgegenzuwirken. Weiterhin protektionierte der französische Staat nationale Unternehmen im internationalen Handel, mit dem Ziel, „nationale Meister" zu erschaffen. Dies blieb für De Gaulle auch dann gültig, wenn sich Oligopole oder Monopole hierdurch etablierten.

De Gaulle verfolgte nachstehende Maßnahmen, um eine staatliche Kontrolle über Schlüsselindustrien und -unternehmen zu garantieren (Gourevitch/Shinn, 2005, S. 246):

- Verstaatlichungen: Der Staat wurde der größte französische Unternehmensleiter.

- Jean Monnet übernimmt die Führung der „Commission aux plans", eine Institution zur Koordination staatlich-ökonomischer Initiativen. Der Staat investiert in die Modernisierung der Unternehmen und führt somit eine Politik großer Wirtschaftsplanung ein.

- Gründung der „Comités d'entreprise": Sie entsprechen dem deutschen Modell der Betriebsräte und leiten die Teilnahme der Arbeiter am Management des Unternehmens ein. Diese Betriebsräte haben den Einfluss der Gewerkschaften in Frankreich deutlich verstärkt.

Dem französischen Staat kam somit eine zentrale Rolle bei dem Aufbau der Wirtschaft nach dem 2. Weltkrieg zu. Er wurde zum Hauptakteur in der französischen Wirtschaft, der die Nachfrage zentralisierte, die Ressourcen zuteilte und die Gesellschaft lenkte. Der Staat agierte als „Public Focal Monopoly" (Meisel, 2004).

8.2.3 Die Rolle des Staates

Die Dominanz des Staates, auch in der Führung von Unternehmen, zeigt sich an den zahlreichen Verstaatlichungen von Großunternehmen wie Thomson, Rhône-Poulenc, Pechiney, Paribas, Suez oder CIC. Die Verstaatlichungen haben einen großen Einfluss auf die Entwicklung des Corporate-Governance-Systems. Ihre Produktion und Strategien waren von politischen Zielen geprägt. Es gibt auch heute noch viele wechselseitige Unternehmensbeteiligungen und oftmals werden leitende Manager aus dem Staatsdienst rekrutiert (Altmeyer, 2003).

8.2.4 Die Rolle der französischen Eliten

Weiterhin haben die herrschenden Eliten einen großen Einfluss auf die französische Corporate Governance der Nachkriegszeit, es ist „[...] eine bemerkenswerte Konzentration von Macht und Ressourcen in den Händen einer kleinen Elite" (Meinel, 2006, S. 62) zu beobachten. Die französischen Eliten entwickelten ein Netz von engen wirtschaftlichen, politischen und sozialen Beziehungen, wodurch es zu einer Politisierung des privaten Sektors und einer Privatisierung des öffentlichen Sektors kam.

Nach Pérez (2006) wird das französische Governance System durch die Regulierung des Kapitalmarktes und gleichzeitig durch den Staat bestimmt. Einerseits gibt es in Frankreich die staatliche Tradition, die zur staatlichen Regulierung führt. Andererseits entwickelt sich das französische System in Richtung des US-amerikanischen Systems, weil der Kapitalmarkt stark an Einfluss gewonnen hat. Witt (2006) beschreibt das System als „insiderorientiertes System mit Verbindungen zum öffentlichen Sektor".

8.3 Entwicklungen des französischen Corporate-Governance-Systems nach 1966

Das Aktiengesetz von 1966 bildet die gesetzliche Grundlage des französischen Corporate-Governance-Systems. Die französischen Unternehmen können zwischen zwei Gestaltungsformen wählen. Es gibt einerseits die „Sociétés Anonyme (SA)" (die der deutschen Aktiengesellschaft entspricht) und andererseits die „Sociétés à Responsabilité Limitée (SARL)" (Gesellschaften mit beschränkter Haftung).

Die französischen Unternehmen können zwischen drei „Führungs- und Kontrollorganisationen" wählen:

- Vorstand, geführt vom PDG,

- Leitung durch zwei Gremien, Vorstand und Aufsichtsrat,

- Vorstand; die Funktionen des Präsidenten und des Generalleiters werden dabei getrennt.

Die Anteilsbesitzer einer Société Anonyme verfügen über Stimmrechte und können sie während der Hauptversammlung ausüben. Die Hauptversammlungen haben in Frankreich jedoch wenig Einfluss auf die der Unternehmensführung. Der Kapitalmarkt übt keine große Kontrolle aus, weil der Aktienmarkt wegen der „Noyaux durs" sehr stabil ist. „French managers appear quite free to set their strategies. If the state does not constrain them as before, neither do shareholders or block holders." (Gourevitch/Shinn, 2005).

8.3 Entwicklungen des französischen Corporate-Governance-Systems nach 1966

Nach alter Tradition hat die Mehrheit der Unternehmen ein einstufiges System gewählt. Für das Trennungsmodell haben sich bisher nur ca. 5% der größten Aktiengesellschaften Frankreichs entschieden. Darunter fallen auch häufig Tochtergesellschaften deutscher Unternehmen.

Folgende externe Einflüsse haben zu einer Veränderung des Corporate-Governance-Systems in Frankreich seit 1966 geführt:

1. Der Staat konnte für die notwendige Modernisierung seiner Unternehmen selbst nicht aufkommen. Die Unternehmen müssten sich an den Kapitalmarkt wenden, um Finanzierungsmittel zu akquirieren. Die Rolle des Staates wurde dadurch zurückgedrängt. Der Prozess der Reform wurde durch den zunehmenden Einfluss ausländischer Investoren beschleunigt. „US-amerikanische Investmentbanken, Pensionsfonds, Anlagegesellschaften sind zudem marktmächtig und drängen ausländischen Unternehmen ihre Vorstellungen von Corporate Governance auf" (Witt, 2006). 1987 stellte das Eigentum der Auslandsinvestoren 11% der Aktien von großen französischen Unternehmen dar, 2002 erreichte es 42%. (Meisel, 2004)

2. Der Staat litt seit Anfang der 1980er-Jahre zunehmend mehr an einer Legitimitätskrise. Der Staat wurde und wird von der Bevölkerung nicht mehr als der Vertreter des Interesses der Allgemeinheit, sondern als Vertreter einer Elite betrachtet.

3. Die Folge war ein Übergewicht privater Interessen und Dezentralisierung, die von zahlreichen Privatisierungen zwischen 1986 und 1993 begleitet wurde.

8.3.1 Corporate-Governance-Skandale in Frankreich in den 1990er-Jahren

In den 1990er-Jahren kam es zu vielen Skandalen, die das Vertrauen in die Führung der Unternehmen in Frage gestellt haben. Diese Skandale, z.B. bei Crédit Lyonnais oder Michelin, können durch ein unkontrolliertes Management und riskante Investitionen erklärt werden. Es fehlte an wirksamen Kontrollen des Managements. Das existierende System mit vielfach staatlich besetzten Kontrollgremien war nicht geeignet, die Skandale zu antizipieren und zu vermeiden. Insbesondere gerieten die französischen Vorstände, die „Conseil d'administration", unter Kritik.

Eine Reform des französischen Corporate-Governance-Systems wurde deshalb angestrebt. In diesem Kontext haben die Association Française des Entreprises Privés (AFEP – Verband der französischen privaten Unternehmen) und der Mouvement des Entreprises de France (MEDEF – Gewerkschaft der Arbeitgeberschaft) drei Gutachten bestellt: Die Viénot-Berichte von 1995 und 1999 sowie den Boutons-Bericht von 2002. Das Resultat dieser Berichte war das NRE-Gesetz vom 15. Mai 2001 (Nouvelle Régulation Economica – Neue ökonomische Regulierung) und das LSF-Gesetz vom 1. August 2003 (Loi sur la Sécurité Financière – Gesetz über die finanzielle Sicherheit). Diese Gesetze zielen vornehmlich darauf ab, eine Redefinition der Rolle des Vorstands und des Aufsichtsrats vorzunehmen.

Die fünf wichtigsten Empfehlungen aus den drei Berichten umfassen:

1. Trennung der Funktionen von Präsident und Generalleiter,
2. Aufgaben der Vorstandsmitglieder,
3. Zusammensetzung und die Arbeitsweise der Vorstände,
4. Transparenz der Vergütungen und
5. Qualität der Finanzinformationen und Rechnungslegung.

Der Viénot I Bericht von 1995 (Bericht Viénot I: „Le conseil d'administration des sociétés cotées") beschäftigt sich insbesondere mit Vorständen börsennotierter Unternehmen. Er besteht aus drei Teilen, die die Aufträge und die Aufgabenbereiche des Vorstands definieren, die Zusammenstellung des Vorstands regeln und seine Arbeitsweise festlegen.

Nach diesem Bericht soll der Vorstand soll folgende Aufgaben übernehmen:

- Definition der Strategie des Unternehmens,
- Bestellung der Direktoren,
- Kontrolle der Geschäftsführung und
- Wahrung der Qualität der Information an externe Stakeholder.

Mindestens zwei Vorstandsmitglieder sollen vollständig unabhängig im Vorstand agieren. Die Gründung eines Auswahlausschusses wird empfohlen. Die Einberufung eines Vergütungsausschusses und eines Audit Committees wird vorgeschlagen. Weiterhin weißt der Bericht auf die Bedeutung der Corporate Social Responsibility bezüglich der Zukunftssicherheit, des Wachstums und der Kontinuität hin. Der Viénot-Bericht sieht jedoch keine Notwendigkeit einer Funktionstrennung bei den bestehenden Aufgaben des Präsidenten.

Da dieser Bericht Empfehlungen ohne verbindliche Maßnahmen definierte, hatte er insgesamt kaum Einfluss auf die Gestaltung des französischen Corporate-Governance-Systems.

Der Viénot II Bericht von 1999 (Bericht Viénot II, „Rapport du comité sur le gouvernement d'entreprise") stellte eine Weiterführung des ersten Viénot Berichts dar. Mehrere ergänzende Themen wurden behandelt: z.B. die Veröffentlichung von Vorstandsgehältern und der Stock-Options. Die Vorstandsgehälter sollten nur offen gelegt werden, wenn die Hauptversammlung dieses auch beschließt, damit ein Schutz des Firmenimage gewährt werden kann. Weiterhin wurde vorgeschlagen, dass die Anzahl von Vorstandsposten pro Person auf fünf Posten beschränkt sein sollte.

Dieser Report wurde vielfach kritisiert, da er sich nur marginal an die OECD-Richtlinien guter Corporate Governance hält (Berrar, 2001). So wurden z.B. keine Aussagen zu den Rechten der Aktionäre und zur Unabhängigkeit der Ausschüsse getroffen.

Der Bouton-Bericht von 2002 (Bericht Bouton, „Pour un meilleur gouvernement des entreprises cotées") fokussiert – aufgrund der damals aktuellen Unternehmenszusammenbrüche in den USA – vor allem auf Aspekte der Rechnungslegung.

8.3.2 Corporate-Governance-Gesetze in Frankreich

Nach den Empfehlungen der drei genannten Berichte wurden in Frankreich zwei Gesetze verfasst:

- das NRE – Nouvelle Réglementation Economique-Gesetz und
- das LSF – Loi sur la Sécurité Financière-Gesetz

In Anlehnung an das französische Recht wurde die Möglichkeit der Wahl zwischen den beiden Corporate-Governance-Modellen (One-Tier oder Two-Tier) in der Societas Europea, der europäischen Aktiengesellschaft, zugelassen (Böckli, 2003), welche 2004 in nationales Recht aufgenommen wurde. Die zugrunde liegende europäische Verordnung (EU-VO 2157/2001) wurde im Jahre 2001 verabschiedet (Altmeyer, 2003).

NRE-Gesetz, 2001

Das NRE-Gesetz versucht ein Gleichgewicht der Mächte (Ausführung und Kontrolle) innerhalb der Unternehmensführung in Frankreich zu etablieren. Es behandelt:

- die Trennung der Funktionen von Präsident und Generalleiter, mit der Beschränkung der Mandatshäufung (ein Mitglied kann nur bis zu fünf Mandate innehaben),
- Publizitätspflichten und Transparenz und
- neue Rechte für Aktienbesitzer.

Das NRE Gesetz führte zu einer Redefinition der Aufgaben des Vorstands. Die Kontrollfunktion und die Verantwortung in der Bestimmung der Unternehmensstrategie hat demnach der Vorstand inne. Die Veröffentlichung der Vorstandgehälter wurde trotz der Empfehlungen der Viénot-Berichte verpflichtend.

Eine besondere Zielsetzung kennzeichnet die französischen Unternehmen: die „Gewinnmaximierung unter Beachtung der Nebenbedingungen einer guten Kooperation mit staatlichen Stellen und einer Beachtung der Mitarbeiterinteressen" (Witt, 2006).

LSF-Gesetz, 2003

Das LSF-Gesetz hat erstens zum Ziel, die Transparenz und die Rechnungslegung in den Unternehmen zu stärken. Mit dem Gesetz wird die AMF – Autorité des Marchés Financiers – gegründet, die eine Vereinheitlichung der bisher bestehenden Kontrollgremien darstellt. Diese waren das COB – Comité des Opérations de Bourse und das CMF – Comité des Marchés Financiers. Hiermit wird zum einen eine effizientere Börsen- und Finanzaufsicht erwartet. Zum anderen wurde die Rechnungsprüfung reformiert. Eine Hauptmaßnahme ist die obligatorische Trennung von Wirtschaftprüfung und Unternehmensberatung bei Wirtschaftsprüfungsgesellschaften. Parallel dazu wird ein Haut Conseil du Commissariat aux Comptes gegründet, die die Rechnungsprüfung und die Einhaltung der Unternehmensethik überwacht. Drittens geht mit dem Gesetz eine Erweiterung der Veröffentlichungspflichten von Unternehmen einher: Komitees müssen eingerichtet werden (z.B. Audit Committee, Ausschuss zur Festlegung der Vorstandsgehälter).

Trotz der Umsetzung der Gesetze haben Kleinaktionäre in Frankreich noch immer kaum Mitspracherechte.

Fragen zur Sektion

- Sind die französischen Reformen ausreichend, um in einem internationalen Wettbewerb der Corporate-Governance-Systeme die Besonderheiten des französischen Systems zu beschützen und die Dominanz des angloamerikanischen Systems zu vermindern?
- Illustrieren die französischen Reformen eine Konvergenzbewegung oder eine Dominanz des angloamerikanischen Systems?
- Wäre ein einziges Corporate-Governance-System effizienter als das in Frankreich geltende Wahlrecht? Oder ist eine Anpassung zu nationalen Besonderheiten nötig, um die Effizienz eines Corporate-Governance-Systems zu garantieren?
- Der PDG hat keinen Kündigungsschutz und keinen Anspruch auf Gehaltsfortzahlung im Kündigungsfall. Ist dies ein Lösungsweg für die überzogenen Bonuszahlungen von Managern in der Finanzkrise 2008/2009?
- Warum wird das französische Corporate-Governance-System als „Insidersystem mit Verbindungen zum öffentlichen Sektor" beschrieben?
- Vervollständigen Sie bitte folgende Tabelle:

Kriterien	Board-Modell USA	Trennungsmodell BRD	Modell in Frankreich
Struktur (Aufbau)	CEO und Chairman of the board ist dieselbe Person → Kontrolldefizit verstärkt	Personalwechsel Vorstand/Aufsichtsrat untergräbt Prinzip der Organtrennung	
Qualität (Akteur/ Informationen)	mangelhafte Unabhängigkeit und Informationsdefizite → direkte Beteiligung an der Entscheidungsfindung wird negativ beeinflusst	Abhängigkeit des AR bei Informationsbeschaffung, Vielzahl von AR-Mandaten und Einfluss des VS auf die Vergabe der AR Plätze	
Prozess (Dauer der Entscheidungsfindung)	schnelle Entscheidungsfindung möglich (Direktoralprinzip)	Entscheidungsfindung langfristig (Kollegialprinzip), Interessenkonflikte durch Mitbestimmung	
Transparenz	Publizitätsrichtlinien sind stark ausgeprägt (SOA, US-GAAP)	Informationen wenig aufschlussreich für ausländische Investoren, aber Verbesserung durch : IAS/IFRS, KonTraG, TransPuG und DCGC	

9 Corporate Governance in China

Lernziele

Sie lernen den Einfluss von Kultur und Historie auf Corporate-Governance-Systeme anhand eines realen Beispiels kennen und verstehen die Bedeutung von Pfadabhängigkeiten. Ihnen wird der Unterschied zwischen einer regelbasierten und einer beziehungsbasierten Gesellschaft deutlich und Sie verstehen die Wirkungsweisen eines regelbasierten Corporate Governance Ansatzes in einer beziehungsbasierten Gesellschaft. Sie lernen ein asiatisches Corporate-Governance-System, das Besonderheiten in Hinsicht auf Kultur und Tradition aufweist, kennen. Sie erfahren, wie Corporate-Governance-Systeme implementiert werden können, und welche Parameter dabei zu berücksichtigen sind. Ergänzend werden Ihnen die Determinanten von Veränderungsprozessen erläutert.

9.1 Einleitung

Seit 1993 ist die chinesische Regierung bestrebt, wesentliche Merkmale der westlichen Corporate-Governance-Modelle in Chinas Unternehmenspraxis zu überführen. Die Entwicklungsschritte und Fortschritte der Einführung eines chinesischen Corporate-Governance-Systems werden im Folgenden dargestellt. Eine Untersuchung der Charakteristika des Kapitalmarktes und der Corporate-Governance-Praxis führte zu dem Ergebnis, dass Chinas Corporate Governance mit einer Reihe von Problemen konfrontiert ist. Ein starker Einfluss des Staates, ein fehlender externer Überwachungsmarkt, fehlende Anreize im Management, die fehlende Transparenz, die Unterdrückung von Minderheitsaktionären durch Mehrheitsaktionäre zeigen, dass Chinas Corporate Governance bis heute kaum eine effiziente Wirkung entfalten konnte. Das Auftreten zahlreicher Unternehmensskandale in den vergangenen Jahren spiegelt diese Auffassung wider. Die Untersuchung kultureller Einflüsse zeigte, dass Corporate-Governance-Praktiken wesentlich durch Traditionen beeinflusst werden. Die Einführung des Corporate Governance Kodexes geht viele dieser Probleme an, jedoch ist deren Erfolg von der richtigen Durchsetzung abhängig. Es ist fraglich, ob aufgrund unterschiedlicher kultureller Wurzeln eine Übernahme westlicher Corporate-Governance-Standards überhaupt wirksam vorgenommen werden kann.

China nimmt eine zunehmend wichtige Rolle in der Weltwirtschaft ein. Mit Wachstumsraten von durchschnittlich 9,7% (World Bank, 2007) seit 1998 steigt China allmählich in der Rangliste der Wirtschaftsmächte auf. 2007 hatte die Volksrepublik bereits Frankreich und

Großbritannien als Wirtschaftsmacht eingeholt. Mittlerweile notiert China als drittgrößte Wirtschaftsmacht vor Deutschland. Es wird erwartet, dass China bis 2040 die weltweit größte Wirtschaftsmacht sein wird (Nee et al., 2007).

Die Gründe für das steile Wirtschaftswachstum liegen in den umfassenden Wirtschaftsreformen seit 1979. China betrieb seit den 1950er-Jahren eine „closed-door"-Politik, die von Kommunismus und Planwirtschaft geprägt war. Mao Tse-tung führte das Land in einen Zustand, der geprägt war von Hungersnot, Gewalt und wirtschaftlicher Katastrophe. Mit dem Tod des früheren Führers der Kommunistischen Partei Chinas (KPCh) im Jahr 1976 war der Weg frei für den neuen Staatschef Deng Xiaoping, Kapitalismusreformen zu starten (Yu, 2007).

Zunächst war der stärkste Motor des chinesischen Wirtschaftswachstums die Entwicklung eines nichtstaatlichen Sektors. Neben den traditionellen Staatsbetrieben war seit 1979 auch der Betrieb anderer Formen von Unternehmen erlaubt, die nicht unter dem direkten Einfluss des Staates standen. Das Problem blieben vor allem die Staatsunternehmen, SOE (State Owned Enterprises), die sehr ineffizient waren und mit finanziellen Schwierigkeiten kämpften. Durch die Einführung des Vertragssystems Mitte der 1980er-Jahre sollten die Anreize zur Produktionssteigerung erhöht werden, indem dem Management mehr Autorität zugesprochen wurde. Das Ziel einer größeren Produktivität wurde jedoch verfehlt.

Mit einer zunehmenden Bedeutung der Wirtschaft ist auch die Zahl der börsennotierten Unternehmen in China stark angewachsen. Am Ende des Jahres 2007 betrugen die Unternehmenswerte aller in China gelisteten Unternehmen 3.270.000 Mio. Euro, was mehr als das 1,3-fache des Bruttoinlandsproduktes des Landes im Jahr 2007 ausmacht. Mit der Einführung von „Qualified Foreign Institutional Investors" (QFII) öffnete China den ausländischen Investoren die Tür zu seinem Kapitalmarkt. Ausländische Anleger können nun ihr Geld unter bestimmten Voraussetzungen in Chinas „A-Aktien" investieren. Wie allerdings der Investorenschutz für Inländer sowie für Ausländer gestaltet und durchgesetzt werden soll, haben die chinesischen Behörden noch nicht ausreichend geklärt. Als problematisch für die Etablierung der Corporate-Governance-Praxis in China erwiesen sich vor allem das schwache Rechtssystem, der niedrige geschäftsethische Standard und kulturspezifische Unterschiede zu westlichen Governance-Standards.

Vor der Unternehmensreform und Verabschiedung des neuen Gesellschaftsrechts gab es viele Probleme bei der Implementierung der Corporate-Governance-Praxis. Auf der Unternehmensebene sind folgende Schwierigkeiten in der Corporate Governance maßgeblich:

1. Insiderkontrolle durch Geschäftsführer bzw. sogenannte „One Man Rule" und Rechtsverletzung der Minderheitsaktionäre,

2. Machtlosigkeit des Aufsichtsrates,

3. Fehlen von Anreizmechanismen für ein adäquates Verhalten der Manager.

Ein Meilenstein in der jungen wirtschaftlichen Geschichte Chinas wurde am 7. November 1993 gelegt. An diesem Datum kann die Reform zu einer chinesischen Version einer sozialen Marktwirtschaft manifestiert werden. Staatsunternehmen sollten durch die Zerschlagung des Staatsbesitzes in moderne Unternehmen umgewandelt werden. Mit dem Gesellschaftsgesetz von 1993 sollten zudem fundamentale Regeln für Corporate Governance und der Neugestaltung der Staatsunternehmen festgelegt werden. Dabei orientierte man sich am angloamerikanischen System und übernahm wesentliche Merkmale dieses Modells.

Um die dargestellten Probleme anzugehen und die Interessen der Anleger besser zu schützen, hat die chinesische Regierung seit 2002 eine Serie von neuen Gesetzen und Satzungen verabschiedet. Dazu gehören beispielsweise das neue „Gesellschaftsrecht", der Standard der Corporate Governance börsenzugelassener Gesellschaften (2002), die neuen „Rechnungslegungsstandards für Unternehmen" (2007), das neue „Securities Law" und die neuen „Vorschriften für börsenzugelassene Gesellschaften".

Zur Darstellung der Entwicklung der Corporate Governance in China werden im Folgenden die Unternehmens- und Eigentumsreformen seit 1979 dargestellt. Anschließend werden die eingeführten Corporate-Governance-Mechanismen aufgezeigt und die Rolle des chinesischen Kulturkreises auf die Governance erläutert.

9.2 Unternehmens- und Eigentumsrechts-Reformen seit 1979

Nach der Ära Mao Tse-tungs startete Deng Xiaoping 1979, der neue KPCh-Führer, ein Modernisierungsprogramm, um die wirtschaftliche Entwicklung Chinas voranzubringen. Die Partei entwarf einen „Mittelweg", um zum einen politische und ideologische Kontrolle aufrechtzuerhalten, während das Land jedoch allmählich geöffnet und der Zugang von neuen Ideen, Außenhandel und Investitionen reguliert werden sollte (Yu, 2007).

Bis 1993 waren die Reformen in China im Wesentlichen dadurch geprägt, dass sie kein klares Ziel oder gar einen Plan bezüglich eines neuen Systems verfolgten. Stattdessen entschied sich die Regierung für einen experimentellen Ansatz (Liu/Garino, 2001). „Crossing the river by groping for stones" war der Leitsatz von Xiaoping und drückte damit aus, dass die Wirtschaftsreform keinem bestimmten Modell folgte, sondern der richtige Weg durch „trial- and-error" zu finden ist. Die Kapitalismusreform war somit im Ganzen ein Experiment unter dem Slogan „Chinese-style socialist market system" (Yu, 2007). Ziel der Reformen war es hauptsächlich, Anreize zu verbessern und den Handlungsspielraum des Marktes für Ressourcenallokation auszudehnen, wobei der Rahmen einer zentralen Planwirtschaft erhalten bleiben sollte (Qian/Wu, 2000).

Eines der wichtigsten Reformen war die Unternehmens- und Eigentumsreform. Diese Reformen durchgingen dabei vier miteinander verbundene Prozesse (Jefferson, et al. 2003):

- Eintritt vieler neuer nichtstaatlicher Unternehmen,
- Einführung des Contract-Responsibility-System,

- Veränderung der Vermögensstrukturen durch nichtstaatliche Investitionen in den Staatssektor,

- vollständige Umformung der Betriebe aus meist staatlichem oder Kollektivbesitz in andere Besitzformen (Split Share Struktur oder auch Non-Tradable Share Reform (Feng/XU, 2007).

9.2.1 Eintritt neuer nichtstaatlicher Firmen

Bis 1990 war der Hauptmotor für das Wirtschaftswachstum das Heranwachsen eines nichtstaatlichen Sektors mit Unternehmen, die nicht der direkten Kontrolle durch die Regierung unterstanden. Während der 1980er-Jahre entstanden hauptsächlich Produktionsgemeinschaften, organisiert als sogenannte „Township-and-Village Enterprise" (TVEs). Zudem entstanden Einzelunternehmen mit acht oder weniger Angestellten, Investitionen ausländischer Unternehmen kamen verstärkt ins Land. Bis 1994 stieg die Zahl der Industriebetriebe um das 25-fache, mit der Folge, dass in einigen Sektoren intensiver Wettbewerb entstand. Jedoch spielten bis dahin inländische, private Firmen und Direktinvestitionen ausländischer Unternehmen (Foreign Direct Investments – FDI) kaum eine Rolle, da der nichtstaatliche Sektor überwiegend aus Produktionsgemeinschaften bestand, die von Kommunalverwaltungen kontrolliert wurden und somit indirekt dem Einfluss der zentralen Regierung unterstanden (Qian/Wu, 2000).

Contract-Responsibility-System

Vor den Reformen im Jahr 1979 gab es in China nur Staatsunternehmen (SOEs). Der Staat hatte sowohl das Eigentum am gesamten Vermögen der SOEs als auch die Macht über die Geschäftsführung. Die SOE waren keine betriebswirtschaftlich geführten Unternehmen, sondern reine Produktionsfabriken. Von den Führungskräften wurde erwartet, dass die Produktionspläne der Regierungen erfüllt wurden. Gewinnziele waren nicht definiert. Die Führungskräfte der Unternehmen wurden von Regierungsvertretern ernannt und entlassen. Die Leistungen der Führungskräfte wurden nicht nach dem finanziellen Ergebnis des Unternehmens bewertet, sondern durch die Fähigkeit, die Produktionspläne der Regierung zu erfüllen (Liu/Garino 2001).

Da die traditionellen Staatsunternehmen sehr ineffizient operierten, versuchte man seit den späten 1970er-Jahren durch Einführung des Contract-Responsibility-Systems Anreize für das Management zu schaffen, um die Produktion anzukurbeln und die Gewinne zu erhöhen. Dazu unterschrieben die Staatsunternehmen drei bis fünf Jahresverträge mit der Regierung und zahlten dem Staat in dieser Zeit einen festgelegten Betrag vom Gewinn. Ein zusätzlicher Gewinn konnte das Unternehmen einbehalten (Kolko, 1997). Ziel der Verträge war es, das Management der Betriebe von dem Eigentumsrecht des Staates zu trennen. Die Staatsbetriebe sollten juristische Personen werden, die die volle Führungsmacht erhielten und die gesamte Verantwortung für Gewinne und Verluste selber tragen sollten. Diese Art einer Property-Rights-Reform spiegelt auch das Ziel der Regierung wider, die Unternehmen zwar in eigenständige Rechtspersonen umzuwandeln, während der Staat aber das Eigentumsrecht an diese

Betriebe behält. Im Ergebnis wurde das Eingreifen des Staates in die Betriebsführung zwar eingeschränkt, jedoch versagte das Vertragssystem darin, die Probleme der Ineffizienz und Verluste von SOE anzugehen. Das Vertragssystem verbesserte auch nicht die Corporate Governance der Staatsunternehmen. Das System führte eher quantitative Änderungen ein, statt qualitativ in die Natur und Methodik des Eigentumsrechts und der Kontrolle der Beziehung zwischen Staat und Betriebe einzugreifen.

Veränderung der Vermögensstruktur

In Chinas Unternehmenssektor ist die Verbindung von formaler Eigentumsklassifizierung und der Besitzstruktur nicht 100% zu trennen. Jefferson et al. (2003) zeigen beispielsweise auf, dass von über 11.000 großen und mittelgroßen Unternehmen im Jahr 1999 etwa 1.417 Unternehmen als Staatsunternehmen klassifiziert waren. Jedoch sagten 1.935 dieser Unternehmen, dass die Mehrheit ihres Vermögens im Staatsbesitz liegt. Daraus verdeutlicht sich, dass die Umformung von Unternehmen lediglich einen formalen Hintergrund ohne eine tatsächliche Privatisierung hatte.

9.2.2 Reform der Staatsunternehmen

Die Einführung nichtstaatlicher Unternehmen führte zu mehr Wettbewerb. Gleichzeitig verfehlte das Contract-Responsibility-System sein Ziel, die Ineffizienzen in den Staatsunternehmen zu verbessern. Die Regierung sah sich gezwungen, die SOE grundlegend zu restrukturieren. Ein Meilenstein der chinesischen Reformen wurde bereits im Jahr 1993 gelegt. Während sich China bisher nicht vollkommen von der Planwirtschaft lösen konnte, wurde im November 1993 durch das dritte Plenum des 14. Partei-Kongresses bekannt gegeben, dass Chinas zentrale Planwirtschaft durch eine moderne soziale Marktwirtschaft ersetzt werden sollte (Qian/Wu, 2000). Die Entscheidung richtet sich an die Unternehmensreform in einer grundlegenderen Art. Merkmal dieser Property-Rights-Reform war es, dass, nicht wie z.B. in anderen osteuropäischen Transformationsländern, die Staatsunternehmen privatisiert werden sollten. Stattdessen war es das Ziel, einen beachtlichen Teil des Staatsbesitzes zu zerschlagen und an private Institutionen zu verkaufen. Dabei sollte jedoch ein dominierender Anteil an Unternehmen in der Hand des Staates verbleiben (Liu/Garino, 2001). Daher wird in der chinesischen Politik nicht das Wort „Privatisierung" verwendet, sondern „Corporatisation". Für diesen Begriff gibt es jedoch keine griffige deutsche Übersetzung. Die Corporatisation kann beschrieben werden als eine formale Privatisierung eines Staatsunternehmens, beispielsweise durch Verkauf von Anteilen an eine Kapitalgesellschaft, welche jedoch ganz oder teilweise Eigentum des Staates bleibt.

Kurz nach dem 14. Kongress 1993 verabschiedeten der Volkskongress und sein ständiges Komitee das chinesische Gesellschaftsgesetz, welches die grundlegenden Regeln für Corporate Governance in modernen chinesischen Körperschaften auslegte und Entwürfe für SOE-Neugestaltung und -Reformen bestimmte.

Die Finanzkrise in Asien 1997 und der Wunsch der Regierung, der World Trade Organization (WTO) beizutreten, verursachte Mitte der 1990er-Jahre erhöhten Druck, die Unternehmensreform voranzutreiben. Unter dem Motto „retain the large, release the small" verkündete die Regierung, alle SOEs, mit Ausnahme der 300 größten Industrieunternehmen, umzuwandeln. Zudem stellte Premierminister Rongji einen 3-Jahresplan auf, in dem die SOEs ein modernes Unternehmenssystem einführen sollten. Im Ergebnis kam es zu einer raschen Zunahme der Umwandlungen in Chinas Staats- und Kollektivsektor (Jefferson et al., 2003).

Bereits seit Ende der 1980er-Jahre begann die Regierung damit, auch den Wertpapiermarkt zu fördern, vor allem mit dem Ziel, das Kapital der Staatsunternehmen zu erhöhen und die Schuldenlast zu verringern.1990 und 1991 nahmen die beiden Börsen in Shanghai und Shenzhen ihre Tätigkeit auf (Kato/Long, 2006). 1997 machte der 15te Kongress der KPCh das Shareholding-System zum Kern der Unternehmensreform, mit dem Ziel, SOEs und COEs (Collectively Owned Enterprises) weitreichend umzuwandeln. Im Ergebnis führte dies zu einem rasanten Anstieg der notierten Unternehmen an den beiden chinesischen Börsen (Jefferson et al., 2003). Die Verabschiedung des chinesischen Wertpapiergesetzes im Jahr 1998 verstärkte diesen Trend zusätzlich (Kato/Long, 2006). Die Zahl der börsenzugelassenen Gesellschaften stieg von etwa einem Dutzend im Jahr 1991 auf mehr als 500 im Jahr 1996 bis auf über 1.000 Ende 2000 (Pißler, 2002). 2006 waren es bereits 1.400 gelistete Unternehmen, mehr als 130 Wertpapierhandelsfirmen verwalteten 70 Mio. Anlagekonten (Liu, 2006). Im Jahr 1997 waren jedoch immer noch 97% aller Unternehmen, die an den beiden chinesischen Börse gelistet waren, entweder im Staatsbesitz, staatlich kontrolliert oder zum großen Teil in staatlicher Hand. Zudem wurden etwa 75% aller gehandelten Aktien direkt oder indirekt vom Staat gehalten (Lin, 2001).

Die weitreichenden Umstrukturierungen zeigten ihre Wirkungen. Zwischen 1997 und 2001 hat sich die Zahl der registrierten Staatsunternehmen halbiert und in manchen Regionen ist die Zahl kleiner SOEs um 70% gesunken. Die Zahl großer und mittelgroßer Staatsunternehmen sank von 14.811 auf 8.675 zwischen 1997 und 2001 (Jefferson et al., 2003).

Das Aufkommen des nichtstaatlichen Sektors seit 1978 und die SOE-Reformen seit 1992 haben zu einer vielschichtigen und komplizierten ineinander verschachtelten Unternehmenslandschaft geführt (Lin, 2001).

Split Share Structure oder Non-tradable-Share-Reform

Die "Split-Share"-Struktur existiert in dieser Form nur in China. Hierbei existieren zwei gleiche Arten von Aktien mit gleichen Cashflows (Dividenden) und Stimmrechten auf dem gleichen Markt. Jedoch gibt es einen entscheidenden Unterschied in der Ausgestaltung der Aktien: Während die eine Aktie frei handelbar ist, ist es die andere nicht (siehe Abbildung 9.1).

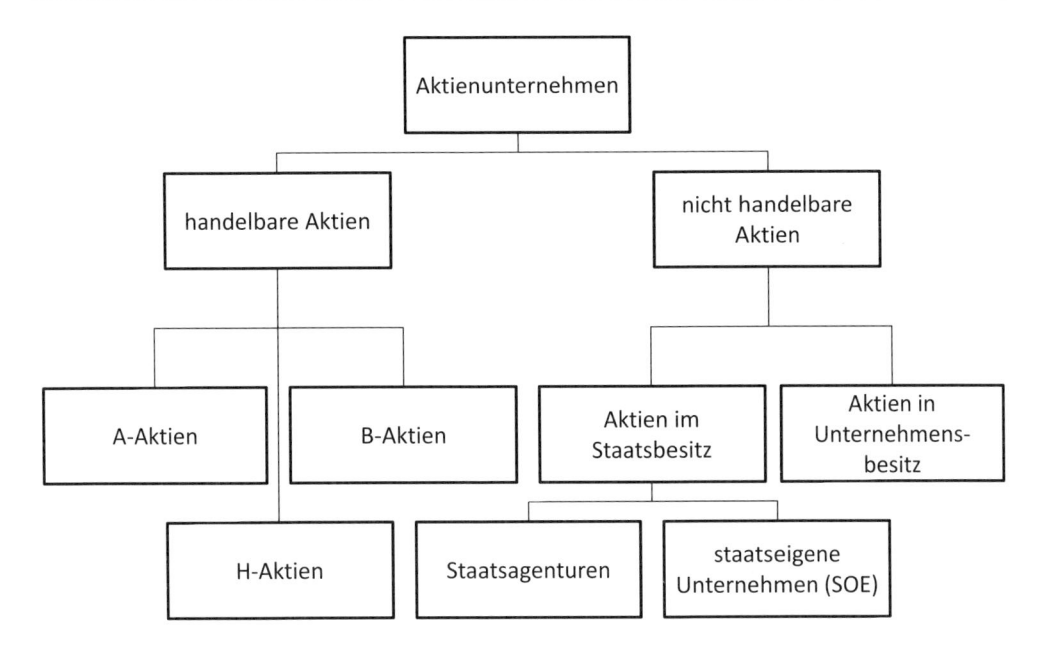

```
                    Aktienunternehmen
                   /                 \
         handelbare Aktien      nicht handelbare
                                      Aktien
          /       |    \          /           \
    A-Aktien  B-Aktien  \    Aktien im      Aktien in
                         \   Staatsbesitz   Unternehmens-
                          \    /     \        besitz
                       H-Aktien  Staatsagenturen  staatseigene
                                                  Unternehmen (SOE)
```

Abb. 9.1 Aktienarten in China.

Die nicht handelbaren A-Aktien (non-floating shares) machen ca. 60% des Gesamtmarktes aus, die handelbaren Aktien (A-, B-, H-, N-shares) lediglich knapp 40% (gemessen in Anzahl der Aktien, nicht in Marktvolumen). Die beiden Arten von A-Aktien sind mit den gleichen Stimmrechten ausgestattet, ebenso ist die Dividendenzahlung identisch. Jedoch sind sie durch unterschiedliche Preismechanismen und unterschiedlichen Kurshöhen charakterisiert.

Nicht handelbare Aktien umfassen die „state-owned shares" und „legal-person shares". State-owned gehören dem Staat, entweder den sogenannten Government Agencies (GA) oder den staatseigenen Betrieben (State-Owned Enterprises - SOE). GAs sind Non-Profit-Organisationen und können Ministerien sein, Lokalregierungen oder regionale Ableger von State Assets Management Bureau (SAMB).

9.3 Corporate-Governance-Praxis in China

9.3.1 Theoretischer Ansatz und formalrechtlicher Rahmen

Mit dem Entstehen moderner Unternehmen und der Zunahme der an der Börse notierten Unternehmen in China stieg auch die Notwendigkeit, ein modernes chinesisches Corporate-Governance-System zu implementieren. Die Entscheidung vom November 1993, eine soziale Marktwirtschaftsstruktur in China zu etablieren, richtete sich auch grundlegend an die Unternehmensreform. Die Regierung stellte die Entwicklung eines modernen Corporate-Governance-Systems in den Fokus der SOE-Reformen und definierte Unternehmen als modern, wenn sie folgende Merkmale erfüllen (Tam, 2002):

1. eindeutig definierte Property Rights,
2. klar definierte Befugnisse und Verantwortlichkeiten,
3. Trennung von Regierung und Unternehmen,
4. wissenschaftliches Management.

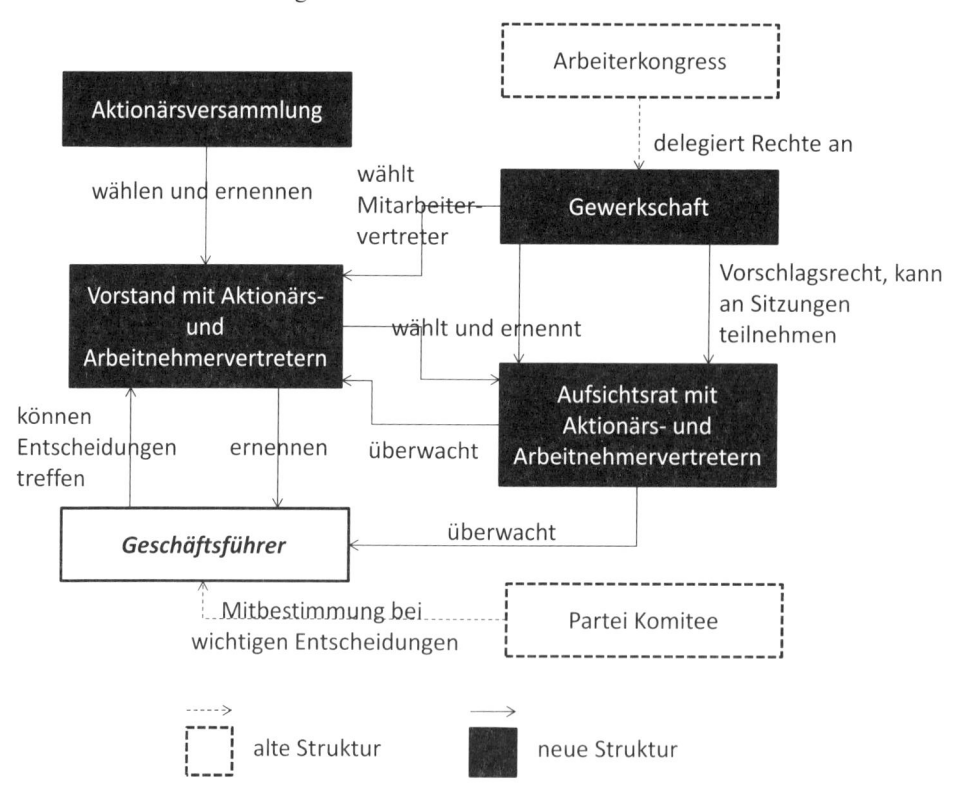

Abb. 9.2 Corporate Governance in China.

Kurz nach dem 14. Kongress 1993 verabschiedete der Volkskongress und sein ständiges Komitee das chinesische Gesellschaftsgesetz (im Folgenden GesG), welches die grundlegenden Regeln für Corporate Governance in modernen chinesischen Unternehmen aufstellt (Kato/Long, 2006). Das GesG bildet seitdem den Rahmen für die Organisationsverfassung chinesischer Kapitalgesellschaften und regelt die Machtstruktur im Unternehmen sowie die Arbeitsweise seiner Leitungsorgane (Pißler, 2002). Das GesG kennt nur zwei Arten von Kapitalgesellschaften: Körperschaften, deren Anteile öffentlich gehandelt werden (publicly held corporations, entsprechen der deutschen AG) und Körperschaften, deren Aktien nicht öffentlich gehandelt werden (closely held corporations, entsprechen der deutschen GmbH) (Art 2, GesG).

Beide Typen müssen gemäß GesG drei Verwaltungsorgane einrichten (Schipani/Liu, 2002):

1. Shareholder-Hauptversammlung für die Aktionäre/Gesellschafter
2. Vorstand,
3. Aufsichtsrat.

Demnach geht das GesG von einer Aufteilung der Leitungsaufgaben zwischen dem Vorstand und Aufsichtsrat aus. Der Gesetzgeber hat sich demnach nicht von dem System eines eingliedrigen Leitungsorgans („Board") leiten lassen, sondern wollte ein gegenüber dem Vorstand eigenständiges Kontrollorgan schaffen. Zudem hat der Gesetzgeber die Positionen des Vorstandvorsitzenden und des Geschäftsführers gesetzlich verankert (siehe Abbildung 9.2).

Aktionärshauptversammlung

„The shareholders general meeting is the organ of power of the company and shall exercise its functions and powers in accordance with this law." (Art. 102 GesG). Die chinesischen Aktionärsrechte umfassen u.a. das Recht, bei Investitionsentscheidungen mitzuwirken, das Recht Entscheidungen bezüglich der Unternehmensentwicklungsstrategien zu treffen und die Übertragung der wesentlichen Vermögen und Bürgschaften Dritter. Im Unterschied zur deutschen Hauptversammlung wählt sie nicht nur die Mitglieder des Aufsichtsrates, sondern auch die Mitglieder des Vorstandes. Ihr obliegt außerdem die Möglichkeit, diese zu ersetzen.

Obwohl die endgültige Entscheidungsmacht bei der Shareholder-Hauptversammlung liegt, kann die Hauptversammlung dem Vorstand das Recht übertragen, Entscheidungen im täglichen Geschäftsprozess zu treffen. Das umfasst in der Regel Entscheidungen über Entlassungen und Einstellungen von Managern und deren Vergütung (Art. 103 GesG).

Vorstand

Gemäß Art. 112 GesG ist der Vorstand der Aktionärshauptversammlung unterstellt. Der Vorstand besteht aus etwa 5 bis 19 Mitgliedern und wird von der Aktionärshauptversammlung gewählt (Art. 103 (2) GesG). Die Mitglieder des Vorstandes übernehmen gemeinschaftlich die Geschäftsführung und müssen mindestens zweimal pro Jahr tagen. Der Vorstand entscheidet über die Anstellung, Kündigung und Vergütung des leitenden Managers. Er trifft außerdem die für die täglichen Geschäftsabläufe zuständigen Entscheidungen und gibt deren Rahmen vor.

Eine Sonderposition hat der Vorstandsvorsitzende. Dieser wird aus der Reihe der Vorstandsmitglieder gewählt und vertritt allein das Unternehmen nach außen (Art. 113 I, 113 II GesG).

Aufsichtsrat

Der Aufsichtsrat setzt sich aus mindestens drei Mitgliedern zusammen und muss aus Aktionären und zu einem angemessenen Anteil aus Arbeitern und Angestellten des Unternehmens bestehen (Art. 124 Abs. 2 GesG). Im Vergleich zum alten Gesellschaftsrecht spezifiziert die neue Version den Anteil von Arbeiten und Angestellten im Aufsichtsrat. Dieser Anteil darf nicht weniger als ein Drittel aller Mitglieder des Aufsichtsrates betragen.

Die Aufgaben des Aufsichtsrates bestehen darin, die Finanzangelegenheiten des Unternehmens zu prüfen, die Handlungen der Vorstände und der Manager zu überwachen, die die Gesetze verletzen könnten, und darin, die Vorstände zur Korrektur aufzufordern, wenn ihre Handlungen die Interessen des Unternehmens verletzen (Art. 126 GesG).

CEO – Geschäftsführer

Der Geschäftsführer/CEO ist für die täglichen Geschäftsabläufe zuständig und wird vom Vorstand gewählt. Der Geschäftsführer ist dem Vorstand unterstellt (Art. 119 GesG).

Auf den ersten Blick erscheint das in China eingeführte System dem deutschen ähnlich zu sein, da es wie das deutsche System und entgegen dem Boardsystem in den angloamerikanischen Ländern eine Aufteilung der Leitung und Kontrolle auf Vorstand und Aufsichtsrat vornimmt. Jedoch gibt es fundamentale Unterschiede zwischen beiden Systemen. Beispielsweise gibt es in China keine hierarchische Beziehung zwischen dem Vorstand und dem Aufsichtsrat. Die Mitglieder beider Gremien werden durch die Shareholder gewählt und entlassen. Im deutschen System hingegen wird der Vorstand durch den Aufsichtsrat gewählt (Schipani/Liu, 2002).

China hat aber auch weitestgehend die formalen Instrumente des angloamerikanischen Corporate-Governance-Systems gesetzlich verankert (der Vorstand agiert als Instrument der Aktionäre; Shareholder sollen über die strategische Richtung und Struktur des Unternehmens bestimmen; der Vorstand wählt den Geschäftsführer und bestimmt deren Arbeitsbedingungen und Vergütung), wobei gleichzeitig Eigenschaften des deutschen Modells übernommen wurden.

9.3.2 Corporate-Governance-Praxis in China

Neun Besonderheiten der chinesischen Corporate Governance werden im Folgenden genauer betrachtet: (1) die Rolle des Staates, (2) die Konzentration der Aktien, (3) die Handelbarkeit der Aktien, (4) die Rolle institutioneller Anleger, (5) die Macht des Geschäftsführers und Kontrolle durch "Insider", (6) Sicherheitsklauseln für „Outsider", (7) Anreize zur Unternehmensführung, (8) die Transparenz und Offenlegung, (9) das Rechtssystem und dessen Durchsetzung.

Rolle des Staates

Als Folge der nur halbherzigen Privatisierung der Unternehmen in China ist der Anteil staatseigener Aktien mit durchschnittlich 53% börsenzugelassener Gesellschaften sehr hoch (Stand: 2001). Liu und Sun fanden in einer Studie über 1.160 chinesische Aktiengesellschaften heraus, dass 2001 84% der Aktiengesellschaften vom Staat gehalten werden, 8,5% der AGs direkt und 7,5% indirekt durch ein Pyramiden-Shareholding-System (Liu/Sun, 2003). In Unternehmen, bei denen der Staat nach wie vor Einfluss hat, spielt auch die chinesische Partei eine zentrale Rolle in Schlüsselentscheidungen, z.B. bei der Besetzung von Geschäftsführerposten oder deren Vergütung (Huang/Orr, 2007).

Obwohl der Staat in vielen Unternehmen der Mehrheitsaktionär ist, übt er keine effektive Leitung über die Unternehmen aus. Die Steuerung der Unternehmen liegt hauptsächlich in der Hand der Manager, die jedoch oftmals durch die KPCh oder Bürokraten kontrolliert und unterstützt werden (Tam, 2002). Die Bürokraten haben jedoch nur kaum einen Anreiz, die Leistung der Manager effektiv zu überwachen. Sie werden weder für gute Leistung belohnt noch für schlechte Leistung bestraft. Bis vor kurzem galt noch das Prinzip der „eisernen Reisschüssel", welches sicherstellte, dass die Bürokraten auch dann ihren Job behalten, wenn sie ihren Job pflichtbewusst erfüllen (Mar/Young, 2001). Hierbei ist der Term „pflichtbewusst" weit zu fassen.

Konzentration der Aktien: Corporate Governance auf Kapitalmarktebene

In den vergangenen Jahren hat sich der Kapitalmarkt in China positiv entwickelt, obwohl Chinas börsennotierte Unternehmen sich noch in einer Übergangsphase befinden. Im Jahr 2007 waren insgesamt 1.550 chinesische Unternehmen mit einer Marktkapitalisierung von 4,5 Billionen USD und einem äquivalent von 132,6% des chinesischen BIP an den Börsen gelistet.

Die Anzahl der chinesischen börsenzugelassenen Gesellschaften hat sich in den letzten acht Jahren verdoppelt (siehe Abbildung 9.3). Der schnell angewachsene Kapitalmarkt bietet den chinesischen Investoren eine Möglichkeit, ihr Geld anzulegen und die Investitionen zu diversifizieren. Nach dem China Capital Markets Development Report ist die Anzahl der Kapitalkonten in China von 8,4 Mio. im Jahr 1992 bis etwa 138 Mio. Ende 2007 gewachsen. Zwischen 1992 bis Mitte 2007 haben die börsenzugelassenen Gesellschaften einen Gewinn in Höhe von 74 Mrd. USD an die Investoren gezahlt.

Anzahl börsennotierter Aktiengesellschaften

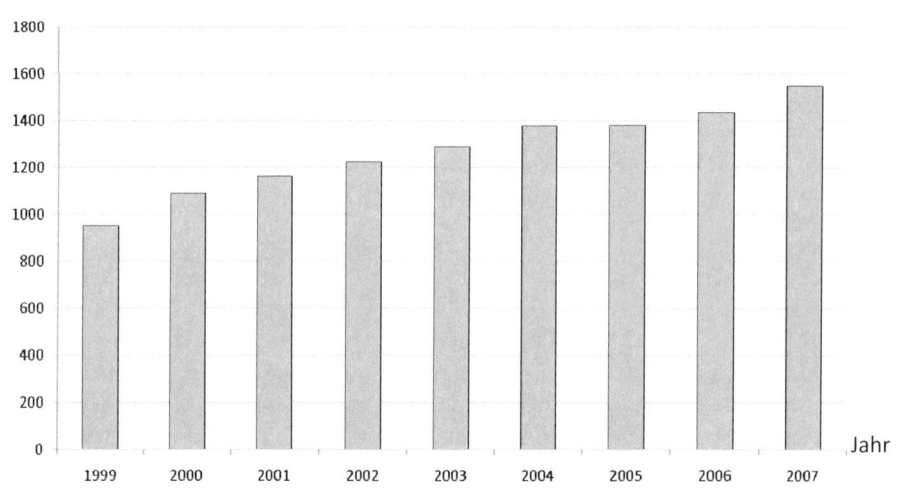

Abb. 9.3 börsenzugelassene Gesellschaften in Mainland-China, 1999 bis 2007 (CSRC and China Securities and Futures Statistical Yearbook, 2007).

Chinesische Aktien sind in drei Kategorien aufgeteilt: A-Aktien, B-Aktien und H/N-Aktien. A-Aktien dürfen nur von Einzelpersonen und Institutionen des chinesischen Festlandes gehandelt werden. B-Aktien sind ausländischen Einzelpersonen und Institutionen sowie inländischen Einzelpersonen vorbehalten; H/N-Aktien werden im Ausland notiert, zum Großteil in Hongkong (H) und New York (N).

Tabelle 9.1 gibt einen Überblick über den Kapitalmarkt Chinas mit A- und B-Aktien:

Tabelle 9.1 Kapitalmarktüberblick an den Börsen Shenzen/Shanghai (CSRC, 2007).

Jahr	A-Shares (Anzahl in Mio.)	B-Shares (Anzahl in Mio.)	Gesamtmarktwert der Aktien	Marktwert der handelbaren Aktien	gesamter Umsatz
1999	10,8	0,05	319,8	99,2	378,3
2000	18,4	0,2	580,9	194,3	734,8
2001	14,3	0	525,8	174,7	462,8
2002	9,4	0	463,1	150,8	338,2
2003	9,9	0,04	513	159,2	388
2004	10,1	0,3	447,7	141,2	511,5
2005	4,1	0	395,9	129,8	386,5
2006	30,9	0	1121,5	313,7	1134,9
2007	105,8	0	4478,6	1274,1	6305,0

Vor der Reduzierung der Staatsaktien wurden bei 41% der Unternehmen über 50% des Aktienkapitals vom größten Anteilseigner, in den meisten Fällen von einer juristischen Person, gehalten. Bei einem Drittel der Unternehmen befanden sich 30–50% des Aktienkapitals in den Händen eines Hauptanteilseigners. Ein weiteres Drittel des Aktienkapitals eines typischen Unternehmens, das an der Börse notiert wurde, wurde der Regierung als staatseigene Aktien zugeteilt. Die Staatsanteile konnten damals nicht an der Börse notiert oder gehandelt werden (Split-Share-Programm). Nur ca. 25% eines zu listenden Unternehmens wurde an Einzelpersonen und institutionelle Investoren verkauft und an einem Börsenplatz notiert. Aufgrund einer unausgewogenen Aufteilung der Aktien kann man folgende Probleme der Corporate Governance auf der chinesischen Kapitalmarktebene zusammenfassen:

- Konzentration der Aktien beim Staat oder bei einzelnen Großaktionären,
- nicht-handelbare Aktien,
- schwache Rolle institutioneller Anleger bzw. schwache externe Kontrolle durch institutionelle Anleger.

Im Jahr 2001 gehörte im Durchschnitt dem größten Aktionär ca. 45% eines börsenzugelassenen Unternehmens, während der zweitgrößte Aktionär noch etwa 8% der Aktien hielt. Diese Situation ist dahingehend unerwünscht, dass eine konzentrierte Eigentümerstruktur dem größten Aktionär eine beträchtliche Verfügungsgewalt gibt, um die Ressourcen des Unternehmens für personelle Bereicherung auf Kosten der anderen Shareholder zu nutzen (Liu, 2006). So können beispielsweise Mehrheitsaktionäre Minderheitsaktionäre ignorieren und die vorhandenen Informationsasymmetrien zu ihren Gunsten ausnutzen. Hinzu kommt, dass in China der größte Aktionär auch gleichzeitig der Geschäftsführer des Unternehmens ist. Mehr als ein Drittel der Geschäftsführer haben gleichzeitig den Posten des Vorstandsvorsitzenden inne (Liu, 2006). Somit fallen zentrale Säulen im Überwachungsmechanismus der Corporate Governance zusammen: die Kontrolle des Geschäftsführers durch den Mehrheitsaktionär und durch die Hauptversammlung (Pißler, 2002). Sonst herrscht in der Praxis der chinesischen Unternehmensführung eine „One Man Rule" durch einen „allmächtigen" Geschäftsführer. Die Hauptentscheidungen bezüglich der Unternehmensstrategie werden oftmals zwischen den großen Shareholdern außerhalb der Hauptversammlung getroffen.

Handelbarkeit von Aktien

Nach den Daten des „China Capital Markets Development Report" machten die nichthandelbaren Aktien Ende 2004 insgesamt 64% aller Aktien der börsenzugelassenen Gesellschaften in China aus. Das resultiert daraus, dass staatseigene Aktien, Aktien von nichtstaatseigenen juristischen Personen, die bei der Gründung der Aktiengesellschaft ausgegeben wurden, und andere Aktienkategorien, wie z.B. Belegschaftsaktien, nicht an der Börse handelbar sind. Problematisch hierbei ist, dass eine weitere wichtige Säule der Corporate Governance wegfällt: die Kontrolle durch den Markt. Durch die große Anzahl nicht-handelbarer Aktien werden feindliche Unternehmensübernahmen sehr unwahrscheinlich, wenn nicht gar unmöglich (Pißler, 2002).

Um die Probleme von nicht-handelbaren Aktien und die Konzentration der Aktien zu lösen, hat die Regierung die Staatsaktien ab 2004 mit der Kapitalmarktreform schrittweise reduziert. Die Staatsunternehmen und staatsbeteiligte Unternehmen müssen bei der ersten Börsennotierung 10% der Staatsaktien zum Marktpreis an die Privatanleger verkaufen. Am 29.04.2005 hat die Regierung die Non-Tradable Share Reform durchgesetzt.

Bis Ende 2007 haben 98% aller börsenzugelassenen Gesellschaften die Reform abgeschlossen. Mit der Non-Tradable Share Reform hat China begonnen, die Probleme der Aktienkonzentration und nicht-handelbaren Aktien ernsthaft anzugehen, die Kapitalmarktstruktur zu verbessern und die Effizienz des Kapitalmarkts zu erhöhen.

Es gibt weitere Entwicklungen zur Verbesserung der Corporate Governance auf Kapitalmarktebene. Seit 2002 werden Unternehmen, die in drei aufeinanderfolgenden Jahren Verluste verzeichnet haben, nach dem Beschluss der CSRC die Börsenzulassung entzogen. Ihre Aktien werden auf den Freiverkehrsmarkt der Börse von Shenzhen übertragen. Bisher wurde die Börsenzulassung von ca. 15 Unternehmen aufgehoben.

Die Rolle der institutionellen Investoren

Auch die Kontrolle durch unternehmensexterne Akteure ist in China nur unzureichend ausgeprägt. Institutionelle Anleger, wie Banken und Versicherungsgesellschaften, haben in China bisher nur eine unbedeutende Rolle. Durch das Geschäftsbankengesetz der VR China von 1995 ist es chinesischen Kreditbanken verboten, Investmentgeschäfte zu tätigen. Somit sind Banken, anders als in Deutschland, von Beteiligungen an Aktiengesellschaften grundsätzlich ausgeschlossen.

Ebenso beschränkt das Versicherungsgesetz der VR China Investitionen von Versicherungsunternehmen auf dem Kapitalmarkt. Diese dürfen Geld nur für Einlagen bei Banken und für den Kauf von Regierungs- und Finanzanleihen einsetzen. Jedoch ist es Versicherungen seit Oktober 1999 erlaubt, indirekt am Kapitalmarkt zu investieren, indem sie Anteil am Wertpapierinvestmentfond kaufen können (Pißler, 2002). Das Investmentgeschäft wird in China von spezialisierten Investmentbanken in Form von sogenannten Wertpapiergesellschaften wahrgenommen. Eine Art „Staatlicher Pensionsfonds" existiert seit Kurzem. Ihm ist es erlaubt, bis zu 40% seiner Geldmittel in Fonds oder Aktien zu investieren. Jedoch darf dieser Fonds nur 5% der ausgegebenen Aktien einer Gesellschaft halten.

Die Aufsichtsräte und auch die unabhängigen Vorstandsmitglieder, sofern diese eingerichtet sind, zeigen in chinesischen Unternehmen keinerlei Aufsichtsfunktionen über das Management und die Geschäftsleitung. Oftmals treten die „Unabhängigen" und die Mitglieder des Aufsichtsrates gar in die Gruppe der „Insider" mit ein und vertreten eher die Interessen der Mehrheitsaktionäre, als die der Minderheitsaktionäre (Lin, 2001).

Minderheitsaktionäre und andere Stakeholder werden oft nicht als Mitaktionäre mit gleichen Rechten und Interessen betrachtet, sondern als Spekulanten. Aufgrund der Ungleichverteilung von Informationen und des unausgeglichenen Zugangs der kleinen Aktionäre zu diesen Informationen (wie Finanzgegebenheit und Betriebsinformationen), haben die kleinen Aktionäre kaum qualifizierte Möglichkeiten, an wichtigen Entscheidungen des Unternehmens mitzuwirken.

Am 7. Januar 2002 hat die chinesische Wertpapieraufsichtskommission (CSRC) einen Chinesischen Corporate Governance Kodex (CGK) erlassen. Die Entwurfsarbeiten und anschließenden Änderungen und Diskussionen hatten insbesondere die als mangelhaft befundene Kontrolle des beherrschenden Aktionärs als zentralen Gegenstand. Ziel war es vor allem, die Macht des größten Aktionärs einzuschränken und einer stärkeren Kontrolle durch die Gesamtheit der Aktionäre zu unterwerfen, da zwei Säulen der Corporate Governance in China nicht vorhanden waren: Zum einen fiel eine Kontrolle durch den Markt aufgrund der großen Anzahl nicht-handelbarer Aktien weg und zum anderen war der größte Aktionär aufgrund seiner herausragenden Stellung mit der Geschäftsleitung gleichzusetzen, sodass auch eine Kontrolle der Geschäftsleitung durch den größten Aktionär nicht in Betracht kam (Pißler, 2002).

Als Vorbild für den Chinesischen Corporate Governance Kodex diente das US-Gesetz- und Regelsystem (Shi/Weisert, 2002). Die Regeln des Kodex erweitern die Rechte der Shareholder, stärken die Rolle des Vorstandes sowie des Aufsichtsrates und enthalten Vorschriften bezüglich der Informationsoffenlegung. Wesentliche Neuregelungen sind in den Bereichen Aktionärsrechte, die Rolle des Vorstandes und des Aufsichtsrates und Informationsoffenlegung festzumachen.

Nach der Einführung des chinesischen Corporate Governance Kodex hat die chinesische Regierung im Jahr 2004 eine Kapitalmarktreform durchgeführt. Die Reform verfolgte das Ziel, die Aktienkurse zu stabilisieren und das Vertrauen der chinesischen Anleger zurückzugewinnen. Als Mittel zum Erreichen dieses Ziels wurde auf eine vorsichtige Deregulierung im chinesischen Gesellschafts- und Kapitalmarktrecht, eine Stärkung der Aktionärsrechte bei der Abstimmung auf Hauptversammlungen, die Genehmigung des Zuflusses von neuem Kapital auf die Märkte und insbesondere die Umwandlung der nicht-handelbaren Aktien zu handelbaren Aktien der börsenzugelassenen Gesellschaften zurückgegriffen.

Im Folgenden werden die sechs Maßnahmen gegen die Insiderkontrolle ausführlich erläutert.

1. Bei der Veränderung des Gesellschaftsgesetzes wird der Begriff von „unabhängigen Vorstandsmitgliedern" als Lösungsweg für das Problem der Insiderkontrolle eingeführt. Gemäß §123 GesG und §49 CCG-Kodex müssen die börsenzugelassenen Gesellschaften ein System unabhängiger Vorstandsmitglieder etablieren. Unabhängige Vorstandsmitglieder müssen von der Gesellschaft, die sie angestellt hat, und von den wichtigen Aktionären unabhängig sein. Ein unabhängiges Vorstandsmitglied darf in der Gesellschaft kein anderes Amt haben. Die unabhängigen Vorstandsmitglieder haben die Pflicht, die Gesamtinteressen der Gesellschaft zu schützen, insbesondere die Rechtsinteressen der mittleren und kleinen Aktionäre.

2. Im Sinne des §19 CCG-Kodex sind beherrschende Aktionäre verpflichtet, gegenüber der börsenzugelassenen Gesellschaft und gegenüber den anderen Aktionären nach Treu und Glauben zu handeln. Beherrschende Aktionäre müssen gegenüber den Gesellschaften, die sie beherrschen, ihre Rechte als Investoren streng nach dem Gesetz ausüben. Sie dürfen

weder die legalen Rechtsinteressen der börsenzugelassenen Gesellschaft noch die der anderen Aktionäre mittels der Vermögensreorganisation oder auf andere Weise schädigen, noch ihre besondere Stellung dafür nutzen, nach zusätzlichen Vorteilen zu streben.

3. Im CCG-Kodex ist geregelt, dass erhebliche strategische Entscheidungen der Gesellschaft von Hauptversammlung und Vorstand getroffen werden müssen. Beherrschende Aktionäre dürfen weder direkt noch indirekt in strategische Entscheidungen der Gesellschaft und in nach dem Recht definierte Produktions- und Betriebsaktivitäten eingreifen und die Rechtsinteressen der Gesellschaft oder ihrer anderen Aktionäre schädigen.

4. Damit im Wahlverfahren der Vorstandsmitglieder die Meinungen der mittleren und kleinen Aktionäre in vollem Umfang widergespiegelt werden können und um Manipulationen der großen Aktionäre, die einen Anteil von mehr als 30% halten, zu vermeiden, erfolgt die Wahl des Vorstandes in Form einer kumulativen Stimmabgabe. Bei der kumulativen Stimmabgabe wird die Anzahl der Stimmrechte jedes Aktionärs mit der Zahl der zu besetzenden Positionen im Vorstand multipliziert. Die so errechnete Zahl der Stimmen können Aktionäre auch auf einen einzelnen Kandidaten kumulieren, sodass auch die Wahl eines der Kandidaten durch Minderheitsaktionäre möglich ist.

5. Gemäß §21GesG und §4CCG-Kodex haben die mittleren und kleinen Aktionäre das Recht, durch Zivilklagen oder andere rechtliche Mittel ihre legalen Rechte zu schützen, wenn der Vorstand oder ein großer Aktionär gegen Gesetzesbestimmungen verstoßen und die legalen Rechtsinteressen der Anleger verletzt haben sollte. Mit der Unterstützung der führenden Vertreter der Wertpapieraufsichtsbehörde hat Chinas Oberster Gerichtshof (Supreme People's Court, SPC) Bestimmungen festgelegt, die Kleinanleger (kleine Aktionäre) berechtigen, sich als Gruppe zusammenzuschließen (Quoren) und das Management von Unternehmen im Falle von Bilanzmanipulationen zu verklagen. Dies war ein großer Schritt nach vorn, durch den Minderheitsaktionäre berechtigt wurden, die Geschäftsführer und die beherrschenden Aktionäre zu disziplinieren.

6. Eine weitere Maßnahme zum Schutz der mittleren und kleinen Aktionäre ist, dass sie das Recht haben, die Finanzgegebenheiten, die Protokolle der Tagung von Hauptversammlungen und die Satzungen der Gesellschaft einzusehen.

7. Gemäß §72 CCG-Kodex (neues Gesellschaftsgesetz) muss der Aufsichtsrat gegenüber der Hauptversammlung über die Umstände der Erfüllung der Amtspflichten von Vorstands- und Aufsichtsratsmitgliedern, die Ergebnisse der Bewertung der Leistung und die Verhältnisse ihrer Gehälter berichten und Publizität gewähren. Mithilfe dieses Absatzes steht der Aufsichtsrat direkt unter der Überwachung der Hauptversammlung. Wenn der Aufsichtsrat seine Verpflichtung nicht erfüllt oder die Interessen der Gesellschaft durch sein Handeln verletzt hat, können die Aktionäre gemäß §21 GesG Schadensersatz verlangen.

8. Gemäß §64 CCG-Kodex sind Fachkenntnisse oder Arbeitserfahrung im Bereich des Rechnungswesens eine Voraussetzung für Aufsichtsratsmitglieder. Der Aufsichtsrat kann auch unabhängige Intermediärinstitute zur Besorgung von Fachgutachten beauftragen. Daraus entstandene Kosten werden von der Gesellschaft getragen. Mit der Einführung

der unabhängigen Vorstandsmitglieder soll die Motivation des Aufsichtsrates verbessert werden, da diese bei der Bewertung der Leistungen von Aufsichtsratsmitgliedern eine wichtige Rolle spielen. Die unabhängigen Vorstandsmitglieder kontrollieren und bewerten die Leistungen der Aufsichtsratsmitglieder.

9. Die gelisteten Unternehmen werden verpflichtet, jede Information, die bedeutende Auswirkungen auf Entscheidungsprozesse von Aktionären haben könnte, unverzüglich offen zu legen („Ad-hoc-Publizität"). Das Unternehmen ist weiterhin verpflichtet, die Preise von Transaktionen mit verbundenen Unternehmen/Personen darzulegen. Aktionären und mit ihnen verbundene Parteien dürfen, zum Schutz des Eigentums börsenzugelassener Gesellschaften, seitens des Unternehmens keine Sicherheiten zur Verfügung gestellt werden.

Mit den oben genannten Maßnahmen 1,2 und 3 der Kapitalmarktreform von 2004 wurde die „übermäßige" Macht der Geschäftsführer bzw. der großen Aktionäre deutlich beschränkt. Gleichzeitig werden die Interessen der mittleren und kleinen Aktionäre mit den Maßnahmen 4 bis 9 besser geschützt.

Sicherheitsklauseln für Outsider

In China wird ein Unternehmen meist im Interesse der Insider (Mehrheitsaktionäre und andere große Aktionäre) und zum Nachteil von Outsidern geführt. In vielen chinesischen Unternehmen agieren Insider ohne große Beachtung des Unternehmensgeistes und Aufmerksamkeit für die Unternehmensstatuten. Stattdessen verwenden sie ihre Machtposition, um gegen die Interessen des Unternehmens und der Shareholder zu agieren. Eine Überprüfung der Jahresberichte notierter Unternehmen an der Shanghai Börse hat gezeigt, dass etwa 10% dieser Unternehmen in größere Betrugsfälle verwickelt sind oder waren. Meist befassen sich die Fälle mit Fahrlässigkeit, regelwidrigem Verhalten und absichtlichen Unterschlagungen (Lin, 2001).

Minderheitsaktionäre und andere Stakeholder werden oft nicht als Mitaktionäre mit gleichen Rechten und Interessen betrachtet, sondern als Spekulanten, von denen erwartet wird, dass sie passiv bleiben und sich nicht in die internen Angelegenheiten des Unternehmens einmischen. Tatsächlich akzeptieren die Outsider am chinesischen Markt diese unausgesprochenen Vereinbarungen und verhalten sich dementsprechend. Dies führt auch zu der allgemeinen Auffassung, dass eine Notwendigkeit für Transparenz und Offenlegung der Unternehmensergebnisse und -handlungen gegenüber Outsidern und Stakeholdern nicht gegeben ist (Lin, 2001).

Anreize zur Unternehmensführung

Hätten Manager eine größere Firmen- und Leistungsbeteiligung, so würden die Interessen des Managements denen der Shareholder mehr gleichen. Sie hätten dann Anreize, ihre Performance auf die Interessen des Unternehmens auszurichten (Liu, 2006). In chinesischen Unternehmen gibt es aber kaum einen Zusammenhang zwischen dem Einkommen des leitenden Managers und der Rentabilität oder Größe des Unternehmens. Das Einkommen der

Manager ist eher von regionalen Determinanten abhängig. Auch verdienen Manager von Unternehmen, die vorher im Staatsbesitz waren oder deren Mehrheitsaktionär ein Staatsunternehmen ist, weniger als in Unternehmen ohne Staatseinfluss.

Das Einkommen der Manager besteht meistens nicht nur aus Geldeinkommen, sondern auch aus anderen Komponenten, wie beispielsweise subventionierte soziale Maßnahmen, zu denen Unterkunft oder Zuschüsse zur Gesundheitsvorsorge zählen. Diese werden automatisch mit einer Jobposition vergeben und sind unabhängig von der Unternehmensleistung.

Als weitere Anreize können auch Aktienanteile für Vorstandmitglieder, Manager und Aufsichtsratsmitglieder in Betracht kommen. Jedoch werden Aktien als Anreizmechanismus in den meisten Unternehmen nur in begrenztem Maße angesehen, da das Gesetz von 1992 den Aktiengesellschaften verbietet, bei Börseneinführung mehr als 10% der Aktien an Angestellte auszugeben (Lin, 2001).

Positive Leistungsanreize wie Lohnsteigerungen werden zwar zunehmend eingeführt, aber es werden keine Sanktionsmaßnahmen (z.B.: Degradierungen oder Entlassungen) für den Fall mangelhafter Aufgabenerfüllung durch die Geschäftsführer festgelegt. In §77 bis §80 CCG-Kodex findet man die Anreizmechanismen für Geschäftsführer. Der Gesetzgeber schreibt vor, dass eine börsenzugelassene Gesellschaft einen Anreizmechanismus etablieren muss und die Gehälter mit der Leistung der Gesellschaft und der Leistung der Einzelpersonen verknüpft sein müssen. Die Bewertung der Leistung börsenzugelassener Gesellschaften gegenüber Geschäftsführern muss Grundlage für die Festlegung der Gehälter und anderer Formen von Anreizen für Geschäftsführer bilden. Im Gegensatz zum Anreizmechanismus sind die Sanktionen für Rechtsverletzungen und Verstöße gegen Geschäftssatzungen im neuen Gesellschaftsgesetz und Kodex deutlich verschärft. Wenn beispielsweise ein Geschäftsführer gegen ein Gesetz, eine Rechtsnorm oder die Gesellschaftssatzung verstößt, sodass die Gesellschaft einen Schaden erleidet, muss der Vorstand der Gesellschaft aktiv Maßnahmen ergreifen, um ihre rechtliche Haftung zu verfolgen.

Transparenz und Offenlegung

Die meisten börsennotierten chinesischen Unternehmen werden durch lokale Wirtschaftsprüfungsunternehmen geprüft, jedoch gibt es keine verlässlichen Informationen über die Seriosität dieser Gesellschaften (Liu, 2006). Zwar hat die China Securities Regulatory Commission (CSRC) verschiedene Bestimmungen über Auskunftspflichten gesetzlich verankert, z.B. die Veröffentlichung von Geschäftsberichten in mindestens zwei großen Zeitungen mit Auskunft über Eigentümerstruktur, Investitionsentscheidungen, Finanzsituation und Methoden der Geschäftsführervergütung (Kato/Long, 2006), aber in der Praxis ist die Rolle und Effektivität durch die überragende Macht des Geschäftsführers jedoch begrenzt. Dieser besitzt die Autorität, die Berichte der internen Prüfer und der Finanzabteilung zu beeinflussen. Alleine 1997 verweigerten Wirtschaftsprüfer die Bestätigung der Jahresabschlüsse von 93 an der Börse notierten Unternehmen.

Weiterhin ist die Rolle der Wertpapieraufsichtskommission (CSRC) bedeutend. Diese ist damit beauftragt, notierte Unternehmen zu untersuchen und zu überwachen und hilft damit,

Transparenz und die Shareholderinteressen durchzusetzen. Seit 1998 wurden mindestens acht Unternehmen durch die CSRC bestraft, zumeist für Aktienkursmanipulation und wegen finanzieller Aspekte, wie z.B. falsche Rechnungslegung und falsche Finanzberichte.

Eine Untersuchung des chinesischen Rechnungsprüfungsamtes (CNAO) von 110 Anlage- und Investmentgesellschaften, 88 Wertpapierunternehmen und anderen Tochtergesellschaften führte 1998 zu der Erkenntnis, dass das Finanzmanagement vieler dieser Unternehmen nicht richtig war und viele Wertpapierunternehmen Unterschlagungen von Kundengeldern und illegale Spendensammlungen durchführten (Lin, 2001).

Rechtssystem und deren Durchsetzung

Die Corporate-Governance-Praxis wird in chinesischen Kapitalgesellschaften durch das Gesellschaftsgesetz bestimmt, die auf westliche Standards ausgerichtet ist. Zudem regelt seit 1998 das Wertpapiergesetz (Securities Law) die rechtliche Grundlage für Firmen, die an der Börse gelistet sind (Kato/Long, 2006). Weitere Gesetze, die erlassen wurden, sind das Certified Accountant Law (1993), das Audit Law (1994), People's Bank of China Law (1995), Commercial Bank Law (1995) und das Accounting Law (1999) (Shi/Weisert, 2002).

Obwohl China seit 1979 eine Vielzahl von Gesetzen und Regeln verabschiedet hat und die Zahl der Rechtsanwälte auf 100.000 im Jahr 2000 gestiegen ist, befindet sich das Rechtssystem, verglichen zum europäischen und angelsächsischen Recht, immer noch am Anfang (Braendle et al., 2005). Das größte Problem ergibt sich zumeist aus der Durchsetzung und Interpretationen von Gesetzen.

9.4 Kulturelle und traditionelle Einflüsse

9.4.1 Konfuzianismus

China stützt sein Corporate-Governance-Modell auf das duale Modell. Die westlichen Werte und Unternehmenspraktiken stehen jedoch oftmals im Widerspruch zum konfuzianischen Glauben und zur Moral in China. Der Konfuzianismus basiert auf einer sozialen Ordnung, die sich auf der Grundlage von kultivierten zivilisierten Prinzipien und nicht durch das Auferlegen strenger Regeln und Gesetze entwickelt. Die Menschen sollen sich gegenseitig lieben und respektvoll miteinander umgehen (Scherrer, 2008). Zudem plädiert der Konfuzianismus für eine paternalistische Regierung, in der der Herrscher barmherzig und ehrenwert ist und die Untergebenen respektvoll und gehorsam sind. Dieser Glauben hat zu einer hierarchischen Struktur innerhalb von chinesischen Institutionen geführt. Die Angestellten gehen respektvoll mit dem Ranghöchsten um und widersprechen ihm nicht. Zudem wird Konflikten aus dem Weg gegangen und Entscheidungen werden auf der Basis von Übereinstimmung und Harmonie getroffen.

Die Gesetze, die die rechtlichen Beziehungen zwischen Vorstandsmitgliedern und den Shareholdern sowie zwischen Vorstandsmitgliedern und dem Unternehmen regeln, sind im angloamerikanischen Raum hoch entwickelt. Die Unternehmen in der angloamerikanischen Kultur sind in der Regel (so die Theorie) geprägt von individualistischem und eigennützigem Verhalten (opportunistisches Verhalten). Zudem bestehen die Parteien in den westlichen Systemen in Konflikten eher darauf, ihre Rechte zu vertreten. Konfuzianische Gesellschaften versuchen im Gegensatz dazu, Streitigkeiten friedlich zu lösen und gehen Prozessen aus dem Weg. Sie verzichten lieber auf ihre Rechte, statt einen Streit zu beginnen. Zudem ist das Rechtssystem in konfuzianischen Gesellschaften wenig ausgeprägt und erscheint westlichen Kulturen unterentwickelt.

Konfuzius glaubte, dass formale Gesetze von Regimen genutzt werden, um Leute zu unterdrücken. Wenn Menschen aber durch Strafen und Gesetze regiert werden, werden diese versuchen, die Gesetze zu umgehen (was im Grunde auch stimmt, wenn man sich zumindest die Betrugsfälle an den Finanzmärkten anschaut). Werden sie aber durch Moral und Tugendhaftigkeit geführt, werden die Menschen sich selbst disziplinieren (quod erat demonstrandum).

Aufgrund der sich widersprechenden Werte in beiden Kulturen, ist es schwierig die Mechanismen des angloamerikanischen Corporate-Governance-Modells in die konfuzianische Gesellschaften zu übernehmen. Beispielsweise ist es schwierig, unabhängige Aufsichtsräte in China einzusetzen. China verpflichtet seit 2001 börsennotierte Unternehmen dazu, unabhängige Aufsichtsräte in ihren Gremien einzusetzen. Diese haben die Aufgabe, Entscheidungen unabhängig vom Vorstand, von den Mehrheitsaktionären und anderen interessierten Parteien zu treffen. Um seine Aufgaben gewissenhaft zu erfüllen, muss ein Unabhängiger wissbegierig sein und keine Angst haben, penetrante Fragen zu stellen. Er muss seine Meinung klar äußern und seine Verantwortung eigenverantwortlich ausführen können. Dieses Verhalten strebt sich jedoch gegen den konfuzianischen Glauben, in dem Übereinstimmung, Toleranz, Bescheidenheit und Respekt gegenüber anderen praktiziert wird, sodass es Chinesen eher schwer fallen wird, diese Aufgabe zu erfüllen (Miles, 2006).

9.4.2 Guanxi

Die chinesische Gesellschaft- und Unternehmenskultur ist stark von Guanxi beeinflusst. Guanxi definiert sich als ein Netzwerk von Stakeholdern, diejenigen (knappen) Ressourcen teilen, welche eine Schlüsselrolle für den Geschäftserfolg spielen. Guanxi-Beziehungen sind in einer Hierarchie von besonders wichtigen bis weniger wichtigen Stakeholdern angeordnet, die unterschiedliche Arten und Mengen von Ressourcen haben, die das Wachstum und Überleben des Unternehmens beeinflussen. Während die westlichen Geschäftskulturen vertragliche Transaktionen als Basis vorsehen, verlassen sich die Chinesen auf Beziehungen (Braendle et al., 2005). Typische Handlungen, die das soziale Netzwerk entwickeln und Beziehungen aufbauen, sind z.B. Geschenke und Einladungen oder Besuche. Hier spiegelt sich auch der von Li et al. (2004) aufgestellte Gegensatz von „relation-based" und „rule-based" Gesellschaften wider. Nach einem selbst aufgestellten Index klassifizieren Li und Filer (2007) China mit einem Wert von -7,26, Indien hat einen Wert von -1,48, Deutschland liegt bei

9.4 Kulturelle und traditionelle Einflüsse

1,94, die USA bei 4,47 und Norwegen hat einen Wert von 6,02. Je höher dieser Wert, desto regelbasierter lebt die Gesellschaft in den untersuchten Ländern.

Es gibt verschiedene Schichten von Guanxi-Beziehungen, die abhängig von der Enge der Bindung sind:

1. Die engste Beziehung, die es im chinesischen System gibt, besteht zwischen Familienmitgliedern.
2. Beziehungen zwischen Individuen, mit denen Gemeinsamkeiten bestehen, wie z.B. Bewohner des gleichen Dorfes oder ehemalige Schulkameraden,
3. Fremde (Braendle et al., 2005).

Guanxi ist ein zweischneidiger Begriff, der in westlichen Gesellschaften oft mit Korruption in Verbindung gebracht wird. Korruption bezeichnet den Missbrauch von Autorität aus Gründen der persönlichen Bereicherung, die nicht unbedingt monetärer Art sein muss. Dazu gehören Bestechung, Vetternwirtschaft und Unterschlagung.

Die Korruption scheint in Anhängerkulturen, wie sie in China vorherrscht, verbreiteter zu sein und wird von der Gesellschaft eher akzeptiert, da die Menschen diese nicht als tatsächliche Korruption betrachten (Braendle et al., 2005). Jedoch muss man zwischen dem Missbrauch solcher Netzwerke und den kulturellen Wertenormen der Chinesen unterscheiden. „From an ethical perspective, it is very difficult to know when it is proper to give or receive a gift, what sort of gift is appropriate, or what social obligations gift giving imposes." (Steidelmeier, 1999, S. 121).

In China herrschen der Gegenseitigkeitskodex und der Brüderschaftskodex. Chinesen halten es für einen moralischen Akt, anderen Menschen zu helfen, auch wenn zwischen ihnen keine Bindungen bestehen. Jedoch müssen Menschen, die Hilfe bekommen haben, diese bewusst erwidern, um sich nicht schuldig zu fühlen und das Gesicht zu verlieren. Daher ist es in China üblich, Geschenke zu verteilen, um jemandem seine Anerkennung für die empfangene Hilfe auszudrücken (Su et al., 2003).

Tatsächliche Korruption tritt aber vor allem im Business-to-Government (B2G) Guanxi auf. B2G Guanxi ist in China vorherrschend und wird international als schädlich betrachtet. B2G Guanxi stellt einen Weg dar, um Gesetze und Regeln durch persönliche Verbindungen mit Regierungsangehörigen zu umgehen. Führende Positionen in staatsbeeinflussten Unternehmen werden nicht aufgrund von Leistungsmerkmalen, sondern aufgrund persönlicher Beziehungen besetzt. Dies hat sich durch das Gesellschaftsgesetz gar verschlimmert. Dies besagt zwar, dass der Vorstandsvorsitzende und der Hauptgeschäftsführer durch die Hauptversammlung gewählt werden müssen, jedoch ernennt der Mehrheitsaktionär (meist der Staat) aufgrund seiner konzentrierten Anteile den Hauptgeschäftsführer und Vorstandvorsitzenden direkt. Persönliche Beziehungen spielen daher eine wesentliche Rolle bei der Stellenbesetzung (Braendle et al., 2005).

9.5 Exkurs: Governance bei Deutsch-Chinesischen Kooperationen

Neben den chinesischen SOE und COE und den privaten Unternehmen, die an den chinesischen Börsen handelbar sind, gibt es seit den 1980er-Jahren für internationale Investoren die Möglichkeit, Kooperationen mit chinesischen Firmen einzugehen. Es gibt zwei Formen von Joint Venture: die Equity Joint Ventures und die Contractual Joint Ventures. In der jüngsten Zeit haben sich auch Mergers & Acquisition in China etabliert.

Ein Equity Joint Venture (Chinesisch: Hezi Qive) ist ein Gemeinschaftsunternehmen mit chinesisch-ausländischer Kapitalbeteiligung (Trommsdorff/Wilpert, 1994). Es handelt sich hierbei um ein eigenständiges Unternehmen, dass eine juristische Person darstellt. Seine Haftung ist auf das Unternehmensvermögen und die Haftung der Gesellschafter auf die Einbringung ihrer Stammeinlage beschränkt. Diese Form ist mit einer deutschen GmbH vergleichbar. Ein Equity Joint Venture ist eine der am häufigsten benutzen Formen für den Markteintritt ausländischer Unternehmen in China. Der Kooperationszeitraum wird auf 30 bis 50 Jahre (manchmal auch ohne zeitliche Begrenzung) festgelegt. Durch Joint Venture wollen die chinesischen Unternehmen in erster Linie ihre Wettbewerbsfähigkeit mit westlicher Technologie und Management-Know-how verbessern und den wirksamsten Transfer von Kapital sowie Devisen realisieren (Trommsdorff/Wilpert, 1994).

In einem chinesisch-ausländischen Joint Venture wird typischerweise der chinesische Partner Landnutzungsrechte und existierende Fabrikgebäude als Sacheinlagen in die Joint-Venture-Gemeinschaft einbringen und der ausländische Partner wird Bareinlagen bzw. Sacheinlagen (Produktionsanlagen) leisten.

Als Contractual Joint Venture (Chinesisch: Hezuo Qiye) bezeichnet man chinesisch-ausländische Kooperationen oder vertragliche Gemeinschaftsunternehmen. Der entscheidende Unterschied zwischen Equity Joint Venture und Contractual Joint Venture liegt darin, dass bei Contractual Joint Ventures Gewinne oder Verluste nicht nach der Höhe der jeweiligen Kapitaleinlage verteilt werden müssen. Wie beim Equity Joint Venture ist beim Contractual Joint Venture das Verhältnis zwischen Eigenkapital und Fremdkapital durch eine offiziell verkündete Richtlinie zur Sicherung des Kapitalerhaltes geregelt.

Der Erwerb von Beteiligungen durch Ausländer in China ist seit den 1990er-Jahren möglich, war aber zunächst lediglich auf den Kauf von Minderheiten an börsennotierten Unternehmen beschränkt. Seit 1998 weitete China die Möglichkeiten auf Beteiligungen an Staatsunternehmen aus. Mergers sind auf in China ansässige Unternehmen beschränkt. Im Jahr 2004 wurde der M&A Markt mit chinesischer Beteiligung auf etwa rund 26 Mill. USD veranschlagt, davon drei Viertel rein national, ohne Auslandspartner.

Seit 1986 ist den ausländischen Unternehmen in China die Gründung einer 100%- Tochtergesellschaft (Wholly Foreign Owned Enterprise, Kurz: WFOE; Chinesisch: Waizi Qiye) erlaubt. Die 100%-Tochtergesellschaft gehört nicht zu den Kooperationsformen. Solche 100%- Tochtergesellschaften bedeuten zwar einerseits einen Verzicht auf die vielfältigen Beziehungen eines chinesischen Partners zum Umfeld des Unternehmens, andererseits ermöglichen sie aber auch eine vollständige Kontrolle über die Unternehmen. Nach dem WFOE-Gesetz ist eine 100%-Tochtergesellschaft nur dann erlaubt, wenn diese einen Beitrag zur Entwicklung der chinesischen Wirtschaft leistet und außerordentliche wirtschaftliche Erfolge verspricht. Seit dem Jahr 2000 sind die gesetzlichen Regelungen etwas lockerer geworden. Seitdem sind 100%-Tochtergesellschaften weit verbreitet und die bevorzugte Rechtsform für operative Niederlassungen.

9.6 Zukunftsaussichten

Die neuen Regelungen zur Corporate Governance in China scheinen vielversprechend, da viele der aufgedeckten Probleme aufgegriffen werden. Hierzu zählen z.B. die mangelnde Transparenz, der Schutz von Minderheitsaktionären oder die Rolle der Kontrollgremien. Zukünftige Entwicklungen sind jedoch entscheidend davon abhängig, inwieweit diese Regelungen umgesetzt werden und die Einhaltung überwacht wird. Eine entscheidende Rolle wird dabei die Wertpapieraufsichtskommission haben. Die CSRC und andere Überwachungsgremien müssen weiterhin Unternehmen bei Verdacht untersuchen und gegebenenfalls bestrafen.

Die vermutlich größten Herausforderungen stellen die Jahrtausende alte Traditionen der Chinesen dar. Da kulturelle Einflüsse von Konfuzius und das Guanxi fest in der Gesellschaft verwurzelt sind, ist es nicht einfach, westliche Corporate-Governance-Praktiken darin zu etablieren.

Es reicht also nicht aus, formale Corporate-Governance-Praktiken aus westlichen Industrien in China einzuführen; es müssen auch informale und externe Mechanismen betrachten werden, um ein effektives System zu erhalten.

9.7 Fallbeispiele

9.7.1 Guanxia Industrie Co.Ltd., Chinas Enron

Seit 2001 kam in China eine Serie von Unternehmensskandalen an die Öffentlichkeit (für eine Übersicht über die Fälle: siehe Shi/Weisert, 2002). Mehr als 15 an den chinesischen Börsen gelisteten Unternehmen wurden durch die chinesische Wertpapieraufsichtskommission CSRC kritisiert oder bestraft. Gründe waren eine falsche Offenlegung, verdrehte Bilanzen, Zweckentfremdung von Gewinnen, die Inbesitznahme der Gewinne durch Mehrheitsaktionäre und andere Aktivitäten, die die Vorschriften für Corporate Governance verletzten.

Der Fall der Guanxia Industrie Co.Ltd. ging als „Chinas Enron" in die Geschichte der chinesischen Corporate Governance ein (Allen et al., 2005). Guanxia wurde 1994 als Hersteller von Disketten und ähnlichen Produkten an der Shenzhen Börse zugelassen. Nachdem das

Unternehmen nur noch über schwache und sich verschlechternde Unternehmensergebnisse in der originären Geschäftssparte (pharmazeutische Produkte) und in allen anderen neuen Unternehmenszweigen in den ersten fünf Jahren nach der Börsenzulassung berichtete, erreichte das Unternehmen 1999 seinen höchsten Ertrag pro Aktie. Zudem behauptete das Unternehmen, es hätte hochmoderne Technologien entwickelt und unterzeichnete einen mehrjährigen Verkaufsvertrag mit einem deutschen Unternehmen. Anschließend schnellte der Aktienkurs von 14 RMB (chinesische Währung/Umrechnungskurs zu Euro im Jahr 2008 etwa 7:1) auf 76 RMB innerhalb eines Jahres und erreichte eine Jahresrendite von 440%. Dies war die höchste Rendite an der Shenzen Börse im Jahr 2002. Nachdem in einer Zeitschrift ein Artikel über die steigenden Zweifel des Starunternehmens veröffentlicht wurde, veranlasste die CSRC eine Untersuchung und fand heraus, dass die veröffentlichten Gewinne samt Verkaufsrekorde und auch der Vertrag mit dem deutschen Unternehmen frei erfunden waren und das Unternehmen in Wirklichkeit Geld verloren hatte. Der Geschäftsführer wurde angeklagt und den zuständigen Wirtschaftsprüfern wurden ihre Lizenzen entzogen. Anders als bei Enron, verwendeten die Manager von Guanxia keine raffinierten Rechnungslegungs- oder Finanzmanöver, um die Verluste zu verstecken. Es versagte lediglich das interne und externe Überwachungssystem. Das kollektive Versagen deutet daraufhin, dass den Wirtschaftsprüfern und den Organen der Kontrolle grundsätzliche Berufsfähigkeiten oder Anreize fehlten, ihre Aufgaben ordnungsgemäß auszuführen.

9.7.2 Joint Venture VW/Siemens

Viele deutsche Großunternehmen, z.B. Volkswagen, BMW, Siemens, Bosch und BASF, haben frühzeitig erkannt, dass China nicht nur als Billiglohnland, sondern auch als ein wichtiger Absatzmarkt und Produktionsstandort interessant ist. Sie sind seit Längerem auf den chinesischen Märkten aktiv. Eines der dominantesten deutschen Unternehmen, die in China operieren, ist Volkswagen. VW kooperierte im Jahr 1985 mit der Shanghai Auto Industry Group Co., und sie gründeten die erste chinesisch-deutsche Automobilfabrik, Shanghai VW (SVW) (50:50 Joint Venture). 2004 wurden in SVW ca. 355.000 Fahrzeuge produziert. Der Marktanteil bei SVW betrug 2004 in China ca. 17,5%, wobei etwa 70% der Käufer Privatkunden waren. Der Umsatz lag bei ca. 34 Milliarden RMB. Nach eigenen Angaben hat SVW insgesamt 3,5 Mio. Fahrzeuge produziert (http://www.csvw.com/csvw/gsjs/gsjs/index.shtml). Zurzeit besitzt VW 17,5% der Markteinteile an der Autoproduktion in China. Die Siemens AG hat zurzeit über 70 Gesellschaften und 57 Vertriebsniederlassungen in China und erzielte im Jahr 2006 4,4 Mrd. Euro Umsatz (siehe Abbildung 9.3).

Die Durchführung solcher internationalen Kooperationen stellt keine leichte Aufgabe an das Management. Aufgrund der kulturellen und rechtlichen Unterschiede oder durch politischen Einfluss können viele Probleme bei Kooperationen auftreten.

9.7 Fallbeispiele

Starke Präsenz:
Siemens-Standorte in China

- Vertriebsbüros
- Gesellschaften
- Trainingscenter

Übersicht Stand März 2006

Mitarbeiter (inkl. Minderheitsbeteiligungen)	36.000
Vertriebsniederlassungen	57
Gesellschaften	>70

Abb. 9.3 Siemens-Standorte in China (Lucks/Hausmann, 2006).

Joint Ventures mit chinesischen Firmen sind häufig nicht erfolgreich. Einige deutsche Unternehmen haben bereits Misserfolge erlebt. Die Bausparkasse Schwäbisch Hall z.B. löste das 2003 gegründete Joint Venture mit der China Construction Bank auf. Die TUI reduzierte ihr Engagement beim Gemeinschaftsunternehmen in Beijing, weil sich die Markterwartungen aufgrund mangelnder Reisefreiheit nicht erfüllten. Die Baumarktkette OBI hat ihre Filialen wieder verkauft, um ihre Finanz- und Managementressourcen auf den Ausbau des europäischen Auslandsgeschäftes zu konzentrieren.

Als Gründe für den Misserfolg von Joint Ventures in China werden genannt (Heck, 1999):

- Unterschätzung der Komplexität der operativen Umsetzung,
- Nicht-Realisierung von Chancen,
- keine ausreichende Vorbereitung auf Risiken.

Fragen und Thesen zur Sektion

- Nehmen Sie bitte zu folgender Aussage Stellung:
  - „Menschen müssen kulturelle Einstellungen ändern, da die Einführung westlicher Standards wichtig ist, um das Vertrauen von Investoren zu erhalten."
  - „Ausländisches Personal, Schulungen/Seminare über Corporate Governance im internationalen Kontext sind wesentlich, um westliche Unternehmenspraxis zu lehren?"

- „In Chinas Corporate-Governance-Praxis ist ein Unternehmen ein kontrollbasiertes Unternehmen, in welchem der Mehrheitsaktionär, zumeist der Staat, aufgrund seines konzentrierten Aktienbesitzes die Kontrolle des Unternehmens übernimmt."

- Warum sind Aktienbeteiligungen von Geschäftsbanken in China verboten? Welchen Hintergrund könnte diese Regelung haben?

- Warum haben chinesische Unternehmen Probleme, Preise von Transaktionen mit verbundenen Unternehmen/Personen offen zu legen?

- Sehen Sie Parallelen zwischen dem Konfuzianismus und dem Stewardship-Ansatz?

- Was versteht man unter „Corporatisation"? Wie grenzt es sich zu Privatisierung ab?

- Ist die kumulative Stimmrechtsausübung ein Modell für die deutsche Corporate Governance? Erläutern Sie Ihre Antwort.

- Stellen Sie das Split-Share-Verfahren vor.

10 Corporate Governance in Russland

Lernziele

In dieser Sektion lernen Sie die Ausgestaltung und die Entwicklung eines Corporate-Governance-Systems kennen, dass in einem Land eingeführt wurde, das bis 1989 keine marktwirtschaftlichen Strukturen kannte. Insbesondere im Vergleich zu den Entwicklungen in China könne Sie einschätzen, welche unterschiedliche Einflüsse Kultur und Historie auf Corporate-Governance-Systeme haben können, und Sie verstehen die Bedeutung von Pfadabhängigkeiten. Sie erfahren, wie Corporate-Governance-Systeme implementiert werden können und welche Fehler dabei zu vermeiden sind. Weiterhin werden Sie die Determinanten von Veränderungsprozessen in der Corporate Governance zu benennen und zu erklären lernen.

10.1 Einleitung

Seit dem Zusammenbruch der sowjetischen Planwirtschaft ist in Russland eine neue Wirtschaftsordnung entstanden, die als eine Marktwirtschaft bezeichnet werden kann, selbst wenn sie den Mechanismen und Strukturprinzipien der weit entwickelten westlichen Wirtschaftssysteme nur zum Teil entspricht (Höhmann, 2001). In einem post-sozialistischen Staat wie Russland war es erforderlich, nach dem Ende der Planwirtschaft eine Corporate-Governance-Regulierung für ein marktwirtschaftlich organisiertes Umfeld neu zu etablieren und zur Kontrolle privatisierter Unternehmen gänzlich neue Organe zu schaffen. Hier spiegelt sich das Anfang der 1990er-Jahre von der Regierung der Russischen Föderation angelegte institutionelle Privatisierungsexperiment wider. Das Ziel dieses „Experimentes" war es, ein Modell der Interaktion zwischen Insidern und Outsidern eines Unternehmens zu etablieren. Dazu wurden dem Staat seitens der Weltbank und des IWF Milliardenkredite zur Verfügung gestellt. Zudem waren zahlreiche ausländische Berater bei der praktischen Implementierung involviert (Yakovlev, 2005).

Die Privatisierung der russischen Industriebetriebe gilt als sichtbarster Erfolg der bisherigen Reformpolitik in der Russischen Föderation (Pleines, 2006). Die russische Corporate-Governance-Regulierung orientiert sich stark am angelsächsischen Modell, welches sich auf die Rechte der Minderheitsaktionäre konzentriert. Doch der intensiv betriebene Regelimport passt weder zur Eigentümerstruktur der russischen Aktiengesellschaften noch zur verbreiteten Wirtschaftskultur der Manager. Eine Stärkung der Position von Minderheitsaktionären blieb auch nach der Privatisierung aus. Ihre Beteiligung blieb gering und stark gestreut. Die Eigentumsrechte an den privatisierten Unternehmen wurden aufgrund von Vorkaufsrechten auf die Belegschaft und das Management übertragen. Die Ausübung der Kontrolle durch die Kleinaktionäre wurde durch das Phänomen der Manager-Eigentümer-Identität sowohl bei den Aktionärsversammlungen als auch im Rahmen ihrer Vertretung in den Aufsichtsräten deutlich erschwert. Die Aktienemissionen wurden nicht für die Zwecke der Eigenmittelausstattung vorgenommen, sondern um eine Eigentumsumverteilung voranzutreiben.

10.2 Privatisierung der russischen Staatsbetriebe

10.2.1 Corporate Governance in Russland in den 1990er-Jahren

Zwischen 1992 und 1997 wurden im Rahmen der „großen" Privatisierung etwa drei Viertel aller russischen Industriebetriebe (mehr als 16.000 mittlere und große Unternehmen mit knapp 20 Mio. Beschäftigten) in privates Eigentum überführt (Sondhof/Mezger, 1998). Dabei erfolgte die Eigentumsübertragung an den ehemaligen Staatsbetrieben bis Mitte 1994 über das sogenannte „Voucher-Verfahren". Jeder russische Staatsangehörige erhielt einen Voucher, der einen Anteil an einem zuvor privatisierten Unternehmen in der Rechtsform einer Aktiengesellschaft verbriefte. Diesen konnte er gegen die Aktien des jeweiligen Zielbetriebes auf den öffentlichen Voucher-Auktionen eintauschen (Sondhof/Mezger, 1998). Ein Problem, das mit der Voucherprivatisierung verbunden war, war ihre bargeldlose Form. Die Vouchers schafften kein echtes Eigentümerbewusstsein und auch keine Kapitalzufuhr für Investitionen und Restrukturierungen. Die erhofften Effekte der Privatisierung konnten damit nicht eintreten.

Parallel dazu wurden 1993 die ersten Investmentfonds für Voucher gegründet, die als Vouchersammelbecken dienen und dienten und größere Aktienpakete erwerben sollten (Sondhof/Mezger, 1998). Die natürlichen Personen haben für ihre Voucher keine Aktien der privatisierten Unternehmen erhalten, sondern lediglich die Anteile von Investmentfonds (Svetlova, 2003). Die Investmentfonds dienten als „Delegated Monitor", bei dem die Eigentumsrechte vieler kleiner Aktionäre gebündelt wurden und die Kontrollkosten durch die konsolidierte Ausübung der Überwachung der Geschäftsführertätigkeit sanken. Bis zum Privatisierungsende wurden ca. 650 Voucher-Fonds gegründet, die insgesamt 34 Mio. oder 23,2% aller ausgegebenen Voucher eingesammelten. Die zahlreichen regulatorischen Schranken haben die Investmentfonds als Vertreter der Blockholdergruppe jedoch nicht zu einem wichtigen Träger der Corporate Governance werden lassen. Durch eine breit gestreute Branchendiversifizierung der Fondsbeteiligungen lag der durchschnittliche Anteil am gezeichneten Kapital der Zielunternehmen bei nur knapp 7% (Sondhof/Mezger, 1998).

Die Belegschaften und Geschäftsführer der privatisierten Aktiengesellschaften haben ihrerseits ein Vorkaufsrecht erworben, welches auf dreifache Weise ausgeübt werden konnte. Bei der ersten Variante erhielt die Belegschaft unentgeltlich ein Viertel des Grundkapitals in Form nicht stimmberechtigter Aktien. Ein Zehntel der stimmberechtigten Aktien konnten sie zu einem Vorzugspreis (Sondhof/ Mezger, 1998) erwerben. Bis zu maximal 5% des gezeichneten Kapitals konnte sich das Management an dem jeweiligen Unternehmen entgeltlich beteiligen (Sondhof/ Mezger, 1998). Der Rest der Anteile war der breiten Öffentlichkeit zugänglich. Bei der zweiten Variante konnten die Arbeitnehmer und das Management eines Unternehmens 51% der Aktiengesamtheit zum 1,7-fachen des Nominalwertes auf sich vereinen. In der dritten Variante bestand für das Management die Möglichkeit, unter der Einhaltung bestimmter Auflagen, wie z.B. keine Entlassungen vorzunehmen, 20% der Unternehmensanteile zum nominellen Ausgabepreis zu erwerben (Sondhof/ Mezger 1998). Zum Ende der Voucher-Privatisierung 1994 konnten die Arbeitnehmer und Manager durchschnittlich 60%, die externen Investoren 27% und der Staat 13% der Aktiengesamtheit auf sich vereinen (Dolgopiatova, 2001).

Neben der reinen Eigentumsübertragung entwickelte die Regierung der Russischen Föderation eine Kapitalmarktinfrastruktur mit Börsen, Händlern, Depotbanken und Registraturen, in der Hoffnung, dass der Aktienstreubesitz in einer hohen Liquidität des Kapitalmarktes resultieren und den externen Investoren Zugang zu den Anteilen privatisierter Unternehmen ermöglichen würde (Yakovlev, 2005). Die externen Investoren wurden als eine der wichtigsten Kapitalquellen für die bevorstehenden Modernisierungen angesehen (Pleines, 2006). Um das Vertrauen der potenziellen Investoren gewinnen zu können, war es erforderlich, gesetzliche Mechanismen zum Schutz der Aktionärsrechte zu schaffen.

Die Kapitalmarktstrukturen sollten eine Reduktion der Transaktionskosten herbeiführen und es den Kleinaktionären möglich machen, ihre Anteile schnell zu veräußern, sofern sie mit der Unternehmenspolitik nicht einverstanden waren. Der freie Aktienhandel sollte außerdem die „Herausbildung eines Marktes für Unternehmenskontrolle begünstigen" (Yakovlev, 2005).

10.2.2 Die Übernahme des angelsächsischen Modells

Die Voraussetzung für eine erfolgreiche Implementierung des angelsächsischen Corporate-Governance-Modells ist ein funktionierender Kapitalmarkt, in dem die Aktionärsrechte geschützt werden können. Das Rechtssystem muss in der Lage sein, die Verstöße gegen die Aktionärsrechte mit Kursverlusten oder anderen Sanktionen zu ahnden. Auf der Seite des Kapitalmarktes soll gewährleistet werden, dass eine ausreichende Liquidität für Aktienan- und -verkäufe sorgen kann. Der Zugang für ausländische Investoren sollte offen sein.

Im Russland der 1990er-Jahre waren die meisten dieser Bedingungen nicht erfüllt. Die Aktionärsrechte wurden nur unzureichend geschützt, mit der Folge, dass die Investoren sich in langwierige Rechtsstreitigkeiten verwickelten. Das Interesse der ausländischen Investoren wurde durch die schlechten Rahmenbedingungen begrenzt. Für den Kapitalmarkt dieser Zeit sind als charakteristische Merkmale eine geringe Liquidität sowohl auf der Anbieter- als auch auf der Nachfragerseite, eine außerordentlich hohe Volatilität der Kursentwicklung und das hohe Risiko des Marktzuganges für die Investoren zu nennen (Sondhof/Mezger, 1998).

Im Jahre 1996 verzeichnete der russische Kapitalmarkt weltweit die höchsten Zuwachsraten, doch die Handelsvolumina von etwa 3 Mrd. USD waren im internationalen Vergleich relativ gering.

Zusammenfassend lassen sich bis zur Finanzkrise 1998 in der Russischen Föderation zwei Entwicklungen ablesen (Yakovlev, 2005):

- Tendenz zur Konzentration von Eigentum und Kontrolle in wenigen Händen,
- Tendenz zur Intransparenz in den Aktiengesellschaften.

10.2.3 Akteure auf dem russischen Aktienmarkt

Im Rahmen der Massenprivatisierung wurde für die Zwecke der Missbrauchsvorbeugung beim Aktienhandel, dem Abbau von Informationsasymmetrien unter den Kapitalmarktteilnehmern und der Gewährung von Kapitalmarktstabilität in den 1990er-Jahren auf der föderalen Ebene ein staatliches Überwachungsgremium, die föderale Wertpapierkommission, geschaffen. Nach dem Aktiengesetz sind alle in der Russischen Föderation ansässigen börsennotierten Unternehmen verpflichtet, über jeden seiner Aktionäre, dessen Anteil mehr als 5% des Grundkapitals beträgt, Informationen offenzulegen (Svetlova, 2003). Doch die Zuverlässigkeit der offengelegten Daten ist in vielen Fällen fragwürdig, weil oft die Banken oder Offshore-Gesellschaften als nominelle Inhaber bei der Aufsichtsbehörde ausgewiesen werden. Auf diesem Wege wird der Meldepflicht in ausreichendem Maße entsprochen und die dahinter stehenden „realen" Akteure können verdeckt bleiben.

Im Laufe der Eigentumsumverteilung und der Kontrollkonsolidierung, die bis heute noch nicht abgeschlossen sind, haben sich als Hauptakteure folgende Marktteilnehmer herausgebildet: der Staat, die sogenannten „Oligarchen" und die Minderheitsaktionäre.

Der Staat

Der Anteil des Staates am gezeichneten Kapital der privatisierten Unternehmen, der zum Anfang der Privatisierung 100% betrug, ging in hohem Maße zurück und hat sich seitdem auf einem durchschnittlichen Niveau von 10 bis 12% stabilisiert (Stand 2003) (Svetlova, 2003).

Nichtsdestotrotz bleibt die Bedeutung des Staates in seiner Aktionärsfunktion wegen seiner Beteiligungen an den Spitzenunternehmen der Schlüsselindustrien signifikant. Als Beispiele sind v.a. der Gaskonzern „Gasprom", der Elektrizitätsversorger „RAO UES", die Fluglinie „Aeroflot" und die größte Bank in der Russischen Föderation „Sberbank" zu nennen. Über diese Unternehmen behauptet der Staat seinen Einfluss in Schlüsselbranchen. So hält der Staat nach wie vor 51% vom Energieversorger RAO UES (Svetlova, 2003). RAO UES ist seinerseits an 72 regionalen Elektrizitätsunternehmen sowie Thermo- und Hydrokraftwerken beteiligt (Svetlova, 2003).

Das heutige Engagement Russlands im Bereich der Portfoliostrukturierung ist auf die Bemühung ausgerichtet, die Konsolidierung seiner Beteiligungen und die Kontrolle über diese zu stärken. So wurden z.B. alle Tochtergesellschaften des staatlich kontrollierten Ölkonzerns „Rosneft" in einer Holdingstruktur konsolidiert (Avdascheva, 2007).

Die finanzindustriellen Gruppen und die Privatpersonen

Neben der eigentlichen Privatisierung, bei der das Staatseigentum seinen Inhaber gewechselt hatte, wurde auch die sogenannte „Privatisierung des Cashflows" betrieben, die den Managementstrukturen aufgrund ihrer Machtstellung erlaubte, die erheblichen Zahlungsmittelbestände bei sich zu konzentrieren (Svetlova, 2003). Dieses wurde dadurch erreicht, dass die Manager die Jahresüberschüsse des von ihnen geleiteten Unternehmen in externe, von ihnen kontrollierte Tochtergesellschaften haben fließen lassen oder für sie vorteilhafte „Transfer Pricings" vornahmen. Das hatte zur Folge, dass die Kleinaktionäre, die zwar als Miteigentümer galten, von der Partizipation an der Vermögensmehrung ausgeschlossen wurden und ihre Anteile veräußerten.

Offizielle Statistiken lassen die Beteiligungen einzelner Unternehmensmiteigentümer zu niedrig ausfallen. Nach den Angaben des russischen Wirtschaftsbarometers ist der durchschnittliche Managementanteil am Grundkapital einer Aktiengesellschaft in den Jahren 1995 bis 2001 von 11,2% auf 21% angestiegen (Svetlova, 2003). Doch die tatsächliche Eigentümerstrukturentwicklung erreicht wesentlich höhere Werte. Als ein mögliches Anzeichen ist anzusehen, dass die Position „Anteil anderer physischer Personen" in dem gleichen Zeitraum von 10,9% auf 21,1% zugenommen hat (Dolgopiatova, 2007).

Eine hohe Konzentration des Aktienkapitals in den Händen der Großaktionäre stellt einen weiteren Indikator für die Verstärkung der Machtverhältnisse einzelner Aktionäre dar. In der Post-Privatisierungsphase bis zum Jahr 2000 hat sich das Konzentrationsniveau des Aktienkapitals in den Händen eines Großaktionärs fast verdoppelt (Dolgopiatova, 2007). Der Prozentsatz der Unternehmen mit einem kontrollierenden Aktionär stieg von 15% auf 33% an (Svetlova, 2003). Der durchschnittliche Anteilsbesitz bei einem Größtaktionär entwickelte sich nach den Berechnungen der Investmentbank „Troika Dialog" in den Jahren 1998 bis 2002 von 32,5% auf ein Niveau von 45,69% (Dolgopiatova, 2007).

Die dargestellten Konsolidierungsprozesse haben ihre organisatorisch-rechtliche Form in den finanzindustriellen Gruppen gefunden. Sie waren eine Sammelstelle für die in den Händen der Manager konzentrierten Unternehmensanteile. Zu den größten in Russland ansässigen finanzindustriellen Gruppen zählen unter anderem Lukoil, Yukos, Sibneft, Surgutneftegas, Severstal (Svetlova, 2003). Das hohe gesamtwirtschaftliche Gewicht dieser Unternehmensgruppen für die Russische Föderation kommt bei der Betrachtung ihres Marktkapitalisierungsgrades zum Ausdruck. So repräsentieren die genannten Unternehmen 72% der Marktkapitalisierung des russischen Börsenindexes „RTS" (Svetlova, 2003).

Die Bedeutung der einfachen Principal-Agent-Problematik im Falle der Identität der Großaktionäre und Manager spielt eine vernachlässigbare Rolle. Vielmehr wird hier das Konfliktpotenzial „kontrollierende Aktionäre (= Manager), gegen Minderheitsaktionäre" thematisiert (Svetlova, 2003).

Die Minderheitsaktionäre

Die Minderheitsaktionäre werden in den offiziellen Statistiken als Outsider bezeichnet, zu der vor allem die finanziellen Institutionen (wie die Banken, Investmentfonds und Versicherungen) und die ausländischen Investoren zu zählen sind. In den Jahresberichten werden sie häufig unter dem Begriff „andere physische Personen" zusammengefasst. Somit verbergen sich dahinter nicht nur die Outsideranteile, sondern oft verdeckte Manageranteile (Svetlova, 2003).

Die Minderheitsaktionäre haben in Russland wenig Einfluss auf die Unternehmenspolitik. Dies ist unter anderem auf den geringen Free-Float von Aktien in Höhe von 23,2% zurückzuführen (Svetlova, 2003). Nach der Finanzkrise im Jahr 1998 diente als Hauptfinanzierungsquelle der Unternehmen die Innenfinanzierung aus den einbehaltenen Gewinnen. Die Manager-Eigentümer verfolgten unter anderem damit das Ziel, die erlangte Unternehmenskontrolle aufrechtzuerhalten (Svetlova, 2003).

Die Kreditbranche in Russland zu Beginn der 1990er-Jahre war noch unterentwickelt. Erst seit Ende der 1990er-Jahre existieren in Russland die Banken nach dem Vorbild von hoch marktwirtschaftlichen Volkswirtschaften (Sondhof/Mezger, 1998). Als eine Besonderheit des russischen Bankensektors ist die Möglichkeit der Banken anzusehen, nicht nur in der Eigenschaft eines Kreditgebers, sondern auch in der eines Aktionärs des gleichen Unternehmens auftreten zu können (Sondhof/Mezger, 1998). Im Rahmen eines sogenannten „Loans-for-Shares-Programms" konnten die Banken Kredite ihrer Geschäftskunden in Beteiligungen umqualifizieren und sich so dem Konkursrisiko ihrer Kunden zum Teil entziehen. Hierdurch konnten die Kreditinstitute ihre Interessen im Rahmen der aktiven Teilnahme an der Unternehmenskontrolle vertreten.

10.3 Die rechtlichen Rahmenbedingungen der Corporate Governance

Nicht nur die tatsächliche Rechtsausübung, sondern auch die Interessendurchsetzung auf dem gerichtlichen Wege infolge der Aktionärsrechtsverletzungen ist für die Kleinaktionäre bei ihrer Unternehmensauswahl von großer Bedeutung.

Die rechtlichen Rahmenbedingungen der Corporate Governance werden in der Russischen Föderation vor allem durch das Gesetz über Aktiengesellschaften (Aktiengesetz) vom 29.12.1995, das Gesetz zur Regelung der Wertpapiermärkte vom 22.04.1996 und durch das Gesetz über den Schutz der Rechte und legitimen Interessen der Investoren auf dem Wertpapiermarkt vom 05.03.1999 gekennzeichnet (Radygin, 1999). Die gesamte Corporate-Governance-Gesetzgebung stellt ein Regelwerk auf der föderalen Ebene dar und ist gleichsam das unmittelbar anwendbare Recht auf der regionalen und der kommunalen Ebene.

Drei Evolutionsphasen lassen sich in der russischen Corporate-Governance-Gesetzgebung unterscheiden (Yakovlev, 2005):

10.3 Die rechtlichen Rahmenbedingungen der Corporate Governance 175

- Phase 1 (späte 1980er-Jahre bis 1994): Dieser Zeitraum ist durch die Entwicklung legislativer Institutionen in Verbindung mit der Konsolidierung und Wiederzuteilung von Eigentumsrechten an Privatpersonen gekennzeichnet. Die Normenwerke anlässlich der Privatisierung wurden kurzfristig erstellt. Die geschaffene Gesetzgebung besaß kaum regulative Kraft und kam als legislative Grundlage zur Anwendung. Es hatte zur Folge, dass die gesetzlichen Regelungen im Laufe der 1990er-Jahre permanenten Anpassungen bzw. Neuregelungen unterlagen. Eine ähnliche Entwicklung hat auch die Unternehmensgesetzgebung erfahren.

- Phase 2 (1995 bis 2000): Es wurden qualitative Verbesserungen in der Unternehmensgesetzgebung erzielt. Im Aktiengesetz wurde eine rechtliche Basis für das Verhältnis „Aktionäre bzw. Investoren zur Gesellschaft" geschaffen. Es wurden das System der Registrierung von Aktienbesitz und die Schutzmechanismen auf dem Kapitalmarkt eingeführt. 1994 erfolgte die Annahme des 1. Teils des russischen BGBs, dessen 2. Teil 1996 in Kraft trat. 1996 wurden die ersten Bestimmungen zur Börsenaufsicht verabschiedet, die zu einer Verschärfung der Anforderungen an die Emission von Aktien und ihre Registrierung geführt haben. Doch nach wie vor gab es keine effektiven Sanktionsmechanismen bei Missbrauchsfällen.

- Phase 3 (seit dem Jahr 2000): Seit 2000 bemüht man sich auf der föderalen Ebene darum, eine Verbesserung der Rechtsdurchsetzungsmechanismen zu erreichen. Im Jahr 2002 traten das Gesetz über Amtsmissbrauch in der Staatsverwaltung, die Schieds- und Prozessordnung und das Arbeitsgesetz in Kraft. Regulierungsbedürftig sind immer noch die Unterschlagungsfälle durch leitende Angestellter und Insidergeschäfte.

10.3.1 Der russische Corporate Governance Kodex

Als ideologische Stütze zur Entwicklung des russischen Corporate Governance Kodex dienten bei der Ausarbeitung in Russland die Corporate Governance Grundsätze der OECD. Der Kodex wendet sich an die Aktiengesellschaften des offenen Typs, bei denen die Aktionärsanzahl mindestens 1000 beträgt (Savizkiy, 2002). Die nationale Börsenaufsichtsbehörde FKCB empfiehlt diesen Gesellschaften, die Informationen darüber offenzulegen, inwieweit ihre Unternehmenstätigkeit den Kodexbestimmungen entspricht (KKP, 2001). Es wird empfohlen, dass die Entsprechenserklärungen zur Kodexeinhaltung seitens der Unternehmen in ihren Jahresberichten eine Berücksichtigung finden sollten.

In den Wirtschaftskreisen wurde eine Besorgnis in der Hinsicht zum Ausdruck gebracht, dass auf der einen Seite die Erstellung der Entsprechenserklärung zusätzliche Finanzmittel aufbrauchen wird, die ursprünglich für den Unternehmenszweck bestimmt waren. Die daraus resultierende begrenzte Zustimmung wird in den zahlreichen Umfragen im Jahr 2002 demonstriert. Als eine repräsentative Aussage wurde ermittelt, dass knapp 40% der Manager offener Aktiengesellschaften den Kodex kennen und nur 10% gute Kenntnisse angegeben haben (Pleines, 2006). Auf der anderen Seite wurde auf die Unreife der Selbstregulierungsmechanismen des russischen Unternehmertums Bezug genommen (Savizkiy, 2002).

An zahlreichen Stellen des Kodexes ist festzustellen, dass die getroffenen Regelungen eine deutliche Weiterentwicklung und Modifikation des Aktiengesetzes darstellen. So sind u.a.

- die Entwicklung und Implementierung eines Systems zur Steuerung und Kontrolle von operationellen und finanziellen Risiken der Gesellschaft als eine weitere Funktion des Direktorenrates,
- die Empfehlung, eine leistungsorientierte Vergütung für die Aufsichtsratsmitglieder einzuführen, oder
- das Novum in der Gestalt des Gesellschaftssekretärs (z.B. zur Vorbereitung von Hauptversammlungen)

zu nennen (Savizkiy, 2002).

10.3.2 Das russische Aktiengesetz

Das Aktiengesetz gestaltet die Organverfassung der börsennotierten Aktiengesellschaft dreigliedrig aus. Das höchste Organ der Gesellschaft ist die Hauptversammlung (Bruder/DuCharme, 2001). Die Rechte der Hauptversammlung umfassen sowohl die Grundlagenentscheidungen (wie z.B. die Satzungsänderungsbeschlüsse oder die Gesellschaftsliquidation) als auch die Wahl der Direktorenratsmitglieder (entsprechen in ihrer Funktion den deutschen Aufsichtsratsmitgliedern). Der Direktorenrat besteht bei mehr als eintausend Aktionären aus mindestens sieben, bei mehr als zehntausend Aktionären – aus mindestens neun Mitgliedern (Bruder/DuCharme, 2001). Grundsätzlich können die Mitglieder des Exekutivorgans auch Mitglieder des Direktorenrates werden. Zwei Beschränkungen sehen vor, dass der Direktorenrat höchstens zur Hälfte aus den Vorstandsmitgliedern bestehen und der Exekutivdirektor gleichzeitig nicht der Direktorenratsvorsitzender sein darf. Das Exekutivorgan kann entweder aus einem einzigen Generaldirektor bestehen oder einen kollegialen Vorstand darstellen, an dessen Spitze der Einzeldirektor steht. Die Eintragung des Aktionärs in das Aktienbuch einer Gesellschaft hat eine konstitutive Wirkung, d.h., erst mit der Eintragung erfolgen die Aktionärsrechte. Wenn das Aktienbuch einer Aktiengesellschaft mehr als 500 Aktionäre aufweist, so muss dieses von einem externen Registrator geführt werden (Art 4 III russisches Aktiengesetz). Beim Überschreiten gewisser Anteilsgrenzen werden jeweilige Aktionäre mit den umfassenderen Rechten ausgestattet. So kann ein Aktionär mit 10% des Aktienkapitals eine außerordentliche Hauptversammlung einberufen und einen Auszug aus dem Aktionärsregister einfordern (Bruder/ DuCharme, 2001).

Das Aktiengesetz gewährt den Aktionären eine Reihe von Klagerechten. Eines der wichtigsten von ihnen sieht vor, dass der Aktionär im Falle einer nicht ordnungsgemäßen Einberufung der Hauptversammlung ihre Beschlüsse gerichtlich anfechten kann. Dabei ist er selbst zur Beweislastführung verpflichtet. Trotz dieser und vieler anderer nach dem Aktiengesetz eingeräumten Rechte lassen sich erhebliche Schwierigkeiten bei ihrer Durchsetzung feststellen.

10.3.3 Das Gesetz zur Regelung der Wertpapiermärkte

Das Gesetz zur Regelung der Wertpapiermärkte beinhaltet im Wesentlichen die Pflichten von Emittenten bei der Aktienausgabe. Nach den Bestimmungen dieses Gesetzes ist der Emittent verpflichtet, alle Wertpapiere ohne Rücksicht auf ihre Platzierungsart (privat/geschlossener Fond oder öffentlich) zu registrieren. Für die Konkretisierung von weiteren Maßnahmen wurde die nationale Wertpapieraufsichtsbehörde der Russischen Föderation beauftragt.

10.3.4 Das Gesetz über den Schutz der Rechte und legitimen Interessen der Investoren

Zweck dieser Norm ist es, in Ergänzung der vorherigen Rechtsvorschrift den Schutz von Investoren gegenüber, den Missbräuchen sowohl durch die Emittenten als auch sonstige Marktteilnehmer zu verhindern (Bruder/DuCharme, 2001). Somit sollen die Qualität und Richtigkeit der von den Investoren zur Verfügung gestellten Informationen erhöht und das Durchsetzungssystem verbessert werden. Als Beispiel ist das Verbot des Anbietens von nicht registrierten Aktien zu nennen, was im Falle einer Zuwiderhandlung zu relativ hohen Geldstrafen führt (Bruder/DuCharme, 2001).

10.4 Aktuelle Problembereiche der russischen Corporate Governance

Aus den vorhergehenden Ausführungen geht hervor, dass das Corporate Governance-System in Russland eine komplizierte und recht verschwommene Struktur aufweist. Einerseits ist der Aktienbesitz stark in den Händen der Insider konzentriert. Die Rolle des Kapitalmarktes war in den 1990er-Jahren gering. Die Unternehmen wurden in Aktiengesellschaften umgewandelt, ohne dabei nach dem Kapital gesucht zu haben. Aktien wurden ausgegeben, ohne den privatisierten Unternehmen finanzielle Mittel zuzuführen (Svetlova, 2003). Die Anteile der Kleinaktionäre sind stark gestreut, was einen besonderen Schutz für diese Anlegergruppe erfordert.

Vor diesem Hintergrund wird im Folgenden ausgewählten Problembereichen in der russischen Corporate Governance Aufmerksamkeit gewidmet und anschließend auf die aktuellen Entwicklungen eingegangen.

10.4.1 Ausgewählte Problembereiche

Hohe Konzentration des Aktienbesitzes

Bis zur Finanzkrise 1998 wurde ein hoher Konzentrationsgrad von Eigentum und Kontrolle in den Händen weniger Privatpersonen als eine typische Entwicklungstendenz festgestellt, was auf die Schwächen der Judikative und Exekutive zurückzuführen war. Seit dem Jahr 1999 ist der Konzentrationsgrad des Aktienbesitzes ständig angestiegen. Im Jahr 2000 lag der durchschnittliche Unternehmensanteil des Größtaktionärs bei ca. 30%-50% der Aktiengesamtheit (Dolgopiatova, 2007). Dabei ist festzustellen, dass nur bis zu einem bestimmten Anteilsniveau des Größtaktionärs eine sichtbare Verbesserung der Corporate Governance eintreten wird (Dolgopiatova, 2007).

Im Rahmen einer Umfrage wurden für das Jahr 2005 folgende repräsentative Werte für die Aktiengesellschaften ermittelt (Dolgopiatova, 2007):

- 69% aller AGs weisen einen Konzentrationsgrad von über 50% auf;
- 18% aller AGs weisen einen Konzentrationsgrad von 25 bis 50% auf;
- 13% aller AGs weisen einen Konzentrationsgrad von unter 25% auf;

Wie der Tabelle 10.1 zu entnehmen ist, haben sich die Integrationsprozesse auf die Aktionärsstruktur ausgewirkt. Autonome, d.h. keiner Holding zugehörige Unternehmen, sind durch einen hohen Anteil der Kleinaktionäre gekennzeichnet. Die Tochtergesellschaften einer Holdingstruktur zeichnen sich durch einen relativ hohen Anteil von föderalen Staatsorganen (vergleichbar mit den deutschen Gebietskörperschaften auf Bundesebene) und juristischen Personen des Privatrechtes aus. Für die Muttergesellschaften einer Holdingstruktur sind die Großbeteiligungen der natürlichen Personen und der ausländischen Investoren charakteristisch.

Eine aktive Rolle des Direktorenrates lässt sich bei einem mittleren Konzentrationsgrad des Aktienbesitzes feststellen (Dolgopiatova, 2007). Bei den Unternehmen mit einem geringen Konzentrationsgrad kommt es oft zu einer Verschmelzung des Exekutivorgans mit dem Aufsichtsrat der jeweiligen Gesellschaft (Dolgopiatova, 2007) (siehe Tabelle 10.1).

Tabelle 10.1 Durchschnittlicher Besitz von Stammaktien in % des Grundkapitals, 2005 (Dolgopiatova, 2007).

Aktionärstyp	autonome AGs	Tochter-AGs einer Holding	Mutter-AGs einer Holding	Gesamtdurchschnitt
föderale Staatsorgane	3,2	7,4	4,6	4,7
regionale/kommunale Staatsorgane	2,1	1,4	3,0	1,9

10.4 Aktuelle Problembereiche der russischen Corporate Governance

Kleinaktionäre – natürliche Personen	31,9	13,8	13,7	24,9
Banken	0,9	2,8	0,4	1,5
Investmentfonds	2,1	4,0	1,3	2,7
russ. Nicht-Kreditinstitute	9,4	21,8	13,1	13,7
Großaktionäre – natürliche Personen	35,6	32,1	42,1	34,8
ausl. Investoren	2,6	7,1	10,6	4,6

Offenlegung der Aktionärsstruktur und Einfluss der Aktionäre

Wie die Vergangenheit gezeigt hat, ist es bei den russischen Aktiengesellschaften oft sehr schwierig, ihre Aktionärsstruktur festzustellen. In den der Börsenaufsichtsbehörde vorzulegenden Quartalsberichten müssen alle Aktionäre mit einem Anteil von mehr als 5% des gezeichneten Kapitals angegeben werden. Eine Umgehung dieser Vorschrift wird aber dadurch erreicht, dass die Kreditinstitute oder Offshore-Gesellschaften als nominelle Inhaber geführt werden, bei denen nicht festgestellt werden kann, wer wiederum ihre Aktionäre sind. Für die Minderheitsaktionäre sind die Informationen über die kontrollierenden Aktionäre deshalb so wichtig, weil sich daraus Rückschlüsse auf die Corporate Governance ableiten lassen und die Schlussfolgerungen auf die Cashflow-Politik der Manager-Eigentümer (Yakovlev, 2005).

Ein weiterer Grund, der für die Offenlegung der Aktionärsstruktur spricht, liegt darin, dass nicht das Anteilszertifikat als Nachweis eines Eigentumstitels gilt, sondern das Aktionärsregister eines Unternehmens. In der Vergangenheit hat das Management eines Unternehmens oft entweder die Eintragung neuer Aktionäre oder den öffentlichen Zugang zum Register verweigert (Heinrich, 2004). Diese Maßnahmen wurden zur Aufrechterhaltung der Unternehmenskontrolle eingeführt.

Die Dividendenzahlungen

Die Dividenden werden aus dem versteuerten Gewinn des jeweiligen Geschäftsjahres per Hauptversammlungsbeschluss zur Ausschüttung festgelegt. Dabei empfiehlt der Direktorenrat die Höhe des Ausschüttungsbetrages. Die Hauptversammlung darf davon nicht abweichen (Bruder/DuCharme, 2001). Wenn eine Manager-Miteigentümer-Identität vorliegt, sind die Manipulationsmöglichkeiten sowohl auf der Aufsichtsrats- wie auch auf der Hauptversammlungsebene gegeben. Auf der einen Seite können die Manager-Aktionäre von ihrer Miteigentümerstellung im Rahmen des Hauptversammlungsbeschlusses profitieren und andererseits im Direktorenrat bei der Festsetzung des zu empfehlenden Ausschüttungsbetrages mitwirken.

Ein weiterer potenzieller Kritikpunkt ist die nach den russischen Rechnungslegungsvorschriften eingeräumte Abzugsfähigkeit von Investitionen zu nennen (Bruder/DuCharme, 2001). Sie werden in der Gewinn und Verlust (GuV)-Rechnung als ein erfolgswirksamer Aufwand erfasst und vermindern somit sowohl die Bemessungsgrundlage für die Besteuerung als auch für die Dividendenausschüttung.

Sobald die Höhe des auszuschüttenden Dividendenbetrages feststeht, hat eine zeitnahe Auszahlung zu erfolgen. Auch hier wurden in der Vergangenheit zahlreiche Verstöße festgestellt, indem z.B. sogar vor dem Hauptversammlungsbeschluss eine Zahlung an bevorzugte Aktionärsgruppen vorgenommen wurde.

Kapitalerhöhungen

In den entwickelten Kapitalmärkten dienen die Eigenkapitalerhöhungen der Beschaffung zusätzlicher finanzieller Mittel, um bestimmte Investitionsvorhaben realisieren zu können. In Russland wurde dieses Instrument für die Zwecke der „Verfestigung oder Verschiebung von Aktionärsstrukturen" (Bruder/DuCharme, 2001) eingesetzt. Dies konnte auf zweierlei Weise vollzogen werden. Zum einen wurden die „unangenehmen" Aktionäre von dem Bezugsrecht ausgeschlossen. Zum anderen erfolgte die Platzierung bei einem „genehmen Investor" zu einem weit unter dem Marktwert der Aktien liegenden Ausgabepreis.

Verschiebung von Vermögensgegenständen

Bei der Verschiebung von Vermögensgegenständen handelt es sich um die Betrachtung von zustimmungspflichtigen Rechtsgeschäften. Nach dem Aktiengesetz werden drei Barrieren festgelegt, bei deren Über- oder Unterschreiten neben der Managemententscheidung eine Zustimmung entweder der Hauptversammlung (wenn das Rechtsgeschäft mindestens 50% der Bilanzaktiva ausmacht) oder des Direktorenrates (wenn das Rechtsgeschäft zwischen 25% und 50% der Bilanzwerte liegt) (Bruder/DuCharme, 2001). Befindet sich der Vertragswert unter der 25%-Grenze der Bilanzaktiva, so trifft das Management die alleinige, nicht zustimmungsbedürftige Entscheidung.

Als ein typisches Beispiel der Vermögensverschiebungen ist das „Transfer Pricing" zu nennen. Dabei werden die Unternehmensgewinne in der Weise nach außen verlagert, dass die jeweilige Gesellschaft ihre Outputs an eine von ihr komplett kontrollierte ausländische Gesellschaft zu einem weit unter dem Marktwert liegenden Preis verkauft. Die Käufer-Gesellschaft veräußert diese Outputs zu den üblichen Marktpreisen weiter und behält den so entstandenen Gewinn ein.

10.4.2 Aktuelle Entwicklungen

Durch die Veränderung im Status der Insider in der Zeit nach der Finanzkrise 1998 (Konzentration von Eigentum und Kontrolle) wurden folgende Maßnahmen im Bereich der Corporate Governance ergriffen (Yakovlev, 2005):

- Eine signifikante Annäherung zwischen den Unternehmen und seinen Aktionären kommt durch die Verbesserung der Transparenz und regelmäßige Dividendenauszahlung zum Ausdruck. Auf den Kapitalmärkten haben diese Änderungen eine Erhöhung der Marktkapitalisierung herbeigeführt.

- Die tatsächliche Einführung von IFRS hat zu einer besseren Vergleichbarkeit von Daten anderer Marktteilnehmer geführt; die Qualität der Corporate Governance wird dadurch erhöht.

- Die Bestellung unabhängiger Aufsichtsratsmitglieder fungiert als ein unabhängiges Bindeglied zwischen der Gesellschaft und ihren Aktionären.

- Die Verbesserung der Managerqualifikation wurde erreicht, die vor allem auf das Fachwissen und die Erfahrung der bestellten unabhängigen Direktoren zurückzuführen ist, sowie auf eine Effizienzsteigerung in den Unternehmensabläufen.

- Die internationale Ausrichtung der Corporate Governance russischer Unternehmen (Heinrich 2004).

- Die Entwicklung und der Einsatz interner Unternehmenskodizes erfolgte zwecks einer Investitionsimageverbesserung.

Auf föderaler Ebene wurde das Aktiengesetz im Jahr 2001 neu formuliert. Parallel dazu wurde von der nationalen Börsenaufsicht ein Corporate Governance Kodex entwickelt, der „Best-Practices" definiert, aber nicht rechtsverbindlich vorschreibt (KKP, 2001). Der Kodex wird seit April 2002 den Unternehmen zur Anwendung empfohlen.

Die Reformen der russischen Regierung verringern die Lücken in der Corporate Governance-Regulierung. Die bestehenden Manipulationsmöglichkeiten werden reduziert. Das angelsächsische Modell wird jedoch in seinen Grundzügen beibehalten.

10.5 Abschließende Bewertung

Aufgrund des Fehlens privatwirtschaftlicher Strukturen und Erfahrungen war Russland nicht in der Lage, Corporate-Governance-Mechanismen im marktwirtschaftlichen Sinne kurzfristig in ihrer Wirtschaftsordnung zu implementieren. Die Übernahme des angelsächsischen Modells war am Anfang der Privatisierung nicht schlechter als die Übernahme eines anderen westlichen Modells. Es wurde offensichtlich, dass der Regelimport keine ausreichende Lösung darstellte und im Folgenden erhebliche Anpassungen an die russischen Verhältnisse erforderlich waren. Das bedeutete, dass neben der Entwicklung adäquater administrativer Mechanismen, eine regelmäßige Kontrolle der Implementierung vorgenommen werden musste.

In der Praxis wurde die Corporate-Governance-Regulierung der 1990er-Jahre weitgehend ignoriert. Es kam zu scharfen Konflikten um die Eigentumsrechte. Nach den Angaben des russischen Wirtschaftsbarometers sind der höchste Grad der Konsolidierung des Aktienkapitals bei den Unternehmen des Maschinenbaus und der kleinste bei den Unternehmen der Leichtindustrie zu verzeichnen. In der Erdöl- und Erdgasbranche sowie im Metallurgiesektor befindet sich der Konsolidierungsprozess fast am Ende.

Vor dem Hintergrund des sogenannten „Regelimportes" ist nur eine kleine Gruppe von kapitalmarktorientierten Unternehmen dem angelsächsischen Modell nähergekommen. Mit den Gesetzesnovellen und dem Corporate Governance Kodex haben sich diese Unternehmen so strukturieren können, dass sie im internationalen Wettbewerb bestehen können.

Die Tatsache, dass das angelsächsische Modell sich nicht wirklich etablieren konnte, ist der Beweis dafür, dass die wirtschaftsliberalen Reformer die wirtschaftskulturellen Faktoren unterschätzt haben. Es ist zu erwarten, dass durch die dreigliedrige Organstruktur der russischen Aktiengesellschaften, die mit der deutschen Organstruktur identisch ist, in der Zukunft eine stärkere Ausrichtung an das kontinentaleuropäische Corporate-Governance-Modell erfolgt.

10.6 Fallbeispiel – Yukos

Der ehemalige Yukos Geschäftsführer Chodorkovsky hat das Ölunternehmen Yukos auf über seine ihm damals innehabende Bank Menatep einer Loan-for-Share-Auktion erworben. Als erstes Bereicherungsinstrument, das Chodorkovsky einsetzte, war das „Transfer Pricing". Yukos hat das Rohöl bei seinen Tochtergesellschaften unter dem Marktwert eingekauft und zu den üblichen Weltmarktpreisen im Ausland weiter veräußert. Die auf diesem Wege erzielten Gewinnmargen wurden bei Yukos behalten. Nach der Finanzkrise 1998 wurden die Yukos-Anteile an seinen Tochtergesellschaften „Tomskneft", „Samaraneftegaz" und „Luganskneftegaz" an eine Offshore-Gesellschaft mit Sitz im Ausland übertragen. Das hatte zur Folge, dass die Minderheitsaktionäre von Yukos kein Vertrauen in die Geschäftsführertätigkeit mehr hatten und schließlich ihre Anteile am Kapitalmarkt veräußerten. Ende 1999, als die letzten Yukos-Kleinaktionäre ihre Aktien an Chodorkovsky entgeltlich übertragen haben, wurden die kürzlich weiterverkauften Yukos-Beteiligungen an Yukos zurückgeschrieben.

Nach diesen Transaktionen besaß das Management ca. 65% des Ölkonzerns. Einen weiteren Schritt, um sein eigenes Privatvermögen zu maximieren, hat Chodorkovsky mit der Erhöhung der Managergehälter unternommen. Im Weiteren wurde der Wert der in den Händen des Managements gehaltenen Aktien maximiert. Dazu wurden einerseits die Effektivität der Ölquellen erhöht und Kosten gesenkt. Andererseits wurde die Corporate Governance als ein lukrativer Werttreiber entdeckt. Wie empirische Untersuchungen belegen, hat das Unternehmensverhalten einen enormen Einfluss auf den Aktienkurs. Der Ölkonzern hat seine Rechnungslegung auf die IFRS umgestellt, in den Direktorenrat wurden erste unabhängige Mitglieder aufgenommen, ein eigenständig entwickelter Corporate Governance Kodex wurde implementiert, sowie ADRs in den USA emittiert (Bruder/DuCharme 2001). Im Ergebnis hat sich die Marktkapitalisierung des Yukos von 300 Mio. USD im Jahr 1999 auf 22 Mrd. USD im Jahr 2002 erhöht. Der anschließende vierte Schritt sah eine veränderte Dividendenausschüttung vor. Bei Yukos stieg die Ausschüttungsquote von 9% im Jahr 2000 auf 99,1% im

Jahr 2002 an. Nach der Offenlegung der Aktionärsstruktur seitens der Menatep-Bank, einem der Yukos-Großaktionäre, stellte sich heraus, dass im Jahr 2002 Chodorkovsky nicht nur der Vorstandsvorsitzende, sondern auch der größte Einzelaktionär von Yukos war. (Heinrich, 2004)

Fragen und Thesen

Nehmen Sie bitte zu folgender Aussage Stellung: „Die Übernahme des angelsächsischen Corporate-Governance-Modells stellt keine bessere Alternative im Vergleich zu der Übernahme eines anderen „westlichen" Modells dar. Entscheidend ist ein „gelungener Mix" aus dem Regelimport und der Wirtschaftskultur!"

11 Corporate Social Responsibility in einer globalisierten Welt

Lernziele

In dieser Sektion lernen Sie, welche Verantwortung Unternehmen gegenüber den unterschiedlichen Anspruchsgruppen zu tragen haben. Nach der Erarbeitung des Stoffes wissen Sie, welche Verantwortungskonzepte und Ebenen existieren. Sie sollten verstehen und erklären können, welche Probleme mit einer freiwillig orientierten sozialen Verantwortung von Unternehmen für Unternehmen selbst aber auch für die Gesamtwirtschaft einhergehen. Weiterhin sollten Sie Corporate Governance von Corporate Social Responsibility abgrenzen und die Unterschiede und Gemeinsamkeiten darstellen können. Sie sollten den Bezug zu den theoretischen Ansätzen in der Corporate Governance, insbesondere zu den Anspruchsgruppen herstellen, können.

11.1 Einleitung

Corporate Governance und Social Responsibility werden zunehmend häufiger im Zusammenhang mit den aktuellen Diskussionen zur Unternehmensführung genannt. Obwohl die beiden Konzepte grundlegend unterschiedlich aufgebaut sind, weisen sie Gemeinsamkeiten auf. Die vorliegende Sektion wird darlegen, dass Corporate Governance und Corporate Social Responsibility (auch mit „CSR" abgekürzt) nicht mehr isoliert voneinander betrachtet werden können und für die Unternehmenspolitik und -strategie sowie letztendlich für den Erfolg eines Unternehmen womöglich unverzichtbar sind. Die Betrachtung von Corporate Social Responsibility als Business Case zeigt, dass Investitionen in eine gute Corporate Social Responsibility auch eine lohnenswerte Investition darstellen kann. Demnach muss Corporate Social Responsibility dem Shareholder-Gedanken nicht widersprechen, denn die Berücksichtigung von Corporate Social Responsibility kann den Shareholder-Value steigern. Die Interessen der Stakeholder wie auch Shareholder können von Unternehmen wahrgenommen werden, ohne die wirtschaftliche Leistungsfähigkeit zu verlieren. Letztendlich sollen Corporate Governance und Corporate Social Responsibility zusammen Kriterien für „gute" Corporate Governance darstellen.

Neben Corporate Governance und der damit verbundenen unternehmerischen Verantwortung im wirtschaftlichen Bereich entstanden in den vergangenen Dekaden weltweit Initiativen und Projekte, die die gesellschaftliche Verantwortung von Unternehmen auf die Bereiche Ökologie und Soziales ausdehnen (Hansen/Schrader, 2005). Hierzu gehören Initiativen und Projekte der ILO, von Amnesty International und Greenpeace sowie von UN Global Compact der OECD und der ISO. Die Gründe für das Engagement der Organisationen in diesem Bereich liegen unter anderem in der Globalisierung der Weltwirtschaft und in den auftretenden Problemen durch den Klimawandel. Durch die zunehmende Verflechtung der Wirtschaft sind Regelungen auf globaler Ebene notwendig, die Nationalstaaten derzeit rechtlich aber nicht ausfüllen können. Da sich Unternehmen schneller als Nationalstaaten an die weltweiten Entwicklungen anpassen (Kirchhoff, 2006), gewinnen Unternehmen an Machpotenzial gegenüber Nationalstaaten. Dieses Machpotenzial verleiht den Unternehmen die Möglichkeit, positiv wie negativ Einfluss auf ökonomische, soziale und ökologische Variablen zu nehmen. Die sich daraus ergebenden Handlungsspielräume führen dazu, dass die Verantwortung gegenüber der Gesellschaft wächst (Hansen/Schrader, 2005). Zudem ist bei vielen Konsumenten erkennbar, dass sie in ihren Kaufentscheidungen Umweltaspekte einbeziehen. Des Weiteren wird es zunehmend wichtiger, Mitarbeiterinteressen zu berücksichtigen, um qualifizierte Mitarbeiter zu binden und nicht an die Konkurrenz zu verlieren (Kirchhoff, 2006). Dementsprechend erscheint es nicht mehr ausreichend, nur die Anteilseigner zufriedenzustellen.

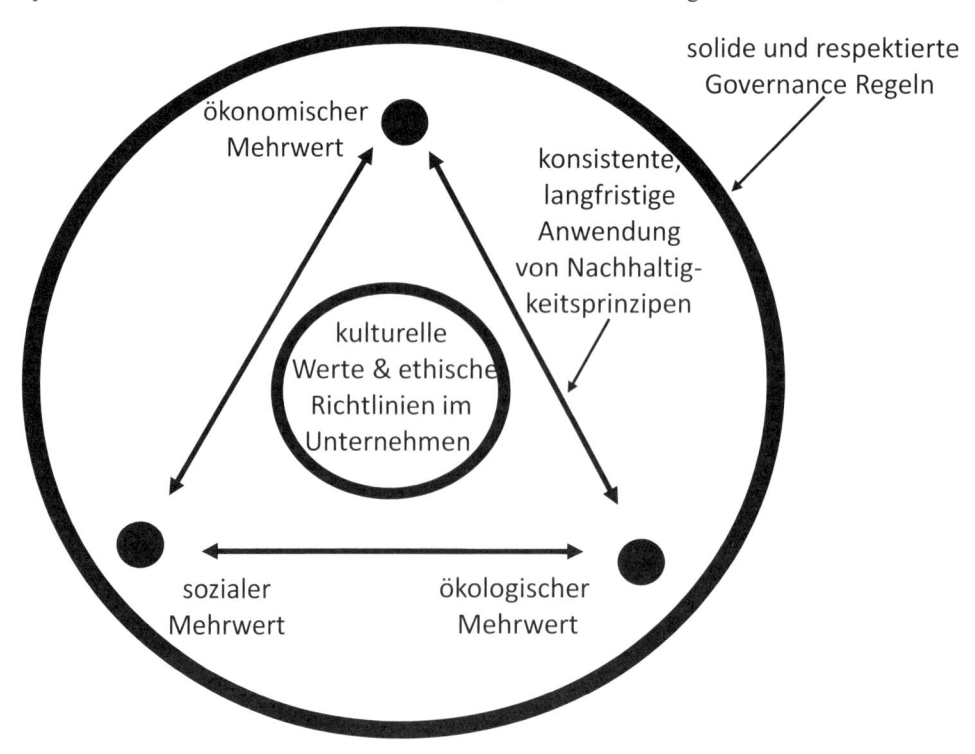

Abb. 11.1 Triple Botton Line – Dreifache Rechenschaftslegung

Für ein erfolgreiches Unternehmen ist es eine Voraussetzung, sich an die globalen Veränderungen anzupassen und einen Ausgleich zwischen Ökonomie, Ökologie und den sozialen Bereichen (Triple Botton Line) zu erlangen (Gleich/Oehler, 2006). Das Konzept der Corporate Social Responsibility thematisiert diese ethischen, sozialen und ökologischen Aspekte aus der Unternehmensperspektive heraus (siehe Abbildung 11.1).

Inwieweit Gemeinsamkeiten, Interdependenzen, Unterschiede oder Schnittstellen zwischen Corporate Governance und Corporate Social Responsibility bestehen, ob „gute" Corporate Governance ohne Corporate Social Responsibility möglich ist, wird im Folgenden näher diskutiert.

11.2 Corporate Social Responsibility

Die Europäische Kommission definiert Corporate Social Responsibility als *„[...] ein Konzept, das den Unternehmen als Grundlage dient, auf freiwilliger Basis soziale Belange und Umweltbelange in ihre Unternehmenstätigkeit und in die Wechselbeziehungen mit den Stakeholdern zu integrieren."* (Europäische Kommission, 2006).

In den USA wird Corporate Social Responsibility als ein Konzept verstanden, dass das Unternehmen in die Gesellschaft einbindet und nicht isoliert von ihr betrachtet. Das Unternehmen ist somit über die gesetzlichen Regelungen hinaus gesellschaftlich verantwortlich (Loew et al., 2004).

Eine anerkannte und weite Abgrenzung von Corporate Social Responsibility gibt Carroll (1991). In der von ihr aufgestellten „Pyramid of Social Responsibility" werden vier Ebenen unterschieden (siehe Abbildung 11.2). Die ursprüngliche Verantwortung von Unternehmen gilt wirtschaftlichen und rechtlichen Aspekten. Dies ist vergleichbar mit dem Corporate Governance Konzept. Nach Carroll kommen in der Corporate Social Responsibility überdies ethische und philanthropische Verantwortungen hinzu. Während die wirtschaftliche Verantwortung auf Profiterzielung fokussiert, richtet sich die gesetzliche Verantwortung auf die Einhaltung von staatlichen Vorgaben. Die ethische Verantwortung von Unternehmen thematisiert das faire Miteinander aller Beteiligten in der Gesellschaft. Die philanthropische Verantwortung geht noch einen Schritt weiter und zielt auf die Einhaltung gesellschaftlicher Normen und Werte ab.

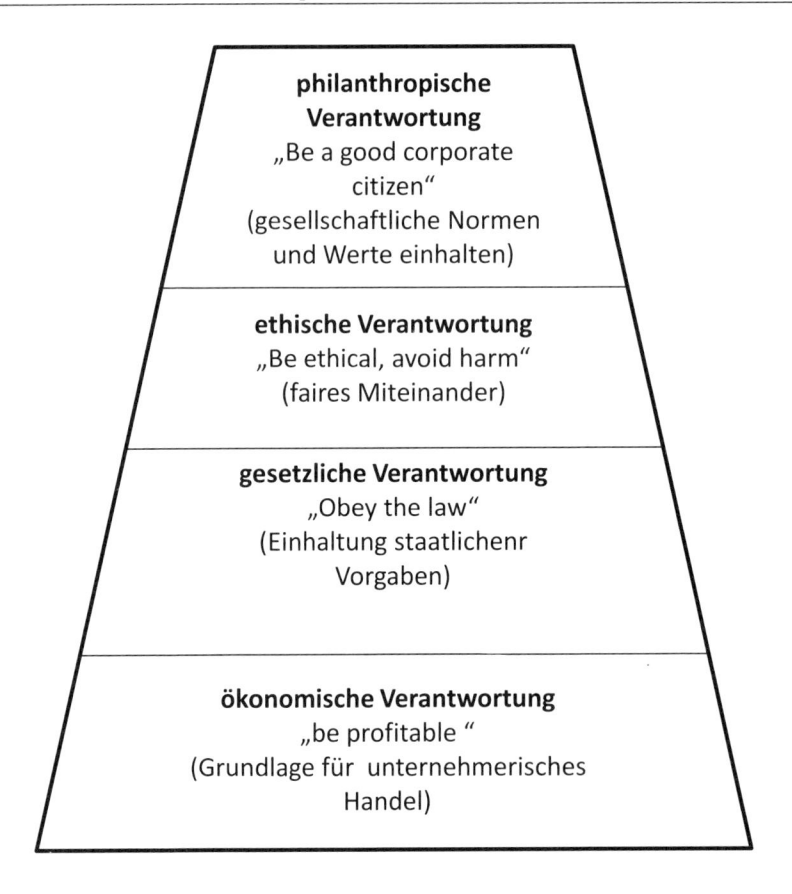

```
            philanthropische
             Verantwortung
           „Be a good corporate
                citizen"
          (gesellschaftliche Normen
             und Werte einhalten)

           ethische Verantwortung
           „Be ethical, avoid harm"
             (faires Miteinander)

          gesetzliche Verantwortung
               „Obey the law"
           (Einhaltung staatlichenr
                Vorgaben)

         ökonomische Verantwortung
               „be profitable "
         (Grundlage für unternehmerisches
                   Handel)
```

Abb. 11.2 Pyramid of Social Responsibility (Carroll, 1991).

Corporate Social Responsibility ist grundsätzlich ein Konzept gesellschaftlicher Verantwortung von Unternehmen. Es beruht auf unternehmerischer Eigeninitiative sowie auf Eigenverantwortung und basiert demnach auf Freiwilligkeit (BDA/BDI, 2007). „Gesellschaftliche Verantwortung von Unternehmen trägt zur nachhaltigen Entwicklung des Unternehmens und damit des gesamtwirtschaftlichen Systems bei." (Schwerk, 2007). Der Aspekt der Nachhaltigkeit umfasst die drei Bereiche Ökonomie, Soziales/Gesellschaft und Ökologie (BDA/BDI, 2007). Das Leitbild der Nachhaltigkeit impliziert die intergenerative Gerechtigkeit (zukünftige Generation) und intragenerative Gerechtigkeit (gegenwärtige Generation).

Inwieweit die gesellschaftliche Verantwortung von den Unternehmen wahrgenommen wird, ist abhängig von den jeweiligen Märkten, Branchen, sowie von den kulturellen und historischen Einflussfaktoren und damit von den länderspezifischen Rahmenbedingungen (Schwerk, 2007), in denen das Unternehmen operiert. Zudem entscheiden Unternehmen über ihre Aktivitäten in den Bereichen Ökonomie, Soziales und Ökologie in Abhängigkeit von den Bedürfnissen der jeweiligen Stakeholder (BDA/BDI, 2007). Grundsätzlich übernimmt das Unternehmen Verantwortung, wenn es für die Auswirkungen und Beweggründe seines

11.2 Corporate Social Responsibility

Handelns und Nicht-Handelns gegenüber anderen und sich selbst einsteht (Hansen/Schrader, 2005).

Stakeholder werden dabei als jene Gruppe oder Individuum definiert, die das Unternehmensziel beeinflussen oder von dem Unternehmensziel beeinflusst werden (Schwerk, 2007). Aus der Perspektive der Corporate Social Responsibility können Stakeholder vor allem in vier verschiedene Anspruchsgruppen gegliedert werden (Thommen, 2003):

1. unternehmensinterne Anspruchsgruppen wie Eigentümer, Management, Mitarbeiter,
2. wirtschaftliche Anspruchsgruppen wie Kunden, Lieferanten, Kapitalgeber,
3. gesellschaftliche Anspruchsgruppen wie Staat, Medien, Kirche,
4. Anwaltsgruppen des Ökosystems wie Interessenverbände, Natur- u. Umweltschutzgruppen.

Der effiziente Einsatz knapper Ressourcen im Produktionsprozess sowie eine gute Produktqualität und angemessene Preise (Erwartung von Kunden) in Verbindung mit der Erzielung von Gewinnen (Erwartung der Shareholder) und der langfristigen Sicherstellung der Existenz (Erwartung der Mitarbeiter) eines Unternehmens spiegelt sich in der ökonomischen Verantwortung wider (Habisch et al., 2005). Schwerk (2007) argumentiert, dass gesellschaftliche Verantwortung von Unternehmen zur nachhaltigen Entwicklung des Unternehmens selbst und damit zur Entwicklung des gesamtwirtschaftlichen Systems beiträgt.

Der ökologische Verantwortungsbereich zielt darauf ab, dass das Unternehmen innerhalb seines jeweiligen Tätigkeitsfeldes nachhaltig umweltschonend agiert. Des Weiteren wird von Umweltorganisationen gefordert, dass Unternehmen, neben der Einhaltung gesetzlicher Regelungen, ihre Produktionsprozesse umweltverträglicher modellieren.

Der Bereich Soziales/Gesellschaft ist schwer zu definieren (Schwerk, 2007). Im Grunde erwarten die Stakeholder, dass das Unternehmen an dessen Standort im Sinne des Gemeinwohls handelt. Positive externe Effekte sollen vom Unternehmen unterstützt und negative externe Effekte kompensiert werden (Schwerk, 2007). Implementierte Maßnahmen in der Corporate Social Responsibility tragen z.B. zur Verbesserung der Umwelt- und Arbeitsbedingungen bei den jeweiligen Niederlassungen und Tochtergesellschaften der Unternehmen bei. Entscheidend dabei ist, dass Corporate Social Responsibility-Aktivitäten über die gesetzlichen Regelungen hinausgehen (BDA/BDI, 2007). Dementsprechend müssen die Unternehmensaktivitäten im Bereich Corporate Social Responsibility glaubwürdig in der Öffentlichkeit vermittelt werden.

11.2.1 Vergleich von Corporate Governance und Corporate Social Responsibility

Beim Vergleich von Corporate Social Responsibility und Corporate Governance kann zunächst kaum ein Zusammenhang festgestellt werden. Corporate Governance soll sicherstellen, dass geeignete Kontrollmechanismen eingesetzt werden, die dafür Sorge tragen, die

Investition der Kapitalgeber zu „schützen". Manager sollen darin gehindert werden, willkürliche Handhabung mit dem zur Verfügung gestellten Kapital zu tätigen. Corporate Social Responsibility fordert vom Unternehmen, über gesetzliche Vorschriften hinweg, gesellschaftliche Verantwortung zu übernehmen. Da sich anhand der Definitionen kein Zusammenhang feststellen lässt, müssen die beiden Konzepte über die Definition hinaus betrachtet werden, um Gemeinsamkeiten zu identifizieren.

Die Herkunft der Begriffe Corporate Governance und Corporate Social Responsibility entspringen denselben Einflussfaktoren, Globalisierungseffekten, der Machtlosigkeit der Nationalstaaten, dem Vertrauensverlust der Öffentlichkeit usw. (Schwerk, 2007). Deshalb lassen sich beim Vergleich von Corporate Governance und Social Responsibility gemeinsame Ziele feststellen:

- Übernahme von Verantwortung,
- Vertrauen,
- Nachhaltigkeit.

Corporate Governance fordert von Unternehmen eine verantwortungsvolle Unternehmensführung und -kontrolle (BDA/BDI, 2007), indem z.B. der Deutsche Corporate Governance Kodex und die gesetzlichen Vorgaben befolgt werden. Bei der Corporate Social Responsibility liegt der Schwerpunkt bei der Übernahme gesellschaftlicher Verantwortung (Schwerk, 2007). Die Verantwortung soll bei beiden Konzepten gegenüber den Shareholdern und Stakeholdern wahrgenommen werden. Einerseits beinhalten zwar Corporate Governance und Corporate Social Responsibility Verantwortung, andererseits unterscheiden sich hier die beiden Konzepte in der Verantwortungsübernahme und in den Mitteln, mit denen sie verwirklicht werden. Corporate Governance basiert unter anderem auf gesetzlichen Regelungen, während Corporate Social Responsibility auf unternehmerischer Eigeninitiative (Freiwilligkeit) beruht (BDA/BDI, 2007).

Des Weiteren haben beide Konzepte das Ziel, das Vertrauen der Öffentlichkeit in das Unternehmen zu stärken. Wiederum sind hier die eingesetzten Mittel zur Zielerreichung unterschiedlich. Corporate Governance trennt die Überwachung und Geschäftsführung im Unternehmen (Albers, 2002) und Corporate Social Responsibility will durch gesellschaftliches Engagement in den Bereichen Ökologie und Soziales das Vertrauen der Öffentlichkeit fördern (Hansen/Schrader, 2005).

Der Aspekt der Nachhaltigkeit bzw. Langfristigkeit ist ebenso bedeutend für Corporate Governance wie für Corporate Social Responsibility. Dennoch bestehen auch hier Unterschiede. Corporate Governance fungiert als Konzept, das zum langfristigen Erfolg des Unternehmens und zur Maximierung des Gewinns der Eigentümer beiträgt sowie den Wohlstand der Allgemeinheit fördert (Beispiele: Konsumenten werden mit Produkten beliefert, Arbeitsplätze werden hervorgebracht) (Schwerk, 2007). Dagegen geht das Corporate Social Responsibility Konzept von einer positiven nachhaltigen Entwicklung für Unternehmen und Gesellschaft aus, wenn das Unternehmen in den Bereichen Ökonomie, Ökologie und Gesellschaft/Soziales unmittelbar tätig wird (BDA/BDI, 2007). Corporate Governance geht im

11.2 Corporate Social Responsibility

Gegensatz zu Corporate Social Responsibility implizit davon aus, dass durch den wirtschaftlichen Erfolg eines Unternehmens die Gesellschaft zwangsläufig positiv betroffen ist.

Die identifizierten gemeinsamen Ziele werden von Corporate Governance und Corporate Social Responsibility durch unterschiedliche Maßnahmen erreicht, dennoch bestehen auch hier Schnittstellen zwischen den beiden Konzepten.

„Das Thema CSR gewinnt nicht nur in den Medien und in der Unternehmenskommunikation, sondern auch am Kapitalmarkt immer mehr an Bedeutung." (Kirchhoff, 2006, S. 14). Die Betrachtung des Kapitalmarktes zeigt eine bedeutende Schnittstelle zwischen Corporate Governance und Corporate Social Responsibility auf. „Immer mehr institutionelle Investoren sind überzeugt von den Werten, die Corporate Social Responsibility schafft. Aktienindizes wie der Dow Jones Sustainability Index oder der FTSE4Good, die Unternehmen nach Nachhaltigkeitskriterien aufnehmen, sind Benchmarks für Fondsmanager und andere professionelle Anleger." (Kirchhoff, 2006, S. 19). Social Responsible Investings haben am globalen Kapitalmarkt kaum Relevanz (Umsatz <1%), jedoch nimmt deren Bedeutung kontinuierlich zu (siehe Tabelle 11.1).

Dass Corporate Governance einen unumstrittenen Einfluss auf den Kapitalmarkt hat, verdeutlicht die Studie „Global Investor Opinion Survey" von McKinsey (2002). Demnach wäre eine große Anzahl von Investoren bereit, einen Kursaufschlag von bis zu 20% für eine gute Corporate Governance zu zahlen. Aus diesem Grund sollten sich Unternehmen der Einbeziehung von Corporate Governance und Corporate Social Responsibility-Maßnahmen nicht verschließen. Vor allem können gemeinsame Ziele unter Umständen durch die Integration beider Konzepte im Unternehmen realisiert werden. Beide Konzepte thematisieren die Diskussion um den Shareholder- und Stakeholder-Ansatz sowie die Frage nach „guter" Corporate Governance.

Tabelle 11.1 Anzahl und Umsatz von Social Responsible Investings (SRI) – screened mutual funds (Goergen/Renneboog, 2004).

Jahre	Anzahl USA	Umsatz USA (in Mrd. USD)	Anzahl Europa	Umsatz Europa (in Mrd. USD)
1984			4	
1989			20	
1995	55	12	54	
1997	139	96		
1999	143	133	159	11,1
2001	154	111	280	14,5
2003	178	138	313	12,2

11.2.2 Corporate Social Responsibility als Business Case

Die Implementierung von Corporate Social Responsibility im Unternehmen kann als Business Case betrachtet werden (GTZ, 2007). Unter einem Business Case ist ein Modell zu verstehen, das eine betriebswirtschaftliche Investition danach bewertet, ob es zukünftig gewinnbringend ist oder nicht (Wünsche, 2007). Demzufolge wird Corporate Social Responsibility als Business Case betrachtet, wenn es sich als langfristig „lohnende" Investition für das Unternehmen darstellt und dadurch die wirtschaftliche Effizienz zunimmt (GTZ, 2007). Einige Forscher gehen bei der Implementierung von Corporate Social Responsibility davon aus, eine Win-win-Situation mit betriebswirtschaftlichem und gesamtgesellschaftlichem Nutzen zu realisieren (Schwerk, 2007). Aus der Win-win-Situation resultiert sowohl für das Unternehmen als auch für den Stakeholder, ein positiver Effekt. Dabei wird grundsätzlich zwischen vorökonomischen und ökonomischen Erfolgswirkungen unterschieden.

Die bedeutendste vorökonomische Erfolgswirkung von Corporate Social Responsibility ist eine hohe Reputation. Untersuchungen ergaben, dass sich ein positives Unternehmensimage auch positiv auf die Beziehungen zu den Stakeholdern auswirkt. Zudem trägt eine gute Reputation dazu bei, dass in Krisenzeiten weiterhin die allgemeine gesellschaftliche Zustimmung, die ein Unternehmen für seine Aktivitäten erhalten kann (licence to operate), fortbesteht (Hansen/Schrader, 2005).

Bei der ökonomischen Erfolgswirkung von Corporate Social Responsibility wird hauptsächlich die Veränderung des Aktienkurses bzw. des Firmenwertes betrachtet.

Ob die erhöhte Konsumbereitschaft unmittelbar von den Maßnahmen der Corporate Social Responsibility abhängt, ist nur im Einzelfall nachweisbar (Hansen/Schrader, 2005). Anhand von Investitionen in z.B. umweltschonende Produktionsanlagen, die zu einem geringeren Material- und Energieeinsatz führen, lassen sich Kostensenkungen nachweisen und damit ein direkter Zusammenhang zwischen Corporate Social Responsibility und Unternehmensperformance herstellen (Hansen/Schrader, 2005). „Für Unternehmen bedeutet der Business Case, dass es sich bei Corporate Social Responsibility nicht um eine Wohltätigkeitsveranstaltung handelt, auf die in Krisenzeiten unter Umständen verzichtet werden muss, sondern um eine lohnende Investition in den betriebswirtschaftlichen Erfolg" (Kirchhoff, 2006) die einen strategischen Wettbewerbsvorteil bietet (GTZ, 2007).

11.2.3 Corporate Social Responsibility zwischen ganzheitlichem Konzept und Marketingmaßnahme

„Niemand will, dass Jugendliche rauchen, wir auch nicht!" (Phillip Morris; www.csrgermany.de). Wie sind solche Mitteilungen eines Tabakunternehmens zu verstehen? Liegen hier wahre strategische Corporate Social Responsibility-Ziele vor, oder sind dies eher Marketing-Kampagnen, um das eigene Gewissen zu beruhigen und ein positives Image in der Gesellschaft zu hinterlassen?

Corporate Social Responsibility beschreibt grundsätzlich eine Querschnittsaufgabe in Unternehmen. Corporate Social Responsibility soll sich über alle Hierarchiestufen erstrecken.

11.2 Corporate Social Responsibility

Theoretisch kann dem Anspruch an gesellschaftlich verantwortlichem Handeln am besten entsprochen werden, wenn Corporate Social Responsibility direkt bei der Unternehmensführung angesiedelt ist. Wird diese Aufgabe allein im Marketingbereich realisiert, führt dies verstärkt zur Initiierung kurzfristig angelegter Projekte, deren Hauptanliegen die schnelle Gewinnmaximierung ist. Dem Corporate Social Responsibility-Anspruch wird damit nicht Genüge getan. Das Zweifeln der Stakeholder an dieser Art von Corporate Social Responsibility-Engagement ist berechtigt. Der Anschein reiner Imagepflege entsteht, weil Marketingelemente stark in den Vordergrund rücken. Andererseits ist die Bedeutung des Marketings bei Fragen der Kommunikation unbestritten.

Das Problem bei der Betrachtung der Corporate Social Responsibility besteht darin, „dass die Management-Theorie mit der Bereitstellung einer an ihre Funktionssystematik angepassten und anwendungsorientierten Definition des Begriffs hinterher hinkt." (Schmitt, 2005, S.6). Allgemein gültige Kriterien und Bewertungsmaßstäbe für die Corporate Social Responsibility, die die Erfolgsmessung und die sonstigen Wirkungen auf das Unternehmen betreffen, gibt es nicht (Kirchhoff, 2006). Parallel zu den mannigfaltigen Auslegungen des Begriffs gibt es ebenso viele Empfehlungen für die Umsetzung von Corporate Social Responsibility.

In einer Mitteilung der EU-Kommission aus dem Jahre 2002 heißt es: „Was das heutige Corporate Social Responsibility-Verständnis von den Initiativen der Vergangenheit unterscheidet, ist das Bemühen, Corporate Social Responsibility strategisch einzusetzen und zu diesem Zweck ein geeignetes Instrumentarium zu entwickeln." (Europäische Kommission, 2002, S. 6). Firmen sollten demnach das Thema Corporate Social Responsibility strategisch angehen. Wenn sie bei der Planung und Umsetzung sozialer Initiativen dieselben Maßstäbe anlegen, wie in ihrem geschäftlichen Handeln, können sich gesellschaftliches Engagement und Unternehmensstrategie ergänzen (Win-win-Situation). Erst wenn dieses Kriterium erfüllt ist, macht Corporate Social Responsibility Sinn, weil beide Seiten profitieren (Porter/Kramer, 2007). Als systematisches Managementkonzept betrachtet, können die Potenziale von Corporate Social Responsibility somit ausgeschöpft werden (Habisch, 2003).

Das Managen von Corporate Social Responsibility unterscheidet sich in der Vorgehensweise nicht vom Managen anderer Geschäftsprozesse (Fuchs-Gamböck, 2006). Schmitt fordert in diesem Zusammenhang: „Wenn ein auf Werte ausgerichtetes Unternehmen wieder erwünscht ist, so muss ein erster Ansatzpunkt auf dem Weg zu einer wertebasierten Unternehmensführung in der Formulierung der Werte selbst liegen." (Schmitt, 2005, S. 36). Die Ansatzpunkte der gesellschaftlichen Bedürfnisse sollten sich in den Leitlinien und Grundsätzen des Unternehmens widerspiegeln. Um die dort definierten Ziele zu erreichen, bedarf es der Ausarbeitung einer Corporate Social Responsibility Strategie.

Wenn Corporate Social Responsibility als Strategiebestandteil für das Unternehmen angesehen werden soll, kann daraus unmittelbar ein Rückschluss für die Institutionalisierung von Corporate Social Responsibility im Unternehmen gezogen werden. In dem von Schmitt beschriebenen Führungsmodell wird dieser Zusammenhang anschaulich dargestellt. „Das Grundgerüst des Modells ist vorgegeben durch drei Phasen des Managements, die sich entlang des Führungsprozesses erschließen: normativ, strategisch, operativ." (Schmitt, 2005)

Durch das normative Management werden die Leitlinien und Ziele formuliert. Sie bilden die Grundlage der Unternehmensentwicklung. Die Entwicklungsrichtung bestimmt sich durch die Strategien. Dem strategische Management folgend, findet die Umsetzung der Strategien in Form von Planung, Umsetzung und Überwachung durch das operative Management statt. Bedürfnisveränderungen der Unternehmensumwelt stellen eine wesentliche Motivation für die Übernahme von gesellschaftlicher Verantwortung dar. Aufgrund dessen wird den drei Phasen des Managements die Umfeldanalyse vorgeschaltet. Die externen Forderungen von Stakeholdern finden Eingang in den Führungsprozess und werden an organisatorischen Strukturen und Instrumenten konkretisiert. Anhand der in dieser Phase beschafften Informationen lassen sich gesellschaftliche Herausforderungen identifizieren, die Eingang in das Corporate Social Responsibility-Konzept finden. Erst nach deren Identifizierung lassen sich aussagekräftige Leitlinien und Ziele für eine verantwortliche Unternehmensführung formulieren (Schmitt, 2005) (siehe Abbildung 11.3).

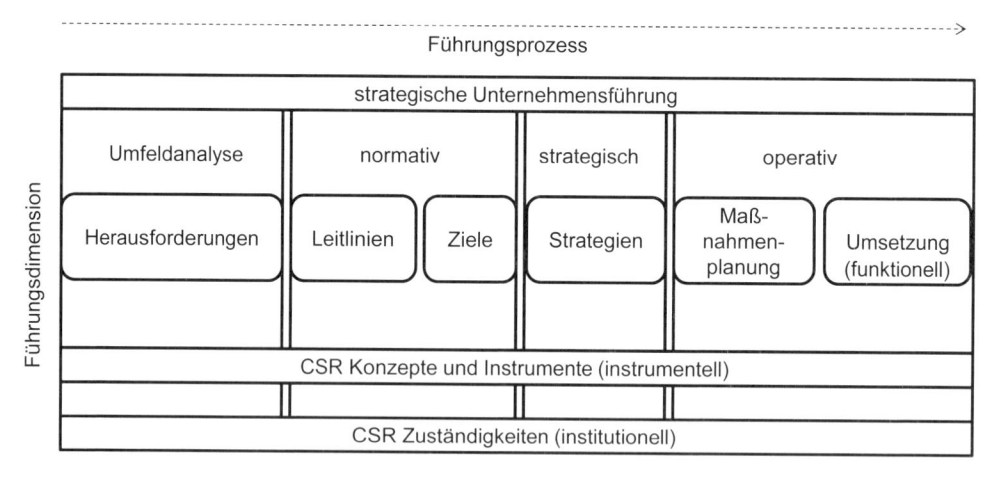

Abb. 11.3 CSR Führungsmodell nach Schmitt (2005).

Anhand des stark an das St. Galler Management-Modell angelehnten Corporate Social Responsibility-Führungsmodells (siehe Abbildung 11.3) wird erkennbar, dass sich Corporate Social Responsibility flächendeckend über alle Hierarchieebenen als Querschnittsaufgabe erstreckt.

Nach den Ausführungen ist es nicht anzustreben, Corporate Social Responsibility nur in einem Funktionsbereich zu verorten. Wird die Ansiedlung allein im Marketingbereich vorgenommen, können sich zu den genannten noch andere Kritikpunkte ergeben. Denn die Vermutung liegt nahe, dass große Marketingkampagnen nur dazu dienen, das Unternehmensimage zu verbessern und statt einer Implementierung von Corporate Social Responsibility in die Unternehmensstrategie nur Schadensbegrenzung betreiben (Porter/Kramer, 2007). Kuhlen (2005, S. 34) bemängelt in diesem Zusammenhang, dass „Spenden [...] häufig als eine Form von Public Relations genutzt werden, wodurch soziale Ziele eher vernachlässigt und geschäftsbezogenes Sponsoring (Cause-Related-Marketing) gefördert wird."

11.2 Corporate Social Responsibility

McWilliams und Siegel (2001) sind dagegen der Meinung, dass die Unterstützung durch Cause-Related-Marketing bei den Kunden den Eindruck von Zuverlässigkeit und Ehrlichkeit der Firma hinterlässt. Die Meinungen über Cause-Related-Marketing als Instrument, das Corporate Social Responsibility und Marketing verbindet, gehen zum Teil weit auseinander. Bisher sind die Konsumenten bei der Verknüpfung von Marketing oder werblichen Aktivitäten einer Unternehmung und seiner Produkte oder Dienstleistungen mit dem Fundraising für Non-Profit-Organisationen eher skeptisch (Fuchs-Gamböck, 2006).

Grundsätzlich muss die Implementierung von Corporate Social Responsibility systematisch erfolgen. Ziel ist es, von reiner Schadensbegrenzung hin zu Methoden zu kommen, die die Unternehmensstrategie dank des sozialen Fortschritts stärken (Porter/Kramer, 2007). Obwohl Corporate Social Responsibility als Querschnittsfunktion alle Hierarchieebenen und Bereiche einschließt, ist es bedauerlicherweise nach wie vor in den meisten Unternehmen nicht in eine Gesamtstrategie eingebunden (Kirchhoff, 2006).

Bei der Frage, ob die Institutionalisierung von Corporate Social Responsibility tendenziell eher bei der Unternehmensführung oder im Bereich Marketing erfolgen sollte, wird in der wissenschaftlichen Literatur mehrheitlich die Unternehmensführung als Ausgangspunkt aller CSR-Maßnahmen angesehen. Wirkliches Corporate Social Responsibility kann nur dann wirksam werden, wenn es in die Unternehmensstrategie aufgenommen wird und sich möglichst nah am Kerngeschäft orientiert. Für die Mitarbeiter kann Corporate Social Responsibility somit zum Bestandteil der Unternehmenskultur werden. Nicht zu unterschätzen ist dabei das Vorleben von oberster Stelle. Um Corporate Social Responsibility abzurunden, muss die Kommunikation nach innen und außen am jeweiligen Projekt ausgerichtet werden. Glaubwürdigkeit und Transparenz stehen für die Stakeholder an erster Stelle.

Dem ganzheitlichen Anspruch kann nicht entsprochen werden, wenn nur ein Funktionsbereich mit Corporate Social Responsibility betraut ist. Weisungsbefugnisse und die hierarchische Anordnung reichen nicht aus, um den Corporate Social Responsibility-Maßnahmen langfristig ausreichend Kraft und Wirksamkeit zu verleihen. Synergieeffekte können sich nicht entfalten und Know-how wird aufgrund fehlender bereichsübergreifender Interaktionen nicht voll genutzt. Wird CSR ausschließlich als Marketingkonzept betrieben, könnte es zu den aktuellen Modeerscheinungen gezählt oder als Werbegag abgetan werden. In Märkten, in denen sich die Produkte immer ähnlicher werden und einfach substituiert werden können, sucht das Marketing nach neuen Wegen der Produktdifferenzierung. Der Kerngedanke von Corporate Social Responsibility geht dabei verloren. Zu kritisieren sind die Kurzfristigkeit und das starke Hervorheben des Unternehmens. Corporate Social Responsibility will eine Win-win-Situation für alle Beteiligten schaffen, eine Balance, die durch die alleinige Ansiedlung im Marketing nicht erreicht wird.

Unter diesen Prämissen ist es nun erstaunlich, dass in der Praxis gesellschaftlich verantwortliches Handeln überwiegend mit Instrumenten erfolgt, die dem Marketingbereich zugeordnet werden können.

11.3 Kritische Würdigung des Corporate-Social-Responsibility-Ansatzes

Obwohl das Machtpotenzial von Unternehmen wächst und die Nationalstaaten in gewisser Art und Weise machtlos den zu bewältigenden globalen Aufgaben gegenüberstehen, bedeutet dies nicht, dass die politische Verantwortung gänzlich auf Unternehmen abgewälzt werden sollte. Vielmehr ist es die Pflicht der Politik und der Staaten, einen ordnungspolitischen Rahmen zu gestalten, in dem für Unternehmen auf freiwilliger Basis innovative und kreative Handlungsalternativen zur Verfügung stehen, die über gesetzliche Regelungen hinausgehen (Kirchhoff, 2006). Momentan sehen wir jedoch wiederum, aufgrund der Krise an den Finanzmärkten, einen gegenläufigen Trend. Die Freiwilligkeit und der Verzicht auf die Vorgabe konkreter Handlungsoptionen durch den Gesetzgeber ermöglichen Unternehmen die Entwicklung innovativer und kreativer Handlungsoptionen, die über die gesetzlichen Regelungen hinausgehen (Hansen/Schrader, 2005).

Eine Standardisierung oder Verpflichtung auf bestimmte Corporate Social Responsibility-Maßnahmen sollte so allgemein gehalten sein, dass sich nicht mehr als eine Harmonisierung auf niedrigstem Niveau erreichen lassen könnte, ohne die Wettbewerbsfähigkeit der Unternehmen nachhaltig zu schädigen. „International vereinbarte Grundsätze wie der Global Compact, die dreigliedrige Erklärung der ILO zu multinationalen Unternehmen und Sozialpolitik oder die OECD-Leitsätze für multinationale Unternehmen bilden dagegen eine gute und anerkannte Orientierung für individuelle, unternehmensspezifische und differenzierte Corporate Social Responsibility-Initiativen." (BDA/BDI, 2007)

Corporate Social Responsibility-Aktivitäten sollten jedoch nur unter der Beachtung der länderspezifischen kulturellen, sozialen und wirtschaftlichen Situation zum Einsatz kommen. Die Einbringung z.B. zu hoher Sozialstandards durch die Industriestaaten in Entwicklungsländern könnte vor Ort zu steigenden Arbeitskosten führen. Durch ein zu großes Engagement besteht z.B. für eine weltweit einheitliche Corporate Social Responsibility auch die Gefahr, Entwicklungsländern ihren Wettbewerbsvorteil gegenüber den Industriestaaten zu nehmen (BDA/BDI, 2007).

Unternehmen ist es nur möglich, gesellschaftliche Verantwortung zu übernehmen und sich in diesem Zusammenhang mit ökonomischen, sozialen und ökologischen Problemfeldern zu befassen, wenn es wirtschaftlich vorteilhaft erscheint (BDA/BDI, 2007). Dass die zunehmende Corporate Social Responsibility-Kommunikation tatsächlich dazu führt, dass Corporate Social Responsibility-Maßnahmen ansteigen (Hansen/Schrader, 2005), belegt z.B. das Ranking der Nachhaltigkeitsberichte vom Institut für Ökologische Wirtschaftsforschung (IÖW). Es analysiert die Aussagekraft der Unternehmensberichte und die Qualität der Kommunikation. „Die Bewertungsskala umfasst insgesamt 13 Haupt- und 48 Unterkriterien. Neben allgemeinen Informationen zum Unternehmen, seiner Geschäftsstrategie und den Managementstrukturen werden dabei der Umgang mit ökologischen und sozialen Aspekten der Produkte und Dienstleistungen untersucht. Aber auch die Glaubwürdigkeit des Berichts und die Qualität der Darstellung werden unter die Lupe genommen." (IÖW, 2007, S. 20).

Auf der einen Seite ist es fraglich, ob Corporate Social Responsibility-Aktivitäten die Unternehmen nicht von ihrer eigentlichen Aufgabe, Gewinn zu erzielen, ablenken (Hansen/Schrader, 2005). Auf der anderen Seite stellt sich die Frage, ob ein gegenwärtiges Unternehmen überhaupt ohne Berücksichtigung von Corporate Social Responsibility langfristig erfolgreich sein kann (Kirchhoff, 2006).

11.4 Zusammenfassung

In dieser Sektion wurden durch die Betrachtung der beiden Konzepte Corporate Governance und Corporate Social Responsibility wesentliche Unterschiede und Schnittstellen herausgearbeitet. Eine wichtige Rolle hierbei nimmt letztendlich die Analyse „guter" Corporate Governance ein (siehe abschließende Sektion). Inwieweit sich die Bewertungen der Konzepte im Unternehmen realisieren lassen, ist neben der wirtschaftlichen Leistungsfähigkeit des Unternehmens von den länderspezifischen Rahmenbedingungen abhängig.

Corporate Governance soll durch gute und verantwortungsvolle Unternehmensführung und -kontrolle vorrangig die Eigentümer schützen und das Vertrauen der Öffentlichkeit in das Unternehmen stärken. Der Deutsche Corporate Governance Kodex ist in Deutschland im Jahr 2002 eingeführt worden. Corporate Social Responsibility hingegen bezieht sich auf die gesellschaftliche Verantwortung der Unternehmen in den Bereichen Ökonomie, Ökologie und Soziales. Das unternehmerische Engagement der Unternehmen soll in diesen Bereichen über die gesetzlichen Regelungen hinausgehen.

Die identifizierten gemeinsamen Ziele, wie Verantwortungsübernahme, Nachhaltigkeit sowie Vertrauensaufbau, werden von den beiden Konzepten in unterschiedlicher Form bearbeitet. Dennoch lassen sich aufbauend auf den Schnittstellen von Corporate Governance und Corporate Social Responsibility sowie den analysierten Stakeholder-Ansatz und Shareholder-Ansatz die Konzepte miteinander in Einklang bringen. Corporate Social Responsibility scheint zunächst dem Shareholder-Value zu widersprechen. Doch die Berücksichtigung der Stakeholder im Zusammenhang mit Corporate Social Responsibility Maßnahmen haben aufgezeigt, dass der Shareholder-Value optimiert werden kann. Zwar finden beim Corporate Governance die Stakeholder-Interessen Beachtung, jedoch nicht in dem hohen Maße wie bei Corporate Social Responsibility. Aufgrund der vorangegangenen Analysen ist die entscheidende Verbindung bzw. Schnittstelle zwischen Corporate Governance und Corporate Social Responsibility die Betrachtung der Stakeholder, insbesondere auch, weil der Stakeholder-Ansatz die Shareholder nicht ausschließt. Ein erfolgreiches Unternehmen ist abhängig von den Kaufentscheidungen der Konsumenten, der Zuverlässigkeit der Lieferanten oder z.B. von Medienberichten. Aufgrund der gegenwärtigen sozialen und ökologischen Probleme sind die Ansprüche an die Unternehmen mehr als je zuvor erkennbar. Selbst die Aktionäre fordern gesellschaftliches Engagement von den Unternehmen. Manager sollten deshalb bei ihren strategischen Entscheidungen beide Konzepte berücksichtigen.

Des Weiteren ist die Verbindung der beiden Konzepte eine notwendige Voraussetzung für „gute" Corporate Governance. Obwohl beispielsweise in einigen Firmen die Implementierung von Corporate Social Responsibility für zu kostenintensiv erachtet wird, müssen die langfristigen wirtschaftlichen Folgen erkannt werden. Der positive Reputationsaufbau durch Berücksichtigung der Stakeholderinteressen ist eine Voraussetzung für den wirtschaftlichen Erfolg.

11.5 Fallbeispiele

11.5.1 Die Otto-Gruppe

Die Otto-Gruppe ist Deutschlands größtes Versandhaus. Sie ist Partner des Social Accountability International (SAI) und ist dort im Beratungsausschuss tätig. Die Otto-Gruppe ist bestrebt, ihre Bilanzen und Geschäftsberichte transparent und glaubwürdig zu gestalten. Weiterhin ist die Otto-Gruppe Mitglied anderer „product labelling initiatives" und Projekte, wie z.B. „Cotton made in Africa" und „2° – Deutsche Unternehmer für Klimaschutz".

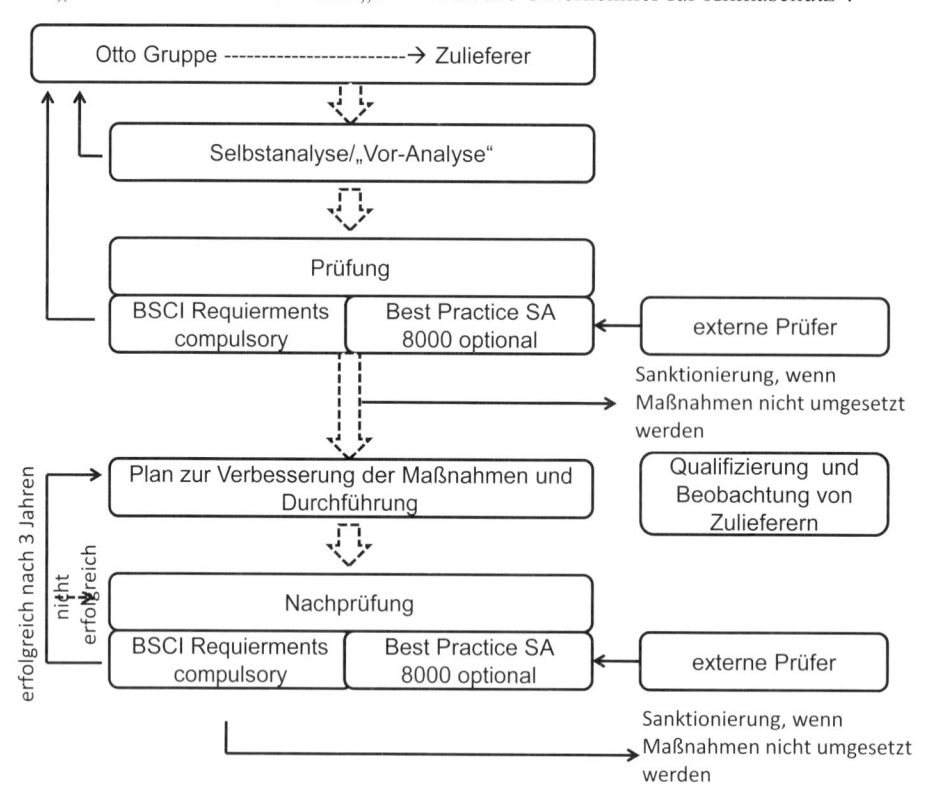

Abb. 11.4 *Otto-Gruppe – Certified Suppliers.*

Die Otto-Gruppe ist ein Vorreiter in Deutschland in Fragen der Selbstverpflichtung gegenüber sozialen Anforderungen. Dieses drückt sich auch in den Nachhaltigkeitsberichten des Unternehmens aus. Die Otto-Gruppe informiert regelmäßig über gesundheits- und soziale Aspekte in ihrer Zulieferkette (Supply Chain) sowie über ihre soziale Verantwortung im Unternehmen selbst. Die CSR Berichte des Unternehmens sind selbstkritisch und die CSR Aspekte sind differenziert dargestellt (http://www.rankingnachhaltigkeitsberichte.de).

Die Handelsabteilung der Otto-Gruppe ist z.B. nicht nur für den Einkauf und den Verkauf von Produkten verantwortlich. Da die Otto-Gruppe auch in Dritte Welt Ländern einkauft, achtet die Einkaufsabteilung auch auf soziale und ökologische Aspekte bei der Produkt- und Partnerwahl. Otto schult seine Vertragspartner in diesen Ländern, sich sozial und ökologisch nach internationalen Standards zu verhalten (Otto Group, Sustainability Report 2007).

11.5.2 Krombacher Bier

Zur Fußballweltmeisterschaft 2006 initiierte Krombacher eine im TV beworbene Spendenoffensive mit dem Titel „Gute Sache – gutes Bier". Pro verkaufter Flasche Bier wurde ein Cent gespendet. Die anfangs gesteckte Zielmarke von drei Mio. Euro konnte um 10,1% übertroffen werden. Durch eine interaktive Werbeaktion konnten Kunden über SMS oder Telefon entscheiden, an welche der drei vorgegebenen Organisationen das gesammelte Geld gespendet werden sollte. Pro Abstimmungsanruf oder SMS wurden den Kunden 0,49 Euro in Rechnung gestellt. Lediglich 1 Cent (2%) ging davon an die Hilfsprojekte. Es stellt sich die Frage, ob hier wirklich eine nachhaltige CSR-Strategie verfolgt wird, oder ob eine Werbemaßnahme mit primär gewinnorientieren Interesse im Vordergrund steht.

Fragen und Thesen

- Erklären Sie den Begriff Corporate Social Responsibility.
- Wie intensiv sollte sich der Staat für die Durchsetzung von CSR einsetzen und inwieweit sollte der Staat in die Handlungen eines Unternehmens eingreifen dürfen?
- Ist CSR alter Wein in neuen Schläuchen?
- Ist schlechtes CSR besser als gar kein CSR?
- Bedeutet die zunehmende CSR-Kommunikation, dass gleichzeitig mehr CSR-Maßnahmen ins Leben gerufen werden?
- Wo sind Kritikpunkte am CSR-Konzept zu sehen?
- Warum kann man trotz der Gegensätzlichkeit sagen, dass Corporate Governance und CSR sich ergänzen?
- Ist das CSR-Konzept tatsächlich nicht mit einer Standardisierung vereinbar oder gibt es ggf. doch Schnittstellen?

- Inwieweit kann Corporate Social Responsibility als Business Case betrachtet werden? Was spricht dafür, was dagegen?

- Welche Vor- und Nachteile hat die Einführung einer standardisierten Richtlinie für Corporate Social Responsibility? Nennen Sie diese.

- Vergleichen Sie CG & CSR. Stellen Sie dabei sowohl die Gemeinsamkeiten als auch deren Unterschiede dar. Welche Organisationen beschäftigen sich mit CSR, wer stellt Regelungen auf? Wie setzen sich solche Regelungen durch?

- Jensen/Meckling schreiben: „Wenn die Mitbestimmung der Arbeitnehmer für alle Interessengruppen wirklich vorteilhaft wäre, dann bräuchte man sie nicht staatlich zu erzwingen. Wäre der Nutzen größer als die Kosten, dann hätten die Unternehmen die Mitbestimmung freiwillig eingeführt [...]" Müsste dies nicht auch für andere Stakeholder und insgesamt für die Corporate Social Responsibility gelten?

12 Informationssysteme zur Corporate Governance in Unternehmen

Lernziele

In dieser Sektion lernen Sie die Bedeutung interner Informations- und Kommunikationssysteme (IuK) sowie der Kontrollsysteme für die Corporate Governance kennen. Sie sollten nach der Erarbeitung des Stoffes verstehen und beschreiben können, welche Zusammenhänge zwischen der Corporate Governance, der IT Governance und dem Risikomanagement bestehen. Die Beschreibung des SAP Moduls MIC zeigt Ihnen auf, wie ein internes Kontrollsystem (IKS) in der Praxis aufgebaut ist und welche Prozesse mit der Bedienung verbunden sind. Anhand dieses praxisorientierten Beispiels können Sie ableiten, was für diese Systeme die Corporate Governance leisten müssen.

Weiterhin lernen Sie verschiedene Rahmenmodelle für interne Kontrollsysteme kennen, die für unterschiedliche Domänen Anwendung finden. Sie sollen beurteilen können, für welche Fälle welche Rahmenmodelle zu wählen sind.

12.1 Informationssysteme für die Corporate Governance

IuK-Systeme, insbesondere Enterprice Ressource Planning Systemen (ERP), bilden heutzutage die Grundlage für eine korrekte Rechnungslegung, da durch diese Systeme die Vielfalt und Komplexität der Informationsbeziehungen innerhalb der Unternehmen nachvollzogen werden kann. Integrierte IuK-Systeme gewinnen immer mehr an Bedeutung. Im Prüfungsstandard No. 2 des PCAOB heißt es hierzu: „[...] The nature and characteristics of a company's use of information technology in its information system affect the company's internal control over financial reporting." (PCAOB, 2004)

Der SOX schreibt zum ersten Mal direkt vor, dass die Unternehmen die Einrichtung und die Wirksamkeit eines internen Kontrollsystems sicherzustellen haben. Das Management muss gemäß Sec. 404 SOX über die Einrichtung und Wirksamkeit der internen Kontrollen berichten.

Die Kontrollen des IKS sind zu dokumentieren und nach der Einrichtung stetig auf ihre Wirksamkeit zu testen. Informationssysteme zur Corporate Governance haben einen wesentlichen Einfluss auf die Wirksamkeit einer effektiven Unternehmenssteuerung und Kontrolle. Interne Kontrollsysteme und Risikomanagementsysteme sollen die Transparenz, insbesondere die der Finanzberichterstattung, erhöhen sowie die mit Chancen und Risiken behafteten Entwicklungen aufzeigen, denen ein Unternehmen ausgesetzt ist. Es ergeben sich aber auch neue Risiken für das Unternehmen durch den Einsatz von IuK-Systemen (Rechnerausfall, Datenverlust, Datennutzung etc.). Somit entstehen neue Anforderungen an die Corporate Governance bezüglich der Steuerung und Kontrolle von IT-Prozessen. Neue Ansätze wie die IT-Governance[12] und die dazu entwickelten Rahmenwerke CobiT, ITIL oder ISO 17799 versuchen, die spezifischen IT Risiken, Wertbeiträge sowie erhöhte Steuerungsanforderungen von IT-Prozessen aufzuzeigen, zu kontrollieren und zu überwachen. Einen anerkannten Rahmen zur Implementierung von IT-Prozesskontrollen geben die „Control Objectives" des CobiT-Standards.

Die Verantwortung für die IuK eines Unternehmens liegt in der Regel beim Chief Information Officer (CIO).

12.2 Der CIO

Seit dem Inkrafttreten des SOX in den USA im Jahre 2002 gehört die Einhaltung der Corporate Governance Richtlinien zu den Kernaufgaben eines CIO. Der Grund hierfür liegt in der Regulierung der Risikovorsorge. So wird in Sec. 404 des SOX verlangt, dass die Wirksamkeit eines IT-unterstützten internen Kontrollsystems von einem Wirtschaftsprüfer beurteilt wird (Heidkamp, 2007). Dem CIO, der die Informationstechnologie steuert, fällt dabei zusätzlich die Aufgabe der Einhaltung der gesetzlichen Bestimmungen zu (Milburn, 2007).

Aufgrund der unterschiedlichen Betrachtungsweisen und der Bedeutung der Informationstechnologie für den internen Unternehmensprozess entwickelten sich zwei völlig verschiedene Perspektiven über den Gegenstand des CIO.

Der Aufgabenbereich innerhalb des Unternehmens kann nicht wie beim CFO oder dem CEO, endlich umschlossen werden. Dennoch gibt es definitorische Versuche zur Abgrenzung des Aufgabenbereichs des CIOs. Buhl beschreibt den CIO z.B. „als Vertreter des Produktionsfaktors Information im Topmanagement" (Buhl, 2001, S. 408) dessen tatsächlicher Nutzen bis heute verkannt wird. Weiterhin wird der CIO als ein Bindeglied zwischen dem Informationsfluss auf den verschiedenen Märkten und der Geschäftsführung verstanden. Dieser soll gewährleisten, dass neue technologische Möglichkeiten bei der Ausrichtung des Unternehmens in Betracht gezogen werden. Er ist bei diesen Fragen der erste Ansprechpartner der Unternehmensleitung und ist für die Durchsetzung von notwendigen Investitionen verant-

---

[12] Im Fokus der IT-Steuerung/IT Governance stehen der nachweisliche Nutzen und der nachhaltige Wertbeitrag der IT für das Unternehmen. Hierzu bedarf es der Ausrichtung der IT auf Unternehmensziele und -prozesse sowie der effektiven und effizienten Gestaltung von Entscheidungs- und Verantwortungsstrukturen.

wortlich (Benjamin et al., 1985). Die wohl populärste CIO-Definition stammt von William Synott. Dieser beschreibt den CIO als „den bedeutendsten Teil der Geschäftsführung mit alleiniger Verantwortung für das Informationsmanagement." (Synott, 1985, S. 19).

In der Praxis ist der CIO in seiner Position als Mitglied der Geschäftsführung umstritten. Eine nichtrepräsentative Umfrage unter CIOs in Deutschland zeigte, dass nur 17% der befragten CIOs auch Mitglied des Managements sind. In US-amerikanischen und kanadischen Unternehmen liegt dieser Anteil bei etwa 50% (Daum et al., 2004).

Hauptaufgabe der traditionellen CIO Funktion im operativen Geschäft (unterstützende Funktionist die kosteneffiziente Verarbeitung und Bereitstellung von Daten (Kirchmann, 2004). Kostenvorteile sollen sich hierbei vor allem durch die Automatisierung und Verknüpfung verschiedener Geschäftsprozesse ergeben. Ein solcher Einsatz der Technologie bietet die Möglichkeit, den Personaleinsatz im Unternehmen erheblich zu begrenzen. Dies setzt jedoch voraus, dass sich der jeweilige CIO dauerhaft mit der Optimierung und Effizienzsteigerung der Informationssysteme befasst. Eine andere bedeutende Aufgabe der Informationstechnologie besteht in strategischer Hinsicht z.B. in der Schaffung von internetbasierten Ein- und Verkaufsplattformen (Ey, 2005).

Grundsätzlich kann zwischen einem IT-verwaltenden CIO und einem geschäftsführenden CIO unterschieden werden. Beide unterscheiden sich in der Orientierung auf fachliche und technische Bereiche voneinander. Der IT-verwaltende CIO gilt innerhalb des Unternehmens als Experte für die Informationstechnologie, löst mit seinem Mitarbeiterstab IT-Probleme der übrigen Angestellten und versucht, die Kostensenkungsvorgaben der Unternehmensleitung zu erfüllen. Im Rahmen dieser Auffassung stellt ein CIO somit einen Anbieter von Informationen für den internen Unternehmensprozess dar (Johannsen/Goeken, 2006). Eine strategische Nutzung der Systeme durch den Leiter der IT wird hierbei nicht vorgesehen. Ein solcher CIO hat tendenziell eine Ausbildung als Informatiker.

Das Aufgabengebiet des CIOs kann auch von einem bloßen Anbieter von Datenmaterial hin zu einem strategischen Entscheider wechseln. Um die verschiedenen Bereiche wie Logistik, Buchhaltung oder Controlling voranzubringen, muss der CIO das nötige Geschäftsprozesswissen besitzen, um diese Bereiche auch zu verstehen. Da der Kern dieser Prozesse in der Verarbeitung von Informationen liegt und somit das Hauptaufgabengebiet der IT darstellt, nimmt diese einen wesentlichen Bestandteil bei der Steuerung des Unternehmens ein (Heinzl, 2001). Sind die einzelnen Bereiche aufgestellt, gilt es sie zu einem ganzheitlichen System zu vernetzen. Der Fokus des CIO liegt nicht mehr in der Optimierung einzelner Sparten, sondern in der strategischen Ausrichtung der gesamten Wertschöpfungskette. Er stellt ein Bindeglied zwischen allen unternehmerischen Bereichen dar und muss gemäß seiner fachlichen Kompetenzen funktionsübergreifend agieren (Kirchmann, 2004). Dies begründet auch, warum dem CIO im Rahmen seiner strategischen Arbeit zusätzlich die Aufgabe des Change Agents zufällt. Diese Funktion befasst sich mit der Einführung technischer Innovationen in die Unternehmensarchitektur und den verschiedenen Prozesse innerhalb des Betriebes (Peters, 2008). Aus den genannten Aufgaben eines CIOs leitet sich ab, dass dieser eine Vielzahl neuer Fähigkeiten und Kompetenzen in sich vereinen muss. So wird von einem CIO ein umfassendes Verständnis für die Zusammenhänge in einem Unternehmen gefordert. Dies ist gerade aufgrund seiner Verantwortung für die Effizienz der Geschäftsprozesse von Bedeutung. Darüber hinaus muss er die Fähigkeit besitzen die Informationstechnologie strategisch auf die Unternehmensziele auszurichten. Ein solcher CIO hat tendenziell eine Ausbildung als Wirtschaftsinformatiker.

Die Aufgaben der Informationstechnologie und somit des CIOs sind auch Gegenstand der IT-Compliance. Bisher verstand man hierin den Schutz von Daten, basierend auf rechtlichen Grundlagen. Seit dem Sarbanes-Oxley Act wird von der IT-Compliance auch die Schaffung von Transparenz in der Rechnungslegung verlangt. Gemeint sind hierbei IT-Dienste, welche die Einhaltung der neuen internationalen Regelungen zur Buchhaltung und dem Jahresabschluss unterstützen. Sogenannte IT-Prüfungen sind seitdem ein fester Bestandteil bei der Arbeit eines Wirtschaftsprüfers. Untersucht wird hierbei die Wirksamkeit der IT-Architektur bei der Erfüllung solcher Sicherungsanforderungen (Heidkamp, 2007). Hier wird der unmittelbare Bezug zur Corporate Governance deutlich.

12.3 Informationssysteme und Corporate Governance

Corporate Governance umfasst Aspekte der Publizität, Vertrauensbildung, Transparenz sowie Kontrolle. Um diese Aufgaben im Unternehmen erfüllen zu können, bedarf es komplexer Informationssysteme, die den Ansprüchen der internen und externen Stakeholder genügen. Die Funktion der Informationssysteme kann zwischen systemunterstützend und systembildend differenziert werden.

12.3.1 Systembildende Informationssysteme

Mit systembildenden Informationssystemen werden Ansätze bezeichnet, die eine Veränderung und neue Möglichkeiten in der Unternehmensführung ergeben. Die Informationstechnologie spielt dabei eine wesentliche Rolle. Gute Beispiele finden sich in der elektronischen Beschaffung (E-Procurement) oder in der effektiveren Koordination von unternehmensübergreifenden Lieferketten (technologieunterstützte Supply Chains), die erst durch IT-Einsatz möglich wurden (Gleich/Oehler, 2006).

12.3.2 Systemunterstützende Informationssysteme

Als systemunterstützend wird die effiziente Prozessgestaltung durch Informationstechnologien innerhalb des Unternehmens verstanden. Dabei sollten die Prozessabläufe und die Unternehmensführung möglichst nicht verändert werden (Gleich/Oehler, 2006). Systemunterstützende Informationssysteme haben eine große Bedeutung für die Umsetzung einer effizienten Corporate Governance. Im Managementbereich kommen sie häufig bei der Buchungsdurchführung, Berichterstellung und -verteilung oder bei automatischen Dokumentationen vor.

12.3 Informationssysteme und Corporate Governance

In der Praxis ergaben sich in der Vergangenheit Schwachstellen im Einsatz systemunterstützender Informationssysteme, vor allem in der Corporate Governance. Hierdurch waren Verschleierungen von tatsächlichen Vorgängen, Falschbuchungen und falsche Jahresabschlüsse möglich.

Die Integration von Informationstechnologien zur Unterstützung der Corporate Governance ist ein komplexer Vorgang. Verschiedene Komponenten und Teilanwendungen zur Dokumentation und Kontrolle oder Berichterstattung sind zu koordinieren, um einen effizienten, wirksamen Einsatz zu gewährleisten. Die Sec. 404/302 SOX stellen hohe Anforderungen an die technologische Umsetzung eines interne Kontrollsystems in Unternehmen.

12.3.3 Das interne Kontrollsystem

Unter einem internen Kontrollsystem versteht man ein System aus Regelungen zur Steuerung der Unternehmensaktivitäten (internes Steuerungssystem) und Regelungen zur Überwachung der Einhaltung dieser Regelungen (internes Überwachungssystem) (IDW, 2001, S. 322.).

Das interne Kontrollsystem wird als Oberbegriff für das interne Steuerungssystem und das interne Überwachungssystem definiert (Horváth, 2003). Das interne Überwachungssystem besteht aus prozessintegrierten Maßnahmen wie Kontrollen, organisatorischen Sicherungsmaßnahmen und prozessunabhängigen Maßnahmen, wie der Internen Revision (siehe Abbildung 12.1). Die Definition des IKS orientiert sich an dem IDW Prüfungsstandard PS 260, der wiederum mit dem internationalen Prüfungsstandard ISA 400 übereinstimmt. Beide Standards orientieren sich an dem 1992 in den USA veröffentlichten COSO-Framework (COSO I).

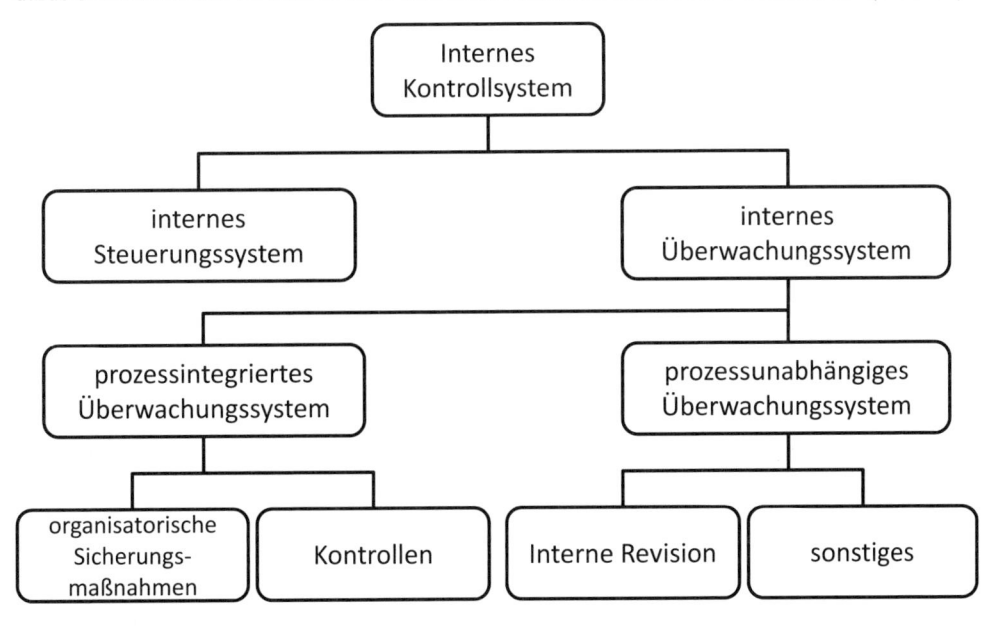

Abb. 12.1 Internes Kontrollsystem (IDW, 2001).

Weitere institutionelle Grundlagen für ein internes Kontrollsystem bilden der britische „Combined Code" oder das Kontrollkonzept „Guidance on Control" des Canadian Institute of Chartered Accountants (Gleich/Oehler, 2006). Das interne Kontrollsystem ist eng mit dem Risikomanagementsystem verbunden.

Orientierungsrahmen für ein internes Kontrollsystem (COSO)

Die COSO „Committee of Sponsoring Organisations at the Treadway Commission" ist eine gemeinsame Initiative privatwirtschaftlicher, amerikanischer Wirtschaftsinstitute. Sie wurde 1985 ins Leben gerufen, um Maßnahmen gegen manipulative Finanzberichterstattung zu ergreifen. In dem Bericht zu einer von ihr durchgeführten Studie („Fraud Report") wurde festgestellt, dass die Kontrollsysteme der Unternehmen zur Aufdeckung von Managementbetrug nicht ausreichend sind. Die Empfehlungen des „Fraud Reports" finden sich im COSO-Framework oder im CobiT-Konzept wieder (Westhausen, 2005).

Das COSO-Framework ist ein Rahmenkonzept zur Verbesserung der internen Kontrollsysteme und wurde 1992 auf www.coso.org veröffentlicht. Mittlerweile ist dieses Rahmenkonzept weithin als Standard anerkannt. Definiert nach COSO bildet das interne Kontrollsystem einen von Unternehmensführung, Aufsichtsgremien und Mitarbeitern gesteuerten Prozess ab, der die Einhaltung der Unternehmensziele mit angemessener Sicherheit gewährleistet (Westhausen, 2005). Dieser Prozess lässt sich anhand dreier Dimensionen darstellen:

1. Basisziele,

2. Kontrollelemente,

3. Organisationseinheiten.

Die Basisziele jeder Profit- und Non-Profit-Organisation lassen sich wiederum in drei Elemente unterteilen (Glaum et al., 2006).

1. Ergebnisorientierung und Wirtschaftlichkeit operativer Prozesse (Operations),

2. Zuverlässigkeit der Finanzberichterstattung (Financial Reporting),

3. Einhalten externer und interner Vorschriften (Compliance).

Diese Basisziele werden auf der Ebene der Organisationseinheiten mit den jeweiligen Zielen der einzelnen Einheit abgestimmt. Die Zielerreichung soll mithilfe der internen Kontrollprozesse hinreichend abgesichert werden.

Anhand der Forderung zur hinreichenden Absicherung zeigt sich, dass ein internes Kontrollsystem Fehler nicht mit 100%iger Sicherheit vermeiden kann, wie die Fälle Enron und Worldcom zeigen. Um wirksame Kontrollprozesse zu implementieren, definiert das COSO-Framework fünf miteinander verbundene Kontrollelemente (Komponenten) (Glaum et al., 2006):

1. Kontrollumfeld (Control Environment): Das Kontrollumfeld wird geprägt durch vorhandene Corporate Governance und Ethikregelungen, dem Führungsstil des Managements

("Tone at the Top"), dem Kontrollbewusstsein der Mitarbeiter und dem internen Regelungsgrad der Prozesse durch entsprechende Anweisungen. Das Kontrollumfeld ist die Grundlage für die anderen vier Elemente.

2. Risikoeinschätzung (Risk Assessment): Bei der Risikoeinschätzung (Risk Assessment) sollen alle wesentlichen Gefährdungen, die den Unternehmenszielen entgegenstehen, identifiziert und analysiert werden. Geeignete Abwehrmaßnahmen müssen getroffen werden.

3. Kontrollaktivitäten (Control Activities): Kontrollaktivitäten sind Grundsätze und Verfahren, die sicherstellen sollen, dass die Entscheidungen der Unternehmensführung umgesetzt werden und die Risiken die Erreichung der Basisziele des Unternehmens nicht gefährden.

4. Information und Kommunikation (Information & Communication): Unterstützt werden die Aktivitäten durch Informations- und Kommunikationssysteme. Die für Entscheidungen notwendigen Informationen werden rechtzeitig eingeholt, aufbereitet und verlässlich an den geeigneten Adressaten weitergeleitet.

5. Überwachung (Monitoring): Mit der Überwachung (Monitoring) wird die Beurteilung der Wirksamkeit der Prozesse und Kontrollaktivitäten durch Mitarbeiter des Unternehmens beschrieben. Weiterhin gehört dazu eine Rückkopplung des Systems zur Anpassung einzelner Prozesse bzw. der teilweisen oder vollständigen Neuausrichtung des internen Kontrollsystems.

Das COSO-Modell stellt die wichtigsten Bestandteile und deren Zusammenhänge eines internen Kontrollsystems dar. Relevant für Sec. 404 SOX ist der Teil „Financial Reporting", in dem die Ordnungsmäßigkeit und die Verlässlichkeit der externen Finanzberichterstattung im Vordergrund stehen (Rüter et al., 2006). Sec. 404 SOX konzentriert sich auf interne Überwachungsmaßnahmen zur externen Finanzberichterstattung.

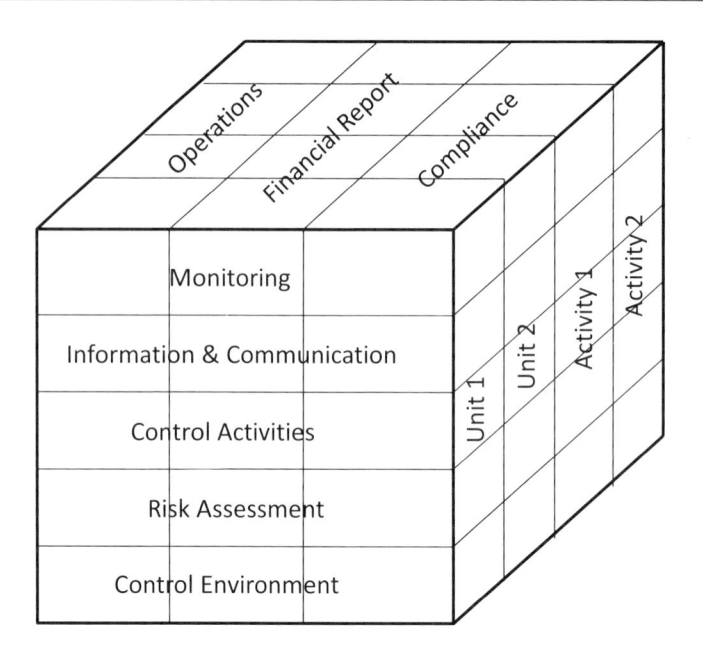

Abb. 12.2 COSO-Framework (Rüter et al. 2006, S. 121).

Interne Kontrollprozesse

Der SOX definiert für interne Kontrollen zwei verschiedene Bereiche. Nach Sec. 302 SOX sind im Unternehmen „Disclosure Controls and Procedures" einzurichten. Darunter sind aufdeckende Kontrollen und Verfahren zu verstehen, die gewährleisten sollen, dass die veröffentlichungspflichtigen Informationen ordnungsgemäß sind (Menzies, 2004). Weitere Ziele von „Disclosure Controls and Procedures" sind die gute Qualität der Informationen und eine zeitgerechte Veröffentlichung der finanziellen sowie nichtfinanziellen Berichte.

Der zweite Bereich ergibt sich aus Sec. 404 SOX. Darin wird formuliert, dass Unternehmen ein internes System zur Sicherstellung der Ordnungsmäßigkeit und Verlässlichkeit der externen Finanzberichterstattung einzurichten und es laufend zu überprüfen und zu dokumentieren haben. Die eingerichteten Kontrollen und Maßnahmen sind auf Prozesse, die im Zusammenhang mit der Erstellung der Jahresabschlüsse zur externen Finanzberichterstattung stehen, fokussiert.

Der Fokus der Kontrollen nach Sec. 404 SOX richtet sich auf die Finanzberichterstattung, während Kontrollen nach Sec. 302 SOX weiter gefasst sind. Die Funktion des internen Kontrollsystems ist es, die Einhaltung von gesetzlich vorgegebenen und unternehmensinternen Vereinbarungen sicherzustellen. Die Gesamtheit aller Überwachungsmaßnahmen bildet das Überwachungssystem. Kontrollen sind prozessintegrierte Überwachungsmaßnahmen. Alle Handlungen und Prozesse, die einen wesentlichen Einfluss auf die Bilanz des Unternehmens haben, sind auf ihre Richtigkeit zu prüfen. Außerdem sollen Handlungen nur dann ausgeführt werden, wenn sie sich in einem vorab festgelegten Rahmen des internen Kontrollsystems bewegen (Preisitz/Pieslinger, 2005). Diese Schwellenwerte werden vom Management/CIO in Zusammenarbeit mit den Wirtschaftsprüfern festgelegt und später in den IuK-Systemen festgesetzt. So werden beispielsweise beim Überschreiten der Grenzwerte automatisierte Kontrollberichte an den leitenden Manager gesendet.

12.3.4 COSO – Entwicklung und Übergang zur IT-Governance

Im Zeitablauf gab es Weiterentwicklungen und Anpassungen des Modells. Aktuell wird der Entwurf des COSO II Modells von 2004 mit dem Namen „Enterprise Risk Management Framework" diskutiert. COSO II basiert auf COSO I und verbindet das interne Steuerungs- und Überwachungssystem mit dem unternehmensweiten Risikomanagementsystem.

Die COSO Modelle sind die Basis zur Aufstellung des „internen Kontrollsystems" sowie eines Risikomanagementsystems für die Corporate Governance. Aufgrund der wachsenden Bedeutung von IT-Systemen in Unternehmen hat COSO auch auf die IT-Governance einen großen Einfluss. Beispielsweise kann ein ordnungsgemäßer IT-Betrieb in der COSO Zielkategorie „Operations" eingegliedert werden, da durch automatisierte Geschäftsprozesse eine Vielzahl von Aktivitäten im Unternehmen von der IT abhängen. Auch die Finanzberichterstattung („Financial Reporting") ist mittlerweile vollständig von IT-Systemen und deren Daten abhängig (Fröhlich/Glasner, 2007). Aus diesem Grund ist es sinnvoll, die durch die IT-Anwendung entstehenden Risiken durch ein spezielles Kontrollsystem zu managen. Der aufgezeigte Übergang von COSO und der Corporate Governance zur IT-Governance wird durch das noch zu beschreibende CobiT-Rahmenwerk verdeutlicht. Eine Verknüpfung der COSO-Standards mit den Anforderungen des SOX und dem anerkannten IT-Governance Rahmenwerk (CobiT) zeigt Abbildung 12.3 aus der ITGI Publikation „IT Control Objectives for Sarbanes-Oxley". Dieses Dokument liefert einen Ansatz zum Aufbau eines internen Kontrollsystems für die IT (Menzies, 2006). Dabei wird auf den Zusammenhang zwischen der Einrichtung interner IT-Kontrollen (CobiT-Rahmenwerk) und der Erfüllung der SOX Anforderungen eingegangen. Zudem wird die Integration der spezifischen IT-Kontrollen in das interne Kontrollsystem nach COSO I verdeutlicht. Damit kann laut ITGI (2004) die Übernahme der SOX Regelungen Sec. 404, 302 erreicht werden.

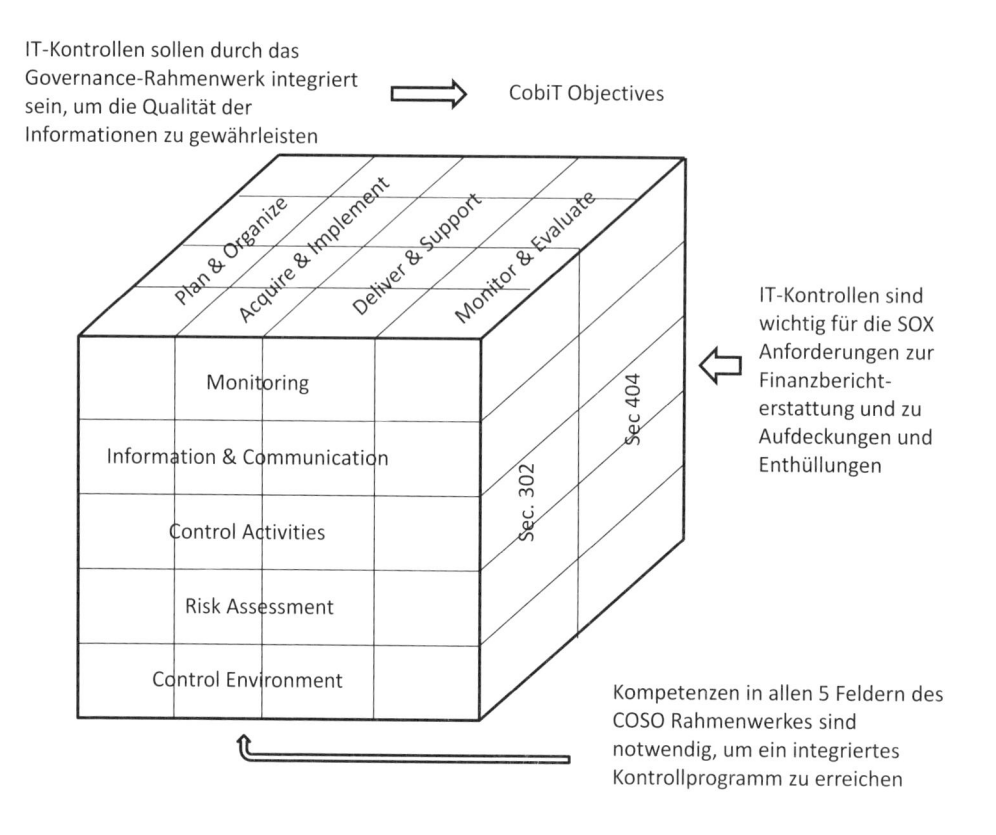

Abb. 12.3 COSO-CobiT Integration (in Anlehnung an ITGI, 2004).

12.4 IT-Governance

Der Wertbeitrag von IT, das Management von IT-Risiken und die erhöhten Anforderungen für die Steuerung der Informationen sind wesentliche Elemente der Corporate Governance. Wertbeitrag, Risiko und Steuerung sind auch die Elemente der IT-Governance (CobiT 4.0, 2005). Daher ist die IT-Governance in die Corporate Governance des Unternehmens einzubeziehen. Im Wesentlichen deckt die IT-Governance die Ansprüche der Corporate Governance auf den Bereich der Informationstechnologie ab. Durch die IT-Steuerung sollen die externen Anforderungen und die internen Möglichkeiten der IT-Systeme abgestimmt und in eine Balance zwischen der IT und dem eigentlichen Geschäft des Unternehmens gebracht werden, indem ein Bezugsrahmen und klare Strukturen für das IT-Management vorgegeben werden („Best-Practices") (Rüter et al., 2006). Zur Erreichung der Unternehmensziele ist ein systematischer Einsatz von IT-Instrumenten notwendig. Die IT-Governance ermöglicht die Integration von Good Practices beim Einsatz der IT-Ressourcen (Anwendungen, Infrastruktur, Information, Personal). Sie sollen dafür sorgen, dass die Unternehmens-IT die Zielerreichung des Unternehmens unterstützt. Die Ziele der IT-Governance sind (Wyser/Kyburz, 2002):

- die IT fortwährend auf die Unternehmensziele und -prozesse auszurichten,
- dem Unternehmen bei der Erreichung der Geschäftsziele zu verhelfen,
- die IT-Ressourcen (Mitarbeitende, Systeme und finanzielle Mittel) verantwortungsvoll und nachhaltig einzusetzen und
- die IT-Risiken zu minimieren und zu meistern.

Um das volle Potential der Informationssysteme zu nutzen, ist die IT-Governance durch das bereits beschriebene Internal Control-Integrated Framework (COSO I- Modell) zu unterstützen.

12.4.1 CobiT-Referenzmodell, ITIL, ISO 17799

Ein standardisiertes Kontrollsystem für IT-Prozesse orientiert sich an dem vom IT-Governance Institut (ITGI) veröffentlichten Rahmenwerk (CobiT). ITGI wurde 1998 durch die internationale Vereinigung „Information Systems Audit and Control Association" (ISACA) ins Leben gerufen. ISACA ist ein 1969 gegründeter nicht kommerzieller Berufsverband praxisorientierter IT-Experten und IT-Revisoren. CobiT ist ein Rahmenwerk zur Einführung eines internen Kontrollsystems, das spezifisch auf die IT und die IT-Risiken ausgerichtet ist (Rüter et al., 2006).

Weitere Modelle zur IT-Governance stellen ITIL (IT Infrastructure Library) vom Office of Government Commerce (OGC) und der Standard 17799 der International Organisation of Standardisation (ISO/IEC) dar. Bei ITIL steht, im Vergleich zu CobiT, nicht die Kontrolle von IT-Prozessen, sondern das Servicemanagement für den Betrieb von IT-Prozessen im Vordergrund. Der Standard 17799 enthält eine Sammlung von Maßnahmen, welche die Informationssicherheit der IT gewährleisten sollen. Er ähnelt dem ITIL-Ansatz, fokussiert jedoch die Sicherheitsaspekte der IT (Rüter et al., 2006).

CobiT als Rahmenwerk zur Kontrolle interner IT-Prozesse

CobiT steht für „Control Objectives for Information and Related Technology". Es stellt eine Zusammenfassung von international akzeptierten Kontrollzielen für IT-Prozesse dar. Das Rahmenwerk befindet sich seit 1994 in einem ständigen Entwicklungsprozess und ist aktuell in der Version 4.1 vom ITGI veröffentlicht.

Die vier von CobiT identifizierten sogenannten. IT-Domains beschreiben den Produktlebenszyklus (siehe Abbildung 12.4).

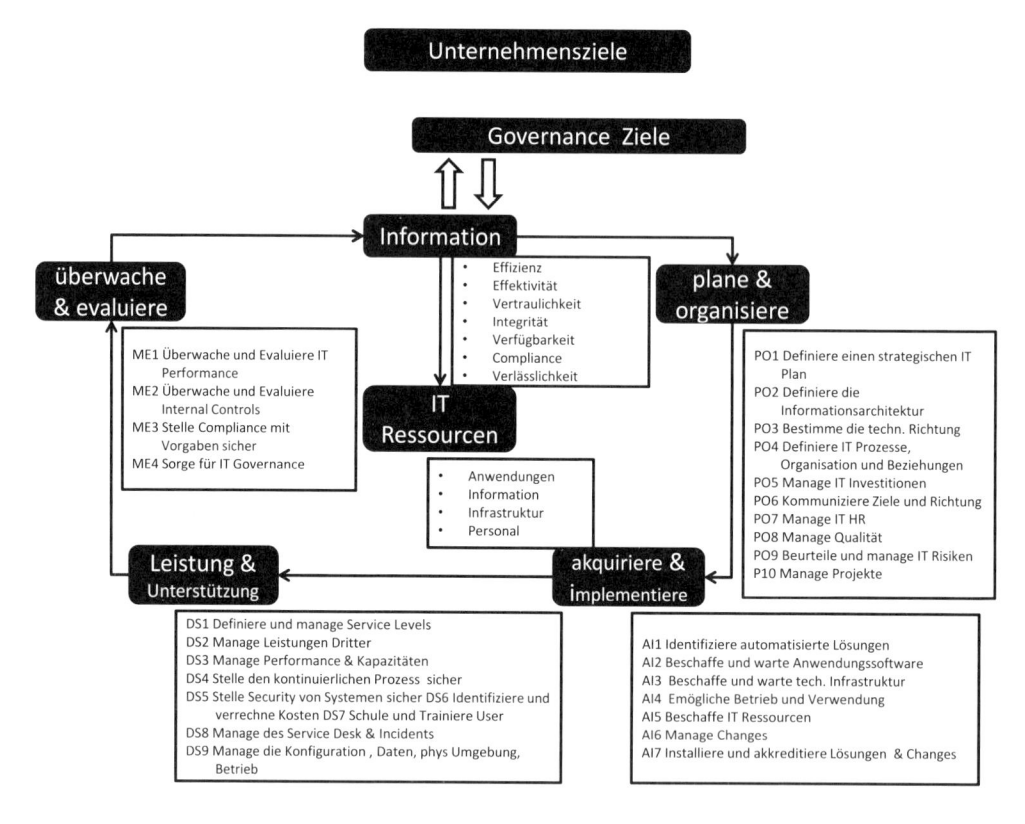

Abb. 12.4 *IT-Lebenszyklus nach CobiT (ISACA, 2009).*

Die in Abbildung 12.4 dargestellten Prozesse können folgendermaßen beschrieben werden:

1. *Planung und Organisation / Plan and Organize (PO):* Diese Kategorie beinhaltet die Strategie und Taktik, die bestimmt, wie die Informationstechnologie und die Geschäftsziele am besten umsetzt werden können. Ebenso muss eine Planung, Kommunikation und Leitung der strategischen Vision stattfinden. Voraussetzung hierfür ist die Existenz einer geeigneten Organisation und IT-Infrastruktur.

2. *Beschaffung und Implementierung / Acquire and Implement (AI):* Für die Umsetzung der IT-Struktur müssen IT-Lösungen erkannt, entwickelt und implementiert werden. Anschließend muss eine Integrierung in den Geschäftsprozess stattfinden. Darüber hinaus besitzt diese Domain die Aufgabe, die Veränderungen und Wartung von vorhandenen Systemen umzusetzen.

3. *Betrieb und Unterstützung / Deliver and Support (DS):* Diese Domain beinhaltet die effektive Bereitstellung der geforderten Dienstleistungen und die Datenverarbeitung durch IT-Anwendungen.

12.4 IT-Governance

4. *Überwachung / Monitor and Evaluate (ME):* Hier werden alle IT-Prozesse auf Qualität und Erreichung der Kontrollziele überprüft.

Diese vier Domains werden auf 34 kritische Prozesse heruntergebrochen. Für diese 34 kritischen IT-Prozesse legt CobiT insgesamt 318 Kontrollziele fest (Rüter et al., 2006). Die Zielsetzung der „technology control objectives" steht im Mittelpunkt und zeigt die Ausrichtung auf spezifische IT-Prozess-Kontrollen. Unternehmen sind Risiken durch IT-Prozesse ausgesetzt, die auf einen hohen Anteil an IT in Geschäftsprozessen und der Komplexität der Prozesse zurückzuführen sind.

Menschliche Bedienung und Nutzung der IT-Systeme können dadurch schnell zu Risiken führen. Zudem ist der Ausfall von zentralen Datenbankservern und der damit einhergehende Verlust kundenspezifischer Daten für ein Unternehmen ähnlich dramatisch, wie der Ausfall der Energieversorgung oder des Transportwesens.

IT-Prozesskontrollen können zu folgenden positiven Effekten führen (Rüter et al., 2006):

- Annäherung bzw. gegenseitige Ergänzung von Geschäfts- und IT-Strategie,
- nachweisbare Erfüllung zuvor definierter Ziele für den Einsatz der IT,
- besseres Verständnis der mit dem IT-Einsatz verbundenen Risiken.

Zur Erreichung dieser Effekte müssen der Betrieb und die Ergebnisse von IT, als zentrales „Objekt" des internen Kontrollsystems, Bestandteil des Rahmenwerks sein. CobiT bildet die IT durch folgende Elemente ab (Rüter et al., 2006):

- Ziele, Informationen und Betriebsmittel der IT,
- Domains und Prozesse zur Gliederung von Aktivitäten in der IT,
- Kontrollziele als Vorgaben für die IT-Prozesse,
- Reifegradbewertung zur Performance Messung.

Struktur des CobiT-Rahmenwerks

CobiT soll ein Hilfsmittel für den CIO, die IT-Prüfer, die Unternehmensleitung und die für die IT-Prozesse verantwortlichen Angestellten sein. Die Verständigung zwischen den verschiedenen Gruppen soll durch eine einheitliche Sprache erleichtert werden. Dadurch soll eine Verbindung zwischen den IT-Zielen und den Geschäftszielen mit der Unternehmensstrategie hergestellt werden. Die Ursache-Wirkungs-Kette sieht nach Fröhlich/Glasner (2007) wie folgt aus: Um die Informationen zu erhalten, die das Unternehmen zur Erreichung seiner Geschäftsziele benötigt, müssen die IT-Ressourcen gesteuert und kontrolliert werden. Dies erfolgt durch aufeinander abgestimmte IT-Prozesse. Das CobiT-Rahmenwerk gibt 34 IT-Prozesse vor. Innerhalb dieser IT-Prozesse finden sich die IT-Aktivitäten, welche die zielgerichtete IT-Steuerung ermöglichen sollen. Die IT-Prozesse gliedert CobiT in die oben beschriebenen vier Bereiche (Domains) (CobiT, 2005).

Anhand der Domains, mit den jeweiligen IT-Prozessen und den in den Prozessen enthaltenen Aktivitäten, stellt CobiT ein einfaches prozessorientiertes Modell für den IT-Betrieb eines Unternehmens dar. Zusätzlich zu der Vorgabe von IT-Prozessen und -Aktivitäten enthält CobiT in einem erweiterten Band detaillierte Kontrollziele. Sie werden für jeden der 34 Prozesse in 318 sogenannten IT-Control Objectives beschrieben (ITGI, 2004).

Ein „Control Objective" ist eine Aussage über das gewünschte Ereignis oder den zu erreichenden Zweck, der mit der Umsetzung von in bestimmten Aktivitäten integrierten Kontrollen erreicht werden soll (CobiT, 2005).

Jeder von CobiT definierte IT-Prozess enthält ein übergeordnetes Control Objective sowie mehrere detaillierte Control Objectives. In der Unternehmenspraxis kann man sich den Control Prozess folgendermaßen vorstellen: Die vom operativen Management eingesetzten Prozesse zur Steuerung der IT-Aktivitäten werden durch das generische Prozessmodell von CobiT unterstützt. Um eine wirksame Steuerung hinsichtlich der Unternehmensziele zu erreichen sind vom operativen Management, „Controls" zu implementieren. CobiT gliedert die Control Objectives nach den einzelnen IT-Prozessen und bildet einen Zusammenhang zwischen den Erfordernissen der IT-Governance, IT-Prozessen und IT-Controls (CobiT, 2005).

Die Bewertung der IT-Prozesse im Unternehmen wird durch den Reifegrad der IT-Prozesse gemessen, die wiederum deren aktuellen Entwicklungsstand widerspiegeln. Für den Reifegrad oder zur Einschätzung des Entwicklungsstandes der IT-Prozesse wird im CobiT das „Capability Maturity Model"(CMM) spezifisch für jeden der 34 Prozesse angewendet. Vom Reifegrad zu unterscheiden ist die tatsächliche Leistung der IT-Prozesse. CobiT gibt dazu definierte Ziele für die drei Ebenen von den Aktivitäten zu den Prozessen bis zur IT und dem Unternehmen im Allgemeinen vor. Zusammenhänge zwischen den Zielen der drei Ebenen werden von CobiT für alle 34 Prozesse beschrieben (Fröhlich/Glasner, 2007).

12.4.2 Kontrollsystem für IT-Prozesse

Der Einsatz von IT in den Geschäftsprozessen des Unternehmens ist mittlerweile sehr ausgeprägt. Die spezifischen IT-Prozesskontrollen sollen die internen Kontrollen des COSO-Standards ergänzen.

Anhand eines risikobasierten top-down-Ansatzes wird versucht, die Ebenen und die Bereiche des Unternehmens festzulegen, die mit den IT-Prozesskontrollen erfasst werden sollen. In Zusammenarbeit mit einem Wirtschaftsprüfer erfolgt die Abgrenzung anhand wesentlicher Positionen der Bilanz sowie Gewinn-, und Verlustrechnung aus dem Konzern-, oder Jahresabschluss. Anhand von quantitativen (Cashflow, Ertrag, Umsatz) und qualitativen (Risiken etc.) Wesentlichkeitskriterien wird entschieden, welche Unternehmenseinheiten (Tochtergesellschaften, Geschäftsbereiche, Abteilungen) einzubeziehen sind und wo die Kontrollen angeordnet werden sollen (Rüter et al., 2006).

Die einzelnen Prozesse innerhalb der IT sind in Haupt- und Subprozesse gegliedert. Für den gesamten IT-Prozess kann ein Kontrollsystem mit fünf Subprozessen dargestellt werden. Das Kontrollsystem besteht aus dem IT-Prozess mit den Subprozessen: IT-Organisation, System

Operating, Access/Security, Entwicklung/Wartung und Schnittstellen. Für jeden Subprozess werden Kontrollbereiche aufgestellt. Innerhalb der Kontrollbereiche werden Bestandteile zur technischen- sowie zur IT-Infrastruktur des Unternehmens genannt. Unter IT-Infrastruktur sollen Systemhardware als auch Systemsoftware und systemnahe Anwendungen verstanden werden (Kersten et al., 2007). Zur IT-Infrastruktur gehören beispielsweise Server, PCs, Netze, Datenbanken, Betriebssysteme, Anwendungen wie Firewalls, Virenschutz und Verfahren wie Backup, Recovery, Archivierung und Auslagerung. Zur technischen Infrastruktur gehören Zugangssicherungssysteme, Brandmelder, Löschsysteme und sonstige Anlagen, die in Bezug auf IT eine Rolle spielen (Rüter et al., 2006).

12.4.3 Kontrollarten für IT-Prozesse

Interne IT-Kontrollen lassen sich wie folgt unterscheiden (Rüter et al., 2006).

- Hinsichtlich des zeitlichen Wirkungsrahmens der Kontrollen wird unterschieden zwischen:
    - vorgelagerte Kontrollen (vorbeugend), z.B. Passwort-Verfahren, Freigabegenehmigungen für Produktionsänderungen und
    - nachgelagerte Kontrollen (aufdeckend), z.B. Plausibilitätsprüfung, Abweichungsreport.

- Nach dem Automatisierungsgrad wird zwischen (voll-)automatischen, halbautomatischen und manuellen Kontrollen unterschieden.
    - Automatische Kontrollen finden bei immer gleich funktionierenden IT-Prozessen Anwendung. Sie werden oft als permanente Überwachung im System selber eingesetzt z.B. Feuermelder, Diebstahlalarm oder bei der Serverüberwachung per Software. Im Fall einer Störung wird sofort ein Hinweis an die Sicherheitszentrale übermittelt.
    - Halbautomatische Kontrollen werden zwar auch im System ausgeführt, jedoch ist hier zusätzlich eine manuelle Nachbetrachtung durch einen Angestellten notwendig.
    - Manuelle Kontrollen werden in zeitlichen Intervallen durchgeführt z.B. Wartungsaktivitäten für Server.

- IT-Kontrollen können des Weiteren in Anwendungskontrollen und allgemeine Kontrollen unterschieden werden (ITGI, 2004). IT-Anwendungskontrollen sind direkt in den betreffenden Geschäftsprozessen integriert, z.B. (Rüter et al., 2006):
    - fortlaufende und lückenlose Rechnungsnummernvergabe,
    - Toleranzprüfung beim Rechnungseingang,
    - Zuordnung von Rechnungen zu einem Auftrag, einer Kostenstelle etc.,
    - Prüfung der Übereinstimmung von Bestellung, Wareneingang und Rechnung und

- Einschränkung der Bestellautorisierung im Rahmen von vorgegebenen Wertgrenzen.

Diese automatischen und halbautomatischen Kontrollen sind von den jeweiligen Unternehmensabteilungen durchzuführen und zu dokumentieren. Problematisch ist meist die Zuordnung von Zuständigkeiten zwischen der Fachabteilung und der IT-Abteilung (Rüter et al., 2006). Die IT-Abteilung stellt in der Regel die Infrastruktur zur Verfügung und ist nur für deren Funktionieren verantwortlich. Die IT-Infrastruktur und alle Bereiche, die mit der Kontrolle zur Einrichtung des IT-Systems im Unternehmen verbunden sind, werden in der Regel durch IT-Kontrollen überprüft. Kontrollen betreffen z.B.:

- Softwareauswahl,

- Programmentwicklungen oder -änderungen.

12.5 Risikomanagementsystem zur Corporate Governance

Neben dem internen Kontrollsystem spielt das Risikomanagementsystem in der Corporate Governance eine wesentliche Rolle. Beide Systeme sind eng miteinander verknüpft, da Risiken durch die Etablierung interner Kontrollen behandelt werden (Gleich/Oehler, 2006). Risiken und Chancen ergeben sich aus der Unsicherheit über den Eintritt von zukünftigen Ereignissen und Entwicklungen. Neben dem Interesse der Stakeholder, Risiken für das Unternehmen möglichst gering zu halten, stehen gesetzliche Forderungen zur Einrichtung eines Risikomanagementsystems. Mit dem Gesetz zur Kontrolle und Transparenz im Unternehmensbereich (KonTraG) aus dem Jahr 1998 hat der deutsche Gesetzgeber die Vorstände von Aktiengesellschaften sowie Geschäftsführer von Unternehmen vergleichbarer Größe und Struktur anderer Rechtsformen (z.B. GmbH) nach §91 Abs. 2 AktG verpflichtet, ein Überwachungssystem zur frühzeitigen Erkennung bestandsgefährdender Entwicklungen einzurichten. Die Maßnahmen des Überwachungssystems sollen so eingerichtet werden, dass bestandsgefährdende Entwicklungen (Risiken) rechtzeitig erkannt und kommuniziert werden, und dass vom Management Gegenmaßnahmen zur Sicherung des Unternehmensfortbestandes ergriffen werden können. Bestandsgefährdende Risiken sind beispielsweise:

- risikobehaftete Geschäfte,

- Unrichtigkeiten der Rechnungslegung,

- sonstige Verstöße gegen gesetzliche Vorschriften, welche sich auf die Vermögens-, Finanz- und Ertragslage der Gesellschaft auswirken.

Von der Unternehmensleitung aufgestellte Strategien und Ziele sollten unter Berücksichtigung der damit einhergehenden Risiken entwickelt werden. Das heißt, neben der allgemeinen Geschäfts- und Firmenpolitik ist eine Risikostrategie zu definieren, die an die Mitarbeiter kommuniziert wird. Das Instrument dazu ist das Risikomanagement (Menzies, 2006). Für ein adäquates Risikomanagement sind die Corporate-Governance-Prinzipien Transparenz, Publizität, Kontrolle und Effizienz auf die Verfahren zur Identifikation und Bewertung von Risiken zu übertragen. Es soll jederzeit ersichtlich sein, welcher Entscheidungsträger welche Entscheidungen aufgrund welcher Informationen getroffen hat. Dies soll die Nachvollziehbarkeit für Dritte, z.B. Wirtschaftsprüfer gewährleisten (Gleich/Oehler, 2006). Hierzu trägt die durch das Bilanzrechtsreformgesetz (BilReg) in das HGB eingefügte Neufassung des §289 HGB bei. Danach sind voraussichtliche Entwicklungen mit den Chancen und Risiken im Lagebericht zu beurteilen und zu erläutern.

- Risikomanagementziele und -methoden sowie bestehenden Risiken denen das Unternehmen ausgesetzt ist, sind nach §289 Abs.2 Satz 1 HGB anzugeben.

- Risiken aus zukünftigen Entwicklungen wie Preisänderungs-, Ausfall-, Liquiditätsrisiken sowie Risiken aus Zahlungsstromschwankungen, sind nach §289 Abs.2 Satz 2 HGB im Lagebericht des Unternehmens anzugeben.

Weitere Vorgaben zum Risikomanagement ergeben sich aus den Abschnitten 4.1.1, 5.2, 5.3 des Deutschen Corporate Governance Kodex bezüglich der Zusammenarbeit zwischen Aufsichtsrat und Vorstand sowie aus den §§76 Abs.1, 93 Abs.1 Satz 1 AktG (Verantwortung, Sorgfalt des Geschäftsleiters). Aus diesen Grundlagen setzt sich das Risikomanagementsystem zusammen. Es besteht aus dem internen Überwachungssystem zur Prüfung der Abläufe interner Prozesse. Zusätzlich ist das (Risiko-)Controlling zur Planung, Koordination und Informationsversorgung der Aktivitäten einzubeziehen. Außerdem ist ein Frühwarnsystem zur rechtzeitigen Erkennung der Risiken notwendig (Gleich/Oehler, 2006).

12.5.1 Risikofrühwarnsystem

Durch Risikofrühwarnsysteme sollen möglichst zuverlässige Prognosen über zukünftige Entwicklungen getroffen werden. Risiken und Chancen sollen so rechtzeitig erkannt werden, dass eine den Umständen angepasste Reaktion des Managements zeitnah möglich ist. Die Früherkennung ist auf interne und externe Einflüsse gerichtet, welche das Erfolgspotenzial des Unternehmens beeinträchtigen (Gleich/Oehler 2006). Diese Einflüsse werden auch als Diskontinuitäten bezeichnet. Diskontinuitäten der Unternehmensentwicklung treten nicht plötzlich auf, sondern kündigen sich durch bestimmte Indikatoren (schwache Signale) an. Indikatoren (Sozialprodukt, Geburtenrate, Wettbewerber, Rentabilität, Kosten) aus bestimmten Beobachtungsfeldern (Gesamtwirtschaft, Gesellschaft, Marktstruktur, unternehmensinterne Daten) werden vorher festgelegt. Bei groben Veränderungen der Indikatoren ergeben sich für das Unternehmen größere Entwicklungen. Da zusätzlich viele unbekannte Indikatoren existieren, die nicht in das Frühwarnsystem einbezogen werden, ist eine genaue Prognose von Diskontinuitäten äußerst schwierig (Gleich/Oehler, 2006).

12.5.2 Risikocontrolling und internes Überwachungssystem

Aufgabe des Risikocontrollings[13] ist die Integration von Risikoaspekten in die üblichen Controllingprozesse der Planung, Steuerung und Kontrolle sowie die Versorgung mit risikorelevanten Informationen. Risiken gelten als regelmäßige Elemente des Controllings. Sie werden geplant, bewertet und in ihrer Auswirkung kontrolliert.

Ein leistungsfähiges Controllingsystem kann wesentliche Aufgaben des Risikomanagementsystems wahrnehmen. Zu den wichtigen Aufgaben des Risikocontrollings zählen die Risikoidentifikation, Risikoplanung, die Pflege der Risikoreportingsysteme sowie die Förderung des Risikobewusstseins der Mitarbeiter im Unternehmen. Ohne ein gewisses Risikoverständnis der Mitarbeiter im Unternehmen ist die Wirksamkeit eines Risikomanagementsystems jedoch äußerst eingeschränkt. Grundsätzlich liegt die Zuständigkeit der Risikosteuerung beim Management. Es stellt die Risikostrategie des Unternehmens auf. Das Management wird jedoch mit den bei der Risikoplanung des Controllings gewonnen Informationen versorgt. Zu den Informationen zählen z.B. Risikoberichte, interne Mitteilungen oder Soll-Ist-Vergleiche zwischen der momentanen Risikosituation und den Planvorgaben der Risikostrategie. Instrumente des Risikocontrollings sind die SWOT-Analyse, die Szenario-Technik oder die um eine Risikodimension erweiterte Balanced Scorecard.

Das interne Überwachungssystem enthält Maßnahmen zur Überwachung des eingerichteten Risikomanagementsystems. Als wesentlicher Aufgabenträger ist dazu die interne Revision zuständig. Ihre Überwachungstätigkeit ist nicht gesetzlich vorgeschrieben. Sie agiert prozessunabhängig auf Auftrag des Vorstandes und versucht Fehler im System frühzeitig zu erkennen. Dabei geht sie über die ausschließlich zur Einrichtung des Systems auffordernden, gesetzlichen Anforderungen hinaus. So überwacht sie die Planung, Steuerung und Kontrolle des Risikocontrollings. Als Prüfungsbasis dient das Risikohandbuch. Darin ist erfasst, ob (Gleich/Oehler, 2006):

- die Verantwortlichkeiten klar geregelt sind,
- das Risikofrüherkennungssystem dokumentiert ist,
- die Risiken vollständig erfasst und bewertet sind,
- festgelegte Regeln zur Risikokommunikation eingehalten und
- Maßnahmen zur Risikosteuerung tatsächlich umgesetzt werden.

Die interne Überwachung ist von der auf gesetzlichen Normen basierenden externen Überwachung durch den Wirtschaftsprüfer oder Aufsichtsrat zu trennen.

---

[13] Risikocontrolling umfassen in dem hier verwendeten Begriff Aufgabengebiete wie z.B. die Einrichtung und den Betrieb von Risikoberichtssystemen sowie die Risikobewertung.

12.6 Standardsoftware zur Umsetzung einer IT-Governance

Für die sorgfältige Ablage und Verarbeitung aller relevanten Informationen ist es für die meisten Unternehmen sinnvoll, eine professionelle Software einzuführen. Auf dem Markt gibt es eine Vielzahl von Softwarelösungen, die helfen, die SOX-Anforderungen zu erfüllen. Zu den bekanntesten Herstellern gehören u.a. SAP, IBM, Oracle und EMC Documentation.

Zum einen geht es um die Stammdatenverwaltung für

- die einzelnen Organisationseinheiten des Konzerns,
- die Geschäftsprozesse,
- die Kontrollziele,
- die Risiken sowie
- die Bilanz und GuV-Positionen.

Zum anderen muss eine Dokumentation der internen Kontrollen, die sich auf die Geschäftsprozesse und Positionen der Rechnungslegung beziehen, stattfinden. Diese Prozesse und Positionen werden von unterschiedlichen Abteilungen eines Konzerns herangezogen.

Ein weiterer wichtiger Punkt ist die Beurteilung des Designs der internen Kontrollen. Nachdem eine Beurteilung des Designs der internen Kontrollen stattgefunden hat, erfolgt eine Prüfung über die Effektivität interner Kontrollen. Im gleichen Schritt werden die Testergebnisse dokumentiert. Des Weiteren werden geeignete Maßnahmen zur Verbesserung der Effektivität und des Designs interner Kontrollen unterstützt und verfolgt. Abschließend kommt dem Berichtswesen eine besondere Bedeutung zu. Hier muss sichergestellt werden, dass die Informationsbedürfnisse der Endanwender gedeckt sind. Dazu sind ein detailliertes Berichtswesen zum aktuellen Stand der internen Kontrollen, Verbesserungsmaßnahmen und eine zusammengefasste Auswertung für das Management notwendig (Wefers, 2004).

12.7 Fallbeispiel – Das SAP-Tool „Management of Internal Controls (MIC)"

Die SAPs MIC-Anwendung gehört zur Produktfamilie der SAP-Anwendungen zur Unterstützung der Corporate Governance. MIC ist eine IT-Anwendung für die Dokumentation, Beurteilung und den Test interner Kontrollen. MIC hilft Unternehmen bei der Umsetzung der Anforderungen aus Sec. 302 und Sec. 404 SOX und integriert das beschriebene COSO-Rahmenwerk.

Über einen zentralen Prozesskatalog bearbeitet die Anwendung die Geschäftsprozesse. Des Weiteren werden interne Kontrollmechanismen nach Organisationseinheiten, Prozessen und

Bilanz bzw. GuV-Positionen dokumentiert. Gleichzeitig erleichtert es die Problemlösung durch eine Optimierung der Bewertungs- und Testverfahren. Die Unternehmensleitung, die Interne Revision und die Abschlussprüfer können sich durch den Gebrauch der integrierten Berichtserstattung über den aktuellen Stand der internen Kontrollen informieren und die Behebung der erkennbaren Schwachstellen verfolgen (Wefers, 2004).

Die SAP-Anwendung kann im Detail in acht Schritte unterteilt werden (Menzies, 2004):

1. Phasen

Einmal pro Jahr durchlaufen die SOX-Projekte die Phasen: Scoping und Set up, Document Processes & Contols, Assess Control Design und Remediate Issues, Test Operating Effectiveness, SignOff Prepare Certification/Internal Control Report und Attest und Report. Es findet eine Unterstützung in allen Phasen durch MIC statt.

2. Prozesse, Kontrollziele, Risiken, interne Kontrollen und Organisationseinheiten

Zunächst findet eine zentrale Definition der Stammdaten statt. Die Struktur des Konzerns wird hierarchisch untergliedert. Ein Katalog von SOX relevanten Geschäftsprozessen wird definiert und ggf. zu Prozessgruppen zusammengefasst. Danach werden die Prozesse den Posten zugeordnet, auf welche sie eine wesentliche Auswirkung haben. Im Verlauf werden nun für jeden Prozess die zugehörigen Kontrollziele und die damit verbundenen Risiken festgelegt. Somit kann das SOX-Projektteam den Organisationseinheiten verdeutlichen, welche Risiken und Kontrollziele in den jeweiligen Geschäftsprozessen vorkommen. Unter der Prämisse der zeitabhängigen Speicherung wählt jede Organisationseinheit aus dem Katalog den für sie relevanten Prozess aus. Hierbei besteht die Möglichkeit einer individuellen Verfeinerung der Prozesse. Darüber hinaus müssen alle Prozesse dokumentiert werden, die eine interne Kontrolle darstellen. Diese können mit Attributen hinterlegt werden. Diese erste Phase wird abgeschlossen durch eine Process-Control-Objective-Risk-Control (PCORC)-Analyse, wobei bereits kritische Bereiche aufgezeigt werden können.

3. Aufgaben und Rollenkonzept

An der Zielverwirklichung ist eine Vielzahl von Personen mit unterschiedlichen Rollen beteiligt. Diesen Personen stehen im Modul SAP-MIC unterschiedliche Zugangsberechtigungen zu, welche der Projektleiter definieren und zuordnen kann. Hierbei wird durch die Software im Hintergrund immer geprüft, ob die Berechtigung mit der Aufgabe verbunden ist.

4. Workflow-Konzept

MIC besitzt ein Workflow-Konzept, welches durch eine ständige Informationszufuhr einen permanenten aktuellen Statusbericht hervorbringt.

5. Design der internen Kontrollen

Mit der MIC-Terminierungsfunktion wird die Beurteilung des Designs interner Kontrollen veranlasst. Die Beurteilung verläuft typischerweise über sechs Phasen. Sie beginnt mit der Öffnung des privaten Briefkastens, über die Beurteilung, die Problemmeldung bei starker

Abweichung zum Zielwert, Verbesserungsvorschlägen, Durchführungsmaßnahmen, bis hin zur Validierung.

6. Test der Effektivität interner Kontrollen

Die Bewertung der Effektivität verläuft über die Dokumentation der Testergebnisse, Problemerfassung, Maßnahmenerarbeitung und Abarbeitung, bis hin zur Validierung der Ergebnisse.

7. Interne Kontrollen auf Management-Ebene

Die Kontrollen werden in zwei Gruppen eingeteilt. Kontrollen der Gruppe „Control Activities" werden durch die einzelnen Mitarbeiter beurteilt, die anderen werden von den verantwortlichen Managern bewertet. Die Kontrollen auf der „Management-Ebene" werden zentral in einem hierarchisch gegliederten Katalog definiert. Sofern nun Probleme aufgezeigt werden können, werden diese erfasst und verbessert.

8. Berichtswesen

Das MIC benutzt im Berichtswesen eine Reihe von vorgefertigten Dokumenten. Dies können operative Berichte, die hierarchisch oder listenartig gegliedert sind, Managementberichte, die einen schnellen Überblick über den aktuellen Status der einzelnen Organisationseinheiten darstellen, oder SAP Business Information Warehouse (BW) Berichte sein, wobei Daten an das SAP BW übertragen werden.

9. Signoff

Das Signoff unterstützt die Abgabe einer Situationseinschätzung, indem sie sich von den beteiligten Organisationseinheiten die abgegebenen Informationen als korrekt und aktuell bestätigen lassen. Der Signoff-Bildschirm zeigt dabei in übersichtlicher Weise, welche Gruppen die Bestätigung bereits abgegeben haben.

Durch diese Einteilung wird die Vorgehensweise der MIC-Anwendung verdeutlicht. Sie stellt eine systematische Vorgehensweise der IT dar, wodurch die gesetzlichen Anforderungen, die der SOX an eine IT-Anwendung stellt, erfüllt werden.

12.8 Zusammenfassung

Informationssysteme zur Corporate Governance unterstützen die Einhaltung der Governance-Prinzipien wie Publizität, Kontrolle und Transparenz. Den Ansprüchen von internen und externen Stakeholdern an das Unternehmen sollen durch den Einsatz eines internen Kontrollsystems und des Risikomanagementsystems entsprochen werden. Der Nutzen für die Anspruchsgruppen ergibt sich dabei indirekt bei erfolgreicher Integration der Systeme. So ist das Interne Kontrollsystem durch die Einführung von Maßnahmen und Regelungen dafür verantwortlich, dass wesentliche Fehler in der Finanzberichterstattung vermieden werden. Aufgrund der Durchdringung von IT-Systemen ergeben sich veränderte Chancen und Risiken, die Beachtung in spezifischen internen Kontrollmaßnahmen für IT-Prozesse finden und Rollen (z.B. CIO). Die Integration von IT-Systemen in den Unternehmen kann langfristig zur Verbesserung der Beziehungen zwischen dem Unternehmen und den Stakeholdern beitragen. Rahmenwerke wie CobiT, COSO oder ITIL versuchen, den Unternehmen die „Best-Practices" zur Einrichtung der Informationssysteme zu geben.

Fragen und Thesen

- Wie könnte zukünftig sicher gestellt werden, dass Regelungen zu den unternehmensinternen Organisationsstrukturen richtig umgesetzt werden?
- Inwieweit steht es dem Gesetzgeber zu, in die internen Organisationsstrukturen eines Unternehmens einzugreifen?
- Was ist ein Interne Kontrollsystem (IKS) und aus welchen Bestandteilen besteht es?
- Inwieweit kann ein IKS die Geschäftsführung bei ihrer Tätigkeit unterstützen? Nennen Sie fünf Beispiele.
- Stellen Sie die Begriffe/Aspekte COSO-Framework, Cobit-Framework, IT-Governance, Corporate Governance, Referenzmodell und Risikomanagement sinnvoll in Beziehung und erklären Sie die Zusammenhänge.
- Inwieweit kann der Einsatz von IuK zu Problemen im Zusammenhang mit den grundsätzlichen Prinzipien der Corporate Governance führen, obwohl diese dazu beitragen sollen, die gute Governance Prinzipien zu fördern?
- Wie helfen Informationssysteme „Transparenz" zu erfüllen bzw. zu schaffen?
- Bitte nehmen Sie zu folgenden Aussagen Stellung:
    - „Ohne Informationssysteme wären die Ansprüche der Unternehmens-Stakeholder zu wahren!"
    - „Interne Kontrollsysteme sind im besonderen Maße für die Einhaltung der Rechnungslegungsnormen verantwortlich!"
    - „Ohne IT-Governance funktioniert keine Corporate Governance!"

13 „Gute" Corporate Governance

Die Realisierung einer „guten" Corporate Governance aus ökonomischer Perspektive ist dann gegeben, wenn Unternehmen die Informationen über ihre essentiellen Handlungen den betreffenden Anspruchsgruppen zur Verfügung stellen. Um die Informationen glaubwürdig zu vermitteln, ist es notwendig, dass die Unternehmensaktivitäten über den gesetzlichen Rahmen hinaus transparent gegenüber den Anspruchsgruppen dargestellt werden (Pfitzer et al., 2005). „Von einer „guten" Corporate Governance wird auch gesprochen, wenn eine optimale Ausübung der gesetzlich vorgeschriebenen Funktionen von Aufsichtsrat und Vorstand erfolgt, die auf eine hohe Wertschöpfung des anvertrauten Kapitals ausgerichtet ist." (Fiege, 2006, S. 7). Über Jahre hinweg beantwortete die Prinzipal Agenten Theorie in der ökonomischen Wissenschaft die Frage nach einer „guten" Corporate Governance. Jedoch werden aufgrund von Globalisierungseffekten, der zunehmenden Machtlosigkeit der Nationalstaaten, den Unternehmensskandalen sowie den auftretenden Umweltproblemen die Lösungsansätze der Theorie als nicht mehr angemessen erachtet.

Die begrenzte Sichtweise der Theorie auf die Eigentümer-Manager-Beziehung sowie die einzige Berücksichtigung der Optimierungsgröße Shareholder-Value (kurzfristige Orientierung) werden nach heutiger Auffassung den vorherrschenden Problemen nicht gerecht (Schwerk, 2007). „Vielmehr werden Modelle gefordert, welche die Beziehung zwischen dem Unternehmen und verschiedenen Interessen- bzw. Anspruchsgruppen verstärkt in den Mittelpunkt der Analyse stellen." (Schwerk, 2007, S. 1). Die ausschlaggebende Frage, die sich bei „guter" Corporate Governance also stellt, ist: „Wessen Interessen sind von Bedeutung für das Unternehmen?" Zahlreiche Definitionen entgehen dieser Fragestellung, indem sie sich entweder am Shareholder- oder Stakeholder-Gedanken halten (Pfitzer et al., 2005).

Die Aufmerksamkeit der Öffentlichkeit bezüglich Corporate Governance wurde immer dann besonders intensiviert, wenn Unternehmenskrisen publik wurden. Demnach kann man im Sinne der ökonomisch-interaktiven Interpretation feststellen, dass die Außenverhältnisse der betreffenden Unternehmen die entstandene Debatte um Corporate Governance entscheidend beeinflusst haben. Das Erfordernis einer „guten" Corporate Governance aus Sicht der Unternehmen sollte sich deshalb an den jeweiligen Außenbeziehungen orientieren. Eine Studie unter 37 deutschen Aktiengesellschaften unterstrich diese Anforderung (Pfitzer et al., 2005). Bedingt durch unterschiedliche institutionelle firmen-, industrie- und länderspezifische Rahmenbedingungen sowie verschiedenen theoretischen Ansichten wird „gute" Corporate Governance divergierend aufgefasst. Zunächst ist unumstritten, dass die Einhaltung des Deutschen Corporate Governance Kodex Voraussetzung für „gute" Corporate Governance ist. Dennoch ist es fraglich, ob die Befolgung des Kodex heutzutage ausreichend für eine „gute" Corporate Governance ist.

Die vorrangige Betrachtung der Shareholderinteressen bei Corporate Governance und die damit verbundene enge Konzentration des Unternehmens auf eine verantwortungsvolle Unternehmensführung sind wohl notwendig, aber nicht hinreichend für eine „gute" Corporate Governance (Clarke, 2007). Dies würde bedeuten, dass Corporate Governance nur im Zusammenhang mit Corporate Social Responsibility zu „guter" Corporate Governance führt. Doch lassen sich bei dieser Annahme überhaupt Shareholder-Value und Stakeholder-Value miteinander in Einklang bringen?

Aus Sicht der Shareholder müssen ihre Investitionen in Corporate Social Responsibility gewinnbringend sein (Clarke, 2007). Auf den ersten Blick stellt sich das Corporate Social Responsibility-Konzept als kostenintensiv dar. Für einige Shareholder ist es fraglich, ob Investitionen in Ökologie und Gesellschaft lohnenswert sind. Zudem bestehen bereits durch die Einhaltung von Corporate-Governance-Standards hohe Aufwendungen (Überwachungskosten, Berichtskosten) für das Unternehmen (Kirchhoff, 2006).

Doch betrachtet der Shareholder Corporate Social Responsibility als Business Case, ergeben sich durchaus eine Vielzahl von Argumenten, die für eine Investition in das Corporate Social Responsibility-Konzept sprechen. Corporate Social Responsibility als Business Case stellt eine lohnenswerte Investition dar und entspricht damit den Shareholdergedanken, Gewinn zu maximieren. Entscheidend dabei ist es, die Corporate Social Responsibility-Maßnahmen als eine langfristige Investition zu sehen, denn der Shareholder sollte nicht vergessen, dass ein erfolgreiches Unternehmen von den Stakeholdergruppen abhängig ist. Der amerikanische Investor Warren Buffet bemerkte dazu: „Es dauert zehn Jahre, einem Unternehmen ein positives Image zu verleihen, aber nur zehn Sekunden, um dieses zu verlieren." (Kirchhoff, 2006, S. 15). Die negativen wirtschaftlichen Auswirkungen auf das Image eines Unternehmens können einschneidend sein. Beste Beispiele für einen enormen Reputationsverlust sind der Nike-Skandal mit Kinderarbeit in Indonesien in den 1990er-Jahren und der Skandal um Shell mit der Ölplattform Brent Spar 1995 (Kirchhoff, 2006). Greenpeace, Politik, Konsumenten, Medien etc., alles Stakeholder von Shell, nahmen entscheidenden Einfluss bei diesem Ereignis. Proteste waren die Folge (Greenpeace, 2003). Hier waren es ökologische Beweggründe, die von den Stakeholdern ausgingen. Die wirtschaftlichen Folgen und der Reputationsverlust von Shell/Brent Spar sowie auch von Nike waren immens. Eine rechtzeitige Beachtung der Stakeholder-Interessen hätte Shell sowie auch Nike vor dieser Krise bewahren können. Damit kann der Aufbau einer Reputation als eine langfristige Investition betrachtet werden (Gleich, 2006). Des Weiteren könnten z.B. für Mitarbeiter zusätzliche Beteiligungen am Gewinn erfolgen, wie bei Porsche. „Der Sportwagenhersteller Porsche beteiligt seine Mitarbeiter erneut an der positiven Geschäftsentwicklung des Unternehmens. Vorstand und Gesamtbetriebsrat haben für das abgeschlossene Geschäftsjahr 2006/2007 (31. Juli) vereinbart, dass jeder vollzeitbeschäftigte Mitarbeiter der Porsche AG, der vor dem 1. August 2006 in das Unternehmen eingetreten ist, zusätzlich zu seinen Jahresbezügen von 13,7 Monatsentgelten (inklusive Urlaubsgeld und übertariflicher Weihnachtsgratifikation) eine freiwillige Sonderzahlung in Höhe von insgesamt 5.200 Euro erhält." (Finanznachrichten.de, 2007). Diese Sonderzahlungen könnten bei den Mitarbeitern zu einer gesteigerten Arbeitsmoral und einer stärkeren Identifikation mit dem Unternehmen führen. Qualifizierte Mitarbeiter bleiben dem Unternehmen erhalten und folglich erreicht das Unternehmen einen Wettbewerbsvorteil gegenüber der Konkurrenz. Unzufriedene Angestellte sind dem Unternehmen nicht dienlich.

Die Deutsche Bank veröffentlichte 2006 den Bericht „Gesellschaftliche Verantwortung", in dem sie über ihre Corporate Social Responsibility Aktivitäten informierte. Zum Beispiel standen den Mitarbeitern der Deutschen Bank Angebote zu Gesundheitsförderung und Prävention zur Verfügung: „Gesundheit am Arbeitsplatz, Beratung zu Anordnung der Arbeitsmittel, Ergonomie, Bildschirmarbeit und sitzender Tätigkeit, Kurse zu Körperhaltung, Bewegungsverhalten, Entspannung, Rückenschule, Impfungen und reisemedizinische Beratung, Grippeschutz, Beratung zum Impfschutz auf Reisen Präventive Untersuchungen, Hautscreening, Prävention gegen koronare Herzerkrankungen, Check-up-Untersuchungen für Führungskräfte Ernährungsberatung, Ernährungs-Check-up, telefonische und persönliche Beratung zum Umgang mit Stress, individuelle Beratung, Kurse zu Entspannungstechniken und Zeitmanagement, Beratung bei psychischen Problemen nach Banküberfall, schwerer Erkrankung, bei sonstigen psychischen Problemen im Berufs- oder Privatleben, Wiedereingliederung am Arbeitsplatz, nach längerer Krankheit und Rehabilitation, Betreuung von Schwerbehinderten, Gestaltung des Arbeitsplatzes, ..." (Deutsche Bank, 2006). Diese Maßnahmen der Deutschen Bank gehen über die gesetzlichen Regelungen hinaus und spiegeln die Idee des Corporate Social Responsibility Konzepts im gewissen Maße wider. Jedoch ist bei der Betrachtung der Maßnahmen Vorsicht geboten. So hat die Deutsche Bank im Jahr 2005 angekündigt, 6.000 Mitarbeiter zu entlassen, bei gleichzeitiger (nicht unerheblicher) Erhöhung der Vorstandsgehälter. Inwiefern hier von der Übernahme einer sozialen Verantwortung gesprochen werden kann, ist fraglich.

„Wer Shareholder-Value schaffen will, der muss zugleich den Stakeholder-Value berücksichtigen." (Kirchhoff, 2006, S. VII). Corporate Governance kann nicht mehr isoliert von Corporate Social Responsibility betrachtet werden, sondern beide Konzepte sollten vom Unternehmen zusammen in die Unternehmenspolitik und Unternehmensstrategie einbezogen werden. „Eine Integration beider Denkansätze ist hilfreich, um einerseits eine „gute" Corporate Governance zu verwirklichen und andererseits die Debatte über die Verantwortung von Unternehmen zu befruchten." (Schwerk, 2007, S. 1).

Die Abbildung 13.1 zeigt auf, wie ein modifizierter Shareholder-Value dauerhaft erreicht werden kann, wenn die Interessen der Kunden, Lieferanten, Mitarbeiter usw. und somit das Konzept Corporate Social Responsibility berücksichtigt werden (Clarke, 2007).

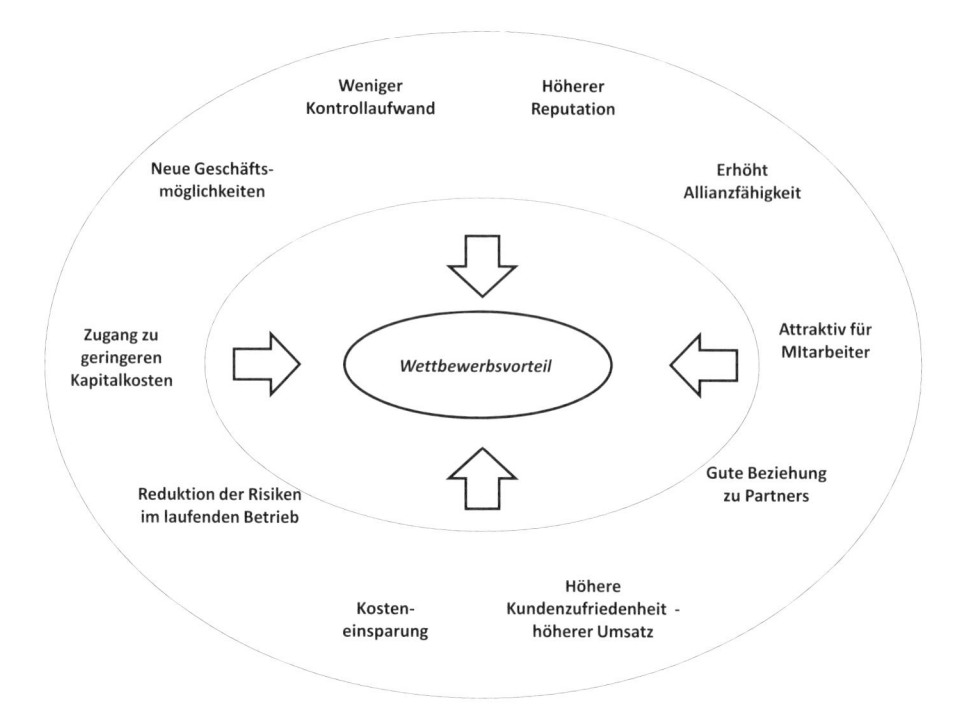

Diagram: Wettbewerbsvorteil (center) with surrounding factors: Weniger Kontrollaufwand, Höherer Reputation, Neue Geschäftsmöglichkeiten, Erhöht Allianzfähigkeit, Zugang zu geringeren Kapitalkosten, Attraktiv für MItarbeiter, Reduktion der Risiken im laufenden Betrieb, Gute Beziehung zu Partners, Kosteneinsparung, Höhere Kundenzufriedenheit - höherer Umsatz.

Abb. 13.1 Wettbewerbsvorteil und Corporate Social Responsibility (Clarke, 2007).

13.1 Kritische Würdigung

Welche Kriterien letztendlich „gute" Corporate Governance oder „schlechte" Corporate Governance voneinander abgrenzen, hängt von den Ansprüchen der mit dem Unternehmen in Beziehung stehenden Interessengruppen ab. Angesichts der doch zum größten Teil individuellen bzw. uneinheitlichen Erwartungen der Anspruchsgruppen gegenüber dem Unternehmen und den länderspezifischen Rahmenbedingungen lassen sich allgemeingültige Kriterien unmöglich festlegen. Daher muss bei der Bewertung von Corporate Governance eine genauere Betrachtung der vorliegenden Bedingungen auf Seiten des betreffenden Staates wie auch auf Seiten der Informationsbedürfnisse erfolgen (Pfitzer et al., 2005).

Wie bereits festgestellt, sollte „gute" Corporate Governance auch Corporate Social Responsibility mit einbeziehen. Jedoch können sich nur wirtschaftlich starke Unternehmen Corporate Social Responsibility-Maßnahmen uneingeschränkt leisten. Somit ist gesellschaftliche Verantwortung abhängig von der wirtschaftlichen Leistungsfähigkeit (Kirchhoff, 2006). Deshalb kann auch Corporate Social Responsibility nicht isoliert von Corporate Governance betrachtet werden. Der Shareholder-Value steht weiterhin im Mittelpunkt, weil ohne eine Steigerung des Unternehmenswertes keine Möglichkeit besteht, Corporate Social Responsibility im Unternehmen zu praktizieren (Henne-Ei-Problem). Inwieweit das Unternehmen die Stakeholder in die Unternehmenspolitik und Unternehmensstrategie integriert oder inwieweit den Stakeholdern Mitspracherechte gewährt werden, bedarf weiterer Analysen. Dennoch ist es eine bedeutende Frage für das Unternehmen und sollte zukünftig Berücksichtigung finden. Das Unternehmen muss daher nach geeigneten Maßnahmen suchen, die sowohl für das Unternehmen als auch für die Öffentlichkeit von Vorteil sind (Kirchhoff, 2006).

13.2 Mini Case – Shell/Brent Spar

Die Ölplattform Brent Spar wurde im Juli 1976 im Brent Feld ostnordöstlich der Shetland Inseln von Shell in Betrieb genommen. Von der Plattform wurde kein Öl gefördert, sondern sie diente lediglich zur Zwischenspeicherung und Verladung von Öl. Brent Spar wurde als Alternative zu Pipelines genutzt. 1991 wurde die Brent Spar wegen einer neuen Pipelineverbindung zum Land überflüssig.

Die Brent Spar sollte im Frühsommer 1995 im North Feri Ridge in einer Tiefe von 2300 Metern versenkt werden. Die Pläne der Firma Shell wurden durch Greenpeace und durch deren Medienkampagne durchkreuzt. Greenpeace sah in der Entsorgungspraxis der Brent Spar einen Präzedenzfall für die Entsorgung mehrerer hundert Plattformen, deren Außerbetriebnahme in den 1990er-Jahren zu erwarten war.

Mit der Medienkampagne wurden Politiker, Geistliche und Prominente eingeschaltet. Die größte Medienpräsenz gab es in Deutschland, Dänemark und in den Niederlanden.

Die Deutsche Shell hatte selbst kaum Informationen über die Brent Spar, als der Skandal ausgelöst wurde. Die Firma musste zur Verteidigung an den Tankstellen sogar erst Flugblätter in englischer Sprache verteilen. Die Öffentlichkeit reagierte mit 100.000 Protestkarten, 12.000 Protestaktionen, 300 Bomben- und Protestaktionsdrohungen und mit 50 Fällen von Vandalismus. Eine Shell-Tankstelle brannte ab. An den deutschen Tankstellen wurde in Folge weniger getankt, Shell hatte Umsatzeinbußen von 20 bis 30% zu verzeichnen. Am 20. Juni 1995 stoppte Shell die Versenkung der Brent Spar und verkündete deren Entsorgung an Land. Nachdem Shell bekannt gab, die Plattform nicht zu versenken, veröffentlichte sie einen Brief mit dem Titel „Wir werden uns ändern", in dem sie mitteilte, bei zukünftigen Entscheidungen in solchen Fällen die öffentliche Meinung zu berücksichtigen.

Nach Angaben von Greenpeace wollte Shell 5.500 Tonnen Rohöl versenken. Nach einer DNV-Untersuchung ging es lediglich um 750 Tonnen Rohöl.

14 Literatur

Albers, M. (2002): Corporate Governance in Aktiengesellschaften, Entscheidungsprozess und Wirkungsanalyse zum Gesetz zur Kontrolle und Transparenz im Unternehmensbereich (KonTraG), Frankfurt am Main..

Allen, F./Qian, J./Qian, M. (2007): China's Financial System: Past, Present, and Future, in: Working papers of the Financial Institutions Center, Wharton School, University of Pennsylvania, S. 1-63.

Altmeyer, W. (2003): Mitbestimmung im Aufsichtsrat, 2004 kommt die „Societas Europaea", in: Personalführung, Jahrgang 36, Heft 3, S. 60-65.

Anand, S. (2004): The Sarbanes Oxley Guide, For Finance and Information Technology Professionals, New Jersey.

Arbeitskreis Externe und Interne Überwachung der Unternehmung der Schmalenbach-Gesellschaft für Betriebswirtschaft e.V. (AKEIÜ) (2007): Der Prüfungsausschuss nach der 8. EU-Richtlinie, Thesen zur Umsetzung in deutsches Recht, in: Der Betrieb, Jahrgang 60 Heft 39, S. 2129-2133.

Asato, M. S. (2002): Corporate Governance, Adaptive Efficiency and Open Society, Annual Conference of the International Society for New Institutional Economics, Cambridge, Massachusetts, September 27-29, 2002.

Aurich, B. (2006): Managementkontrolle nach Enron, Baden-Baden.

Avdascheva, S. (2007): Rossiyskiye holdingi: noviye empiritscheskiye svidetelstva, in: Voprosy ekonomiki, Heft 1, S. 98-110.

Baden, A. (2001): Shareholder-Value- oder Stakeholder-Ansatz?, Zur Vorteilhaftigkeit der beiden Konzepte, in: Wirtschaftswissenschaftliches Studium, Band 30, Heft 8, S. 398-403.

Ballwieser, W./Dobler, M. (2003): Bilanzdelikte, Konsequenzen, Ursachen und Maßnahmen zu ihrer Vermeidung, in: Die Unternehmung, Jahrgang 57, Heft 6, S.449-469.

Bannier, C. E./Tyrell, M. (2005): Modelling the role of credit rating agencies, Do they spark off a virtuous circle?, in: Working Paper Series Finance and Accounting 160, Department of Finance, Goethe Universität Frankfurt am Main.

Barrier, M. (2002): The Crisis in Governance, in: Internal Auditor, 1. August 2002, S. 50-53.

Barton, D./Wang, Y./Ye, M. (2009): A Chinese view of governance and the financial crisis, An interview with ICBC's chairman, in: The McKinsey Quarterly, März 2009, Nr. 2, S.111-117.

Bassen, A./Böcking, H.-J./Loistl, O./Strenger, C. (2000): Die Analyse von Unternehmen mit der „Scorecard for German Corporate Governance", in: Finanz Betrieb, Jahrgang 2, Heft 11, S.693-698.

Bassen, A./Kleinschmidt, M./Prigge, S./Zöllner, C. (2005): Corporate Governance und Unternehmenserfolg, Empirische Befunde zur Wirkung des Deutschen Corporate Governance Kodex, Arbeitspapiere, Universität Hamburg.

Baumann, M. (2002): Schutzschicht der Anleger, in: Wirtschaftswoche, Heft 27, S.87.

Baumann, M./ Bierbach, B./ Dunkel, M. (2002): Die Megablamage, in: Wirtschaftswoche, Heft 5, S.45-52.

Baums, T./Stöcker, M. (2003): Die Vorschläge der Regierungskommission Corporate Governance und ihre bisherige Umsetzung durch den Deutschen Corporate Governance Kodex und das TransPuG, in: Dörner, D./ Menold, D./ Pfitzer, N./ Oser P. (Hrsg.): Reform des Aktienrechts, der Rechnungslegung und der Prüfung. KontraG, Corporate Governance, TarnsPuG, 2. Auflage, Stuttgart, S.2-39.

BDA/BDI (2007): CSR Germany, Unternehmen tragen gesellschaftliche Verantwortung, verfügbar auf http://www.csrgermany.de/www/CSRcms.nsf/ID/home_de.

Benjamin, R./Dickinson, C. Jr./Rockart, J. (1985): Changing Role of the Corporate Information Systems Officer, in: MIS Quarterly, Jahrgang 9, Heft 3, S.177-188.

Benston, G. J./Hartgraves Al L. (2002): Enron, what happened and what we can learn from it, in: Journal of Accounting and Public Policy, Jahrgang 21, Heft 2, S.105-127.

Benz, A. (2004) (Hrsg.): Governance, Regieren in komplexen Regelsystemen, Eine Einführung, Wiesbaden, S.193-214.

Berger, R. (2004): One-Tier- versus Two-Tier-Board als System der Unternehmensüberwachung, in: Lange, T. A./Löw, E. (Hrsg.): Rechnungslegung, Steuerung und Aufsicht von Banken, Festschrift zum 60. Geburtstag von Jürgen Krumnow, Wiesbaden, S.547-562.

Berle, A. A./Means, G.C. (1932): The Modern Corporation and Private Property, New York The Macmillan Company, Reprint Edition 1982, Buffalo/New York.

Berrar, C. (2001): Die Entwicklung der Corporate Governance in Deutschland und im internationalen Vergleich, Baden-Baden.

Bertschinger, P./Schaad, M. (2002): Der amerikanische Sarbanes-Oxley Act of 2002, Mögliche Auswirkungen auf die internationale Wirtschaftsprüfung und Corporate Governance, in: Der Schweizer Treuhänder, Heft 10, S.883-888.

Bhagat, S./Brickley, J. A. (1984): Cumulative Voting: The Value of Minority Shareholder Voting Rights, in: Journal of Law & Economics, Jahrgang 27, Heft 2, S.339-365.

Bhattacharya, U. (1997): Communication Costs, Information Acquisition, and Voting Decisions in Proxy Contests, in: Review of Financial Studies, Jahrgang 10, Heft 4, S.1065-1098.

Biener, H. (1995): Die Erwartungslücke: eine endlose Geschichte, in: Lanfermann, J. (Hrsg.): Internationale Wirtschaftsprüfung, Düsseldorf, S.37-63.

Blair, D./Golbe, D./Gerard, J. (1989): Unbundling the Voting Rights and Profit Claims of Common Shares, in: Journal of Political Economy, Jarhgang 97, Heft 2, S.420-443.

Bleicher, K. (1991): Organisation, 2. Auflage, Wiesbaden.

Bleicher, K./Paul, H. (1986): Das amerikanische Board-Modell im Vergleich zur deutschen Vorstands- / Aufsichtsratverfassung, Stand und Entwicklungstendenzen, in: Die Betriebswirtschaft, Jahrgang 46, Heft 3, S.263-288.

Bleicher, K./Leberl, D./Paul, H. (1989): Unternehmungsverfassung und Spitzenorganisation, Wiesbaden.

Böckli, P. (1999): Corporate Governance, Der Stand der Dinge nach den Berichten „Hampel", „Viénot" und „OECD" sowie dem deutschen „KonTraG", in: Schweizerische Zeitschrift für Wirtschaftsrecht (SZW), Jahrgang 71, Heft 1, S.1-16.

Böckli, P. (2000): Corporate Governance auf Schnellstrassen und Holzwegen, in: Der Schweizer Treuhänder, Jahrgang 74, Heft 3, S.133-152.

Böckli, P. (2003): Konvergenz, Annäherung des monistischen und des dualistischen Führungs- und Aufsichtsystems, in: Hommelhoff, P./Hopt, K. J./v. Werder, A.. u.a. (Hrsg.): Handbuch Corporate Governance, Köln, S.201-222.

Bora, A. (2001): Öffentliche Verwaltung zwischen Recht und Politik, in: Tacke, V. (Hrsg.): Organisation und gesellschaftliche Differenzierung, Wiesbaden S.170-191.

Braendle, U. C./Gasser, T./Noll, J. (2005): Corporate Governance in China, Is Economic Growth Potential Hindered by Guanxi?, in: Business and Society Review, Jahrgang 110, Heft 4, S.389-405.

Breuer, R.-E. (2003): Corporate Governance, Formale und materielle Herausforderungen der Zukunft, in: Zeitschrift Führung und Organisation (ZFO), Jahrgang 72, Heft 1, S.42-45.

Brinkmann, R. (2006): Abschlussprüfung nach International Standards on Auditing, in: Kapitalmarktorientierte Rechnungslegung (KoR), Jahrgnag 6, Heft 11, S. 668-685.

Bruder, H./Du Charme, S. E. (2001): Corporate Governance in Russland, in: Wirtschaft und Recht in Osteuropa, Jahrgang 10, Heft 8, S.225-229.

BT-Drs. 14/7515 (2001): Bericht der Regierungskommission „Corporate Governance" Unternehmensführung – Unternehmenskontrolle – Modernisierung des Aktienrechts vom 14. September2001, verfügbar auf http://www.jura.uni-augsburg.de/altepage/Fakultaet/Moellers/BT_Drs_14_7515.pdf.

Buchter, H. (2007): Light My Fire, Financial Times Deutschland vom 29. Mai 2007 verfügbar auf http://www.ftd.de/politik/international/:Agenda%20Light%20My%20Fire/205464.html?nv=cd-topnews.

Büssow, T./Taetzner, T. (2005): Sarbanes-Oxley Act Section 404, Internes Kontrollsystem zur Sicherstellung einer effektiven Finanzberichterstattung im Steuerbereich von Unternehmen, Pflicht oder Kür?, in: BetriebsBerater (BB), Jahrgang 60, Heft 45, S.2437-2444.

Buhl, U./Kreyer, N./Wolfersberger, P. (2001): Die Rolle des Chief Information Officer (CIO) im Management, in: Wirtschaftsinformatik, Jahrgang 43, Heft 4, S.408-420.

Carlsson, R. H. (2001): Ownership and Value Creation, Strategic Corporate Governance in the New Economy, Chichester.

Carroll, A.B. (1991): The Pyramid of Corporate Social Responsibility, Toward the Moral Management of Organizational Stakeholders, verfügbar auf http://www-rohan.sdsu.edu/faculty/dunnweb/rprnts.pyramidofcsr.pdf.

Christoffersen, S./Geczy, C./Musto, D./Reed, A. (2002): The Market for Record-Date Ownership, in: Social Science Research Network, verfügbar auf http://papers.ssrn.com/sol3/papers.cfm?abstract_id=302522.

Christoffersen, S./Geczy, C./Musto, D./Reed, A.(2004): How and Why do Investors Trade Votes, and What does it Mean?, in: Scientific Series, verfügbar auf http://www.cirano.qc.ca/pdf/publication/2004s-23.pdf.

Clark, R. (1979): Vote Buying and the Corporate Law, in: Case Western Reserve Law Review, Jahrgang 29, S.776-807.

Clarke, T. (2007): International Corporate Governance, New York.

Clarkson, M.B.E. (1994): A Risk Based Model of Stakeholder Theory, in: The Centre for Corporate Social Performance and Ethics, University of Toronto, S.21.

Coase, R. H. (1937): The Nature of the Firm, in: Economica, Jahrgang 11, Heft 4, S. 386-405, verfügbar auf http://www.scribd.com/doc/2530438/COASEThe-Nature-of-the-Firm

CobiT 4.0, Deutsche Ausgabe (2004): Control Objectives for Information and Related Technology, aus der deutschen Übersetzung von KPMG-Österreich mit Genehmigung des IT Governance Institute, verfügbar auf http://www.isaca.at/Ressourcen/CobiT%204.0 20Deutsch.pdf.

Commission on Global Governance (1995): Our Global Neighborhood, The Report of the Commission on Global Governance, New York.

Cromme, G. (2003): Entwicklung der Corporate Governance in Deutschland, in: Cromme, G. (Hrsg.): Corporate Governance Report 2003, Vorträge und Diskussionen der 2. Konferenz Deutscher Corporate Governance Kodex, Stuttgart, S.19-36.

Crone, H. C. von der/Roth, K. (2003): Der Sarbanes-Oxley Act und seine exterritoriale Bedeutung, in: Aktuelle Juristische Praxis (AJP/PJA), Jahrgang 12, Heft 2, S.131-140.

CSRC (2007): CSRC and China Securities and Futures Statistical Yearbook,.

DAI (2003): Stabilisierung der Aktionärszahlen aber keine Entwarnung, DAI Kurzstudie 1/2003, Frankfurt am Main.

Daum, M./Häberle, O./Lischka, I./Krcmar, H. (2004): The Chief Information Officer in Germany, Some empirical findings, Turku, verfügbar auf http://is2.lse.ac.uk/asp/aspecis/20040040.pdf.

Daske, S./Ehrhardt, O. (2002): Kursunterschiede und Renditen deutscher Stamm- und Vorzugsaktien, in: Financial Markets and Portfoliomanagement, Jahrgang 16, Heft 2, S.179-207.

Davis, J.H./Schoorman, F.D./Donaldson, L. (1997): Toward a Stewardship Theory of Management, in: Academy of Management Review, Jahrgang 22, Heft 1, S.20-47.

De Angelo, H./De Angelo, L. (1985): Managerial Ownership of Voting Rights, in: Journal of Financial Economics, Jahrgang 14, Heft 1, S.33-69.

Demsetz, H (1967): Towards a Theory of Property Rights, in: The American Economic Review, Jahrgang 57, Heft 2, S.347-359.

Deutsche Börse Fact Book (2007): Factbook 2007, Eigenverlag, Frankfurt am Main.

Dietl, H. (1995): Institutionelle Koordination spezialisierungsbedingter wirtschaftlicher Abhängigkeit, in: Zeitschrift für Betriebswirtschaft (ZfB), Jahrgang 65, Heft 6, S.569-585.

Dörner, D./Menold, D./Pfitzer, N.,/Oser, P. (2003): Reform des Aktienrechts, der Rechnungslegung und der Prüfung, KontraG Corporate Governance TransPuG, 2. Auflage, Stuttgart.

Dolgopiatova, T. (2001): Modeli i mechanismi korporativnogo kontrolya v rossiyskoi promischlennosti, in: Voprosy ekonomiki, Heft 5, S.46-60.

Dolgopiatova, T. (2007): Konzentraziya akzionernoy sobstvennosti i rasvitiye rossiyskich kompaniy, in: Voprosy ekonomiki, Heft 1, S.84-97.

Donald, D. C. (2003): Die Entwicklung der US-amerikanischen Corporate Governance nach Enron, in: Wertpapiermitteilungen, Zeitschrift für Wirtschafts- und Bankrecht, Jahrgang 57, Heft 15, S.705-714.

Donaldson, L./Davis, J.H. (1994): Boards and Company Performance, Research challenges the Conventional Wisdom, in: Corporate Governance, An International Review, Jahrgang 2, Heft 3, S.151-160

Downes, D. (2006): Revised 8th Directive approved by Council of the European Union, in: Accountancy Ireland, Jahrgang 38, Heft 3, S.28-29.

Drobetz, W./Schillhofer, A./Zimmermann, H. (2004): Corporate Governance and Expected Stock Returns, Evidence from Germany, in: European Financial Management, Jahrgang 10, Heft 2, S.267-293.

DVFA (2003): http://www.dvfa.de.

Easterbrook, F./Fischel, D. (1983): Voting in Corporate Law, in: Journal of Law & Economics, Jahrgang 26, S.395-427.

Eberl, P. (2002): Vertrauen oder Kontrolle im Unternehmen?, in: Kahle, E. (Hrsg.): Organisatorische Veränderung und Corporate Governance, Aktuelle Themen der Organisationstheorie, 1. Auflage, Wiesbaden, S.193-224.

Ebers, M./Gotsch, W. (2001): Institutionenökonomische Theorien der Organisation, in: Kieser, A. (Hrsg.): Organisationstheorien, Stuttgart, S.199-251.

Ebner, G., Köhler, T., Lattemann, C., Preissl, B., Rentmeister, J. (2004): Rahmenbedingungen für eine Breitbandoffensive in Deutschland, Studie für die Deutsche Telekom AG, DIW-Berlin, Januar 2004.

Eckbo, B. E. (1983): Horizontal Mergers, Collusion and Stockholder Wealth, in: Journal of Financial Economics, Jahrgang 11, Heft 1-4, S.241-273.

Elschen, R. (1988): Die getrennte Handelbarkeit von Stimmrechten, in: Zeitschrift für betriebswirtschaftliche Forschung, Jahrgang 40, Heft 11, S.1009-1037.

Emmerich, G./Schaum, W. (2003): Auswirkungen des Sarbanes-Oxley Act auf die deutsche Abschlussprüfung, in: Die Wirtschaftsprüfung, Jahrgang 56, Heft 13, S.677-691.

Engelbrecht, T./Schröder, F. (2001): Vom Saal ins Netz, in: Financial Times Deutschland vom 14.3.2001, verfügbar auf http://www.ftd.de/technik/it_telekommunikation/1067847.html.

Engelen, K. C. (2004): Sarbanes-Oxley setzt Europa unter Reformdruck, Anpassung erzwingt mehr Finanzmarkttransparenz in der EU, in: Finanz Betrieb, Jahrgang 6, Heft 10, S.690-697.

Enriques, L./Volpin, P. (2007): Corporate Governance Reforms in Continental Europe, in: The Journal of Economic Perspectives, Jahrgang 21, Heft 1, S.117-140.

Ernst, E./Gassen, J./Pellens, B. (2005): Verhalten und Präferenzen deutscher Aktionäre, Eine Befragung privater und institutioneller Anleger zu Informationsverhalten, Dividendenpräferenz und Wahrnehmung von Stimmrechten, in: Studien des Deutschen Aktieninstituts, Heft 29, Frankfurt am Main.

Europäische Kommission (2002): Mitteilung der Kommission betreffend die soziale Verantwortung der Unternehmen: ein Unternehmensbeitrag zur nachhaltigen Entwicklung, KOM(2002) 347, verfügbar auf http://eur-lex.europa.eu/LexUriServ/site/de/com/.

Europäische Kommission (2006): Mitteilung der Kommission an das Europäische Parlament, den Rat und den Europäischen Wirtschafts- und Sozialausschuss Umsetzung der Partnerschaft für Wachstum und Beschäftigung, Europa soll auf dem Gebiet der Sozialen Verantwortung der Unternehmen führend werden, Brüssel Kom (2006) 136.

Ey, R. (2005): E-Commerce Chancen und Herausforderungen für Unternehmen, Berlin, verfügbar auf http://www.competence-site.de/E-Business/E-Commerce-Chancen-und-Herausforderungen-fuer-Unternehmen .

Expertengruppe Cross Border (2002): Final Report on the Expert Group on Cross-Border Voting in Europe, Amsterdam.

Fama E.F. (1970): Efficient Capital Markets, A Review of Theory and Empirical Work, in: Journal of Finance, Jahrgang 25, Heft 2, S.269-282.

FAZ (2006): FAZ vom 11.5.2006, S.25.

Feng, L. C./Xu, W. H. (2007): Has the reform of non-tradable shares raised prices? An event-study analysis, in: Emerging Markets Finance and Trade, Jahrgang 43, Heft 2, S.33-62.

Ferlings, J./Lanfermann, G. (2002): Unabhängigkeit von deutschen Abschlussprüfern nach Verabschiedung des Sarbanes-Oxley Act, in: Der Betrieb, Jahrgang 55, Heft 41, S.2117-2122.

Ferlings, J./Poll, J./Schneiß, U. (2007): Aktuelle Entwicklungen im Bereich nationaler und internationaler Prüfungs- und Qualitätssicherungsstandards, unter besonderer Berücksichtigung der Prüfung von KMU (Teil 1), in: Die Wirtschaftsprüfung, Jahrgang 60, Heft 3, S.101-113.

Fiege, S. (2006): Risikomanagement- und Überwachungssystem nach KonTraG, Prozess, Instrumente, Träger, Wiesbaden.

Finanznachrichten.de (2007): Porsche, Mitarbeiter erhalten Sonderzahlung, vom 8. Oktober 2007, verfügbar auf, http://www.finanznachrichten.de/nachrichten-2007-10/artikel-9172921.asp.

Freeman, R. E./Reed, D. (1983): Stockholders and Stakeholders, A New Perspective on Corporate Governance, in: California Management Review, Jahrgang 25, Heft 3, S.88-106.

Fröhlich, M./Glasner, K. (2007): IT-Governance, Leitfaden für eine praxisgerechte Implementierung, 1. Auflage, Wiesbaden.

Fuchs-Gamböck, K. (2006): Corporate Social Responsibility im Mittelstand, Wie Ihr Unternehmen durch gesellschaftliches Engagement gewinnt, Heidelberg/München/Landsberg/Berlin.

Furtado, E. P. H. /Karan, V. (1990): Causes, Consequences, and Shareholder Wealth Effects of Management Turnover, A Review of the Empirical Evidence.

Goergen, M./Renneboog, L. (2004): Shareholder wealth effects of European domestic and cross-border takeover bids, in: European Financial Management Journal, Jahrgang 10, Heft 1, S.9-45.

Gillan, S. L. / TIAA-CREF Institute / Starks, L. T. (2001): Institutional Investors, Corporate Ownership, and Corporate Governance, Global Perspectives, TIAACREF Institute Working Paper Series, Nr. 5-110101, New York.

Glaum, M./Thomaschewski, D./Weber, S. (2006): Die Vorschriften zur Einrichtung und Dokumentation eines internen Kontrollsystems nach Section 404 Sarbanes-Oxley Act; Umsetzung durch deutsche Unternehmen, in: Kapitalmarkt orientierte Rechnungslegung, Heft 3, S.206-219.

Gleich, R./Oehler, K. (2006): Corporate Governance umsetzen, Erfolgsfaktoren Controlling und Informationssysteme, Stuttgart.

Godard, L./Schatt, A. (2004): Caractéristiques et fonctionnement des conseils d'administration français, un état des lieux, Université de Franche-Comté, Cahier du FARGO, Nr. 1040201 vom Februar 2004

Gourevitch, P. A./ Shinn, J. (2005): Political Power and Corporate Control, The New Global Politics of Corporate Governance, Princeton.

Greenpeace (2003): Chronik, Ein Konzern versenkt sein Image, verfügbar auf http://www.greenpeace.de/themen/oel/brent_spar/artikel/chronik_ein_konzern_versenkt_sein_image/.

Grossman, S. J./Hart, O. D. (1988): One Share-One Vote and the Market for Corporate Control, in: Journal of Financial Economics, Jahrgang 20, Heft 1/2, S.175-202.

Gruson, M./ Kubicek, M. (2003a): Der Sarbanes-Oxley Act, Corporate Governance und das deutsche Aktienrecht (Teil I), in: Die Aktiengesellschaft, Jahrgang 48, Heft 7, S.337-352.

Gruson, M./Kubicek, M. (2003b): Der Sarbanes-Oxley Act Corporate Governance und das deutsche Aktienrecht (Teil II), in: Die Aktiengesellschaft, Jahrgang 48, Heft 8, S.393-406.

GTZ (2007):Deutsche Gesellschaft für Technische Zusammenarbeit GmbH, verfügbar auf http://www.gtz.de/de/leistungsangebote/2704.htm.

Habisch, A. (2003): Corporate Citizenship, Gesellschaftliches Engagement von Unternehmen in Deutschland, Berlin/Heidelberg.

Habisch, A./Jonker, J./Wegner, M./Schmidpeter, R. (2005): Across Europe, Berlin, S.335-342.

Hackethal, A./ Schmidt, R.H./Tyrell, M. (2005): Banks and German Corporate Governance, on the way to a capital market-based system?, in: Corporate Governance, Jahrgang 13, Heft 3, S.397-407.

Hansen, U./Schrader, U. (2005): Corporate Social Responsibility als aktuelles Thema der Betriebswirtschaftslehre, in: Die Betriebswirtschaft (DBW), Jahrgang 65, S.373-395.

Hansmann (1996): The Ownership of Enterprise, Cambridge MA.

Harms J./Reichard, Ch. (Hrsg.) (2003): Die Ökonomisierung des öffentlichen Sektors, Baden-Baden.

Harris, M./Raviv, A. (1988): Corporate Governance, Voting Rights and Majority Rules, in: Journal of Financial Economics, Jahrgang 20, Heft 1-2, S.203-235.

Hawley, J.P./Williams, A.T. (2000): The Rise of Fiduciary Capitalism, How Institutional Investors Can Make Corporate America More Democratic, Philadelphia.

Healy, P. M./Palepu, K. G. (2003): The Fall of Enron, in: Journal of Economic Perspectives, Jahrgang 17, Heft 2, S.3-26.

Heck, A. (1999): Strategische Allianzen, Erfolg durch professionelle Umsetzung, Berlin, Heidelberg.

Heidkamp, P (2007): IT-Compliance und IT-Audits als Top-CIO-Aufgabe, München, verfügbar auf http://www.cio.de/knowledgecenter/rm/841350/.

Heinrich, A. (2004): Globalisierung und Corporate Governance, Russlands Erdöl- und Erdgassektor, in: Osteuropa, Jahrgang 54, Heft 9-10, S.355-365.

Heinzl, A. (2001): Die Rolle des CIO in der Unternehmung, in: Wirtschaftsinformatik, Jahrgang 43, Heft 4, S.410-412.

Hess, G. H. (1996): Corporate Governance, zum Stand der Diskussion in den Vereinigten Staaten, in: Feddersen, D. /Hommelhoff, P. /Schneider, U.H. (Hrsg.): Corporate Governance, Optimierung der Unternehmensführung und der Unternehmenskontrolle im deutschen und amerikanischen Aktienrecht, Köln.

Hetzer, J., Palan, D. (2003): Richter im Blindflug, in: Manager Magazin, Heft 3 vom Juli 2003, verfügbar auf http://www.manager-magazin.de/magazin/artikel/ 0,2828,253689,00.html.

Hilber, M./Hartung, J. (2003): Auswirkungen des Sarbanes-Oxley Act auf deutsche WP-Gesellschaften, Konflikte mit der Verschwiegenheitspflicht der Wirtschaftsprüfer und dem Datenschutz, in: Betriebs Berater (BB), Jahrgang 58, Heft 20, S.1054-1060.

Hofstede, G. (1984): Culture´s Consequences, Newbury Park CA.

Höhmann, H.-H.(2001): Die „russische" Marktwirtschaft, Übergangsordnung oder Wirtschaftssystem auf Dauer?, in: Höhmann, H.-H./Schröder, H.-H. (Hrsg.): Russland unter neuer Führung, Politik, Wirtschaft und Gesellschaft am Beginn des 21. Jh., Bonn, S.120-133.

Hommelhoff, P./Mattheus, D. (2003): Die Rolle des Abschlussprüfers bei der Corporate Governance, in: Hommelhoff, P./Hopt, K. J./v. Werder, A. (Hrsg.): Handbuch Corporate Governance, Leitung und Überwachung börsennotierter Unternehmen in der Rechts- und Wirtschaftspraxis, Köln/Stuttgart, S.639-671.

Hopt, K. (2003): Common Principles of Corporate Governance in Europe?, in: Comparative Studies, S.119-150.

Horváth, P. (2003): Anforderungen an ein modernes internes Kontrollsystem, in: Die Wirtschaftsprüfung, Jahrgang 56, Sonderheft, S.211-218.

Huang, R. H./Orr, G. (2007): China's state-owened enterprises, Board governance and the Communist Party, in: The McKinsey Quarterly, S.109-111.

Hütten, C./Stromann, H. (2003): Umsetzung des Sarbanes-Oxley Act in der Unternehmenspraxis, in: BetriebsBerater (BB), Jahrgang 58, Heft 42, S.2223-2444.

IDW (2001): PS 260, in: Die Wirtschaftsprüfung, Jahrgang 54, Heft 16, S.322-323.

Ingley, C. B./van der Walt, N. T. (2004): Corporate Governance, Institutional Investors and Conflicts of Interest, in: Corporate Governance, An International Review, Jahrgang 12, Heft 4, S.534-551.

IÖW (2007): Sonderteil Ranking der Nachhaltigkeitsberichte, verfügbar auf http://www.future-ev.de/uploads/media/ranking_2007_01.pdf.

ITGI (2004): IT Control Objectives for Sarbanes-Oxley, IT Governance Institute, verfügbar auf http://www.itgi.org/Template_ITGI.cfm?Section=Recent_Publications&CONTENT ID=14133&TEMPLATE=/ContentManagement/ContentDisplay.cfm.

ISACA (2009): verfügbar auf http://www.isaca.ch/files/CobitBroschuere.pdf.

Jann, W./Wegrich, K. (2004): Governance und Verwaltungspolitik, in: Benz, A. (Hrsg.): Governance, Regieren in komplexen Regelsystemen, Wiesbaden, S.193-214.

Jarrell, G./Poulsen, A. (1987): Shark repellents and stock prices, The Effects of antitakeover amendments, in: Journal of Financial Economics, Jahrgang 19, Heft 1, S.127-168.

Jefferson, G. H./Jian, S./Yuan, J./Yu, X. (2003): The Impact of Shareholding Reform on Chinese Enterprises, 1995-2001, William Davidson Institute Working Paper Nummer 542, Michigan.

Jensen, M. C./Meckling, W. H. (1976): Theory of the Firm, Managerial Behavior, Agency Costs and Ownership Structures, in: Journal of Financial Economics, Jahrgang 3, Heft 4, S.305-360.

Jensen, M. C. (1993): The Modern Industrial Revolution, Exit, and the Failure of Internal Control Systems, in: Journal of Finance, Jahrgang 48, Heft 3, S.831-880.

Jessop B. (1985): The regulation approach, governance and post-Fordism: alternative perspectives on economic and political change?, in: Economy and Society, Jahrgang 24, Heft 3, S.307-333.

Johannsen, W./ Goeken, M. (2006): IT-Governance, neue Aufgaben des IT-Managements, in: HMD, Praxis der Wirtschaftsinformatik, Heft 250, S.7-20.

Jost, P.-J. (2001): Der Transaktionskostenansatz in der Betriebswirtschaftslehre, Stuttgart.

Kamann, H.-G./Simpkins, M. (2003): Sarbanes-Oxley Act, Anlass zu verstärkter internationaler Kooperation im Bereich der Corporate Governance?, in: Recht der internationalen Wirtschaft, Jahrgang 49, Heft 3, S.183-189.

Kato,T./Long, C. (2006): Executive Compensation and Corporate Governance in China, Evidence from Firms listed in the Shanghai and Shenzhen Stock Exchanges, in: Economic Development & Cultural Change, Jahrgang 54, Heft 4, S.945-983.

Katz, M. L./Shapiro, C. (1985): Network Externalities, Competition, and Compatibility, in: American Economic Review, Jahrgang 75, Heft 3, S.424-440.

Kersten, R./Müller, A./Schröder, H. (2007): IT-Controlling, Messung und Steuerung des Wertbeitrags der IT, München.

Kersting, C. (2003): Auswirkungen des Sarbanes-Oxley, Gesetzes in Deutschland, Können deutsche Unternehmen das Gesetz befolgen?, in: Zeitschrift für Wirtschaftsrecht (ZIP), Jahrgang 24, Heft 6, S.233-242.

Kirchhoff, K. R., (2006): CSR als strategische Herausforderung, in: Gazdar, K./Habisch, A./Kirchhoff, K. R./Vaseghi, S. (Hrsg.): Erfolgsfaktor Verantwortung, München.

Kirchmann, E. (2004): Die gewandelte Rolle des CIO, in: Journal für Betriebswirtschaft, Heft 2, S.63-68.

KKP (2001): Kodex korporativnogo povedeniya vom 30.07.2001, verfügbar auf http://www.fcsm.ru.

Klein, K.-G./Tielmann, S. (2004): Die Modernisierung der Abschlussprüferrichtlinie, Vorschlag der EU-Kommission zur Überarbeitung der 8. EU-Richtlinie, in: Die Wirtschaftsprüfung, Jahrgang 57, Heft 10, S.501-510.

Kolko, G. (1997): Privatizing communism, politics and market economics in Russia and China, in: World Policy Journal, Jahrgang 14, Heft 1, S.23-34.

Kuhlen, B. (2005): Corporate Social Responsibility (CSR), Die ethische Verantwortung von Unternehmen für Ökologie, Ökonomie und Soziales, Baden-Baden

Küting, K./Weber, C.-P./Pilhofer, J. (2002): Umsatzrealisation als modernes bilanzpolitisches Instrumentarium im Rahmen des Gewinnmanagements (earnings management), Analyse vor dem Hintergrund der Fälle Comroad und Xerox, in: Finanz Betrieb, Heft 5, S.310-329.

Kupke, S. (2008): Allianzfähigkeit, Dissertation an der Universität Potsdam, im Erscheinen

La Porta, R./Lopez-De-Silanes, F./Shleifer, A./Vishny, R. W. (1999): Agency Problems and Dividend Policies around the World, in: Journal of Finance, Jahrgang 55, S. 1-33.

Lanfermann, G. (2004): Vorschlag der EU-Kommission zur Modernisierung der EU-Prüferrichtlinie, in: Der Betrieb, Jahrgang 57, Heft 12, S.609-613.

Lanfermann, G. (2005): Modernisierte EU-Richtlinie zur gesetzlichen Abschlussprüfung, in: Der Betrieb, Jahrgang 58, Heft 49, S.2645-2650.

Lanfermann, G./Maul, S. (2002): Auswirkungen des Sarbanes-Oxley Act in Deutschland, in: Der Betrieb, Jahrgang 55, Heft 34, S.1725-1732.

Lanfermann, G./Maul, S (2003): SEC-Ausführungsregelungen zum Sarbanes-Oxley Act, in: Der Betrieb, Jahrgang 56, Heft 7, S.349-355.

Langenbucher, G./Blaum, U. (1994): Audit Committees, Ein Weg zur Überwindung der Überwachungskrise?, in: Die Betriebswirtschaft, S.2197-2206.

Lattemann, C./Köhler, T. (2004): Vertrauen ist gut Kontrolle ist besser?, Ein Governance-Konzept für virtuelle Unternehmen, in: Adelsberger, H. et al. (Hrsg.): Multikonferenz Wirtschaftsinformatik, Bd. 1, S.306-323.

Lattemann, C. (2005): Use of ICT in Annual Shareholder Meeting and Investor Relations on Returns on the German Stock Market, in: Corporate Reputation Review, Jahrgang 8, Heft 2, S. 110-120.

Lattemann, C. (2007a): Internationale Ausrichtung der Corporate Governance deutscher multinational agierender Unternehmen, in: Oesterle, M.-J. (Hrsg.): Internationale Management im Umbruch,, Wiesbaden, S.85-111.

Lattemann, C. (2007b): Forschungsfeld Governance, in: Wagner, D./Lattemann, C./Kupke, S. (Hrsg.): Governance-Theorien oder Governance als Theorie?, Berlin, S.29-61.

Lattemann, C./Klemens, H./Durica, M. (2007): Travo-Projekt, Der Handel mit Aktionärsstimmrechten, in: Oberweis, C./Weinhardt, C./Gimpel, H./Koschmider, A./Pankratius, V./ Schnizler B. (Hrsg.): eOrganisation, Service-, Prozess-, Market-Engineering, 8. Internationale Tagung Wirtschaftsinformatik, Band 2, Karlsruhe, S.669-686.

Lattemann, C./Niedermeyer, P. (2003): Elektronische Stimmrechtsausübung zur Verbesserung der Corporate Governance in Deutschland?, in: Zeitschrift für das gesamte Kreditwesen, Jahrgang 56, Heft 24, S. 1415-1423.

Lattemann, C. (2009): Corporate Governance in Chinese Firms, in: Young, S. (Hrsg.): Corporate Governance, Tilde University.

Lattemann, C./Fetscherin, M./Alon, I./Schneider, A.-M. (2009): Corporate Social Responsibility of Chinese Companies, An Analysis of Corporate Communication, in: Corporate Governance an International Review, Special Issue on China and India, im Erscheinen.

Lenz, H. (2002): Sarbanes-Oxley Act of 2002, Abschied von der Selbstregulierung der Wirtschaftsprüfer in den USA, in: BetriebsBerater, Jahrgang 57, Heft 44, S.2270-2275.

Li, S./Park, S. H./Li, S. (2004): The great leap forward, The transition from relation-based governance to rule-based governance, in: Organizational Dynamics, Jahrgang 33, Heft 1, S.63-78.

Li, S./Filer, L. (2007): The effects of the governance environment on the choice of investment mode and the strategic implication, in: Journal of World Business, Jahrgang 42, Heft 1, S.80-98.

Lin, C. (2001): Corporatisation and corporate governance in China's economic transition, in: Economics of Planning, Jahrgang 34, Heft 1-2, S.5-35.

Liu, G. S./ Sun, P. (2003): Identifying Ultimate Controlling Shareholders in Chinese Public Corporations, An Empirical Survey, Asia Programme Working Paper, Nummer 2, Royal Institute of International Affairs, London UK.

Liu, G. S./Garino, G. (2001): China's Two Decades of Economic Reform, in: Economics of Planning, Jahrgang 34, Heft 1-2, S.1-4.

Liu, Q. (2006): Corporate Governance in China, Current Practices, Economic Effects and Institutional Determinants, in: CESifo Economic Studies, Jahrgang 52, Heft 2, S.415-452.

Loew, T./Ankele, K./Braun, S/Clausen, J. (2004): Bedeutung der CSR-Diskussion für Nachhaltigkeit und die sich daraus ergebenden Anforderungen an Unternehmen mit Fokus Berichterstattung, Endbericht, Münster/Berlin, verfügbar auf http://www.ioew.de/home/future-IOEW_CSR-Studie_Kurzfassung.pdf.

Lucks, K./ Hausmann (2006): M&A in China, Praxisberichte und Perspektiven, Frankfurt am Main.

Lück, W. (1990): Audit Committee, Eine Einrichtung zur Effizienzsteigerung betriebswirtschaftlicher Überwachungssysteme, in: Zeitschrift für betriebswirtschaftliche Forschung, Jahrgang 42, Heft 12, S.995-1013.

Lück, W. (1999): Audit Committees, Prüfungsausschüsse zur Sicherung und Verbesserung der Unternehmensüberwachung in deutschen Unternehmen, in: Die Betriebswirtschaft, Jahrgang 51, Heft 9, S.441-443.

Luhmann, N. (1993): Soziale Systeme, Grundriß einer allgemeinen Theorie, 4. Auflage, Frankfurt am Main.

Lutter, M. (2002): Aufsichtsrat, Prüfungsbefugnisse, in: Ballwieser, W./Coenenberg, A. G./Wysocki, K. v. (Hrsg.): Handwörterbuch der Rechnungslegung und Prüfung, 3. Auflage, Stuttgart, S.120-132.

Lutter, M. (2003): Deutscher Corporate Governance Kodex, in: Dörner, D./Menold, D./Pfitzer, N./Oser, P. (Hrsg.): Reform des Aktienrechts, der Rechnungslegung und der Prüfung, KontraG Corporate Governance TransPuG, 2. Auflage, Stuttgart, S.67-79.

Mann, A. (2003): Corporate-Governance-Systeme, Funktion und Entwicklung am Beispiel von Deutschland und Großbritannien, Schriften zur wirtschaftswissenschaftlichen Analyse des Rechts, Band 46, Berlin.

Manne, H. (1982): Some Theoretical Aspects of Share Voting, in: Manne, H. (Hrsg.): The Economics of Legal Relationships, Readings in the Theory of Property Rights, 4. Reproduktion der Ausgabe von 1975, St. Paul, S.534-554.

Mar, P./Young, M. N. (2001): Corporate Governance in Transition Economies, A Case Study Of Two Chinese Airlines, in: Journal of World Business, Jahrgang 36, Heft 3, S. 280.

Macharzina, K./Wolf, J. (2005): Unternehmensführung, 5. Auflage, Wiesbaden.

Mayntz, R./Scharpf, F. W. (1995): Der Ansatz des akteurszentrierten Institutionalismus, in: Mayntz, R./Scharpf, F. W. (Hrsg.): Gesellschaftliche Selbstregulierung und politische Steuerung, Frankfurt am Main, S.39-72.

McKinsey & Company (2002): Global Investor Opinion Survey, Key findings.

McWilliams, A./Siegel, D. (2001): Corporate Social Responsibility, A Theory of the Firm Perspective, in: Academy of Management Review, Jahrgang 26, Heft 1, S.117-127

Meisel, N. (2004): Governance Culture and Development, a different Perspective on Corporate Governance, Organisation for Economic and Development (OECD), Development Centre Study, Paris.

Menzies, C. (2004): Sarbanes-Oxley Act, Professionelles Management interner Kontrollen, Stuttgart.

Menzies, C. (2006): Sarbanes-Oxley und Corporate Compliance, Nachhaltigkeit, Optimierung, Integration, Stuttgart.

Merkl, G. (2006): Sarbanes-Oxley Act, ein Wertvernichter?, in: Die Sparkassenzeitung, vom 10. Februar 2006.

Merkl, G. (2007): Neue Vorschriften der SEC und des PCAOB zum IKS, in: Der Schweizer Treuhänder, Jahrgang 81, Heft 1-2, S.38-48.

Meyer, S. (2003): Die externe Qualitätskontrolle im Berufsstand der Wirtschaftsprüfer, Deutscher Status quo und internationale Entwicklungen, Köln.

Milburn, R. (2007): Risk and Reward, Christchurch, verfügbar auf http://cio.co.nz/cio.nsf/spot/5342DE6FE3FFC425CC2573A1000C54BE.

Miles, L. (2006): The Application of Anglo-American Corporate Practices in Societies Influenced by Confucian Values, in: Business and Society Review, Jahrgang 111, Heft 3, S. 305-321.

Mintz, S. (2005): Corporate Governance in an International Context, legal systems, financing patterns and cultural variables, in: Corporate Governance, Jahrgang 13, Heft 5, S.582-597.

Mößle, B. (2003): Abschlussprüfer und Corporate Governance, Frankfurt am Main.

MPIFG (2006): http://www.mpifg.de/service/pressestelle/06-07-05-Deutschland-AG.pdf

Nagy, R. (2002): Corporate Governance in der Unternehmenspraxis, Wiesbaden.

Nassauer, F. (2000): Corporate Governance und die Internationalisierung von Unternehmen. Frankfurt am Main.

Nee, V./Opper, S./Wong, S. (2007): Development State and Corporate Governance in China, in: Management and Organization Review, Jahrgang 3, Heft 1, S.19-53

Neeman, Z./Orosel, G. (2003): On the Efficiency of Vote Buying, Review of Finance 2008 12(1), S. 1-49

Nicodano, G. (1998): Corporate Groups, Dual-Class Shares and the Value of Voting Rights, in: Journal of Banking and Finance, Jahrgang 22, Heft 9, S.1117-1137.

Nienhäuser, W./Jans, M. (2004): Grundbegriffe und Grundideen der Transaktionskostentheorie, am Beispiel von „Make-or-Buy"-Entscheidungen über Weiterbildungsmaßnahmen, verfügbar auf http://www.uni-duisburg-essen.de/personal/GrundbegriffeTAKT.pdf.

Nippa, M. (2002): Alternative Konzepte für eine effiziente Corporate Governance, in: Nippa, M./Petzold, K./Kürsten, W. (Hrsg.): Corporate Governance, Herausforderungen und Lösungsansätze, Heidelberg, S.3-40.

Noack, U. (2005): Handgeld für Teilnahme an Hauptversammlungen, in: BetriebsBerater, Heft 42.

Nobel, P. (1999): Grundsätze der OECD zu Corporate Governance, in: Schweizerische Zeitung für Wirtschaftsrecht (SWZ), Jahrgang 71, Heft 1, S. 244-247.

O´Sullivan, P. (1997): Governance by Exit, An analysis of the market for Corporate Control, in: Keasey, K./Thompson, S./Wright, M. (Hrsg.): Corporate Governance: Economic and Financial Issues, Oxford, S. 122-146.

Ostermeyer, R. A. (2001): Systeme der Unternehmensverfassung, in: Betrieb und Wirtschaft, Jahrgang 55, Heft 6, S. 221-227.

PCAOB (2004): Auditing Standard No. 2, An audit of internal control over financial reporting performed in conjunction with an audit of financial statements, Public Company Accounting Oversight Board (PCAOB), Prüfungsstandard zum Sarbanes-Oxley Act, verfügbar auf http://www.pcaobus.org/Standards/Standards_and_Related_Rules.asp.

Peemöller, V. H./Hofmann, S. (2005): Bilanzskandale, Delikte und Gegenmaßnahmen, Berlin.

Pérez, R. (2006): La Gouvernance de l'entreprise, Corporate Governance et pouvoir des salariés, in: Siences Humaines, „La gouvernance: du slogan à la réalité" vom 11 September 2006, verfügbar auf http://www.scienceshumaines.com/index.php?lg=fr&id_dossier_web=13&id_article=13554.

Peters, A. (2008): Die sieben Aufgaben des CIOs, Hamburg, verfügbar auf http://www.manager-magazin.de/it/artikel/0,2828,539087,00.html.

Pfitzer, N./Oser, P./Orth, C. (2005): Deutscher Corporate Governance Kodex, 2 Auflage, Stuttgart.

Picot, A/Dietl, H./Frank, E. (2002): Organisation, Eine ökonomische Perspektive, 3. Auflage, Stuttgart.

Pingel, K. (2007): Mögliche Auswirkungen der Achten gesellschaftsrechtlichen EU-Richtlinie zur gesetzlichen Abschlussprüfung vom 17.05.2006 auf den deutschen Rechtsraum, in: Freidank, C.-C./Altes, P. (Hrsg.): Rechnungslegung und Corporate Governance, Reporting, Steuerung und Überwachung der Unternehmen im Umbruch, Berlin, S.171-184

Pißler, K. B. (2002): Corporate Governance in der VR China, Neue Vorschriften für Börsenzugelassene Gesellschaften, China Analysis No. 17, verfügbar auf www.chinapolitik.de /studien/china_analysis/no_17.pdf

Pleines, H. (2006): Corporate Governance-Regulierung in Russland zwischen Regelimport und Wirtschaftskultur, in: Osteuropa-Wirtschaft, Jahrgang 51, Heft 3-4, S.266-283.

Porter, M. E./Kramer, M. R. (2007): Wohltaten mit System, Mit der richtigen Strategie schaffen Firmen Mehrwert für Gesellschaft und Unternehmen, in: Harvard Business Manager, Jahrgang 29, S.16-34

Potthoff, E. (1996): Board-System versus Duales System der Unternehmensverwaltung, Vor- und Nachteile, in: Betriebswirtschaftliche Forschung und Praxis, Jahrgang 48, Heft 3, S.253-268.

Pound, J. (1989): Shareholder Activism and Share Values, The Causes and Consequences of Countersolicitations Against Management Antitakeover Proposals, in: Journal of Law & Economics, Jahrgang 32, Heft 2, S.357-379.

Powell, W. W. (1990): Neither Market Nor Hierarchy, Network Forms of Organization, in: Research in Organizational Behavior, Jahrgang 12, S.295-336.

PricewaterhouseCoopers (PwC)/BDI (2000): Corporate Governance in Deutschland, BDI Drucksache Nr. 322, Berlin/Frankfurt am Main..

PricewaterhouseCoopers (PwC) (2005): Corporate Governance in Deutschland. Entwicklungen und Trends vor internationalem Hintergrund, verfügbar auf http://www.bdi-online.de/Dokumente/Recht-Wettbewerb-Versicherungen/BDI_PwC_Studie.pdf.

Qian, Y./Wu, J. (2000): China's Transition to a Market Economy, How Far across the River?, verfügbar auf http://elsa.berkeley.edu/~yqian/how%20far%20across%20the%20river.pdf.

Radygin, A. (1999): Vneschniye mechanismi korporativnogo upravleniya i ich osobennosti v Rossii, in: Voprosy ekonomiki Heft 8, S.80-98.

Rappaport, A. (1986): Creating Shareholder-Value, The New Standard for Business Information, New York,/London UK.

Rechkemmer, K. (2003): Corporate Governance, Informations- und Früherkennungssystem, München.

Regelin, P./Fisher, R. (2003): Zum Stand der Umsetzung des Sarbanes-Oxley Act aus deutscher Sicht, in: Internationales Steuerrecht, Jahrgang 12, Heft 8, S. 276-288.

Reinke, B. (2003): Moving Forward, A guide to improving corporate governance through effective internal control, A response to Sarbanes Oxley, New York.

Richter, R./Furubotn, E. (1999): Neue Institutionenökonomik, 2. Auflage, Tübingen.

Roe, M. J. (1996): Strong Managers Weak Owners, Princeton.

Rudolph, B. (2003): Finanzierungsstrukturen für die deutsche Wirtschaft, in: Deutsche Börse Group (Hrsg.), Kapitalmarkt Deutschland, Erfolge und Herausforderungen, Frankfurt am Main, S. 7-12.

Rüter, A./Schröder, J./Göldner, A. (2006): IT-Governance in der Praxis, Berlin Heidelberg.

Rydqvist, K. (1996): Takeover Bids and the Relative Prices of Shares that Differ in their Voting Rights, in: Journal of Banking and Finance, Jahrgang 20, Heft 8, S.1407-1425.

Salzberger, W. (2003): Sarbanes-Oxley Act of 2002, in: Wirtschaftswissenschaftliches Studium, Jahrgang 32, Heft 3, S.165-166.

Savizkiy, K. (2002): Kodex korporativnogo povedenija, problemi rasrabotki i vnedrenija, in: Voprosy ekonomiki, Heft 4, S.126-135.

Schauerte, H. (2007): 7. WPO-Novelle stärkt Vertrauen in die deutschen Wirtschaftsprüfer, in: Die Wirtschaftsprüfung, Jahrgang 60, Heft 13, S.I.

Scheffler, E. (2005): Corporate Governance, Auswirkungen auf den Wirtschaftsprüfer, in: Die Wirtschaftsprüfung, Jahrgang 58, Heft 9, S.477-486.

Scherrer, G. (2008): Die Harmonie baut auf dem Respekt der sozialen Ordnung auf, in: KIPA Tagesdienst vom 05. Mai 2008, verfügbar auf http://www.kath.ch/pdf/kipa_20080506090220.pdf.

Schipani C. A./Liu J. (2002): Corporate governance in China, Then and Now, in: Columbia Business Land Review, S.1-69.

Schmidt, M. (2005): Die 8. EU-Richtlinie, Anlass für eine verstärkte Regulierung der Berufsausübung des Wirtschaftsprüfers?, in: Die Wirtschaftsprüfung, Jahrgang 58, Heft 5, S.203-206.

Schmidt, S. M. (2001): Corporate Governance in deutschen und amerikanischen Aktiengesellschaften, Frankfurt am Main.

Schmitt, K. (2005): Corporate Social Responsibility in der strategischen Unternehmensführung, Eine Fallstudienanalyse deutscher und britischer Unternehmen der Ernährungsindustrie, Diplomarbeit, Öko-Institut e.V., Berlin.

Schneider, V./Kenis, J. (1996): Verteilte Kontrolle, Institutionelle Steuerung in modernen Gesellschaften, in: Kenis, J./Schneider V. (Hrsg.): Organisation und Netzwerke, Institutionelle Steuerung in Wirtschaft und Politik, Frankfurt/New York.

Schneider-Lenné, E. R. (1995): Das anglo-amerikansiche Board-System, in: Scheffler, E. (Hrsg.): Corporate Governance, Wiesbaden, S. 27-55.

Schrader, M.C. (2003): Prüfungsgrundsätze des US-amerikanischen Wirtschaftsprüfers, Dissertation, Regensburg.

Schramm, M. (2005): Verhaltensannahmen der Transaktionskostentheorie, von eingeschränkter Rationalität zu sozialer Einbettung, Berlin.

Schreyögg, G. (2000): Organisation, Grundlagen moderner Organisationsgestaltung, 3. Auflage, Wiesbaden.

Schüller, A. (1979): Eigentumsrechte, Unternehmenskontrollen und Wettbewerbsordnung, in: ORDO, Jahrgang 30, S. 325-346.

Schürmann, C. (2002): Gefährliche Partnerschaft, in: Wirtschaftswoche, Heft 5, S. 47.

Schwarz, G. C./Holland, B. (2002): Enron, WorldCom und die Corporate-Governance-Diskussion, Zu den strukturellen Defiziten eines kapitalmarktorientierten Corporate-Governance-Systems und zum USamerikanischen Sarbanes-Oxley Act, in: ZIP 2002, S.1661-1672.

Schwerk, A. (2007): Corporate Governance und Corporate Social Responsibility, Berlin.

SEC-Release 2003-63 (2003): SEC Unanimously Approves William J. McDonough as Chairman of Public Company Accounting Oversight Board, verfügbar auf http://www.sec.gov/news/press/2003-63.htm.

Seger, F. (2003): Internationale Corporate Governance, verfügbar auf http://www.bwl.uni-mannheim.de/Perlitz/deutsch/index.htm.

Sell, A. (2004): Die Genesis von Corporate Governance, in: Knorr, A./Lemper, A./Sell, A./Wohlmuth K. (Hrsg.): Berichte aus dem Weltwirtschaftlichen Colloquium der Universität Bremen Nummer 94, verfügbar auf http://www.iwim.uni-bremen.de/publikationen/pdf/b094.pdf.

Shi, S./Weisert, D. (2002): Corporate Governance with Chinese Characteristics, in: China Business Review, Jahrgang 29, Heft 5, S.40-44.

Shleifer, A./Vishny, R. W. (1997): A Survey of Corporate Governance, in: Journal of Finance, Jahrgang 52, Heft 2, S.737-783.

Short, H./Keasey, K. (1997): Institutional Shareholders and Corporate Governance, in: Keasey, K./Wright, M. (Hrsg.): Corporate Governance, Responsibilities, Risks and Renumeration, Chichester, S.23-60.

Smith, M. P. (1996): Shareholder Activism by Institutional Investors, Evidence from Cal-PERS, in: Jounal of Finance, Jahrgang 51, Heft 1, S.227-252.

Sondhof, H./Mezger, M. (1998): Corporate Governance in Russland, Probleme und Entwicklungstendenzen, in: Osteuropa-Wirtschaft, Jahrgang 43, Heft 4, S.338-356.

Steidlmeier, P. (1999): Gift-Giving, Bribery, and Corruption: Ethical Management of Business Relationships in China', in: Journal of Business Ethics, Jahrgang 20, Heft 2, S.121-132.

Steiger, M. (2000): Institutionelle Investoren im Spannungsfeld zwischen Aktienmarktliquidität und Corporate Governance, in: Schriftenreihe des ZEW, Bd. 47, 2000.

Steiger, M. (2001): Corporate Governance, in: Gerke, W./Steiner, M. (Hrsg.): Handwörterbuch des Bank- und Finanzwesens, 3. Auflage, Stuttgart, S.530-540.

Stiglitz, J. (2007): Hipocresía fi nanciera, in: El País vom 30 November 2007.

Su, C./Sirgy, M. J./Littlefield, J. E. (2003): Is Guanxi Orientation Bad, Ethically Speaking?, A Study of Chinese Enterprises, in: Journal of Business Ethics, Jahrgang 44, Heft 4, S.303-312.

Svetlova, E. (2003): Die Macht der Manager, Corporate Governance in Russland, in: Osteuropa-Wirtschaft, Jahrgang 48, Heft 3, S.244-260.

Synott, W. (1987): The Information Weapon, New York: John Wiley & Sons.

Tam, O. K. (2002): Ethical Issues in the Evolution of Corporate Governance in China, in: Journal of Business Ethics, Jahrgang 37, Heft 3, S.303-320.

Tanski, J. (2002): WorldCom, Eine Erläuterung zu Rechnungslegung und Corporate Governance, in: DStR, S.2003-2007.

Tanski, J. (2003): Aktuelle Entwicklungen von Corporate Governance und Interner Revision, eine Analyse zur Zeit nach Enron und WorldCom, in: Zeitschrift Interne Revision, S.90-96.

Theisen, M. R. (2003): Herausforderung Corporate Governance, in: Die Betriebswirtschaft, Jahrgang 63, Heft 4, S.441- 464

Theisen, M. R. (2004): Aufsichtsrat, in: Schreyögg, G./v. Werder, A. (Hrsg.): Handwörterbuch Unternehmensführung und Organisation, 4. Auflage, Stuttgart, S.62-70.

Thommen, J. P. (2003): Glaubwürdigkeit und Corporate Governance, 2. Auflage, Zürich, S.13-40.

Tiedje, J. (2006): Die neue EU-Richtlinie zur Abschlussprüfung, in: Die Wirtschaftsprüfung, Jahrgang 59, Heft 9, S. 593-605.

Trommsdorff, V./Wilpert, B. (1994): Deutsch-chinesische Joint Ventures, Wiesbaden.

Turnbull, S. (1997): Corporate Governance Its scope, concerns and theories, in: Corporate Governance, An International Review, Jahrgang 5, Heft 4, S.180-205.

Vitols, S. (2005): Changes in Germany's Bank-Based Financial System, implications for corporate governance, in: Corporate Governance, Jahrgang 13, Heft 3, S.386-396.

von Werder, A. (2003a): Umsetzung des Deutschen Corporate Governance Kodex in börsennotierten Gesellschaften, Executive Summary, Berlin.

von Werder, A. (2003b): Ökonomische Grundfragen der Corporate Governance, in: Hommelhoff, P./Hopt, K. J./Werder, A. von (Hrsg.): Handbuch Corporate Governance, Leitung und Überwachung börsennotierter Unternehmen in der Rechts- und Wirtschaftspraxis, Stuttgart, S.3-27.

Wagner, D. (1991): Anreizpotenziale und Gestaltungsmöglichkeiten von Cafeteria-Modellen, in: Schanz, G. (Hrsg.): Handbuch Anreizsysteme, Stuttgart, S.91-109.

Wefers, M. (2004): Unterstützung von SOA und anderen IKS Projekten durch SAP's „Management of internal Controls", in: Menzies, C. (Hrsg.): Sarbanes-Oxley Act Professionelles Management interner Kontrollen, Stuttgart, S.335-356.

Wentges, P. (2002): Corporate Governance und Stakeholder-Ansatz, Implikationen für die betriebliche Finanzwirtschaft, 1. Auflage, Wiesbaden.

Westhausen, H.-U. (2005): Das COSO-Modell, bisher nur eine Randerscheinung in Deutschland?, in: Zeitschrift Interne Revision, Jahrgang 40, Heft 3, S.98-102.

Wetzel, D. (2003): Europäer wehren sich gegen US-Gesetze, in: Die Welt vom 3. Mai 2003, verfügbar auf http://www.welt.de/data/2003/05/03/83199.html.

Wilhofszki, O./Külz, H. (2002): Comroad hat Bilanz massiv manipulier, in: Financial Times Deutschland vom 10. April 2002, verfügbar auf http://ftd.de/tm/it/1014398987443.html.

Williamson, O. E. (1975): Markets and hierarchies, analysis and antitrust implications, New York.

Williamson, O. E. (1979): Transaction-Cost Economics, The Governance of Contractual Relations, in: Journal of Law and Economics, S.233-261.

Williamson, O. E. (1981): The Economics of Organization: The Transaction Cost Approach, in: American Journal of Sociology, Vol. 87, No. 3, November, S.548-577.

Williamson, O. E. (1985): The Economic Institutions of Capitalism, Firms, Markets, Relational Contracts New York/London.

Williamson, O. E. (1990): Die ökonomischen Institutionen des Kapitalismus, Unternehmen, Märkte, Kooperationen, Tübingen.

Williamson, O. E. (1996): The Mechanisms of Governance, Oxford.

Willke, H. (1995): Systemtheorie III, Steuerungstheorie, Stuttgart/Jena.

Witt, P. (2001): Corporate Governance, in: Jost, P.-J. (Hrsg.): Die Prinzipal-Agenten-Theorie in der Betriebswirtschaftslehre, Stuttgart.

Witt, P. (2002): Grundprobleme der Corporate Governance und international unterschiedliche Lösungsansätze, in: Nippa, M./Pezold/K., Kürsten, W. (Hrsg.): Corporate Governance, Herausforderungen und Lösungsansätze, Heidelberg.

Witt, P. (2006): Corporate Governance, System im Wettbewerb, Wiesbaden.

Wohlwend, C. (2001): Die Hauptversammlung im Wandel der Kommunikationsformen, Dissertation, Frankfurt am Main.

World Bank (2007): World Development Indicators, verfügbar auf http://ddp-ext.worldbank.org/ext/ddpreports/ViewSharedReport?REPORT_ID=9147&REQUEST_TYPE=VIEWADVANCED.

Wyser, J./Kyburz, C. (2002): IT-Governance als zentraler Erfolgsfaktor, Ernst&Young, verfügbar auf http://www2.eycom.ch/publications/items/praxis/200211/de_24.pdf.

Yakovlev, A. (2005): Corporate Governance, Wandel im Unternehmerverhalten?, in: Höhmann., H.-H./Pleines, H./Schröder, H.-H. (Hrsg.): Nur ein Ölboom, Bestimmungsfaktoren und Perspektiven der russischen Wirtschaftsentwicklung, Münster, S.93-113.

Yingjin, H.G. (2004): Why Do Firms Pay for Bond Ratings When They Can Get Them for Free?, Job Market Paper, Philadelphia.

Yu, F-L.T (2007): China's economic transformation in the evolutionary perspective: uncertainty, learning and experimentation, in: Int. J. Economic Policy in Emerging Economies, Jahrgang 1, Heft 1, S.5-20.

Zetsche, D. (2002): Die virtuelle Hauptversammlung, Aktionärsbeteiligung via Internet aus juristischer und betriebswirtschaftlicher Sicht mit Erfahrungsberichten, Berlin.

Zingales, L. (1995): What Determines the Value of Corporate Votes?, in: Quarterly Journal of Economics, Jahrgang 110, Heft 4, S.1047-1073.

15 Gesetze/Verordnungen

AktG Aktiengesetz vom 06.09.1965 – Stand des Gesetzes 27.11.2003.

Bericht Bouton (2002): Pour un meilleur gouvernement des entreprises cotées, Arbeitsgruppe unter dem Vorsitz von Daniel Bouton, Präsident der Société Générale, verfügbar auf http://www.medef.fr/medias/upload/1507_FICHIER.pdf.

Bericht Viénot I (1995): Le conseil d'administration des sociétés cotées, Arbeitsgruppe unter dem Vorsitz von Marc Viénot, Präsident der Société Générale, verfügbar auf http://www.medef.fr/medias/upload/510_FICHIER.pdf.

Bericht Viénot II (1999): Rapport du comité sur le gouvernement d'entreprise, Arbeitsgruppe unter dem Vorsitz von Marc Viénot, Präsident der Société Générale, verfügbar auf http://www.medef.fr/medias/upload/511_FICHIER.pdf.

Deutscher Corporate Governance Kodex (2007): in der Fassung vom 14. Juni 2007, Berlin verfügbar auf http://www.corporate-governance-code.de/index.html.

Europäische Kommission, Verordnung (EG) Nr. 1606/2002 des europäischen Parlaments und des Rates vom 19. Juli 2002 betreffend die Anwendung internationaler Rechnungslegungsstandards, in: Amtsblatt der Europäischen Gemeinschaften, 11.09.2002, S. L243/1-L243/4.

Europäische Kommission, Verordnung (EG) Nr. 2157/2001 des Rates vom 8. Oktober 2001 über das Statut der Europäischen Gesellschaft (SE), in: Amtsblatt der Europäischen Gemeinschaften, 10.11.2001, S. L294/1-L294/21.

Geschäftsbankengesetz der VR China (2003): http://www.mpipriv.de/shared/data/pdf/ geschaeftsbankeng2003.pdf.

LSE-Gesetz (2003): LOI n° 2003-706 du 1er août 2003 de sécurité financière, J.O n° 177 vom 2. August 2003, S.13220, Text Nr. 3, verfügbar auf http://www.legifrance.gouv.fr/WAspad/UnTexteDeJorf?numjo=ECOX0200186L.

NRE-Gesetz (2001): LOI no 2001-420 du 15 mai 2001 relative aux nouvelles régulations économiques, J.O n° 113 vom 16. Mai 2001, S.7776, verfügbar auf http://www.legifrance.gouv.fr/WAspad/UnTexteDeJorf?numjo=ECOX0000021L.

OECD-Grundsätze der Corporate Governance (2004): OECD-Grundsätze der Corporate Governance, Neufassung, verfügbar auf http://www.oecd.org/dataoecd/57/19/32159487.pdf.

Sarbanes-Oxley-Act (2002): http://www.kpmg.de/library/pdf/amtlicheFassung.pdf.

Schlagwortverzeichnis

§119 AktG 50
§161 AktG 92
A-Aktien 144, 149, 154
Abnormal Return 71, 84
Abschlussprüfer 109
   Unabhängigkeit 118, 125
Abschlussprüferaufsichtsgesetz (APAG) 106
Abschlussprüferaufsichtskommission (APAK) 108
Abschlussprüferrichtlinie 102
Abschlussprüfung 50, 51
Ackermann, Joseph 23
Ad-hoc-Mitteilung 123
Ad-hoc-Publizität 159
Adverse Selektion 19
Agency-Problem 38
Agent 19, 20
Agenturproblem 19
Aktienhandelsbeschränkung 118
Aktienmarkt 68
Aktienoption 22, 29
Amnesty International 6, 186
Analyst Conflicts of Interests 116
Anspruchsgruppen
   des Ökosystems 189
   gesellschaftlich 189
   unternehmensintern 189
   wirtschaftlich 189
Anti-takeover Amendment 71
Antitrustpolitik 56
Arthur Andersen 29, 125, 133
Audit Committee 29, 57
Audit Engagement Team 131
Auditor Independence 116
Auf- und Ablauforganisation 4

Aufsichtsrat 4, 24, 49, 60, 151, 152
Aufsichtsratssitzung 25
B-Aktien 149, 154
Berle/Means 11, 13
Berliner Initiativkreis German Code of
   Corporate Governance 91
Berufsgrundsätze zur
   Verschwiegenheitspflicht 128
Best-Practices 93, 99, 181, 210, 222
   international 89, 96, 98
Betriebsverfassungsgesetz (1952) 58
Bilanzrechtsmodernisierungsgesetz (BilMoG)
   26, 105, 110
Bilanzrechtsreformgesetz (BilReg) 217
Blackout Period 123
Board of Directors 48, 69
Boardmodell 47, 52, 56, 62
Boardroom-Revolution 85
Boardsystem 64, 152
Brent Spar 224, 227
BRIC-Staaten VI, 54
Buffet, Warren 224
Bundeskanzler Schröder 91
Cadbury Code 64
Cadbury Report 64
CalPERS 82, 83
Cause-Related-Marketing 194
CEO-Duality 48, 57
Chairperson 48
Charles De Gaulle 137
Chief Accounting Officer (CAO) 123
Chief Executive Officer (CEO) 48, 56, 63,
   119, 152
Chief Financial Officer (CFO) 48, 119
Chief Information Officer (CIO) 202

China 54, 143
China Securities Regulatory Commission (CSRC) 160
Chinesische Wertpapieraufsichtskommission (CSRC) 157
Chinesischer Corporate Governance Kodex (CGK) 157
Chodorkovsky 182
Coase 3, 12, 13, 15
CobiT 202, 213
    Control Objectives 202
    Konzept 206
    Rahmenwerk 209
Code of Best-Practice 91
Code of Ethics 118, 123
Collectively Owned Enterprises (COE) 148
Combined Code 64, 92
Comité des Opérations de Bourse 141
Comités d'entreprise 137
Commission aux plans 137
Commission on Global Governance 2
Committee
    Audit 57, 63, 117, 118, 124
    Compensation 57
    Executiv 57
    Financial 57
    Nomination 57
Compliance 206
Comply or Explain 91, 92
ComRoad VI, 30
Concurring Partner 131
Conseil d'Administration 135
Contract-Responsibility-System 146, 147
Control Activities 207
Control Environment 206
Control Objectives for IT and related Technology (CobiT) 121
Controlling 2
Cooling Off Period 103, 106, 125
Corporate and Criminal Fraud Accountability 116
Corporate Fraud Accountability 116
Corporate Governance 4, 5, 87, 185, 189, 197, 225
Corporate Governance-Scorecard 99

Corporate Responsibility 116
Corporate Responsibility for Financial Reports 120
Corporate Social Responsibility 54, 185, 197, 224, 225
    als Business Case 185, 192
Corporatisation 147
COSO
    Committee of Sponsoring Organisations at the Treadway Commission 206
    Framework 121, 205
    Modell 121, 207
COSO II
    Modell 209
Crédit Lyonnais 139
CRM-System 121
Cromme 91
Cum-Vote-Aktie 79
D&O Versicherung 94
Dai-Ichi Kangyô Bank VI
Delegated Monitor 170
Delisting 129
Demsetz 11
Demutualization 1
Deutsche Bahn 20
Deutsche Bank 23, 117, 225
Deutsche Telekom 20
Deutsche Vereinigung für Finanzanalyse und Asset Management (DVFA) 99
Deutscher Corporate Governance Kodex 60, 62, 63, 88, 89, 91, 93, 110, 197, 217
Deutschland 58, 197
Deutschland AG 89
Disclosure Controls and Procedures 120, 208
Disintermediation 26
Donaldson/Davis 40
Dow Jones Sustainability Index 191
Dual-Class Recapitalization 71
Elektronisierung der Hauptversammlung 77
Elektronisierung der Stimmrechtsausübung 75
Elimination of Cumulative Voting 70
Eliten, französische 138
Enhanced Financial Disclosures 116
Enron 28, 100, 125

Enterprice Ressource Planning Systemen (ERP) 201
Enterprise Risk Management Framework 209
Entsprechenserklärung 92, 93, 94, 175
Ergebniskontrolle 38
ERP-System 121
Erwartungslücke 51
Etat Colbertiste 136
Ethik 187
Ethikkodex 123
european approval 106, 107
Exit-Strategie 52, 67, 69, 71, 74, 82
Externe Effekte 14
   Negative 14, 189
   Positive 189
Ex-Vote-Aktie 79
Fama 68
Financial Reporting 206, 209
Finanzkrise V, 23
Finanzwirtschaftlicher Ansatz 36, 38, 46
Focus List 83
Forces of Competition 34
Foreign Direct Investments (FDI) 146
Franchising 17
Frankfurter Grundsatzkommission 91
FTSE4Good 191
Fuji Heavy Industries VI
Gasprom 172
Gerechtigkeit
   intergenerative 188
   intragenerative 188
Geschäftsmodell 8
Gesetz zur Kontrolle und Transparenz im Unternehmensbereich (KonTraG) 62, 216
Glass-Steagall-Act von 1933 56
Global Governance 2, 6
Golden Parachutes 71
Good Governance V, 2
Governance 1, 2
Governance System
   zweistufig 135
Governance-Mechanismus 3
Government Agencies (GA) 149
Greenmail 71
Greenpeace 34, 186

Großaktionär 173
Guanxi 54, 162
Guanxia Industrie Co.Ltd 165
Gute Corporate Governance 87, 110, 185, 191, 197, 223
H-Aktien 149
Handlungsrecht 14
Hauptversammlung 48, 49, 60, 72, 75, 151, 176
Hidden Action 18, 19, 20
Hidden Characteristics 18, 20
Hidden Information 18, 21
Hidden Intention 18, 19
Hierarchie 3, 17
Hofstede 54
Holzmann VI, 91, 100, 111
Hybridorganisation 7, 17
Hypo Real Estate 23
IAS 62, 131
IDW Prüfungsstandard PS 260 205
IFRS 62, 181
ILO 186
Individualismus vs. Kollektivismus 54
Information Systems Audit and Control Association (ISACA) 211
Informations- und Kommunikationssysteme (IuK) 201
Informationsasymmetrie 24, 26, 38, 172
Informationseffizienz 68
Informationssysteme
   systembildenden 204
   systemunterstützend 203, 204
Informationsverteilung
   symmetrisch 19
Inside Control VI
Inside-Director 48, 57
Insider 169, 180
Insider-Control-System 47
Insiderhandel 82
Insidersystem 65
Institut der Wirtschaftsprüfer (IDW) 109
Institut für Ökologische Wirtschaftsforschung (IÖW) 196
Institution 3, 4, 13, 18
   Institution i.e.S 13

Institution i.w.S 13
Institutionelle Investoren 67, 68, 70, 82, 156
Institutionenökonomik
   Neue Institutionenökonomik 3, 11, 13, 15, 20
Interessenkonflikt 24
International Labor Organisation 6
International Organisation of Standardisation (ISO/IEC) 211
Internationale Politikfeldforschung 2, 6
Internationaler Prüfungsstandard ISA 400 205
Internes Kontrollsystem 50, 104, 118, 201, 205, 216
Investor Relations 75
ISO 6
ISO 17799 202
IT Infrastructure Library (ITIL) 202, 211
IT-Governance 202, 209, 210
IT-Governance Institut (ITGI) 209, 211
IT-Prozesse 202
Jensen/Meckling 18
Joint Venture 164, 166
Just vote no-Kampagne 85
Kairetzu VI
Kann-Bestimmung 93
Kapitalflussrechnung 26
Kapitalmarkt 68
Kleinaktionär 81
Klimawandel 186
Köhler, Horst V
Kollegialprinzip 60, 62
Konfuzianismus 54, 161
Kontrolle 204
Kontrollsystem 201
Koordinationsmechanismen 1
Koordinationsprozeß 1
KPMG 112
Krise
   DotCom-Krise V
   Subprime-Krise V
Kultur 3, 54
Kulturansatz 46
Kybernetischer Ansatz 46
Labor-Managed-Firm-Ansatz 44
Labor-Owned-Firm-Ansatz 45

Lead Audit Partner 126, 131
Leistungsanreize 38
Lidl 20
Listing Standards 125
Loans-for-Shares-Programm 174
local approval 106
LSF-Gesetz 139, 141
Luhmann 27
Macht 69
Machtansatz 46
Machtdistanz 54, 56
MacNeil 17
Mailing Communication 73
Management Turn Over 71
Manager-Eigentümer-Identität 170
Managerial-Entrenchment-Hypothese 70
Market for Corporate Control 69
Marketing 192
Markt für Übernahmen 69
Marktpreismechanismus 15
Markttransaktion 3
Maskulinität vs. Feminität 54
Minderheitsaktionär 155, 170, 174
Mitarbeiterorientierten Ansätze 46
Mitbestimmungsansatz 43
Mitbestimmungsgesetz (1976) 43, 58
Mitbestimmungsmodell 46
modernisierte 8. EU Richtlinie 88
modernisierte 8. EU-Richtlinie 100, 101, 102, 104, 108, 110
Monitoring 21, 68, 81, 207
Monnet, Jean 137
Montanmitbestimmungsgesetz (1951) 58
Moody's 27
Moral Hazard 19, 38
Nachhaltigkeit 188, 197
N-Aktien 149
Namensaktie 72
nationale Meister 137
Netzwerk 3
Netzwerkexternalitäten 3
Neuer Markt 87
New York Stock Exchange (NYSE) 68
Nike 224
Non-Executive Director 48

Non-Governmental-Organization (NGO) 3, 6, 8
Non-Profit-Organisation 7, 195
Non-Tradable Share Reform 146, 156
North 53
NRE-Gesetz 139, 141
Nutzenmaximierer 18
NYSE 117
OECD 5, 6, 90, 186, 196
    Grundsätze 90
    Richtlinien 140
Off-Balancesheet–Transaktion 122
Office of Government Commerce (OGC) 211
Offshore-Gesellschaft 179, 182
Ökologie 188, 197
One Man Rule 144, 155
One-Tier
    Modell 25
    System 65, 88
Operations 209
Opportunismus 15, 18, 162
OTC-Markt 79
Otto Gruppe 198
Outside Control VI
Outside-Director 48, 57, 62
Outside-Directors 56
Outsider 26, 159, 169, 174
Outsider-Control-System 47
Outsider-System 53
Parmalat VI, 100
Pay-for-Performance-Entlohnungssystem 22
Peer-Review-Verfahren 127
Performance Bonus 22
Pfadabhängigkeit 47, 53, 55
Philanthropie 187
Picot 14, 15, 20
Poison-Pills 71
Politikwissenschaften 6
Politischer Ansatz 42, 46
Präsident 48
Präsidialausschuss 51
Precatory Judgement 85
Prinzipal 19, 20
Prinzipal-Agenten-Beziehung
    zweistufig 24

Prinzipal-Agenten-Theorie 18, 37
Prinzipienbasierter Ansatz 110, 132
Privatisierung 170
Pro-Forma-Finanzausweis 122
Property Rights 15, 150
    Ansatz 13
    Theorie 43
Proxy
    Contest 74
    Solicitation 73
    Statement 73
    Voting 73, 77
Prüferbefähigungsrichtlinie 102
Prüfungsausschuss 51, 105
Prüfungsbericht 51
Prüfungsleistung 118, 125
Public Company Accounting Oversight Board
    (PCAOB) 102, 108, 116, 117, 126
Public Focal Monopoly 137
Public Governance 7
Public Management 7
Public Private Partnership 1, 7
Publizitätskontrollsystem 118
Punishment Hypothese 27
Pyramid of Social Responsibility 187
Pyramiden-Shareholding System 153
Qualified Foreign Institutional Investors
    (QFII) 144
Quoren 73, 158
Rappaport 37
Rating 26
    Agentur 18, 26, 27
    extern 27
    unsolicited 27
Rationale Apathie 81
Regelbasierter Ansatz 110, 115, 129, 131
Regelsystem
    formell 3
    informell 3
Regierungskommission „Corporate
    Governance" 91
Relation-based 162
    governance environments 90
Reputation 20, 69, 192
Residium 72

Revange-Maßnahmen 124
Review Partner 126
Risiko
   Aversion 23
   Controlling 218
   Frühwarnsystem 217
   Management VI
   Managementsystem 206, 216
Risk Assessment 207
Rotation
   extern 106
   intern 106
Rule-based 162
   governance environments 90
Russischer Corporate Governance Kodex 175
Russland 54, 169
SAP MIC-Anwendung 219
Sarbanes-Oxley Act (SOX) 107, 115, 116, 128, 204
Sarbanes-Oxley-Act (SOX) 56, 57, 63, 101, 103
Sberbank 172
Schlechte Corporate Governance 226
Screening 20
Sec. 101 SOX 126
Sec. 301 SOX 118
Sec. 302 SOX 119, 120, 121, 208, 219
Sec. 404 SOX 120, 201, 207, 219
Securities Act 56, 115
Securities Exchange Act 56, 115, 116
Securities Exchange Commission (SEC) 56, 117
Sekundärmarkt 68
Selbst- und Fremdsteuerung 6
Shanghai-Börse 148
Shareholder 34, 185
   Activism 81
   Ansatz 4, 46, 52
   gewinnorientiert 34
   Interest-Hypothese 70
   Meeting 48
   Proposal 84
   Value 69, 71, 185, 223, 225
Shell 227
Shenzhen Börse 148, 165

Shenzhen-Börse 156
Sherman Antitrust Act von 1890 56
Siemens 166
Signalling 20
Skaleneffekte 16
Social Responsible Investings 191
Societas Europea 65, 141
Sociétés à Responsabilité Limitée (SARL) 138
Sociétés Anonyme (SA) 138
Software-Agenten 77
Soll-Bestimmung 93, 105
Sollte-Bestimmung 93
Special Purpose Entities (SPE) 29
Spezifität
   Humankapitalspezifität 16
   Sachkapitalspezifität 16
   Standortspezifität 16
Split Share Struktur 146
Split-Share-Struktur 148
St. Galler Management-Modell 8, 194
Stakeholder 33, 185, 189, 223
   aktiv und passiv 34
   aktuell und potentiell 34
   Ansatz 4, 39, 46, 53
   feindlich und nicht feindlich gesinnt 34
   Gruppe 33
   intern und extern 34
   Modell 45
   Non-Market 34
   primär und sekundär 33
   vertraglich gebunden 34
Standard&Poors 27
Standstill Agreement 71
Stanford Research Institute (SRI) 39
State Assets Management Bureau (SAMB) 149
State Owned Enterprise (SOE) 144, 146
Steuerung
   institutionell 3
   Selbst- und Fremdsteuerung 3
Stewardship-Ansatz 40, 41
Stimmrecht 72
Stimmrechtshandel 74, 77
Streubesitz 55

Supply Chain VII, 199
Synergieeffekte 16
Targeted Share Repurchase 71
The Nature of the Firm 12
Theorie der Verfügungsrechte 13
Theorie des Unternehmens 37
Thyssen Krupp AG 91
Township-and-Village Enterprises (TVE) 146
Trägheit 47
Transaktion 15, 17
Transaktionskosten
    Ex-ante 15, 16
    Ex-post 15, 16
Transaktionskostenansatz 15
Transaktionskostenökonomik 3
Transfer Pricing 173, 180, 182
Transparency International 6
Transparenz 26, 62, 204
Transparenz- und Publizitätsgesetz
    (TransPuG) 26, 62, 88, 92
Trennungsmodell 47, 53, 58, 59, 60, 62
Triple Botton Line 187
Tse-tung, Mao 144, 145
Turnbull 38, 42
Two-Tier
    Board 59
    Board-System 49
    Modell 25
    System 65
UN Global Compact 6, 186
Unabhängigkeitserklärung 106
Unternehmensüberwachung 4
Unternehmensverfassung 4, 49
USA 56, 58, 111, 115
US-GAAP 58, 120, 122, 131
Verfügungsrechte 14
    Verteilung der 14
Verhaltenskontrolle 38
verhaltensorientierter Ansatz 13
Vermittlungsausschuss 51
Verteidigungsinstrument 70

Verträge 12, 18
    klassisch 17
    neoklassisch 17
    relational 17
Vertragslehre 17
Vertrauen VI, 26, 27, 204
Verwaltungswissenschaften 6
Vichy-Regime 136
Viénot
    Bericht 139
    Viénot I-Bericht 140
    Viénot II Bericht 140
Vishny/Shleifer 4
Voice-Strategie 53, 69
Volkswagen 166
Vorstand 4, 24, 49, 60, 151
Vorzugsaktie 78
Vote-Strategie 67, 74, 82
Voucher-Verfahren 170
Web 2.0 Technologien 77
Weltbank 6
Wert eines Gutes 14
Wertpapierleihe 78
Whistleblower 118, 124
White-Collar Crime Penalty Enhancements
    116
Wholly Foreign Owned Enterprise (WFOE)
    164
Williamson 3, 11, 17
Win-win-Situation 192
Wirtschaftsprüferkammer (WPK) 117
Wistleblower 118
World Trade Organization (WTO) 147
WorldCom 100, 132
Written Consent 73
Xiaoping, Deng 144, 145
Yukos 173, 182
Zeugnisverweigerungsrecht 128
Zivilgesellschaft 1
Zweistufiges Modell 49

Moderne Managementlösungen

Hans-Christian Brauweiler (Hrsg.)
Unternehmensführung heute
2008 | 401 S. | gebunden
€ 32,80 | ISBN 978-3-486-58251-2

Unternehmen werden in vielen Bereichen mit ganz unterschiedlichen Problemlagen konfrontiert. Der vorliegende Band trägt aktuell diskutierte Sachverhalte zusammen, die Praktiker wie Forscher gleichermaßen bewegen, wobei ein deutliches Gewicht auf das Thema Corporate Governance gelegt wird. Nicht eine singuläre Perspektive wird eingenommen, sondern eine Vielzahl von Meinungen abgebildet, wobei die Bandbreite der Hintergründe der Autoren ein Hinweis auf die Vielfalt der möglichen Blickwinkel ist. Wirtschaftswissenschaftler aus praxisnaher aber auch universitärer Forschung und Lehre, Praktiker aus Unternehmen und Juristen liefern ein abgerundetes Bild über die aktuellen Entwicklungen im Bereich der Unternehmensführung.

Mit dem Buch werden zum einen Studierende, zum anderen aber auch Praktiker angesprochen und über aktuelle Themenbereiche, Fragestellungen und Lösungsmöglichkeiten informiert.

Dr. Hans-Christian Brauweiler ist Professor für Controlling und Accounting an der AKAD. Die Privat-Hochschulen GmbH FH Leipzig – staatlich anerkannt sowie Prorektor dort. Seine Forschungsinteressen beziehen sich insbesondere auf die Probleme des Mittelstandes.

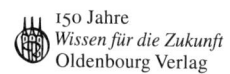

150 Jahre
Wissen für die Zukunft
Oldenbourg Verlag

Bestellen Sie in Ihrer Fachbuchhandlung oder direkt bei uns: Tel: 089/45051-248, Fax: 089/45051-333
verkauf@oldenbourg.de

Zwischen Kapitalrendite und gesellschaftlicher Verantwortung

Eugen Buß
Managementsoziologie
Grundlagen, Praxiskonzepte, Fallstudien
2. Auflage 2009 | 396 S. | Geb. | € 37,80
ISBN 978-3-486-59063-0

Ein »richtiges« Denkmodell zur Erklärung von Managementprozessen gibt es nicht. Weder die betriebswirtschaftliche Betrachtungsweise noch soziologische Denkmodelle erschließen die Vorgänge in ihrer ganzen Breite. Aber die managementsoziologische Perspektive leistet etwas Grundlegendes: Sie rückt die ökonomischen »Wahrheiten« in ein etwas anderes Licht und trägt damit zu einem besseren Verständnis unternehmensinterner Vorgänge bei.

Dieses Lehr- und Arbeitsbuch arbeitet die Hauptprobleme heraus, die in der alltäglichen Managementpraxis bei der Abwägung zwischen Kapitalrendite und gesellschaftlicher Verantwortung entstehen, und zeigt Lösungsansätze auf.

Das Buch richtet sich an Studierende wirtschafts- und sozialwissenschaftlicher Studiengänge sowie an Praktiker in Unternehmen und in der unternehmensnahen Beratung.

Prof. Dr. Eugen Buß lehrt an der Universität Hohenheim am Institut für Sozialwissenschaft.

Bestellen Sie in Ihrer Fachbuchhandlung oder direkt bei uns: Tel: 089/45051-248, Fax: 089/45051-333
verkauf@oldenbourg.de

Oldenbourg

Erfolg mit Projekten

Hans Corsten, Ralf Gössinger
Projektmanagement
Einführung

2. Auflage 2008 | 335 S. | gebunden | € 29,80
ISBN 978-3-486-58606-0

Dieses Lehrbuch gibt Studenten der Wirtschaftswissenschaften, des Wirtschaftsingenieurwesens, aber auch Fachfremden eine Einführung in Fragen des Projektmanagement. Zunächst werden dem Leser terminologische Grundlagen vorgestellt, die ihm zeigen sollen, dass die Begriffe »Projekt« und »Projektmanagement« zwar in aller Munde sind, jedoch eine allgemein akzeptierte Definition bisher nicht vorliegt. Im Anschluss daran werden die Aufgabenbereiche und Erfolgsfaktoren des Projektmanagement – von der Projektorganisation bis zum Qualitätsmanagement – skizziert und einer kritischen Analyse unterzogen.

Das Buch richtet sich insbesondere an Studierende der Wirtschaftswissenschaften und des Wirtschaftsingenieurwesens, aber auch an Fachfremde und Praktiker.

Über die Autoren:

Univ.-Prof. Dr. habil. Hans Corsten ist Inhaber des Lehrstuhls für Produktionswirtschaft an der Universität Kaiserslautern.

Frau Hilde Corsten ist freie Mitarbeiterin am Lehrstuhl für Produktionswirtschaft der Universiät Kaiserslautern.

Prof. Dr. Ralf Gössinger ist Inhaber des Lehrstuhls für Produktion und Logistik an der Universität Dortmund.

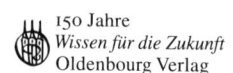

150 Jahre
Wissen für die Zukunft
Oldenbourg Verlag

Bestellen Sie in Ihrer Fachbuchhandlung oder direkt bei uns: Tel: 089/45051-248, Fax: 089/45051-333
verkauf@oldenbourg.de